책장을 넘기며 느껴지는 몰입의 기쁨
노력한 만큼 빛이 나는 내일의 반짝임

새로운 배움, 더 큰 즐거움

미래엔이 응원합니다!

1등급 만들기
세계사 750제

WRITERS

윤영호	(전)오금고 교사 I 서울대 역사교육과
조상혁	중앙여고 교사 I 고려대 역사교육과
최준채	(전)청담고 교사 I 서울대 역사교육과
강승호	과천여고 교사 I 동국대 역사교육과

COPYRIGHT

인쇄일 2025년 1월 2일(2판8쇄)
발행일 2021년 9월 30일

펴낸이 신광수
펴낸곳 (주)미래엔
등록번호 제16–67호

교육개발2실장 김용균
개발책임 김문희 **개발** 박현정, 황대근

디자인실장 손현지
디자인책임 김병석 **디자인** 진선영, 송혜란

CS본부장 강윤구
제작책임 강승훈

ISBN 979-11-6413-882-1

인생의 목표를 정하고

그 목표를 향해

담담하게 걸어가는 것은

정말 어려운 일입니다

다른 사람들이 뭐라고 하든

자신이 옳다고 믿는 길이 최선의 길이지요

자신감을 가지고

1등급 만들기와 함께 시작해 보세요

1등급 달성!
할 수 있습니다!

구성과 특징
Structure&Features

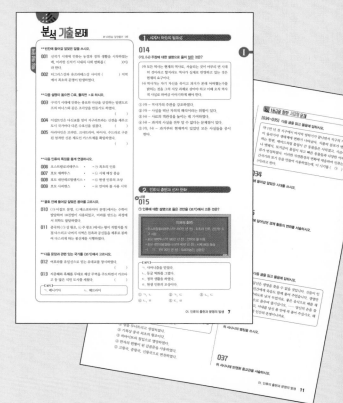

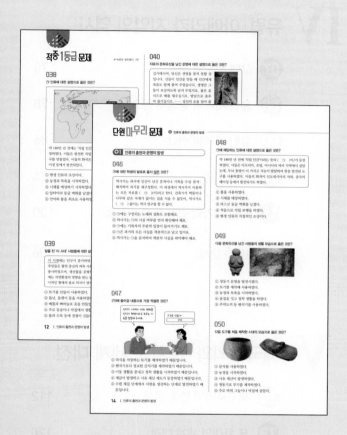

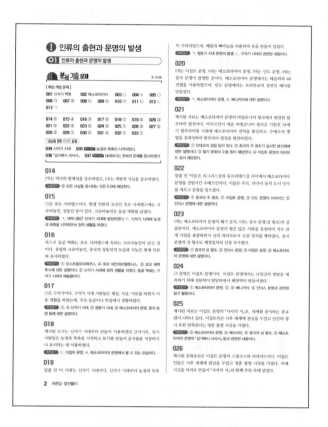

Step 2 · 1등급 문제로 실력 향상시키기

적중 1등급 문제

학교 시험에서 고난도 문제는 한두 문항씩 출제됩니다.
등급의 차이를 결정하는 어려운 문제도 자신 있게 풀 수 있도록 응용력과
사고력을 기를 수 있는 고난도 문제로 구성하였습니다.

Step 3 · 마무리 문제로 최종 점검하기

단원 마무리 문제

중간고사와 기말고사를 대비할 수 있는 실전 문제를 학교 시험 진도에 맞
추어 학습이 용이하도록 강명을 넣어 구성하였습니다. 시험 직전 학습 내
용을 마무리하고 자신의 실력을 점검할 수 있습니다.

알찬풀이로 [핵심 내용 다시보기]

문제에 대한 정답과 알찬풀이를 제시하였습니다. **바로잡기** 는 자세한 오
답풀이로 어려운 문제도 쉽게 이해할 수 있습니다.

• 1등급 자료 분석

까다롭고 어려운 자료에 관한 분석과 첨삭 설명을 제시하였습니다.

차례
Contents

교과서 단원 찾기

4종 세계사 교과서의 단원 찾기를 제공합니다.

01 인류의 출현과 문명의 발생

☑ 출제 포인트 　☑ 인류의 출현 　☑ 선사 문화 　☑ 문명의 발생 　☑ 4대 문명

1. 세계사 학습의 필요성

1 세계사의 의미 세계 여러 나라의 역사를 총칭, '과거의 사실'과 '과거 사실의 기록'(역사가의 주관 개입)의 의미

2 세계사 학습의 필요성 다양한 문화와 가치를 이해하고 존중하는 태도 함양, 인류가 만들어 온 보편적 가치관 파악

2. 인류의 출현과 선사 문화

★1 인류의 출현과 진화 ◐ 7쪽 015번 문제로 확인

오스트랄로피테쿠스 (약 400만 년 전)	'남방의 원숭이', 최초의 인류, 두 발로 서서 걷고 간단한 도구 사용
호모 에렉투스 (약 180만 년 전)	'직립 인간', 한층 발전된 도구 사용, 완전한 직립 보행, 언어와 불 사용, 자와인·베이징인 등
호모 네안데르탈렌시스 (약 40만 년 전)	시체 매장(사후 세계에 대한 관념)
호모 사피엔스 (약 20만 년 전)	현생 인류의 조상(모습과 지능이 현재 인류와 유사), 크로마뇽인·상동인 등, 동굴 벽화

★2 선사 문화의 발달 ◐ 8쪽 017번 문제로 확인

(1) 구석기 시대의 생활

① 생활 : 채집·사냥, 이동 생활, 동굴·막집 생활, 뗀석기 사용

② 예술 활동 : 동굴 벽화, 빌렌도르프의 비너스

(2) 신석기 시대의 생활 약 1만 년 전 시작

① 특징 : 간석기(돌낫, 돌괭이 등) 사용, 농경과 목축 시작, 정착 생활(움집 거주), 토기 제작, 옷 제작 등

② 신석기 혁명 : 식량 생산 단계로 발전

(3) 신석기 사회의 발전 혈연 중심의 씨족 사회, 원시적 종교(애니미즘, 샤머니즘, 토테미즘, 영혼 숭배, 거석 숭배)

3. 문명의 발생과 4대 문명

1 문명의 발생

(1) 배경 치수 사업, 지배자 등장, 도시 발달, 국가 성립

(2) 사회 변화 사유 재산 발생, 계급 분화, 청동기, 문자 등장

2 메소포타미아 문명과 이집트 문명

(1) 메소포타미아 문명 기원전 3500년경

성립	티그리스강·유프라테스강 사이 메소포타미아 지역에서 발생
정치	신의 대리자인 왕의 신권 정치
종교	내세보다 현세 중시 ⓓ「길가메시 서사시」
기타	지구라트 건설, 점성술과 천문학 발전, 태음력과 60진법 고안, 쐐기 문자, 바빌로니아 왕국의 함무라비 법전 편찬

> **자료** 함무라비 법전 ◐ 9쪽 021번 문제로 확인
>
> 제196조 자유인의 눈을 뺀 자는 그의 눈을 뺀다.
> 제198조 귀족이 평민의 눈이나 다리를 상하게 하면 은화 1미나를 바쳐야 한다.
> 제205조 노예가 자유인의 뺨을 때리면 그 귀를 자른다.
>
> [분석] 바빌로니아 왕국의 함무라비왕 때 수메르의 옛 법을 집대성하여 함무라비 법전을 편찬하였다.

(2) 이집트 문명 기원전 3000년경

성립	나일강 유역에서 발생
정치	파라오(태양신 '라'의 아들)의 신권 정치
종교	다신교, 태양신 숭배, 내세적 신앙, 영혼 불멸 사상(미라, 「사자의 서」)
기타	천문학 발달, 태양력 사용, 측량술·기하학 발전, 10진법 사용, 의학 발달, 상형 문자(파피루스에 기록)

(3) 지중해 연안의 국가들

히타이트	소아시아에 건국, 철제 무기와 전차를 이용한 정복 활동, 철기 문화를 서아시아에 전파
페니키아	지중해와 흑해를 무대로 해상 무역 주도, 카르타고 등 식민 도시 건설, 표음 문자 사용
헤브라이	기원전 11세기 이스라엘 왕국 건설, 솔로몬왕 때 전성기, 이스라엘과 유다로 분열, 유대교(유일신 여호와) 창시

3 인도 문명

(1) 인더스 문명 기원전 2500년경

성립	인더스강 유역에서 발생, 드라비다인의 건설로 추정
특징	하라파와 모헨조다로 유적 : 계획도시, 청동기와 그림 문자 사용, 메소포타미아 지방과 교역

★(2) 아리아인의 이동 ◐ 10쪽 029번 문제로 확인

① 이동 : 중앙아시아 → 펀자브 지방 → 갠지스강 유역 진출

② 특징 : 철기 사용, 카스트제 확립, 브라만교 성립, 베다 제작

★4 중국 문명 ◐ 11쪽 031번 문제로 확인

(1) 중국 문명의 탄생 기원전 2500년경, 황허강 유역의 황토 지대 위치, 하 왕조(기록상 중국 최초의 왕조)

(2) 상(은) 왕조 기원전 1600년경 성립, 은허 유적

① 정치 : 제정일치의 신정 국가

② 특징 : 청동 무기와 제사 도구, 태음력, 갑골문, 순장

(3) 주의 발전 기원전 1100년경 호경에 도읍

정치	봉건제 시행 : 왕이 직할지를 직접 통치, 나머지 지역은 친족과 공신들을 제후로 봉하여 통치
특징	종법제, 천명사상, 덕치주의, 정전제
변화	혈연관계 약화, 견융족의 침입 → 낙읍(뤄양) 천도

분석 기출 문제

» 바른답·알찬풀이 2쪽

핵심 개념 문제

•• 빈칸에 들어갈 알맞은 말을 쓰시오.

001 신석기 시대에 인류는 농경과 정착 생활을 시작하였는데, 이러한 신석기 시대의 사회 변화를 (   )(이)라 한다.

002 티그리스강과 유프라테스강 사이의 (   ) 지역에서 최초의 문명이 탄생하였다.

•• 다음 설명이 옳으면 ○표, 틀리면 ×표 하시오.

003 구석기 시대에 인류는 풍요와 다산을 상징하는 빌렌도르프의 비너스와 같은 조각상을 만들기도 하였다. (   )

004 이집트인은 다신교를 믿어 지구라트라는 신전을 세우고 도시 국가마다 다른 수호신을 섬겼다. (   )

005 아리아인은 브라만, 크샤트리아, 바이샤, 수드라로 구분된 엄격한 신분 제도인 카스트제를 확립하였다. (   )

•• 다음 인류의 특징을 옳게 연결하시오.

006 오스트랄로피테쿠스 • • ㉠ 최초의 인류

007 호모 에렉투스 • • ㉡ 시체 매장 풍습

008 호모 네안데르탈렌시스 • • ㉢ 현생 인류의 조상

009 호모 사피엔스 • • ㉣ 언어와 불 사용 시작

•• 괄호 안에 들어갈 알맞은 용어를 고르시오.

010 (㉠ 이집트 문명, ㉡ 메소포타미아 문명)에서는 수학이 발달하여 10진법이 사용되었고, 미라를 만드는 과정에서 의학도 발달하였다.

011 중국의 (㉠ 상 왕조, ㉡ 주 왕조)에서는 왕이 직할지를 직접 다스리고 나머지 지역은 친족과 공신들을 제후로 봉하여 다스리게 하는 봉건제를 시행하였다.

•• 다음 문장과 관련 있는 국가를 〈보기〉에서 고르시오.

012 여호와를 유일신으로 믿는 유대교를 창시하였다. (   )

013 지중해와 흑해를 무대로 해상 무역을 주도하면서 카르타고 등 많은 식민 도시를 세웠다. (   )

[보기]
ㄱ. 페니키아   ㄴ. 헤브라이

014

(가), (나) 주장에 대한 설명으로 옳지 <u>않은</u> 것은?

(가) 모든 역사는 현재의 역사로, 서술되는 것이 아무리 먼 시대의 것이라고 할지라도 역사가 실제로 반영하고 있는 것은 현재의 요구이다.

(나) 역사가는 자기 자신을 죽이고 과거가 본래 어떠했는가를 밝히는 것을 그의 지상 과제로 삼아야 하고 이때 오직 역사적 사실로 하여금 이야기하게 해야 한다.

① (가) – 역사가의 주관을 강조하였다.
② (가) – 사실을 떠난 자의적 해석이라는 위험이 있다.
③ (나) – 사료의 객관성을 높이는 데 기여하였다.
④ (나) – 과거의 사실을 전부 알 수 없다는 문제점이 있다.
⑤ (가), (나) – 과거부터 현재까지 있었던 모든 사실들을 중시한다.

---

2. 인류의 출현과 선사 문화

⭐빈출
015

㉠ 인류에 대한 설명으로 옳은 것만을 〈보기〉에서 고른 것은?

〈인류의 출현〉
• 오스트랄로피테쿠스(약 400만 년 전) : 최초의 인류, 간단한 도구 사용
• 호모 에렉투스(약 180만 년 전) : 언어와 불 사용
• 호모 네안데르탈렌시스(약 40만 년 전) : 시체 매장 풍습
• (㉠   )(약 20만 년 전) : 크로마뇽인, 상동인

[보기]
ㄱ. 샤머니즘을 믿었다.
ㄴ. 동굴 벽화를 그렸다.
ㄷ. 정착 생활을 하였다.
ㄹ. 현생 인류의 조상이다.

① ㄱ, ㄴ   ② ㄱ, ㄷ   ③ ㄴ, ㄷ
④ ㄴ, ㄹ   ⑤ ㄷ, ㄹ

016

오른쪽 벽화를 남긴 사람들에 대한 설명으로 옳은 것은?

▲ 라스코 동굴 벽화(프랑스)

① 최초의 인류이다.
② 정착 생활을 하였다.
③ 현생 인류의 조상이다.
④ 시체를 매장하기 시작하였다.
⑤ 자와인, 베이징인이 해당한다.

★빈출 017

㉠ 시대 사람들에 대한 설명으로 옳은 것은?

> 인류가 처음 출현했던 시기부터 약 1만 년 전까지를 (㉠) 시대라고 한다. 이 시기에 인류는 식물의 열매와 뿌리를 채집하거나 짐승이나 물고기를 잡아 식량으로 삼았다. 이들은 먹을 것을 찾아 자주 이동하였으며 주먹도끼, 찍개, 자르개 등의 뗀석기를 사용하였다.

① 토기를 사용하였다.
② 문자를 발명하였다.
③ 태음력을 사용하였다.
④ 뼈바늘로 옷을 만들어 입었다.
⑤ 동굴이나 막집에서 생활하였다.

018

다음 도구를 처음 사용한 사람들의 모습으로 적절한 것만을 〈보기〉에서 고른 것은?

[보기]
ㄱ. 농사를 짓는 아버지
ㄴ. 토기를 만드는 어머니
ㄷ. 태양신 '라'를 숭배하는 신관
ㄹ. 쐐기 문자로 기록을 하는 서기

① ㄱ, ㄴ   ② ㄱ, ㄷ   ③ ㄴ, ㄷ
④ ㄴ, ㄹ   ⑤ ㄷ, ㄹ

019

밑줄 친 '이 시대'에 대한 설명으로 옳은 것만을 〈보기〉에서 고른 것은?

> 이 시대에는 물과 수목 등에 정령이 깃들어 있다고 믿는 애니미즘, 무당을 숭배하는 샤머니즘, 특정 동식물을 숭배하는 토테미즘, 영혼 숭배 등이 나타났다. 후기에는 거석을 숭배하기도 하였는데, 영국의 스톤헨지가 대표적인 거석 문화 유적이다.

[보기]
ㄱ. 국가가 성립되었다.
ㄴ. 주로 이동 생활을 하였다.
ㄷ. 농경과 목축이 시작되었다.
ㄹ. 뼈바늘로 옷을 만들어 입었다.

① ㄱ, ㄴ   ② ㄱ, ㄷ   ③ ㄴ, ㄷ
④ ㄴ, ㄹ   ⑤ ㄷ, ㄹ

3. 문명의 발생과 4대 문명

020

(가)~(라) 지역에서 발달한 고대 문명에 대한 설명으로 옳은 것만을 〈보기〉에서 고른 것은?

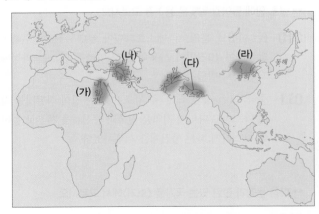

[보기]
ㄱ. (가) - 지구라트를 건설하였다.
ㄴ. (나) - 태음력과 60진법을 사용하였다.
ㄷ. (다) - 베다를 제작하였다.
ㄹ. (라) - 표음 문자를 사용하였다.

① ㄱ, ㄴ   ② ㄱ, ㄷ   ③ ㄴ, ㄷ
④ ㄴ, ㄹ   ⑤ ㄷ, ㄹ

021

⭐빈출

다음 법전에 대한 설명으로 옳은 것은?

제196조   자유인의 눈을 뺀 자는 그의 눈을 뺀다.
제198조   귀족이 평민의 눈이나 다리를 상하게 하면 은화 1미나를 바쳐야 한다.
제205조   노예가 자유인의 뺨을 때리면 그 귀를 자른다.

① 헤브라이인의 업적이다.
② 천명사상을 강조하였다.
③ 히타이트인의 영향을 받았다.
④ 파라오의 권위를 뒷받침하였다.
⑤ 수메르의 옛 법을 집대성하였다.

022

밑줄 친 '이들'에 대한 설명으로 옳은 것은?

이들은 다신교를 믿어 지구라트라는 신전을 세우고 도시 국가마다 다른 수호신을 섬겼다. 또한 천체를 관측하는 과정에서 점성술과 천문학이 발전하고 태음력과 60진법이 고안되었다. 쐐기 문자로 기록을 남겼는데, 이 문자는 서아시아 지역에 널리 퍼졌다.

① 지방 분권적인 봉건제를 실시하였다.
② 파라오를 태양신 '라'의 아들로 여겼다.
③ 자연 현상을 찬미한 베다를 제작하였다.
④ 메소포타미아 지역에 문명을 성립시켰다.
⑤ 모헨조다로, 하라파 등의 계획도시를 건설하였다.

023

(가), (나)를 남긴 문명에 대한 설명으로 옳은 것은?

 (가)    (나)

① (가) – 은허 유적을 남겼다.
② (가) – 드라비다인이 건설하였다.
③ (나) – 태양력을 사용하였다.
④ (나) – 함무라비 법전을 편찬하였다.
⑤ (가), (나) – 신권 정치를 하였다.

024

⊙ 문명에 대한 탐구 활동으로 가장 적절한 것은?

이것은 (⊙)의 왕인 투탕카멘의 황금 마스크입니다. 당시 사람들은 생전의 얼굴 모양대로 마스크를 만들어 미라에 씌워 놓았습니다.

① 함무라비 법전의 내용을 분석한다.
② 표음 문자가 끼친 영향을 찾아본다.
③ 태양력을 사용하게 된 배경을 알아본다.
④ 하라파 유적에서 출토된 유물을 살펴본다.
⑤ 식민 도시인 카르타고의 건설 과정을 조사한다.

025

다음 자료에 대한 학생의 대화 내용으로 적절한 것은?

오시리스 : 본 재판관은 …… 너의 마음(심장)과 깃털(마트)을 나란히 저울에 매달겠노라. 왜냐하면 마음이야말로 인간의 존재와 삶을 규정하는 가장 중요한 것이기 때문이다. 저울질은 죽은 사람의 의사인 아누비스가, 그 결과는 신들의 서기관인 토트가 기록하도록 하라.
죽은 자 : 저는 도둑질하지 않았습니다. …… 저는 위선을 행하지 않았습니다. …… 저는 거짓말을 하지 않았습니다. …… 저는 저울의 눈금을 속인 일이 없습니다.

– 「사자의 서」 –

① 갑 : 영혼 불멸 사상이 반영되어 있어.
② 을 : 쐐기 문자로 기록되어 전해지고 있어.
③ 병 : 유일신 여호와 숭배를 보여 주고 있어.
④ 정 : 점을 친 내용과 결과를 기록한 것이야.
⑤ 무 : 현세를 중시하는 종교관이 나타나 있어.

026

오른쪽 문화유산을 남긴 사람들
에 대한 설명으로 옳은 것은?

① 지구라트를 만들었다.
② 하라파 유적을 남겼다.
③ 영혼 불멸 사상을 가졌다.
④ 바빌로니아 왕국을 세웠다.
⑤ 태음력과 60진법을 고안하였다.

027

㉠, ㉡에 대한 설명으로 옳은 것은?

(㉠)은/는 기원전 16세기 말부터 철제 무기와 전차를 앞
세워 주변 지역을 정복하였다. 기원전 1500년경 바빌로니아
왕국을 멸망시키고 이집트와 주도권 다툼을 하는 등 세력을 확
대하였다. (㉡)은/는 기원전 11세기에 이스라엘 왕국을
세웠으나 이후 이스라엘과 유대로 갈라져 이스라엘은 아시리
아에, 유대는 신바빌로니아에 멸망하였다.

① ㉠ – 태양신 ‘라’를 숭배하였다.
② ㉠ – 솔로몬왕 때 전성기를 누렸다.
③ ㉡ – 함무라비 법전을 편찬하였다.
④ ㉡ – 파피루스에 상형 문자로 기록하였다.
⑤ ㉠, ㉡ – 동부 지중해 연안에서 발전하였다.

028

㉠ 사람들에 대한 설명으로 옳은 것은?

동부 지중해 연안에서 등장한 (㉠)의 사람들은 지중해와
흑해를 무대로 해상 무역을 주도하면서 카르타고 등 많은 식민
도시를 세웠다.

① 순장의 풍습이 있었다.
② 지구라트를 건설하였다.
③ 표음 문자를 사용하였다.
④ 함무라비 법전을 편찬하였다.
⑤ 자연 현상을 찬미한 베다를 제작하였다.

★빈출 029

(가) 민족에 대한 설명으로 옳은 것만을 〈보기〉에서 고른 것은?

[보기]
ㄱ. 철기를 사용하였다.
ㄴ. 브라만교를 성립시켰다.
ㄷ. 「사자의 서」를 만들었다.
ㄹ. 쐐기 문자로 기록을 남겼다.

① ㄱ, ㄴ ② ㄱ, ㄷ ③ ㄴ, ㄷ
④ ㄴ, ㄹ ⑤ ㄷ, ㄹ

030

다음 인장을 남긴 사람들의 모습으로 적절한 것은?

이것은 모헨조다로 유적에서
발굴된 인장입니다. 인장에
는 문양과 문자가 새겨져 있
는데, 문자는 아직 해독하지
못하고 있습니다.

① 쐐기 문자로 기록을 하는 서기
② 함무라비 법전을 편찬하는 학자
③ 철제 농기구로 농사를 짓는 농민
④ 지구라트에서 의식을 집행하는 신관
⑤ 배수 시설을 갖춘 계획도시를 건설하는 노동자

★빈출
031

(가), (나) 왕조에 대한 설명으로 옳은 것은?

지도 범례:
- (가)의 세력 범위
- (나)의 세력 범위

지도 지명: 은허, 낙읍(뤄양), 호경, 황허강, 창장강, 동해, 황해

① (가) – 봉건제를 시행하였다.
② (가) – 견융족의 침입을 받아 천도하였다.
③ (나) – 갑골문을 사용였다.
④ (나) – 덕치주의를 강조하였다.
⑤ (가), (나) – 철제 농기구를 사용하였다.

032

㉠ 왕조에 대한 탐구 활동으로 가장 적절한 것은?

오른쪽 유물은 기원전 1600년경 황허강 유역에서 성립된 (㉠) 왕조 시기의 청동 세 발솥이다. 제사 의식에 사용되어 왕의 권위를 상징하였다.

① 갑골에 새겨진 내용을 분석한다.
② 베다에서 찬미한 대상을 조사한다.
③ 천명사상을 강조한 배경을 알아본다.
④ 「사자의 서」에 담긴 의미를 살펴본다.
⑤ 「길가메시 서사시」에 담긴 인생관을 파악한다.

033

밑줄 친 '이 왕조'에 대한 설명으로 옳은 것은?

중국 이 왕조의 봉건제는 종법제와 천명사상으로 뒷받침되었다. 종법제는 직계 적장자를 중심으로 한 친족 사이의 규범으로, 봉건제를 유지하는 역할을 하였다. 또한 천명사상은 왕이 하늘의 명으로 천하를 다스린다는 사상으로, 정복 전쟁을 합리화하고 왕권에 정당성을 부여하였다.

① 상을 무너뜨리고 성립하였다.
② 기록상 중국 최초의 왕조이다.
③ 히타이트의 침입으로 멸망하였다.
④ 한자의 원형이 된 갑골문을 사용하였다.
⑤ 고왕국, 중왕국, 신왕국으로 변천하였다.

🔺 1등급을 향한 서답형 문제

[034~035] 다음 글을 읽고 물음에 답하시오.

약 1만 년 전 지구에서 마지막 빙하기가 끝나면서 지구의 기온이 올라가자 생태계에 변화가 나타났다. 식물의 분포가 변화하는 한편, 매머드처럼 몸집이 큰 동물들은 사라졌고, 사슴이나 멧돼지, 토끼같이 몸집이 작고 빠른 동물들과 다양한 어패류가 번성하였다. 이러한 자연환경의 변화에 대응하여 인류는 간석기와 토기 등을 만들어 사용하였는데, 이 시기를 (㉠)(이)라고 한다.

034

㉠에 들어갈 알맞은 시대를 쓰시오.

035

㉠ 시기에 일어났던 경제 활동의 변화를 서술하시오.

[036~037] 다음 글을 읽고 물음에 답하시오.

길가메시여, 당신은 생명을 찾을 수 없을 것입니다. 신들이 인간을 만들 때 인간에게 죽음도 함께 붙여 주었습니다. 생명만은 그들이 보살피도록 남겨 두었지요. 좋은 음식으로 배를 채우십시오. 밤낮으로 춤추며 즐기십시오. …… 당신의 손을 잡아 줄 자식을 낳고, 아내를 당신 품 안에 꼭 품어 주십시오. 왜냐하면, 이것 또한 인간의 운명이니까요.

036

위 서사시의 명칭을 쓰시오.

037

위 서사시에 반영된 종교관을 서술하시오.

적중 1등급 문제

» 바른답·알찬풀이 3쪽

038

㉠ 인류에 대한 설명으로 옳은 것은?

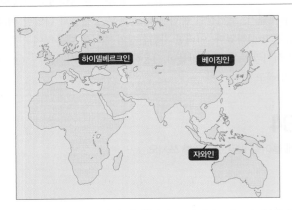

약 180만 년 전에는 '직립 인간'이라는 뜻의 (㉠)이/가 등장하였다. 이들은 완전한 직립 보행을 하였고 한층 발전된 도구를 만들었다. 이들의 화석은 인도네시아의 자와, 중국의 베이징 등에서 발견되었다.

① 현생 인류의 조상이다.
② 농경과 목축을 시작하였다.
③ 시체를 매장하기 시작하였다.
④ 알타미라 동굴 벽화를 남겼다.
⑤ 언어와 불을 최초로 사용하였다.

039

밑줄 친 '이 시대' 사람들에 대한 설명으로 옳지 <u>않은</u> 것은?

이 시대에는 인구가 증가하면서 촌락이 형성되었다. 촌락의 주민들은 혈연 중심의 씨족 사회를 이루어 함께 농경과 목축에 종사하였으며, 생산물을 공평하게 분배하였다. 한편 이 시대에는 자연환경의 영향을 받는 농경이 생활의 중심이 되면서 원시적인 형태의 종교 의식이 생겨났다.

① 토기를 만들어 사용하였다.
② 돌낫, 돌괭이 등을 사용하였다.
③ 베틀과 뼈바늘로 옷을 만들었다.
④ 주로 동굴이나 막집에서 생활하였다.
⑤ 물과 수목 등에 정령이 깃들어 있다고 믿었다.

040

자료의 문화유산을 남긴 문명에 대한 설명으로 옳은 것은?

길가메시여, 당신은 생명을 찾지 못할 것입니다. 신들이 인간을 만들 때 인간에게 죽음도 함께 붙여 주었습니다. 생명만 그들이 보살피도록 남겨 두었지요. 좋은 음식으로 배를 채우십시오. 밤낮으로 춤추며 즐기십시오. …… 당신의 손을 잡아 줄 자식을 낳고, 아내를 당신 품 안에 꼭 품어 주십시오. 왜냐하면 이 또한 인간의 운명이니까요.

길가메시 조각상 ▶

① 『마누 법전』을 편찬하였다.
② 나일강 유역에서 발생하였다.
③ 크레타섬을 중심으로 발전하였다.
④ 지구라트라는 신전을 건립하였다.
⑤ 갑골에 점을 친 내용을 기록하였다.

041

㉠에 들어갈 문화유산으로 가장 적절한 것은?

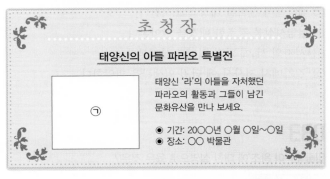

초 청 장

태양신의 아들 파라오 특별전

㉠

태양신 '라'의 아들을 자처했던 파라오의 활동과 그들이 남긴 문화유산을 만나 보세요.

◉ 기간: 20○○년 ○월 ○일~○일
◉ 장소: ○○ 박물관

①  ②  ③

④  ⑤

042

밑줄 친 '이 왕조'에 대한 설명으로 옳은 것은?

사진은 이 왕조의 점술가가 점을 친 까닭과 그 결과를 거북의 배딱지나 소의 어깨뼈 등에 새겨 놓은 것입니다.

① 베다를 만들었다.
② 지구라트를 축조하였다.
③ 「사자의 서」를 제작하였다.
④ 모헨조다로를 건설하였다.
⑤ 은허를 중심으로 발전하였다.

043

다음 유물에 대한 학생의 대화 내용으로 적절한 것은?

최고 심판관 역할을 하는 오시리스가 죽은 사람의 운명을 결정하고 있다.

① 갑 : 히타이트인이 남겼어.
② 을 : 쐐기 문자가 기록되어 있어.
③ 병 : 영혼 불멸 사상이 나타나 있어.
④ 정 : 인더스강 유역에서 발견되고 있어.
⑤ 무 : 점을 친 내용과 결과를 보여 주고 있어.

044

㉠ 민족에 대한 설명으로 옳은 것만을 〈보기〉에서 고른 것은?

중앙아시아 일대에서 유목 생활을 하던 (㉠)은/는 기원전 1500년경 힌두쿠시산맥을 넘어 북인도로 남하하였다. 이들은 펀자브 지방을 정복한 후 점차 동쪽으로 이동하여 기원전 1000년경에는 갠지스강 유역까지 진출하였다.

【 보기 】
ㄱ. 브라만교를 성립시켰다.
ㄴ. 철제 농기구를 사용하였다.
ㄷ. 모헨조다로, 하라파 등의 계획도시를 세웠다.
ㄹ. 기원전 1800년경 홍수, 수로의 변경 등으로 인해 서서히 쇠퇴하였다.

① ㄱ, ㄴ   ② ㄱ, ㄷ   ③ ㄴ, ㄷ
④ ㄴ, ㄹ   ⑤ ㄷ, ㄹ

045

다음 제도를 시행한 중국의 왕조에 대한 설명으로 옳은 것은?

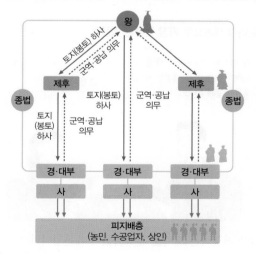

① 베다를 만들었다.
② 천명사상을 강조하였다.
③ 은허를 중심으로 발달하였다.
④ 기록상 중국 최초의 왕조이다.
⑤ 메소포타미아 지방과 교역을 하였다.

단원 마무리 문제

① 인류의 출현과 문명의 발생

01 인류의 출현과 문명의 발생

046

⊙에 대한 학생의 발표로 옳지 <u>않은</u> 것은?

> 역사가는 과거에 인간이 남긴 흔적이나 기록을 수집·분석·해석하여 과거를 재구성한다. 이 과정에서 역사가가 이용하는 모든 자료를 (⊙)(이)라고 한다. 건축가가 벽돌이나 나무와 같은 자재가 없이는 집을 지을 수 없듯이, 역사가도 (⊙) 없이는 역사 연구를 할 수 없다.

① ⊙에는 구전되는 노래와 설화도 포함돼요.
② 역사가는 ⊙의 사실 여부를 먼저 확인해야 해요.
③ ⊙에는 기록자의 주관적 입장이 들어가기도 해요.
④ ⊙은 과거의 모든 사실을 객관적으로 담고 있어요.
⑤ 역사가는 ⊙을 분석하여 객관적 사실을 파악해야 해요.

047

(가)에 들어갈 내용으로 가장 적절한 것은?

> 신석기 시대의 사회 변화를 신석기 혁명이라고 부르는 이유를 말씀해 주세요.

> 그것은 인류가 ____(가)____

① 곡식을 저장하는 토기를 제작하였기 때문입니다.
② 뗀석기보다 정교한 간석기를 제작하였기 때문입니다.
③ 이동 생활을 끝내고 정착 생활을 시작하였기 때문입니다.
④ 계급이 발생하고 사유 재산 제도가 등장하였기 때문입니다.
⑤ 수렵 채집 단계에서 식량을 생산하는 단계로 발전하였기 때문입니다.

048

⊙에 해당하는 인류에 대한 설명으로 옳은 것은?

> 약 180만 년 전에 '직립 인간'이라는 뜻의 (⊙)이/가 등장하였다. 이들은 아프리카, 유럽, 아시아의 여러 지역에서 살았는데, 두뇌 용량이 더 커지고 지능이 발달하여 한층 발전된 도구를 사용하였다. 이들의 화석이 인도네시아의 자와, 중국의 베이징 등에서 발견되기도 하였다.

① 불을 사용하였다.
② 시체를 매장하였다.
③ 라스코 동굴 벽화를 남겼다.
④ 처음으로 직립 보행을 하였다.
⑤ 현생 인류의 직접적인 조상이다.

049

다음 문화유산을 남긴 사람들의 생활 모습으로 옳은 것은?

 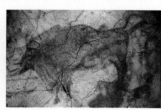

① 청동기 문명을 발전시켰다.
② 토기를 제작해 사용하였다.
③ 농경과 목축을 시작하였다.
④ 움집을 짓고 정착 생활을 하였다.
⑤ 주먹도끼 등 뗀석기를 사용하였다.

050

다음 도구를 처음 제작한 시대의 모습으로 옳은 것은?

① 문자를 사용하였다.
② 농경을 시작하였다.
③ 사유 재산이 발생하였다.
④ 청동기로 무기를 제작하였다.
⑤ 주로 바위 그늘이나 막집에 살았다.

051

⊙에 들어갈 내용으로 옳은 것은?

> 신석기 시대 사람들 사이에 원시적인 형태의 종교 의식이 생겨났다. 이들은 태양, 바람, 비 등 농경에 영향을 주는 자연 현상을 중시하였고, 물, 나무 등에 정령이 깃들어 있다고 믿는 (⊙)이나 거석 숭배 등을 통해 종교 의식을 표현하였다.

① 애니미즘　　　　② 토테미즘
③ 샤머니즘　　　　④ 영혼 숭배
⑤ 조상 숭배

052

밑줄 친 '이 시기'에 볼 수 있는 모습으로 옳은 것만을 〈보기〉에서 고른 것은?

> 사진은 영국에 있는 이 시기의 거석 문화 유적입니다. 높이가 4m가 넘는 거대한 돌들이 줄지어 서 있는데, 태양 숭배나 천문 관측과 관련이 있는 것으로 추정됩니다.

[보기]
ㄱ. 농사를 짓는 농민
ㄴ. 토기를 만드는 여성
ㄷ. 철제 무기로 무장한 군인
ㄹ. 문자로 기록을 남기는 상인

① ㄱ, ㄴ　　② ㄱ, ㄷ　　③ ㄴ, ㄷ
④ ㄴ, ㄹ　　⑤ ㄷ, ㄹ

[053~055] 4대 문명의 중심지를 보고 물음에 답하시오.

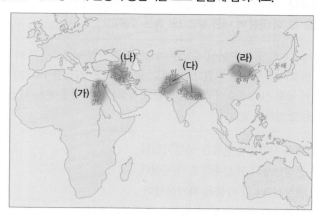

053

(가)~(라) 문명의 공통점으로 옳지 <u>않은</u> 것은?

① 문자가 사용되었다.
② 청동기가 제작되었다.
③ 도시와 국가가 성립되었다.
④ 동굴 벽화가 처음 그려졌다.
⑤ 사유 재산과 계급이 발생하였다.

054

⊙, ⓒ에 해당하는 문명이 옳게 짝지어진 것은?

> ⊙ 수메르인이 인류 최초의 도시 국가를 세워 문명을 일으켰다. 이들은 다신교를 믿어 도시 국가마다 다른 수호신을 섬겼다.
> ⓒ 펀자브 지방에는 드라비다인이 세운 것으로 추정되는 도시 문명이 출현하였다. 기원전 1500년경에는 아리아인이 펀자브 지방에 들어와 정착하였다.

	⊙	ⓒ		⊙	ⓒ		⊙	ⓒ
①	(가)	(나)	②	(가)	(다)	③	(나)	(다)
④	(나)	(라)	⑤	(다)	(라)			

055

(라) 문명이 남긴 문화유산으로 옳은 것은?

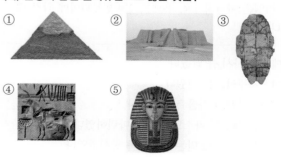

056

밑줄 친 '이 국왕'에 대한 설명으로 옳은 것은?

> 아카드인의 뒤를 이어 새로운 지배자로 등장한 아무르인은 바빌로니아 왕국을 세웠다. 바빌로니아 왕국은 기원전 18세기 이 국왕 시기에 수메르의 옛 법을 집대성하여 법전을 편찬하는 등 전성기를 맞았다.

① 메소포타미아 전역을 통일하였다.
② 천명사상과 덕치주의를 내세웠다.
③ 태양신 '라'의 아들을 자처하였다.
④ 견융족의 침입을 받아 뤄양으로 천도하였다.
⑤ 엄격한 신분 제도인 카스트 제도를 만들었다.

057

밑줄 친 '이들'에 대한 설명으로 옳은 것은?

> 이들은 다신교를 믿어 지구라트라는 신전을 세우고 도시 국가마다 다른 수호신을 섬겼다. 또한 천체를 관측하는 과정에서 점성술과 천문학이 발전하고 태음력과 60진법이 고안되었다.

① 「사자의 서」를 작성하였다.
② 내세보다 현세의 문제를 중시하였다.
③ 계획도시인 모헨조다로를 건설하였다.
④ 파피루스에 상형 문자로 기록을 남겼다.
⑤ 카르타고 등 많은 식민 도시를 건설하였다.

058

밑줄 친 '이들'에 대한 설명으로 옳은 것은?

> 이들이 기원전 11세기에 세운 이스라엘 왕국은 솔로몬왕 때 전성기를 누렸다. 그러나 그의 사후 이스라엘과 유대로 갈라져 이스라엘은 아시리아에, 유대는 신바빌로니아에 각각 멸망하였다.

① 「길가메시 서사시」를 남겼다.
② 도시마다 지구라트를 세웠다.
③ 수메르인이 세운 국가를 정복하였다.
④ 엄격한 신분 제도인 카스트 제도를 마련하였다.
⑤ 여호와를 유일신으로 믿는 유대교를 창시하였다.

059

㉠ 문자를 고안한 사람들에 대한 설명으로 옳은 것은?

〈알파벳의 변천 과정〉

이집트 문자	㉠ 문자	그리스 문자	로마 문자
☿	ℵ ('a) Aleph	ΑΑ (a) Alpha	A
▭	ヿ (b) Beth	B (b) Beta	B
Γ	ィ (g) Gimel	ΓC (g) Gamma	C/G
◁	Δ (d) Daleth	ΔD (d) Dalta	D

① 미라를 제작하였다.
② 함무라비 법전을 편찬하였다.
③ 바빌로니아 왕국을 멸망시켰다.
④ 자연을 찬미한 베다를 만들었다.
⑤ 카르타고 등 많은 식민 도시를 건설하였다.

060

자료와 관계 깊은 문화유산으로 옳은 것은?

> 이 나라는 기원전 7세기 아시리아에 정복될 때까지 이민족의 침입을 거의 받지 않아 고왕국, 중왕국, 신왕국으로 이어지는 통일 국가를 오랫동안 유지할 수 있었다. 이러한 안정 속에서 이 나라 사람들은 사후 세계에 관심을 두게 되었고 인간의 생사 또한 반복된다는 영혼 불멸 사상을 낳았다.

①
②
③
④
⑤

061

오른쪽 자료와 관련된 문명에 대한 설명으로 옳은 것은?

① 피라미드를 축조하였다.
② 갑골 문자를 사용하였다.
③ 도시마다 지구라트를 세웠다.
④ 바빌로니아 왕국을 멸망시켰다.
⑤ 메소포타미아 지방과 교역하였다.

062

다음 신분 제도를 만든 사람들에 대한 설명으로 옳은 것은?

① 카르타고를 건설하였다.
② 봉건제로 지방을 통치하였다.
③ 신바빌로니아에게 멸망하였다.
④ 자연을 찬미하는 베다를 만들었다.
⑤ 파피루스에 상형 문자로 기록을 남겼다.

063

㉠ 왕조에 대한 설명으로 옳은 것은?

(㉠)의 청동 세 발 솥
이 유물은 황허강 유역에서 출토된 청동으로 만든 솥이다. 은허를 중심으로 발전하였던 (㉠) 왕조에서 제작해 제기로 사용된 것이다. 청동 솥은 고대 중국에서 왕의 권위를 상징하는 것으로 알려져 있다.

① 하라파를 건설하였다.
② 표음 문자를 사용하였다.
③ 제정일치의 신정 국가였다.
④ 봉건제로 지방을 다스렸다.
⑤ 함무라비 법전을 편찬하였다.

064

㉠ 왕조에 대한 설명으로 옳은 것은?

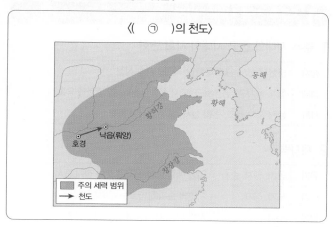

《 (㉠)의 천도 》

① 「사자의 서」를 만들었다.
② 중국 기록상 최초의 왕조였다.
③ 바빌로니아 왕국을 멸망시켰다.
④ 갠지스강 유역까지 진출하였다.
⑤ 천명사상과 덕치주의를 내세웠다.

[065~066] 다음 자료를 보고 물음에 답하시오.

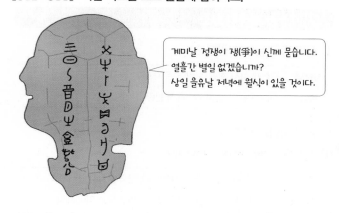

> 계미날 점쟁이 쟁(爭)이 신께 묻습니다.
> 열흘간 별일 없겠습니까?
> 삼일 을유날 저녁에 월식이 있을 것이다.

065

위 자료에 나타난 문자의 명칭을 쓰시오.

066 ✐ 서술형

위 자료의 문자를 사용한 왕조의 정치적 특징을 제시된 자료와 연관 지어 서술하시오.

O2 동아시아 세계의 형성

✔ 출제 포인트   ✔ 춘추 전국 시대   ✔ 진·한 제국   ✔ 위진 남북조 시대   ✔ 수·당 제국

1. 춘추 전국 시대의 발전

1 춘추 시대와 전국 시대의 사회 변화

정치	군현제 실시, 관료제 등장, 새(士) 계층 성장
경제	철제 농기구·우경 보급, 도시 성장, 상공업 발달(화폐 유통)
사회	능력 중시 풍조, 변법 실시, 철제 무기의 등장

2 제자백가

유가	공자, 맹자, 순자	인과 예를 중심으로 한 도덕 정치 중시
도가	노자, 장자	자연의 순리를 따르는 무위자연 강조
묵가	묵자	차별 없는 사랑(겸애)과 평화주의 강조
법가	상앙, 한비자	군주의 권위 강조, 법·형벌에 의한 엄격한 통치

자료 제자백가 사상의 출현 ⓒ 19쪽 081번 문제로 확인

• 덕으로써 남을 복종하게 하면 마음으로 기뻐하며 진정으로 복종하게 된다.
　　　　　　　　　　　　　　　　　　　　　　　　　— 맹자 —
• 천하에 규제하는 명령이 많아질수록 인간은 더 빈궁해지고, 민간에 예리한 무기가 많아질수록 사회는 더 혼란해진다.
　　　　　　　　　　　　　　　　　　　　　　　　　— 노자 —

분석 춘추 전국 시대에 제후국들이 부국강병을 추진하면서 능력 위주의 인재를 등용하였다. 이 과정에서 제자백가가 등장하였다.

2. 진·한 제국의 발전

1 진의 중국 통일(기원전 221)

시황제	군현제 실시, 화폐·도량형·문자 통일, 분서갱유, 만리장성 축조
멸망	진승·오광의 난 등 각지에서 반란 → 멸망

2 한의 성립과 발전

(1) 한의 발전 ⓒ 20쪽 085번 문제로 확인

고조	항우를 물리치고 한 건국(기원전 202), 군국제 실시
무제	• 정치 : 군현제 확대 실시, 동중서의 건의로 유교 이념 채택 • 대외 정책 : 남월과 고조선 정복, 흉노 공격, 대월지와 동맹을 위해 장건 파견(사막길(비단길) 개척) • 경제 : 소금·철의 전매제, 균수법·평준법 실시, 오수전 주조
왕망	전한 멸망·신 건국(8), 노비 매매 금지·대토지 소유 제한
후한	• 성립 : 광무제가 호족의 지원으로 뤄양에 도읍(25) • 멸망(220) : 환관·외척의 발호, 황건적의 난 등 농민 반란

(2) 한의 사회와 문화

사회	호족 세력의 성장(대토지 소유, 향거리선제로 관료 진출)
학문	유교의 통치 이념화, 훈고학 발전
기타	역사서(사마천의 『사기』·반고의 『한서』 등), 채륜이 제지술 개량

3. 위진 남북조 시대

1 위진 남북조 시대의 전개

위·진	후한 멸망 후 위·촉·오로 분열 → 진(晉)의 통일
5호 16국	• 화북 지역으로 진출한 5호가 16국 건국 • 진이 강남으로 이주하여 동진 건국
남북조	• 화북 : 북위(선비족)가 화북 통일 → 효문제의 한화 정책 • 강남 : 동진 이후 빈번한 왕조 교체(송 → 제 → 양 → 진)

2 위진 남북조 시대의 사회·경제·문화 ⓒ 22쪽 093번 문제로 확인

사회	9품중정제 → 호족이 문벌 귀족으로 성장
경제	한족 이주에 따른 강남 개발 본격화, 균전제(북위) 실시
종교	• 불교 : 북조 왕실의 후원, 대규모 석굴 사원 조성(윈강, 룽먼 등) • 도교, 노장사상과 청담 유행(죽림칠현)

4. 수·당 제국의 발전

1 수의 건국과 발전 ⓒ 22쪽 094번 문제로 확인

문제	수 건국, 과거제 시행, 3성 6부제 마련, 균전제·조용조·부병제 정비
양제	대운하 완성, 고구려 원정 실패 → 대규모 토목 공사와 무리한 대외 원정으로 멸망 → 이연(고조)이 당 건국(618)

2 당의 발전과 멸망

발전	• 태종 : '정관의 치', 율령 체제 정비, 동돌궐 복속 • 고종 : 서돌궐 예속, 신라와 연합하여 백제·고구려를 멸망시킴 • 현종 : '개원의 치', 절도사의 등장, 율령 체제의 붕괴로 동요
제도	수의 제도 계승(3성 6부제, 과거제, 균전제·조용조·부병제 등)
쇠퇴	• 안사의 난 이후 절도사 발호, 장원제·양세법·모병제 실시 • 황소의 난(875)으로 급격히 쇠퇴, 절도사 주전충에 의해 멸망(907)

3 당의 문화 귀족적, 개방적, 국제적

유학	공영달의 『오경정의』 편찬(훈고학 집대성)
예술	시 발달(이백, 두보 등), 당삼채 유행
종교	불교(선종·정토종, 현장과 의정의 인도 순례), 도교(왕실의 보호 아래 유행), 외래 종교(조로아스터교, 마니교, 네스토리우스교(경교) 등)

5. 고대 일본의 발전

야마토 정권	한반도에서 불교 전래, 쇼토쿠 태자의 주도로 아스카 문화 발전
다이카 개신	당의 율령 체제를 모방하여 개혁 단행(645)
나라 시대	• 8세기 초 나라 지역에 헤이조쿄(장안성 모방) 건설, 천도 • 불교문화 발달, 『고사기』·『일본서기』 등 편찬
헤이안 시대	• 8세기 말 교토 지역에 헤이안쿄 건설, 천도 • 견당사 폐지, 국풍 문화 발달(가나, 『겐지 이야기』 등)

분석 기출 문제

》 바른답·알찬풀이 7쪽

핵심 개념 문제

•• 빈칸에 들어갈 알맞은 말을 쓰시오.

067 (   ) 시대에는 관료제가 등장하고 사(士) 계층이 성장하여 신분보다 능력을 중시하는 풍조가 나타났다.

068 북위의 효문제는 중국식 통치 제도와 문화를 받아들여 제도를 정비하는 (   )을/를 시행하였다.

•• 다음 설명이 옳으면 ○표, 틀리면 ×표 하시오.

069 한 고조는 군현제와 봉건제를 절충한 군국제를 시행하였다.   (   )

070 한 무제는 흉노를 저지할 동맹군을 얻기 위해 장건을 서역의 대월지에 파견하였다.   (   )

071 절도사는 수 문제 때 변경의 방어와 지방 통치를 위해 마련한 직책으로, 지역의 군사·재정·행정을 장악하였다.   (   )

•• 다음 인물이 실시한 정책을 옳게 연결하시오.

072 진 시황제 •   • ㉠ 대운하 완성

073 왕망   •   • ㉡ 노비 매매 금지

074 수 양제   •   • ㉢ 화폐·문자·도량형 통일

•• 괄호 안에 들어갈 알맞은 용어를 고르시오.

075 한 무제는 각 지방에서 많이 나는 물자를 세금으로 거두고 해당 물자가 부족한 지방에 팔아 유통을 원활하게 하는 (㉠ 균수법, ㉡ 평준법)을 실시하였다.

076 위진 남북조 시대에 실시된 (㉠ 과거제, ㉡ 9품중정제)로 지배층이 높은 관직을 세습하는 문벌 귀족 사회가 형성되었다.

077 당 현종 대 강남에서 농업과 수공업이 발달하고 대외 무역이 발전하는 등 당의 번영이 절정에 달하여, 이 시기를 (㉠ 정관의 치, ㉡ 개원의 치)라고 한다.

•• 다음 문장과 관련 있는 개념을 〈보기〉에서 고르시오.

078 춘추 전국 시대에 활약한 여러 학자와 학파를 지칭하는 용어이다.   (   )

079 균전제를 통해 토지를 받은 농민에게 병역 의무를 담당하게 한 병농 일치 제도이다.   (   )

[보기]
ㄱ. 제자백가   ㄴ. 부병제

1. 춘추 전국 시대의 발전

080

지도와 같은 상황이 전개되던 시대에 있었던 사실로 옳은 것은?

① 군현제 실시
② 3성 6부제 마련
③ 9품중정제 시행
④ 장건을 대월지에 파견
⑤ 균수법과 평준법 시행

빈출
★081

다음 인물들이 활동하던 시대에 대한 설명으로 옳은 것은?

> • 덕으로써 남을 복종하게 하면 마음으로 기뻐하며 진정으로 복종하게 된다.
> — 맹자 —
> • 천하에 규제하는 명령이 많아질수록 인간은 더 빈궁해지고, 민간에 예리한 무기가 많아질수록 사회는 더 혼란해진다.
> — 노자 —

① 양세법 시행   ② 오수전 주조
③ 균전제 마련   ④ 비단길 개척
⑤ 철제 농기구 보급

082

(가)에 들어갈 내용으로 적절한 것은?

> • 주제 : ○○ ○○ 시대의 특징
> • 모둠별 발표 내용

1모둠	철기 보급과 사회 변화
2모둠	상앙의 변법
3모둠	(가)

① 5호의 남하   ② 군국제의 시행
③ 절도사의 등장   ④ 제자백가의 출현
⑤ 문벌 귀족 사회의 형성

II

2. 진·한 제국의 발전

083

다음 문화유산을 건설한 중국 황제의 정책으로 옳은 것은?

▲ 병마용 갱(중국 시안)

① 과거에 전시를 도입하였다.
② 유교를 통치 이념으로 삼았다.
③ 종법에 근거한 봉건제를 시행하였다.
④ 분서갱유를 일으켜 사상을 탄압하였다.
⑤ 강남과 화북을 잇는 대운하를 완성하였다.

084

다음과 같은 정책을 실시한 왕조에 대한 설명으로 옳은 것은?

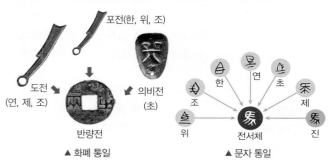

▲ 화폐 통일   ▲ 문자 통일

① 만리장성을 쌓았다.
② 안사의 난으로 쇠퇴하였다.
③ 황건적의 난으로 멸망하였다.
④ 유교를 통치 이념으로 삼았다.
⑤ 윈강 석굴 사원을 조성하였다.

★빈출 085

밑줄 친 '황제'가 추진한 정책으로 옳은 것은?

황제는 월지가 항상 흉노를 원수처럼 여기고 있지만 함께 공격할 세력이 없음을 알고 장건을 사신으로 보내 월지와 연락하고자 하였다.

① 시박사 설치   ② 반량전 주조
③ 조용조 도입   ④ 소금과 철의 전매제 시행
⑤ 변방 방어를 위한 절도사 설치

086

(가), (나) 제도에 대한 설명으로 옳은 것만을 〈보기〉에서 고른 것은?

(가)   (나)

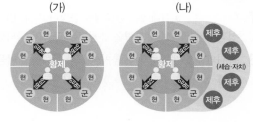

[보기]
ㄱ. (가) – 춘추 전국 시대에 처음 시행되었다.
ㄴ. (가) – 혈연과 종법에 기반하여 운영하였다.
ㄷ. (나) – 군현제와 봉건제를 절충한 형태이다.
ㄹ. (나) – 한 무제가 확대 시행하였다.

① ㄱ, ㄴ   ② ㄱ, ㄷ   ③ ㄴ, ㄷ
④ ㄴ, ㄹ   ⑤ ㄷ, ㄹ

087

(가) 왕조 시기에 있었던 사실로 옳은 것은?

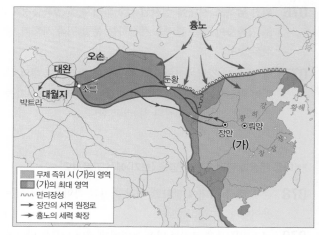

① 진승·오광의 난이 일어났다.
② 법가를 통치 이념으로 삼았다.
③ 종법에 기초한 봉건제를 시행하였다.
④ 물가 조절을 위해 균수법을 시행하였다.
⑤ 균전제에 기반하여 부병제가 시행되었다.

밑줄 친 '우리나라'에서 있었던 사실로 옳은 것은?

> 흉노는 <u>우리나라</u>의 신하로서 따르지 않고, 때때로 변경을 황폐하게 하고 있습니다. …… 돌아가신 선제는 변경의 백성이 오랫동안 흉노의 침략에 고통스러워하는 것을 불쌍히 여겨, 성채를 쌓고 망루대를 설치하고 병사를 주둔시켜 방위력의 증강에 전력했습니다. 그러나 그 결과 재정이 어려워져 소금, 철, 술의 전매 및 수출입 금지법을 시행하게 되었습니다. 이에 국고 수입이 증대되었고, 방위비도 확보할 수 있었습니다.
>
> ‒ 「염철론」 ‒

① 교초의 남발로 물가가 폭등하였다.
② 향촌 통제를 위한 이갑제가 시행되었다.
③ 장건에 의해 사막길(비단길)이 개척되었다.
④ 견융족의 침입으로 수도를 낙읍으로 옮겼다.
⑤ 재산에 따라 세금을 거두는 양세법이 시행되었다.

089

밑줄 친 '역사서'가 저술된 왕조 시기의 문화에 대한 설명으로 옳은 것만을 〈보기〉에서 고른 것은?

> 그는 역사 편찬 업무를 담당하였던 아버지의 유언에 따라 중국의 신화 시대부터 그가 살았던 시대까지를 다룬 <u>역사서</u>를 편찬하였다. 그는 흉노와 싸우다 투항한 장수 이릉을 변호하였다가 황제의 노여움을 사 궁형을 당하는 아픔을 겪었지만, 이를 극복하고 130권의 <u>역사서</u> 편찬을 완성하였다. 이 책은 시간의 순서로 기술된 편년체 방식이 아닌 주제별로 서술한 기전체 방식으로, 본기(제왕), 세가(제후), 열전(인물), 표(연표)로 구성되었다. 기전체는 이후 동아시아 역사 서술의 모범이 되었다.

[보기]
ㄱ. 사막길을 따라 불교가 전래되었다.
ㄴ. 환관 채륜이 제지술을 개량하였다.
ㄷ. 이국적인 도자기인 당삼채가 유행하였다.
ㄹ. 『오경정의』가 편찬되어 훈고학이 집대성되었다.

① ㄱ, ㄴ   ② ㄱ, ㄷ   ③ ㄴ, ㄷ
④ ㄴ, ㄹ   ⑤ ㄷ, ㄹ

---

3. 위진 남북조 시대

090

㉠ 시대의 문화에 대한 설명으로 옳은 것은?

> 왼쪽 사진은 (㉠) 때 조성된 윈강 석굴 제20 굴의 대불로, 황제의 모습을 본떠 만들었다고 한다. 이는 부처의 힘을 빌려 황제의 권위를 높이기 위한 목적이었다.

① 당삼채가 유행하였다.
② 성리학이 집대성되었다.
③ 『사고전서』가 편찬되었다.
④ 「곤여만국전도」가 제작되었다.
⑤ 노장사상과 청담이 유행하였다.

091

밑줄 친 '황제'가 추진한 정책으로 옳은 것은?

> 황제는 "어제 부녀자들의 의복을 보니, 여전히 옷깃과 소매가 좁았다. 내가 정벌을 시작한 지 3년은 안 되었으나 이미 한 해가 지났는데, 그대들은 무슨 까닭으로 예전의 호복 금지 조칙을 어기고 있는가?"라고 꾸짖었다.

① 후한 건국   ② 뤄양 천도
③ 고구려 멸망   ④ 향거리선제 마련
⑤ 남북조 시대의 혼란 수습

092

(가)~(다) 왕조에 대한 설명으로 옳은 것은?

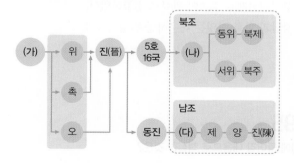

① (가) ‒ 문벌 귀족 사회가 형성되었다.
② (가) ‒ 과거제를 통해 인재를 선발하였다.
③ (나) ‒ 윈강 석굴 사원을 축조하였다.
④ (나) ‒ 고유 문자를 제작하여 사용하였다.
⑤ (다) ‒ 균전제를 실시하였다.

빈출
093

다음 제도가 실시되었던 시대의 사회 상황으로 옳은 것은?

> 지금 중정관을 두어 9품을 정하고 있는데, 등급의 높고 낮음이 그의 뜻에 달려 있어, 임금의 권세와 은혜를 제멋대로 가지고 놀며 천자의 권한을 빼앗고 있습니다. …… 이런 까닭에 상품(上品)에는 천한 가문이 없으며, 하품(下品)에는 권세 있는 가문이 없다고 합니다.

① 제자백가가 출현하였다.
② 문벌 귀족이 지배층을 형성하였다.
③ 『오경정의』가 과거 교재로 사용되었다.
④ 호족 세력의 지원으로 후한이 건국되었다.
⑤ 몰락한 농민들이 황건적의 난을 일으켰다.

4. 수·당 제국의 발전

[094~095] 다음 글을 읽고 물음에 답하시오.

> 1. 건국 : 양견이 건국, 대흥을 수도로 함
> 2. 제도 정비 : 과거제(관리 선발), 균전제·조용조·부병제
> 3. 멸망 원인
>   ㄱ. 대규모 농민 반란 발생
>   ㄴ. ＿＿＿＿＿＿＿ (가) ＿＿＿＿＿＿＿

빈출
094

위 자료에 나타난 왕조에 대한 설명으로 옳은 것은?

① 반량전으로 화폐를 통일하였다.
② 소금과 철의 전매제를 시행하였다.
③ 황제의 명으로 『오경정의』를 편찬하였다.
④ 향거리선제로 호족이 관료로 진출하였다.
⑤ 강남과 화북을 잇는 대운하를 완성하였다.

095

(가)에 들어갈 내용으로 적절한 것은?

① 절도사 주전충의 반란
② 진승이 일으킨 농민 봉기
③ 호족의 성장과 장원의 확대
④ 안녹산이 주도하여 일으킨 난
⑤ 고구려와 벌인 전쟁에서 패배

096

(가), (나) 제도에 대한 설명으로 옳은 것만을 〈보기〉에서 고른 것은?

> (가) 정마다 매년 국가에 벼 2석을 조로 낸다. 또한 매년 20일 윤년에는 2일을 더하여 복역해야 하는데 이를 용이라 한다. 호마다 조는 향토에서 나는 것에 따라 매년 비단, 베, 마 등을 낸다.
>
> (나) 양염은 폐단을 걱정하여 황제에게 아뢰어 법을 만들어 조세 제도를 하나로 통일하였다. …… 빈부에 따라 징수액에 차이를 둔다. 자기 땅에 거주하지 않고 행상을 하는 자는 자신이 머무르고 있는 주현의 세금으로 판매액의 30분의 1을 내게 한다. 거주자의 세금은 여름, 가을에 징수한다.

[보기]
ㄱ. (가) – 재산 정도에 따라 세금을 거두었다.
ㄴ. (가) – 균전제를 기반으로 하여 운영되었다.
ㄷ. (나) – 북위에서 처음 시행되었다.
ㄹ. (나) – 안녹산과 사사명의 난을 계기로 시행되었다.

① ㄱ, ㄴ   ② ㄱ, ㄷ   ③ ㄴ, ㄷ
④ ㄴ, ㄹ   ⑤ ㄷ, ㄹ

097

밑줄 친 '이 도시'를 수도로 하였던 왕조 시기에 있었던 사실로 옳은 것은?

> 장방형으로 건설된 이 도시는 11개의 남북 대로와 14개의 동서 대로로 구획되어 정리되었으며 불교, 도교, 조로아스터교 등의 사원이 있었다. 일본 나라 시대의 수도인 헤이조쿄도 이 도시를 모방하여 건설되었다.

① 죽림칠현이 등장하였다.
② 향거리선제가 실시되었다.
③ 장거정의 개혁이 추진되었다.
④ 사마천이 『사기』를 편찬하였다.
⑤ 안녹산과 사사명이 난을 일으켰다.

098

⭐ 빈출

교사 질문에 대한 학생의 답변으로 적절한 것은?

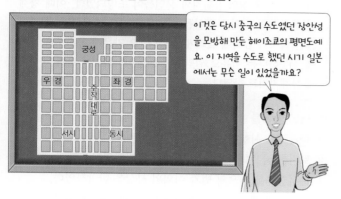

이것은 당시 중국의 수도였던 장안성을 모방해 만든 헤이조쿄의 평면도예요. 이 지역을 수도로 했던 시기 일본에서는 무슨 일이 있었을까요?

① 갑 : 도다이사가 건립되었어요.
② 을 : 국풍 문화가 발달하였어요.
③ 병 : 견당사 파견이 중지되었어요.
④ 정 : 일본이라는 국호가 만들어졌어요.
⑤ 무 : 한자를 변형한 가나가 사용되었어요.

099

㉠ 시대에 있었던 사실로 옳은 것은?

- 주제 : 일본의 고대 문화
- 모둠별 발표 내용

1모둠	야마토 정권	불교 전래, 쇼토쿠 태자
2모둠	나라 시대	『만엽집』, 견당사와 견신라사
3모둠	(㉠) 시대	견당사 폐지, 가나 사용

① 다이카 개신이 단행되었다.
② 아스카 문화가 발전하였다.
③ 천황이라는 칭호가 마련되었다.
④ 일본 고유의 시인 와카가 발달하였다.
⑤ 『고사기』와 『일본서기』가 편찬되었다.

[100~101] 다음 글을 읽고 물음에 답하시오.

> 상서 진군의 건의로 각 주와 군에 현지 사정에 밝은 그 지역 출신 고관을 중정(中正)으로 두어 관할 지방의 인재를 추천하도록 하는 제도가 처음 실시되었다. 지방에서는 향론을 바탕으로 인재를 상상(上上)부터 하하(下下)까지 9개의 향품(鄕品)으로 구분하여 추천하면, 중앙에서는 일반적으로 향품보다 4품을 내려서 관품을 주었다. …… 상품(上品)에서 제외된 세력은 한문(寒門) 또는 단문(單門)이라 하였다.

100

윗글에 나타난 위진 남북조 시대의 관리 선발 제도를 쓰시오.

101

위 제도를 시행한 결과 나타난 사회 변화와 문제점을 지배층과 관련하여 서술하시오.

[102~103] 지도를 보고 물음에 답하시오.

102

(가)에 들어갈 중국의 왕조를 쓰시오.

103

(가) 왕조의 멸망 배경을 서술하시오.

104

밑줄 친 '이 시기'에 대한 설명으로 옳은 것만을 〈보기〉에서 고른 것은?

주나라가 낙읍(뤄양)으로 수도를 옮긴 후 패자들은 주 왕실을 받들고 오랑캐를 물리친다는 명분으로 주변의 제후들과 모임을 자주 가졌다. 이 시기의 중요한 정치 의례였던 이런 모임에서는 노인을 공경하고, 양곡 수입을 막지 말자는 등의 합의가 이루어졌다.

【 보기 】
ㄱ. 소금과 철의 전매제가 시행되었다.
ㄴ. 상업이 활발해지면서 화폐가 유통되었다.
ㄷ. 지식과 학문을 갖춘 사(士) 계층이 성장하였다.
ㄹ. 봉건제와 군현제를 절충한 군국제가 시행되었다.

① ㄱ, ㄴ   ② ㄱ, ㄷ   ③ ㄴ, ㄷ
④ ㄴ, ㄹ   ⑤ ㄷ, ㄹ

105

밑줄 친 ⊙에 해당하는 사실로 옳은 것은?

① 황소의 난이 일어났다.
② 황건적의 난이 일어났다.
③ 왕망이 신을 건국하였다.
④ 진승과 오광이 반란을 일으켰다.
⑤ 안녹산과 사사명이 반란을 일으켰다.

106

밑줄 친 '황제'가 추진한 정책으로 옳은 것은?

두태후(竇太后)가 사망한 이후, 노자와 한비자 등의 주장은 내쳐지고, 수백 명의 유학자와 문인들이 초빙되었다. 이때 황제가 동중서의 건의를 받아들여 유학을 더욱 중시하자, 천하의 많은 학자가 유학에 쏠리게 되었다. 그 가운데 공손홍은 춘추에 정통하다는 이유로 일약 삼공(三公)의 자리에 올라 평진후로 봉해지기도 하였다.

① 변방 방어를 위해 절도사를 두었다.
② 과거제를 시행하여 관리를 선발하였다.
③ 토지를 국유화하고 노비 매매를 금지하였다.
④ 분서갱유를 일으켜 법가 이외의 사상을 탄압하였다.
⑤ 흉노를 견제하기 위해 장건을 대월지에 파견하였다.

107

(가), (나) 시기 사이에 있었던 사실로 옳은 것은?

(가) 왕실의 외척이 왕위를 찬탈하여 신이라는 왕조를 세우고, 『주례』를 모범으로 삼아 토지, 노비, 화폐 등 각종 제도를 개혁하여 유교적 이상 국가를 지향하였다.
(나) 장각 등은 일이 이미 발각된 것을 알고 여러 지역에 명령을 내려 일시에 함께 봉기하도록 하였다. 이들이 모두 황건을 써서 표와 기치로 삼았기 때문에 당시 사람들은 이들을 황건적이라 불렀다.

① 문벌 귀족들 사이에 청담이 유행하였다.
② 선비족의 복장과 언어 사용이 금지되었다.
③ 반고가 『사기』의 체제를 본받아 『한서』를 지었다.
④ 동중서의 건의로 유교가 통치 이념으로 채택되었다.
⑤ 분서갱유를 일으켜 법가 이외의 사상을 탄압하였다.

108

지도의 운하를 건설한 왕조에서 있었던 사실로 옳은 것은?

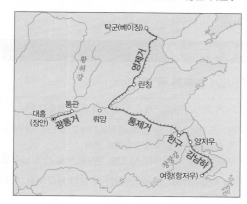

① 과거제가 시행되었다.
② 군국제가 실시되었다.
③ 양세법이 시행되었다.
④ 죽림칠현이 출현하였다.
⑤ 『오경정의』가 편찬되었다.

109

(가), (나) 왕조 시기에 대한 설명으로 옳은 것만을 〈보기〉에서 고른 것은?

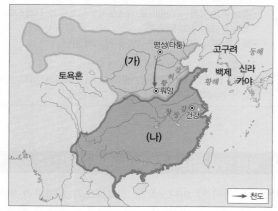

【 보기 】
ㄱ. (가) – 적극적인 한화 정책이 추진되었다.
ㄴ. (가) – 장건에 의해 사막길이 교통로로 개척되었다.
ㄷ. (나) – 노장사상과 청담이 유행하였다.
ㄹ. (나) – 수도에 조로아스터교 사원이 세워졌다.

① ㄱ, ㄴ   ② ㄱ, ㄷ   ③ ㄴ, ㄷ
④ ㄴ, ㄹ   ⑤ ㄷ, ㄹ

110

자료의 반란이 일어난 왕조에서 볼 수 있는 모습으로 적절하지 <u>않은</u> 것은?

소금 밀매 상인인 황소와 왕선지가 반란을 일으켰다. 그들은 세력이 강한 절도사와의 대결을 피해 남쪽으로 내려와 광저우를 함락하였고, 광저우에 있던 무슬림, 경교도를 비롯한 수많은 외국인을 살해하고 재물을 약탈하였다. 그리고 수십만 명에 이르는 병력을 이끌고 뤄양과 장안 등을 함락할 정도로 위세를 떨쳤다. 하지만 반란은 정부가 보낸 토벌군에 의해 진압되었다.

① 태학에 다니는 학생
② 당삼채를 만드는 도공
③ 인도 순례를 떠나는 승려
④ 『오경정의』를 편찬하는 유학자
⑤ 대진 경교 유행 중국비를 세우는 장인

111

(가)에 들어갈 내용으로 적절한 것은?

〈역사 탐구반 부스 운영 계획〉	
주제	국제 도시 장안
활동 개요	7세기 이연에 의해 세워진 ○ 왕조는 초기부터 적극적인 대외 정책을 실시하여 동서 교역로를 확보하였다. 사막길, 바닷길 등 교통로를 중심으로 서역 상인들의 왕래가 활발하였고, 중국의 견직물, 도자기, 금은 세공품이 세계로 수출되었다. 또한 수도 장안에는 세계 각지의 상인, 유학생, 유학승이 모여들었다.
체험 활동	(가)

① 당삼채 모형 만들기
② 아방궁 영상 시청하기
③ 진의 전서체 따라 쓰기
④ 선비족의 복장과 언어 알아보기
⑤ 오수전을 이용하여 물건 구매하기

O3 동아시아 세계의 발전

Ⅱ 동아시아 지역의 역사

☑ 출제 포인트   ☑ 송   ☑ 거란(요)   ☑ 여진(금)   ☑ 몽골 제국   ☑ 막부 정권

1. 송의 번영과 정복 왕조의 활동

1 송의 건국과 문치주의 정책

(1) **송 건국** 후주의 절도사 조광윤(태조)이 송 건국(960)

(2) **문치주의** 절도사의 권한 회수, 문관 우대, 황제의 군사권 강화(금군 통수권 장악), 전시 제도 도입(황제권 강화) → 국방력 약화, 북방 민족의 압박 초래

(3) **왕안석의 신법** 재정난 극복, 국방력 강화 목적 → 일시적 개선 효과, 구법당과 대지주의 반대로 실패

(4) **남송의 성립** 금의 침입으로 임안(항저우)으로 천도

> **자료** 송 대 대외 관계 ⓒ 27쪽 128번 문제로 확인
>
> • 1044년 송은 서하에게 은 5만 냥, 비단 13만 필, 차 2만 근을 지급하기로 약속하였다.
> • 1142년 송은 금에게 은 25만 냥, 비단 25만 필을 지급하기로 약속하였다.
>
> **분석** 송은 문치주의 정책으로 인해 국방력이 약화되었다. 이로 인해 북방 민족의 요, 서하, 금 등의 침입을 막기 위해 막대한 전쟁 비용이 들었고, 이들에게 은과 비단 등을 세폐로 바쳐 재정이 악화되었다.

2 송 대 경제 발전

농업	참파 벼 도입, 농기구 개량, 개간 확대, 시비법 발달, 이앙법(모내기법) 보급 → 강남 지방의 경제력이 화북 지방 능가, 인구 증가
수공업	제철·자기·견직업 등 발달
상업	상업 도시 성장, 화폐 사용 증가(동전 및 교자·회자 등), 동업 조합(행·작) 결성

⭐3 성리학과 서민 문화 ⓒ 28쪽 132번 문제로 확인

사회	유교적 소양을 갖춘 사대부 계층 성장
학문	주희가 성리학(대의명분 중시, 화이론 강조) 집대성
기타	역사서(사마광의 『자치통감』), 문화(도시를 중심으로 서민 문화 발달), 과학(활판 인쇄술 발전, 화약·나침반 발명)

⭐4 북방 민족 국가의 대두 ⓒ 29쪽 137번 문제로 확인

거란 (요)	• 건국 : 야율아보기가 거란족을 통합하여 요 건국(916) • 발전 : 발해 정복, 연운 16주 차지, 송과 전연의 맹약 체결 • 제도·문화 : 북면관제(유목민)·남면관제(한족) 실시, 거란 문자 사용, 『(거란)대장경』 편찬
서하	• 건국 : 탕구트족이 건국(11세기) • 발전 : 송으로부터 세폐 받음, 동서 교역로 장악, 고유 문자 제정
여진 (금)	• 건국 : 아구다가 여진족을 통합하여 금 건국(1115) • 발전 : 송과 연합하여 요 멸망 → 송의 수도 카이펑을 함락하고 화북 지배(정강의 변) → 송으로부터 세폐 받음 • 제도·문화 : 맹안 모극제와 주현제 실시, 여진 문자 사용

2. 몽골 제국과 동서 교류

1 몽골의 세계 정복과 원 제국

건국	13세기 초 테무친(칭기즈 칸)이 몽골족 통일, 천호제 정비
발전	• 칭기즈 칸 : 서하·금 공격, 중앙아시아 진출 → 그의 사후 몽골 제국 분할, 느슨한 울루스 연합체로 변화 • 쿠빌라이 칸 : 대도(베이징) 천도, 원으로 국호 개칭, 남송 정복
제도	몽골 제일주의 표방(소수의 몽골인이 고위 관직 독점, 색목인 우대, 남인 차별)
쇠퇴	황위 계승 분쟁, 황실의 사치와 낭비, 교초 남발로 인한 물가 폭등 → 홍건적의 난 → 주원장에 의해 만리장성 이북으로 축출

> **자료** 원 대 신분 구조 ⓒ 30쪽 139번 문제로 확인
>
>
>
> 몽골인 약 1.5%
> 색목인(서역인) 약 1.5%
> 한인(금 지배하의 한족, 여진족, 거란족, 고려인)약 14%
> 남인(남송 지배하의 한족) 약 83%
> 지배 계층 / 피지배 계층
>
> **분석** 원은 몽골 제일주의 원칙에 따라 여러 민족을 구분하여 통치하였다. 몽골인은 최상층으로 국가의 중요 정책과 행정을 담당하였으며, 색목인은 대부분 상업과 회계 등 재정 관리 분야에서 활약하였다. 한인과 남인은 피지배층을 형성하였으며, 그중 남인은 가장 심한 차별을 받았다.

⭐2 원 대의 경제와 문화 ⓒ 30쪽 142번 문제로 확인

경제	• 농업 생산력 발전, 면직업 발달 • 역참 설치, 대운하(항저우 ~ 대도) 정비, 시박사 설치 • 원 제국 안에서 교초 통용
문화	• 서민 문화 발달, 원곡 발달(『서상기』, 『비파기』 등) • 종교 관용 정책 → 이슬람교, 네스토리우스교(경교), 크리스트교, 티베트 불교(라마교) 등 공존 • 파스파 문자 제작, 천문학·역법·자연 과학 발전
동서 교류	• 배경 : 대제국 건설과 동서 교역로의 확보 • 내용 : 마르코 폴로의 『동방견문록』, 이븐 바투타의 『여행기』, 곽수경이 『수시력』 제작, 항저우 등 항구 도시 번창

3. 일본 막부 정권의 성립(가마쿠라 막부)

1 성립
12세기 말 미나모토노 요리토모가 가마쿠라 막부 개창 → 막부의 쇼군과 가신 간에 토지를 매개로 주종 관계 성립(봉건제)

2 쇠퇴
13세기 후반 여·원 연합군의 침입을 막아 낸 이후 막부 약화 → 천황과 유력 무사들의 봉기 → 가마쿠라 막부 붕괴 → 남북조 시대 전개

3 문화
상공업자들이 동업 조합 조직, 송의 동전이 수입되어 화폐로 사용, 정토종 유행(불교의 대중화)

•• 빈칸에 들어갈 알맞은 말을 쓰시오.

112 송 태조는 (   ) 정책을 실시하여 문인의 정치적 권한을 확대하고 중앙군인 금군의 통수권을 황제가 장악하였다.

113 남송 때 주희가 집대성한 (   )은/는 우주의 원리와 인간의 심성 탐구에 집중하였으며 대의명분을 중시하였다.

•• 다음 설명이 옳으면 ○표, 틀리면 ×표 하시오.

114 송의 신종은 왕안석을 등용하여 국방력 강화와 재정 수입 확대를 위한 개혁을 추진하였다.   (   )

115 연운 16주를 차지한 금은 송과 전연의 맹약을 체결하고 송으로부터 세폐를 받았다.   (   )

116 탕구트족이 세운 서하는 동서 교역로를 장악하여 송과 대립하였다.   (   )

117 12세기 말, 미나모토노 요리토모가 가마쿠라 막부를 세워 일본 최초의 막부 정권이 성립하였다.   (   )

•• 다음 북방 민족이 실시한 통치 제도를 옳게 연결하시오.

118 거란(요) •   • ㉠ 맹안 모극제

119 여진(금) •   • ㉡ 몽골 제일주의

120 몽골(원) •   • ㉢ 북면관제·남면관제

•• 괄호 안에 들어갈 알맞은 용어를 고르시오.

121 송의 왕안석은 농민들에게 싼 이자로 자금을 빌려주는 (㉠ 시역법, ㉡ 청묘법)을 시행하였다.

122 원에서 몽골인은 최상층으로 국가의 중요 정책과 행정을 담당하였으며, (㉠ 남인, ㉡ 색목인)은 대부분 재정 관리 분야에서 활약하였다.

123 가마쿠라 막부는 두 차례에 걸쳐 (㉠ 몽골, ㉡ 여진(금))의 침입을 받았다.

•• 다음 문장과 관련 있는 개념을 〈보기〉에서 고르시오.

124 송의 장택단이 카이펑의 번화한 모습을 그린 그림이다.   (   )

125 원의 곽수경이 이슬람 역법의 영향을 받아 만든 역법이다.   (   )

【 보기 】
ㄱ. 『수시력』   ㄴ. 「청명상하도」

126

밑줄 친 '분열기'에 대한 설명으로 옳은 것은?

> 안사의 난 이후 쇠퇴하던 당은 결국 절도사 주전충에 의해 멸망하였다. 이후 절도사들이 서로 나라를 세워 경쟁하는 <u>분열기</u>가 이어졌다.

① 전국 7웅이 형세를 주도하였다.
② 강남 지역에 동진이 건국되었다.
③ 조광윤이 세운 송에 의해 통일되었다.
④ 화북 지방에서 호한 융합이 이루어졌다.
⑤ 봉건제를 대신하여 군현제가 등장하였다.

127

밑줄 친 '그'의 정책으로 옳은 것은?

> 5대 10국의 혼란을 수습한 <u>그</u>는 황제 중심의 강력한 중앙 집권 체제를 바탕으로 절도사의 권한을 약화시키고 문관이 국정을 담당하는 문신 관료 체제를 구축하였다.

① 군국제 시행   ② 오수전 주조
③ 분서갱유 단행   ④ 9품중정제 폐지
⑤ 금군의 통수권 장악

⭐빈출
128

다음 자료들을 활용한 탐구 활동 주제로 가장 적절한 것은?

> • 1044년 송은 서하에게 은 5만 냥, 비단 13만 필, 차 2만 근을 지급하기로 약속하였다.
> • 1142년 송은 금에게 은 25만 냥, 비단 25만 필을 지급하기로 약속하였다.

① 교초 남발의 결과
② 균수법 시행 배경
③ 문치주의 정책의 한계
④ 안사의 난 이후 사회 변화
⑤ 균전제와 부병제의 운영 원리

129

밑줄 친 '변화'에 대한 설명으로 옳은 것은?

위 그림은 과거의 최종 시험인 전시를 치르는 모습을 그린 것이다. 송 태조 때 시행된 전시가 정례화되면서 많은 <u>변화</u>가 생겨났다.

① 절도사 세력이 성장하였다.
② 황제 지배 체제가 강화되었다.
③ 성리학이 관학으로 자리 잡았다.
④ 훈고학이 등장하는 계기가 되었다.
⑤ 사대부의 사회적 지위가 약화되었다.

130

㉠ 왕조에 대한 설명으로 옳은 것은?

(㉠) 왕조는 거란(요)과 맹약을 맺은 이후 세폐를 보내야 했습니다. 이 왕조에 대해 발표해 볼까요?

① 문벌 귀족이 주요 관직을 차지하였다.
② 강남과 화북을 잇는 대운하를 개통하였다.
③ 관리 선발 제도로 9품중정제를 실시하였다.
④ 절도사의 권한을 회수하고 금군을 강화하였다.
⑤ 한화 정책을 실시하여 한족의 문화를 수용하였다.

131

다음 지폐가 발행되던 시기의 경제 상황으로 옳은 것은?

조서를 내리기를, 회자를 위조한 범인은 참형에 처한다. 신고한 자에게는 상으로 돈 1천 관을 지급한다. 혹 이를 원하지 않으면 진의교위에 임명해 준다. …… …

① 광저우에 공행이 등장하였다.
② 일본과의 감합 무역이 이루어졌다.
③ 소금과 철의 전매제가 시행되었다.
④ 강남 지방에서 참파 벼가 재배되었다.
⑤ 감자, 고구마 등의 작물이 전래되었다.

[132~133] 다음 글을 읽고 물음에 답하시오.

송 대에는 유교적 소양을 바탕으로 관료가 된 (㉠) 계층이 성장하였고 이들을 중심으로 한 학문과 사상이 발전하였다. 유학에서는 남송 대 <u>신유학</u>이 집대성되었는데, 우주의 원리와 인간의 심성 탐구에 집중하였으며 유교 윤리를 바탕으로 군신, 부자 간에 지켜야 할 도리와 대의명분을 중시하였다.

★빈출
132

㉠ 계층에 대한 설명으로 옳은 것은?

① 주요 고위 관직을 세습하였다.
② 재정 업무를 주로 담당하였다.
③ 서민 문화의 발달을 주도하였다.
④ 향거리선제로 관직에 진출하였다.
⑤ 문치주의 정책을 배경으로 성장하였다.

133

밑줄 친 '신유학'에 대한 설명으로 옳은 것은?

① 화이론을 강조하였다.
② 호한 융합에 기여하였다.
③ 죽림칠현의 등장 배경이 되었다.
④ 문벌 귀족의 주도로 발전하였다.
⑤ 귀족 문화 발전의 배경이 되었다.

134

밑줄 친 '그'가 실시한 정책으로 옳은 것만을 〈보기〉에서 고른 것은?

그는 균수법에 이어 청묘법을 제안하였다. 청묘법은 봄부터 여름까지 농민들이 가장 생활하기 힘든 시기 이들을 구제할 목적으로 정부가 이들에게 2할 이하의 싼 이자로 자금을 빌려주는 제도였다.

[보기]
ㄱ. 전국적으로 회자의 유통을 장려하였다.
ㄴ. 소상인들에게 싼 이자로 자금을 빌려주었다.
ㄷ. 농가에서 사육하는 말을 전쟁에 동원하였다.
ㄹ. 대토지 소유를 제한하고, 노비 매매를 금지시켰다.

① ㄱ, ㄴ   ② ㄱ, ㄹ   ③ ㄴ, ㄷ
④ ㄴ, ㄹ   ⑤ ㄷ, ㄹ

135

(가), (나) 국가에 대한 설명으로 옳은 것은?

① (가) – 탕구트족에 의해 건국되었다.
② (가) – 여진 문자를 만들어 사용하였다.
③ (나) – 황제권 강화를 위해 군기처를 설치하였다.
④ (나) – 왕안석이 재정 확대를 위한 개혁을 추진하였다.
⑤ (가), (나) – 이자성의 난으로 멸망하였다.

136

다음 제도를 운영한 국가에서 있었던 사실로 옳은 것은?

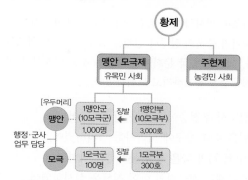

① 송으로부터 매년 세폐를 받았다.
② 파스파 문자를 만들어 사용하였다.
③ 색목인이 재정 업무를 담당하였다.
④ 효문제가 한화 정책을 실시하였다.
⑤ 팔기제를 바탕으로 여진족을 통일하였다.

★빈출
137

(가), (나) 왕조에 대한 설명으로 옳은 것은?

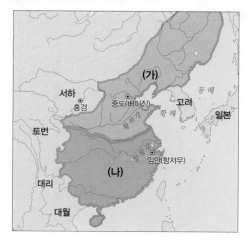

① (가) – 고유 문자를 제작하여 사용하였다.
② (가) – 한족을 한인과 남인으로 구분하였다.
③ (나) – 부족민을 맹안, 모극으로 편성하였다.
④ (나) – 왕안석을 등용하여 신법을 추진하였다.
⑤ (가), (나) – 색목인을 등용하여 재정 업무를 맡겼다.

138

밑줄 친 '노력'에 대한 학생의 대화 내용으로 적절한 것은?

> 정복 왕조란 역사학자 비트포겔이 사용한 용어로 10세기 이후 유목 국가가 중국의 일부나 전체를 정복하고 세운 왕조들을 가리킨다. 이들은 중국 문화에 동화되는 것을 방지하기 위해 민족적 정체성을 유지하려고 <u>노력</u>하였다.

① 갑 : 절도사 주전충이 후량을 건국하였어.
② 을 : 원은 주요 항구에 시박사를 설치하였어.
③ 병 : 거란(요)과 금은 고유 문자를 제작하였어.
④ 정 : 효문제는 적극적인 한화 정책을 실시하였어.
⑤ 무 : 당은 주변 민족에 대해 기미 정책을 실시하였어.

2. 몽골 제국과 동서 교류

139

다음은 원 대의 신분 구조와 인구 구성을 나타낸 것이다. (가)에 대한 설명으로 옳은 것은?

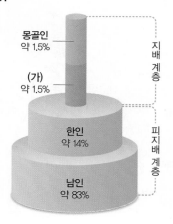

① 최고 고위직을 독점하였다.
② 주로 한족으로 구성되어 있었다.
③ 재정과 행정 실무를 담당하였다.
④ 성리학적 소양을 갖춘 관료층이다.
⑤ 문치주의 정책의 영향으로 성장하였다.

[140~141] 다음 지도를 보고 물음에 답하시오.

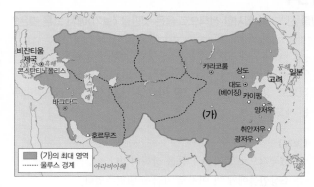

140

(가) 제국 시기 문화에 대한 설명으로 옳은 것은?

① 태평도, 오두미도 등이 등장하였다.
② 사마광의 『자치통감』이 편찬되었다.
③ 『서상기』와 『비파기』 등이 유행하였다.
④ 외국인을 대상으로 빈공과가 시행되었다.
⑤ 대의명분을 중시하는 성리학이 집대성되었다.

141

(가) 제국 시기 동서 교류와 관련된 상황으로 옳은 것은?

① 마르코 폴로의 방문이 이루어졌다.
② 현장이 인도에서 불경을 가져왔다.
③ 장안성에 배화교 사원이 건립되었다.
④ 대진 경교 유행 중국비가 건립되었다.
⑤ 중국의 수도를 모방한 헤이조쿄가 건설되었다.

142

다음 여행자가 볼 수 있었던 모습으로 적절한 것은?

> 여행자에게 중국은 가장 안전하고 좋은 고장이다. 한 사람이 혼자 거금을 소지하고 9개월이나 돌아다녀도 걱정할 일이 없다. 전국의 모든 역참에는 숙소가 있는데 관리자가 서기와 함께 와서 투숙객의 이름을 등록하고 확인 도장을 찍은 다음 숙소 문을 잠근다.
> — 이븐 바투타, 『여행기』 —

① 오수전으로 물건을 사는 상인
② 파스파 문자를 사용하는 관리
③ 지방 인재를 추천하는 중정관
④ 진승·오광의 난을 진압하는 장수
⑤ 『대당서역기』를 집필하고 있는 승려

⭐빈출 143

밑줄 친 '막부' 시기에 있었던 사실로 옳은 것은?

> 헤이안 시대 말기 귀족과 호족 등이 장원을 확대하여 세력을 키우면서 왕권이 약화되고 사회가 불안해졌다. 귀족과 호족들은 장원을 지키기 위해 무사를 고용하였고, 이들은 거대한 무사단으로 발전하였다. 결국 미나모토노 요리토모는 귀족 세력을 제압하여 권력을 장악한 후 일본 역사상 처음으로 <u>막부</u>를 개창하였다.

① 쇼토쿠 태자의 지배력이 강화되었다.
② 일본이라는 국호가 처음 사용되었다.
③ 통일 세력인 야마토 정권이 등장하였다.
④ 쇼군의 가신이 지방의 지배자로 성장하였다.
⑤ 역사서인 『고사기』와 『일본서기』가 편찬되었다.

144

(가) 시기에 일본에서 있었던 사실로 옳은 것은?

> 원의 쿠빌라이 칸은 고려와 연합하여 일본을 침입하였다. 막부는 무사를 동원하여 경계와 방어를 강화하면서 여·원 연합군의 침입에 맞섰다.
>
> ↓
>
> (가)
>
> ↓
>
> 친정을 실현하려는 천황과 무사 세력의 중심으로 성장한 아시카가 다카우지가 내세운 천황이 대립하는 남북조 시대가 시작되었다.

① 견당사가 파견되었다.
② 도다이사가 건립되었다.
③ 다이카 개신이 단행되었다.
④ 가마쿠라 막부가 붕괴되었다.
⑤ 헤이안쿄로 천도가 이루어졌다.

[145~146] 다음 글을 읽고 물음에 답하시오.

> 5대 10국의 혼란 속에서 후주의 조광윤(태조)이 송을 건국하였다. 태조는 지방에서 실권을 행사하던 절도사의 권한을 축소시켰고, 문치주의 정책을 실시하여 문인의 정치적 권한을 확대하였다. 아울러 과거제를 개편하여 관리 임용에도 <u>황제의 권한을 강화하였다.</u> 이러한 과거제의 개편으로 가문보다 능력을 기반으로 한 (㉠) 계층이 성장하였다.

145

㉠에 들어갈 알맞은 계층을 쓰시오.

146

밑줄 친 부분의 구체적인 방안을 서술하시오.

[147~148] 다음 자료를 보고 물음에 답하시오.

> 원은 관료제와 주현제 등 중국의 전통적인 제도를 채용하였지만 (㉠)의 원칙에 따라 각각의 민족을 구분하여 통치하였다.

147

㉠에 들어갈 알맞은 용어를 쓰시오.

148

위 자료를 참고하여 원의 중국 통치 방식을 서술하시오.

적중 1등급 문제

» 바른답·알찬풀이 14쪽

149

(가) 왕조에 대한 설명으로 옳은 것은?

① 탕구트족이 건국하였다.
② 파스파 문자를 제정하였다.
③ 맹안 모극제를 시행하였다.
④ 과거제에 전시를 시행하였다.
⑤ 화폐를 반량전으로 통일하였다.

150

다음 대화가 이루어진 시기에 볼 수 있었던 모습으로 적절한 것은?

> 황제 : 수십 년 동안 왕조가 대략 10번 정도 바뀌었다. 나는 천하의 병란을 수습하고 국가를 오래 이끌고 갈 계획을 세우고 싶은데 그 방법은 무엇인가?
> 조보 : 그동안 전쟁이 그치지 않고 나라가 불안정한 이유는 절도사의 힘이 커서 군주가 약하고 신하가 강하기 때문입니다. 따라서 절도사의 권력을 빼앗고 재산을 제어하고, 병력을 거두어들이면 천하는 저절로 안정될 것입니다.

① 재정 업무를 관장하는 색목인
② 지방의 인재를 추천하는 중정관
③ 수시력으로 날짜를 확인하는 귀족
④ 연운 16주를 지배하는 거란의 관리
⑤ 조용조에 따라 조세를 납부하는 농민

151

밑줄 친 '이 왕조'에 대한 설명으로 옳은 것은?

> 이 왕조는 중국의 일부를 다스리게 되어 관제를 남과 북으로 나누었다. 유목 민족은 고유의 제도로 다스리고, 한인에게는 중국의 제도를 적용하였다. …… 북면관은 궁장(宮帳)·부족·속국의 일을, 남면관은 한인의 주현·조세·군마의 일을 관장하였다.

① 발해를 멸망시켰다.
②『오경정의』를 편찬하였다.
③ 왕안석의 신법을 추진하였다.
④ 수도를 중도(베이징)로 옮겼다.
⑤ 두 차례 일본 원정을 추진하였다.

152

다음 가상 대화가 이루어졌을 왕조에서 있었던 사실로 옳은 것은?

요, 서하 등과의 전쟁으로 군사력이 약화되고 재정이 어려워졌으니, 이를 해결할 좋은 방도가 없겠소?

폐하, 농민을 민병으로 양성하는 보갑법과 농가에서 병마를 기르게 하는 보마법 등 신법을 시행하십시오.

① 황소의 난이 일어났다.
② 제자백가가 출현하였다.
③ 서하에게 세폐를 보냈다.
④ 북면관제·남면관제가 시행되었다.
⑤ 색목인이 재정 업무를 담당하였다.

153

밑줄 친 '황제'의 업적으로 옳은 것은?

> 그는 자신의 세력 근거지인 금련천 일대에 새로운 성을 쌓고, 황제로 즉위한 후 이곳을 상도(上都)로 승격시켰다. 이후 황제는 옛 왕조의 수도였던 중도(中都) 부근에 새로운 도성을 쌓고 이를 대도(大都)라고 불렀다. 대도에는 종묘와 궁전을 마련하여 명실공히 왕조의 중심지가 되었고, 상도는 역대 군주들이 피서를 겸하여 정무를 돌보는 역할을 하였다.

① 균수법과 평준법을 시행하였다.
② 선비족의 복장·언어를 금지하였다.
③ 송과 연합하여 거란(요)을 멸망시켰다.
④ 남송을 멸망시키고 중국 전역을 장악하였다.
⑤ 토지 국유제와 노비 매매 금지 등의 개혁을 실시하였다.

154

(가)에 들어갈 내용으로 적절한 것은?

> 〈탐구 활동 계획서〉
> • 탐구 주제 : 중국 ○ 왕조의 성립과 발전
> • 탐구 활동
> – 1모둠 : 정치 – 대도를 수도로 정한 배경을 살펴본다.
> – 2모둠 : 경제 –   (가)
> – 3모둠 : 사회 – 색목인과 남인의 사회적 지위를 비교한다.
> – 4모둠 : 문화 – 『수시력』이 제작된 과정을 조사한다.

① 교자가 발행된 시기를 파악한다.
② 반량전을 주조한 목적을 찾아본다.
③ 양세법이 시행된 배경을 분석한다.
④ 조용조제가 정비된 시기를 조사한다.
⑤ 교초의 발행과 유통 과정을 알아본다.

155

밑줄 친 '이 제국'에 대한 설명으로 옳은 것은?

> 랍반 사우마는 이 제국에서 활동한 네스토리우스교 사제였다. 그는 대원 울루스의 대도를 출발하여 이듬해 훌라구 울루스에 도착하였다. 맘루크 왕조를 견제하기 위해 유럽과 동맹을 추진하던 훌라구 울루스의 칸은 그를 로마, 파리 등지에 파견하였다. 랍반 사우마의 유럽 여행은 울루스들의 느슨한 연합체인 이 제국의 유라시아 연결망이 있었기 때문에 가능하였다.

① 역참을 운영하였다.
② 맹안 모극제를 실시하였다.
③ 장건을 대월지에 파견하였다.
④ 왕안석의 신법을 시행하였다.
⑤ 송과 전연의 맹약을 체결하였다.

156

밑줄 친 '막부' 시기에 있었던 사실로 옳은 것은?

> 11월 20일에 몽골군은 배에서 내려 말을 타고 깃발을 높이 내걸고 쳐들어왔다. …… 몽골군의 화살은 짧으나 화살촉에 독이 발라져 있어 맞으면 모두 독에 당하지 않은 자가 없었다. 막부의 무사들이 전열을 가다듬어 쳐들어가면 그 가운데를 물려 양쪽 끝에서 포위하여 남김없이 도륙하였다.
> – 하치만 우동훈 –

① 남북조의 내란이 전개되었다.
② 견당사의 파견을 중지하였다.
③ 헤이조쿄를 세워 수도로 삼았다.
④ 쇼군을 정점으로 하는 봉건제가 시행되었다.
⑤ '일본'이라는 국호와 '천황'이라는 칭호가 마련되었다.

O4 동아시아 세계의 변동

☑ 출제 포인트　☑ 명　☑ 청　☑ 신사　☑ 양명학　☑ 무로마치 막부　☑ 에도 막부

1. 명·청의 건국과 발전

✪1 명의 건국과 발전　ⓒ 35쪽 172번 문제로 확인

성립	홍건적의 난을 계기로 주원장이 명 건국(1368, 수도 난징)
변천	• 주원장(홍무제) : 황제권 강화(중서성과 재상제 폐지, 6부 황제 직속), 한족 문화 부활(호복·변발 금지, 학교 설립, 과거제 정비, 육유 반포), 이갑제 실시, 어린도책(토지 대장)과 부역황책(호적) 정비 • 영락제 : 자금성 건설, 베이징 천도, 내각 대학사 설치, 몽골 공격, 베트남 점령, 정화의 항해 추진(조공 체제의 확대)
쇠퇴	환관의 득세, 북로남왜(북쪽의 몽골과 동남 해안의 왜구 침입) → 장거정의 개혁(일조편법의 전국 확대 등) 실패
멸망	재정난의 가중(임진왜란 참전, 여진족과의 전쟁), 가혹한 세금 징수 → 잦은 농민 반란, 이자성의 난으로 멸망(1644)

2 청의 건국과 발전

(1) 청의 성립과 변천

성립	누르하치 : 팔기제 정비, 여진족 통일, 후금 건국(1616)
발전	• 홍타이지 : 국호 '청'으로 변경(1636), 내몽골과 조선 침략(병자호란) • 순치제 : 명 멸망 이후 베이징 점령, 중국 전역 장악 • 강희제 : 삼번의 난 진압, 타이완의 반청 세력 제압, 러시아와 네르친스크 조약 체결, 외몽골과 티베트 복속 • 옹정제 : 군기처 설치(황제권 강화) • 건륭제 : 몽골, 신장, 티베트 등을 정복하고 청의 최대 영토 확보
쇠퇴	농민 몰락, 백련교의 난 발생(18세기)

(2) 청의 중국 지배

강압책	변발·호복 강요, 사상 탄압(금서 지정, 문자의 옥)
회유책	과거제 시행, 만한 병용제 실시, 신사층의 특권 인정, 대규모 편찬 사업 추진

> **자료**　**만한 병용제**　ⓒ 37쪽 180번 문제로 확인
>
> 내각 대학사는 만주인, 한인 각 2인으로 한다. 만주인 1품, 한인 2품이었으나 순치 15년 2품으로 하였고, 옹정 8년에 모두 정1품으로 정하였다. 협판 대학사는 만주인, 한인 각 1인으로 한다.
> ― 『청사고』 직관지 ―
>
> 분석 소수의 만주족이 세운 청은 강경책과 회유책을 적절히 사용하여 다수의 한족을 다스렸다. 청은 한족에게 회유책을 시행하면서 중요 관직에 만주족과 한족을 함께 임명하였다.

2. 명·청의 사회, 경제 및 문화

✪1 명·청의 사회　ⓒ 37쪽 182번 문제로 확인

(1) 신사(지배층)
① 활동 : 향촌 사회에서의 백성 교화, 치안 유지, 공공사업, 세금 징수 등의 업무 담당
② 특권 : 요역 면제, 조세 감면, 가벼운 범죄에 대한 면책 특권

(2) 서민
부유한 서민층의 등장, 소작료 납부 거부 운동(항조), 과도한 세금 요구에 반발한 투쟁(직용의 변) 발생

2 명·청의 경제

농업	• 농업 지역 확대(창장강 상류 쓰촨 지역까지 쌀 생산 확대) • 고구마, 옥수수, 감자, 담배, 땅콩 등 외래 작물 전래
상공업	• 창장강 하류 지방이 수공업 생산의 중심지로 발전 • 산시 상인, 휘저우 상인 등 전국을 무대로 활동하는 상인 등장 • 상인들의 공소(동업 조합), 회관(동향 조합) 등장
대외 무역	• 차·비단·도자기 등의 수출로 대량의 은 유입 • 명 : 건국 초 해금 정책 시행, 명 후기 해금 정책 완화로 사무역 증가 • 청 : 건국 초 해금 정책 시행(→ 타이완의 반청 세력 진압 이후 해제), 상인의 해외 진출 허용, 유럽 상인에게는 광저우의 공행을 통해서만 교역 허용
조세 제도	• 명 : 일조편법(각종 세금을 지세와 정세로 통합하여 은으로 징수) • 청 : 지정은제(정세를 지세에 통합하여 은으로 징수 → 세제 안정, 호적 상의 인구 증가)

✪3 명·청의 사상과 문화　ⓒ 38쪽 187번 문제로 확인

명	성리학의 관학화(『사서대전』, 『오경대전』, 『영락대전』 편찬), 양명학 등장(심즉리, 지행합일 강조), 실학 발전(『천공개물』, 『본초강목』 편찬), 서민 문화 발전(『삼국지연의』, 『수호전』 등), 예수회 선교사 마테오 리치의 활동(『천주실의』, 『곤여만국전도』, 『기하원본』)
청	대규모 편찬 사업 추진(『강희자전』, 『사고전서』 등), 고증학 발전(실증적 연구), 공양학 등장(사회 개혁 강조), 서민 문화 발달(『홍루몽』 등), 전례 문제로 선교사 추방

3. 무로마치 막부와 에도 막부

1 무로마치 막부
(1) **성립**　아시카가 다카우지가 교토에 막부 개창
(2) **대외 관계**　명과 감합 무역 실시(왜구 단속 약속)
(3) **쇠퇴**　15세기 후반 쇼군의 후계자를 둘러싼 분쟁이 일어나 막부 세력 약화 → 100여 년에 걸친 전국 시대의 혼란 전개

✪2 에도 막부　ⓒ 39쪽 190번 문제로 확인

성립	도요토미 히데요시 사망 이후 도쿠가와 이에야스가 에도에 막부 설치
통치 체제	• 막번 체제 : 쇼군의 막부와 다이묘의 번으로 구성 • 산킨코타이제 : 막부가 다이묘를 강력 통제
대외 정책	무역 허가증인 주인장(슈인장) 발급 → 쇄국 정책(크리스트교 포교 금지, 사무역 통제, 서양 상인 중 네덜란드 상인에게만 나가사키를 개방하여 무역 허용)
경제	전국적인 도로망 정비 → 상공업, 도시 발전
사회	무사 계급이 농민과 조닌(상공업자) 지배
문화	• 조닌 문화 : 가부키, 우키요에 등 • 난학 : 나가사키의 네덜란드 상인을 통해 서양의 의학, 천문학, 조선술 등 수용

•• 빈칸에 들어갈 알맞은 말을 쓰시오.

157 (   )은/는 난징을 중심으로 명을 건국하고, 몽골 세력을 초원 지역으로 내쫓아 한족 왕조를 부활시켰다.

158 청은 중요 관직에 만주족과 한족을 함께 임명하는 (   )을/를 실시하였다.

•• 다음 설명이 옳으면 ○표, 틀리면 ×표 하시오.

159 누르하치는 팔기제를 바탕으로 여진족을 통일하고 조선을 침략하여 병자호란을 일으켰다. (   )

160 청 왕조는 유럽 상인에게 광저우에 설치된 공행을 통해서만 교역을 허용하였다. (   )

161 에도 막부는 산킨코타이제를 통해 다이묘를 강력하게 통제하였다. (   )

•• 다음 학문의 특징을 바르게 연결하시오.

162 고증학 •   • ㉠ 실증적 연구에 집중

163 양명학 •   • ㉡ 네덜란드를 통해 수용

164 난학 •   • ㉢ 심즉리와 지행합일 강조

165 공양학 •   • ㉣ 현실 인식 및 사회 개혁 강조

•• 괄호 안에 들어갈 알맞은 용어를 고르시오.

166 (㉠ 사대부, ㉡ 신사)는 전·현직 관리를 포함하여 주·부·현의 공립학교 학생과 졸업생 등 관직에 나갈 수 있는 자격을 갖춘 계층을 의미한다.

167 청 중기 이후 고증학을 비판하면서 시대의 변화에 따른 현실 인식 및 개혁을 강조하는 (㉠ 공양학, ㉡ 성리학)이 등장하였다.

168 에도 막부 시기에 조닌 문화가 발달하면서 통속적인 주제의 문학 작품과 (㉠ 가부키, ㉡ 우키요에)라는 연극이 등장하여 인기를 끌었다.

•• 다음 문장과 관련 있는 조세 제도를 〈보기〉에서 고르시오.

169 정세를 지세에 통합하여 은으로 징수 (   )

170 각종 세금을 지세와 정세로 통합하여 은으로 징수 (   )

[보기]
ㄱ. 일조편법   ㄴ. 지정은제

171

밑줄 친 '그'에 대한 설명으로 옳은 것은?

> 가난한 농민 출신의 그는 홍건적의 반란에 가담하였다가 강남 일대의 세력을 규합하여 나라를 세우고 황제 자리에 올랐다. 이어서 그는 몽골을 북으로 몰아내는 데 성공하여 한족 왕조를 부활시켰다. 이후 민중 교화를 위해 육유를 반포하였으며 각지에 학교를 세우고 과거제를 정비하였다.

① 지방의 농민을 이갑제로 편제하였다.
② 일조편법을 전국에 확대 실시하였다.
③ 중앙 관제를 3성 6부제로 정비하였다.
④ 오수전을 주조하여 전국에 유통하였다.
⑤ 과거의 최종 시험으로 전시를 도입하였다.

★빈출 172

다음 제도를 실시한 왕조 시기에 있었던 사실로 옳은 것은?

> 황제는 110호를 1리로 편성하는 이갑제를 시행하였다. 110호 중 부유한 10호를 이장호로, 나머지 100호를 갑수호로 하여 10갑으로 편성하였다. 매년 이장호 1호와 각 갑수호 1호가 세금 징수, 치안 유지, 수리 시설 정비 등을 담당하여 10년에 한 번씩 돌아가며 이장과 갑수의 임무를 수행하였다.

① 군국제 시행   ② 삼번의 난 발생
③ 9품중정제 폐지   ④ 왕안석의 신법 추진
⑤ 어린도책과 부역황책 정비

173

㉠에 들어갈 도시로 옳은 것은?

사진은 세계 문화유산으로 등재된 자금성의 모습이다. 명 대 자금성이 건설되고 수도로 지정된 (㉠)은/는 이후 중국의 중심 도시로 자리매김하였다.

① 난징   ② 항저우   ③ 카이펑
④ 베이징   ⑤ 취안저우

[174~175] 다음 글을 읽고 물음에 답하시오.

> 명 (㉠)의 명령으로 1405년 첫 항해를 시작한 정화는 총 7차례의 항해를 통해 동남아시아, 인도, 아라비아반도, 아프리카를 다녀왔다.

174

㉠ 황제가 실시한 정책으로 옳은 것은?

① 반량전으로 화폐를 통일하였다.
② 내각 대학사 제도를 마련하였다.
③ 색목인에게 재정 업무를 맡겼다.
④ 남송을 멸망시키고 중국 전역을 장악하였다.
⑤ 전국에 학교를 세우고 과거제를 정비하였다.

175

위 지도와 같이 전개된 항해의 결과로 가장 적절한 것은?

① 가마쿠라 막부가 쇠퇴하였다.
② 광저우에 공행이 설치되었다.
③ 조로아스터교가 중국에 알려졌다.
④ 명 중심의 조공 체제가 확대되었다.
⑤ 감자 등의 신작물이 중국에 전해졌다.

176

다음 자료를 활용한 탐구 활동 주제로 가장 적절한 것은?

> 영락제 사후 명의 북쪽에서는 몽골, 남쪽에서는 왜구가 자주 침입하였다. 이에 명은 만리장성을 정비하고 해금 정책을 강화하였지만 막대한 재정 부담을 초래하였다.

① 왕안석의 신법 내용
② 장거정의 개혁 배경
③ 장건의 대월지 파견 목적
④ 쿠빌라이 칸의 대외 원정 경로
⑤ 효문제의 한화 정책 시행 결과

177

밑줄 친 '우리 왕조' 시기의 경제 상황에 대한 설명으로 옳은 것은?

① 교초가 중국 전역에서 유통되었다.
② 철제 농기구의 보급이 시작되었다.
③ 균전 농민이 조용조를 납부하였다.
④ 강남 지방에 참파 벼가 도입되었다.
⑤ 상인들이 동업 조합인 공소를 세웠다.

★빈출 178

(가) 왕조의 지배 정책으로 옳은 것만을 〈보기〉에서 고른 것은?

[보기]

ㄱ. 파스파 문자를 제작하여 고유문화를 지키려 하였다.
ㄴ. 부족민은 맹안 모극제로, 농경민은 주현제로 다스렸다.
ㄷ. 유교 문화를 존중하고 과거를 통해 관리를 선발하였다.
ㄹ. 몽골, 티베트를 번부로 삼아 토착 지배자를 이용하였다.

① ㄱ, ㄴ   ② ㄱ, ㄷ   ③ ㄴ, ㄷ
④ ㄴ, ㄹ   ⑤ ㄷ, ㄹ

179

다음 명령이 내려진 왕조에서 볼 수 있었던 모습으로 적절하지 <u>않은</u> 것은?

> 지금 중국과 외국이 통일되어 일가가 되었으니, 임금은 부모와 같고 백성은 자식과 같이 되었다. 부모와 자식은 한 몸으로 어찌 차이가 있겠는가? 만일 한결같이 되지 못하고 마침내 두 마음을 품으면 다른 나라 사람과 같이 되는 것이 아닌가? 지금부터 수도 내외는 10일, 그 밖은 명령서가 도착한 날로부터 10일 이내에 변발하라. 거역하면 엄하게 벌할 것이다.
>
> ─ 『세조실록』 ─

① 『수시력』을 편찬하는 관리
② 감자를 재배하고 있는 농민
③ 은으로 조세를 납부하는 백성
④ 선교 활동을 하는 예수회 신부
⑤ 회관에서 물건을 정리하는 상인

★빈출
180

다음 제도를 운영한 왕조 시기에 있었던 사실로 옳은 것은?

> 내각 대학사는 만주인, 한인 각 2인으로 한다. 만주인 1품, 한인 2품이었으나 순치 15년 2품으로 하였고, 옹정 8년에 모두 정1품으로 하였다. 협판 대학사는 만주인, 한인 각 1인으로 한다.

① 맹안 모극제를 실시하였다.
② 신사층의 특권을 인정하였다.
③ 흉노를 밀어내고 만리장성을 쌓았다.
④ 도호부를 대신하여 절도사를 설치하였다.
⑤ 쿠릴타이를 통해 중요한 일을 결정하였다.

181

다음 내용과 관련된 황제가 추진한 정책으로 옳은 것은?

> • 영국의 매카트니 사절단의 방문을 열하에서 맞이하였으나, 그들의 무역 요구는 거절하였다.
> • 열 번의 원정을 모두 승리로 이끈 노인이라는 의미로 스스로에게 십전노인이라는 별칭을 붙였다.

① 군기처를 설치하여 황제권을 강화시켰다.
② 러시아와 네르친스크 조약을 체결하였다.
③ 팔기제를 정비하고 여진족을 통일하였다.
④ 재상제를 폐지하고 6부를 황제에 직속시켰다.
⑤ 몽골, 신장, 티베트에 대한 지배권을 확립하였다.

★빈출
182

밑줄 친 '이들'에 대한 설명으로 옳은 것은?

> 학교와 과거제가 결합하면서 치열한 경쟁을 통해 학위를 따거나 관직으로 나갈 자격을 획득한 사람들이 생겨나기 시작했다. 하지만 학위 소지자의 수가 크게 늘어나 관직 진출이 점차 어려워지면서 이들은 관직 진출을 포기하고 지역 사회에 안주하기 시작하였다. 이들은 지방관에 협조하여 세금 징수, 치안 유지, 향촌 교화 등에 참여하는 한편, 특권을 통해 개인적인 이익을 추구하기도 하였다.

① 주로 재정 관리 분야를 담당하였다.
② 가벼운 범죄의 면책 특권이 있었다.
③ 중정관의 추천을 받아 관리가 되었다.
④ 향거리선제를 통해 관료로 진출하였다.
⑤ 전국 시대의 혼란을 배경으로 등장하였다.

183

다음 제도에 대한 설명으로 옳은 것만을 〈보기〉에서 고른 것은?

> 천하가 평정된 지 오래되어 호구가 날로 번창하니 인정(人丁)을 헤아려 정세를 부과하는 일이 어렵다. 인정은 늘더라도 토지는 늘지 않으니 현재의 세역 장부에 등재된 인정 수를 늘리거나 줄이지 말고 영구히 고정하라. 그리고 지금 이후 태어나는 인정은 꼭 정세를 거둘 필요가 없다.
>
> ─ 『성조실록』 ─

[보기]
ㄱ. 균전제를 기반으로 운영되었다.
ㄴ. 은으로 조세를 징수하게 하였다.
ㄷ. 청 대의 인구 증가에 기여하였다.
ㄹ. 장거정에 의해 전국에 확대되었다.

① ㄱ, ㄴ   ② ㄱ, ㄷ   ③ ㄱ, ㄹ
④ ㄴ, ㄷ   ⑤ ㄷ, ㄹ

184

다음 사건이 일어났던 시기의 경제 상황으로 옳은 것은?

> 방직업의 중심지였던 쑤저우에서 환관과 징세 청부업자들의 과도한 세금 요구에 반발하여 직물 노동자들이 직용의 변을 일으켰다.

① 교자가 전국적으로 유통되었다.
② 대도시에 공소와 회관이 세워졌다.
③ 호족의 대토지 소유가 확대되었다.
④ 조생종 벼인 참파 벼가 도입되었다.
⑤ 농민 보호를 위해 청묘법이 시행되었다.

185

다음 자료를 활용한 탐구 활동 주제로 가장 적절한 것은?

> 송응성이 편찬한 『천공개물』은 모든 산업 부문을 망라한 산업 백과사전으로 3권 18편으로 구성되어 있다. 3권의 경우 방적, 제지, 조선 등 여러 가지 제조 기술을 그림을 곁들여 해설하고 있다.

① 명 대 실학의 발전
② 양명학의 등장 배경
③ 훈고학의 등장 이유
④ 청 대 전례 문제의 영향
⑤ 『사고전서』의 편찬 목적

186

㉠ 왕조 시기의 문화에 대한 설명으로 옳은 것은?

> (㉠) 대에는 인쇄술의 발전으로 다양한 서적이 보급되었으며 이로 인해 문화 수준이 크게 향상되었다. 나관중의 『삼국지연의』를 비롯하여 『수호전』, 『홍루몽』 등이 유행하였다.

① 윈강 석굴 사원이 축조되었다.
② 대진 경교 유행 중국비가 건립되었다.
③ 베이징을 중심으로 경극이 성행하였다.
④ 도시 곳곳에 오락 시설인 와자가 형성되었다.
⑤ 이슬람의 영향을 받아 『수시력』이 제작되었다.

★빈출 187

㉠ 학문에 대한 설명으로 옳은 것은?

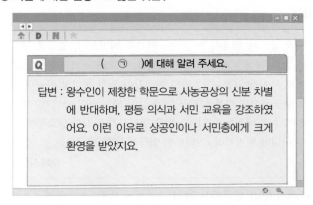

> **Q** (㉠)에 대해 알려 주세요.
>
> 답변 : 왕수인이 제창한 학문으로 사농공상의 신분 차별에 반대하며, 평등 의식과 서민 교육을 강조하였어요. 이런 이유로 상공인이나 서민층에게 크게 환영을 받았지요.

① 공영달에 의해 집대성되었다.
② 심즉리와 지행합일을 내세웠다.
③ 대의명분과 화이론을 강조하였다.
④ 신선 사상과 도가 사상이 결합하였다.
⑤ 『춘추』를 해설한 『공양전』을 전통으로 삼았다.

188

다음 지도를 제작한 인물에 대한 설명으로 옳은 것은?

> 위 지도는 세계 지도인 「곤여만국전도」이다. 예수회 선교사에 의해 제작되었지만 서양에서 간행한 세계 지도와 달리 중국을 가운데 배치하였다는 특징을 지니고 있다.

① 『수시력』 제작에 참여하였다.
② 『사고전서』 편찬을 주도하였다.
③ 음영법을 이용하여 백준도를 그렸다.
④ 서양의 과학 기술을 중국에 소개하였다.
⑤ 대도를 방문하고 『동방견문록』을 남겼다.

189

밑줄 친 '막부' 시기에 있었던 사실로 옳은 것은?

> 쇼군의 후계자를 둘러싼 분쟁이 일어나 <u>막부</u>의 세력이 약화되면서 100여 년에 걸친 전국(센고쿠) 시대가 전개되었다.

① 견당사를 파견하였다.
② 몽골의 침입을 물리쳤다.
③ 명과의 감합 무역이 실시되었다.
④ 도요토미 히데요시가 조선 침략에 나섰다.
⑤ 서양 학문을 연구하는 난학이 발전하였다.

빈출
★190

밑줄 친 '막부' 시기에 있었던 사실로 옳은 것은?

> 데지마는 나가사키의 앞바다를 매립하여 만든 인공 섬이다. <u>막부</u>가 1641년 네덜란드인을 여기에 이주시킨 이후부터 데지마가 서양과 무역할 수 있는 유일한 창구였다.

① 가나가 만들어졌다.
② 몽골의 침략을 물리쳤다.
③ 명과 감합 무역을 하였다.
④ 다이카 개신을 추진하였다.
⑤ 크리스트교 포교가 금지되었다.

191

밑줄 친 '막부' 시기에 볼 수 있었던 모습으로 적절하지 <u>않은</u> 것은?

> <u>막부</u>는 쇄국 정책을 강화하여 크리스트교 포교를 금지하고 사무역을 엄격히 통제하였다. 다만 나가사키를 개방하여 네덜란드 상인을 통해 선진 문물을 수용하였다.

① 가부키를 관람하는 조닌
② 난학을 공부하는 지식인
③ 조선에서 파견된 통신사 일행
④ 조카마치에 거주하고 있는 무사
⑤ 송의 동전으로 물건을 구매하는 농민

1등급을 향한 서답형 문제

[192~193] 다음 글을 읽고 물음에 답하시오.

> 홍건적의 난을 계기로 주원장(태조 홍무제)은 명을 건국하였다. 이어 몽골 세력을 초원 지역으로 내쫓아 한족 왕조를 부활시켰다. 홍무제는 <u>유교 중심의 한족 문화 부흥을 추진하였으며</u>, 토지 대장인 (㉠)와/과 호적인 (㉡)을/를 정비하여 조세와 역을 관리하였다.

192

㉠, ㉡에 들어갈 알맞은 용어를 쓰시오.

193

밑줄 친 부분을 실현하기 위한 구체적인 정책을 <u>세 가지</u> 서술하시오.

[194~195] 다음 글을 읽고 물음에 답하시오.

> 그림은 에도 막부 시기 (㉠)에 따라 에도로 향하는 다이묘의 행렬이다. 이 제도에 따라 다이묘의 가족은 에도에 머물렀고, 다이묘는 1년 주기로 자신의 영지와 에도에서 생활해야 했다.

194

㉠에 들어갈 알맞은 제도를 쓰시오.

195

㉠ 제도가 가져온 사회 변화를 경제적인 측면에서 서술하시오.

적중 1등급 문제

» 바른답·알찬풀이 19쪽

196

다음 명령을 내린 황제에 대한 설명으로 옳은 것은?

> 짐이 중서성과 재상제를 폐지하고 천하의 사무를 오부, 유부, 도찰원 등 여러 관청이 나누어 관장하게 하였으니, 앞으로 내 뒤를 이을 황제들도 재상을 다시 세우지 말도록 하라.

① 농민을 이갑제로 편제하였다.
② 군국제로 지방을 통치하였다.
③ 절도사의 권한을 약화시켰다.
④ 러시아와 네르친스크 조약을 체결하였다.
⑤ 자금성을 건설하고 베이징으로 천도하였다.

197

㉠ 황제의 업적으로 옳은 것은?

> 이 궁궐은 자금성입니다. 명의 (㉠) 이(가) 즉위한 지 4년째 되던 해 베이징에 이 궁궐을 짓기 시작하여 14년 동안 100만여 명을 동원하여 완성 했다고 합니다. 이때 대운하도 정비하여 강남의 물자를 원활하게 공급받을 수 있도록 하였습니다.

① 조선을 도와 임진왜란에 참전하였다.
② 절도사의 권한을 중앙으로 회수하였다.
③ 병마용 갱 등 대규모 토목 공사를 벌였다.
④ 수도를 대도로 옮기고 남송을 멸망시켰다.
⑤ 환관 정화를 시켜 대규모 항해를 추진하였다.

198

다음 대화가 이루어질 당시에 볼 수 있었던 모습으로 적절한 것은?

> 내가 대학사님! 외적의 침입으로 재정 고갈이 심하니 걱정입니다.

> 게다가 세금의 종류도 너무 많고 복잡하여 징수하는 데 어려움이 많습니다.

> 걱정 마시오. 토지 측량도 하고, 잡다한 세금을 지세와 정세로 정리하여 은으로 걷는 방식을 전국적으로 확대 실시하기로 했소.

① 베이징을 점령한 이자성의 농민군
② 화북 일대에 머무르고 있는 맹안군
③ 백련교의 난 진압에 동원된 팔기병
④ 부역황책을 근거로 역을 부과하는 관리
⑤ 연운 16주에 머무르고 있는 거란의 군대

199

다음 제도를 운영한 국가에 대한 설명으로 옳은 것은?

> 각 부족을 8개의 기로 구분하고 각 기에 소속된 성인 남자들을 전쟁 시에 군인으로 징집하였다. 정부는 이들을 군사 조직이자 지배 집단으로 삼고 봉급과 토지를 지급하였다. 하지만 이들은 한족과 분리하여 거주하였고 호적도 한족과 별도로 관리하였기 때문에 만주족 고유의 모습을 한동안 유지할 수 있었다.

① 과거제에 전시를 도입하였다.
② 신사층의 특권을 인정하였다.
③ 색목인을 재정 관리로 중용하였다.
④ 문벌 귀족이 높은 관직을 세습하였다.
⑤ 중정관의 추천으로 관리를 선발하였다.

200

자료의 정책이 시행된 왕조에서 있었던 사실로 옳은 것은?

> 천하가 평정된 지 오래되어 호구가 날로 번창하니 인정(人丁)을 헤아려 정세를 부과하는 일이 어렵다. 인정은 늘더라도 토지는 늘지 않으니 현재의 세역 장부에 등재된 인정 수를 늘리거나 줄이지 말고 영구히 고정하라. 그리고 지금 이후 태어나는 인정은 꼭 정세를 거둘 필요가 없다.

① 육유가 보급되었다.
② 팔기제가 실시되었다.
③ 안사의 난이 발생하였다.
④ 향거리선제를 시행하였다.
⑤ 정화의 항해가 이루어졌다.

201

㉠ 황제에 대한 설명으로 옳은 것은?

그림은 카스틸리오네가 그린 (㉠)의 초상화이다. 그는 유교적 질서를 부흥시킨다는 명분으로 대규모 편찬 사업을 진행하였지만, 이 과정에서 엄격한 검열을 통해 사상을 통제하였다.

① 타이완의 반청 세력을 진압하였다.
② 팔기제를 바탕으로 여진족을 통일하였다.
③ 베이징을 점령하고 중국 전역을 장악하였다.
④ 군기처를 설치하여 황제의 권한을 강화하였다.
⑤ 한족 지식인을 동원하여 『사고전서』를 간행하였다.

202

다음 인물의 활동으로 옳은 것은?

인물 카드

예수회 선교사였던 그는 크리스트교를 거부감 없이 전파하기 위해 중국식 복장을 하고 중국어를 구사하였다. 그는 『천주실의』라는 교리서를 출간하였으며, 중국인의 조상 숭배를 그들의 전통으로 간주하여 유교 문화와 충돌 없이 크리스트교를 전파할 수 있었다.

① 『수시력』을 만들었다.
② 『오경정의』를 편찬하였다.
③ 『동방견문록』을 저술하였다.
④ 청묘법 등 신법을 추진하였다.
⑤ 서광계와 함께 『기하원본』을 간행하였다.

203

밑줄 친 '여행' 중에 볼 수 있는 모습으로 가장 적절한 것은?

> 나는 동인도 회사의 상관장과 함께 쇼군을 접견하는 여행에 동행하였다. 여행의 목적은 쇼군에게 감사의 선물을 바치고 서양의 사정을 알리는 것이었다. 우리 일행은 쇼군 쓰나요시를 만났고, 그는 나에게 국제 정세 등 여러 의문 사항을 질문하였다. 쇼군과의 만남 이후 우리 일행은 융숭한 대접을 받았으나, 구경꾼들의 호기심 어린 시선을 견뎌야 했다. 공식 일정을 마친 우리 일행은 귀로에 나서 데지마로 돌아왔다.

① 감합 무역에 나선 상인
② 배에 오르는 견당사 일행
③ 몽골군에 맞서 싸우는 무사
④ 헤이안쿄 천도를 지시하는 천황
⑤ 가부키 공연 관람을 기다리는 조닌

02 동아시아 세계의 형성

204

지도에 나타난 시기에 있었던 사실로 옳은 것만을 〈보기〉에서 고른 것은?

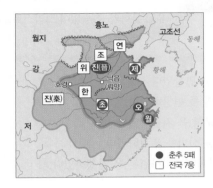

[보기]
ㄱ. 훈고학이 발달하였다.
ㄴ. 균전제가 시행되었다.
ㄷ. 제자백가가 활동하였다.
ㄹ. 철제 농기구가 보급되었다.

① ㄱ, ㄴ　　② ㄱ, ㄷ　　③ ㄴ, ㄷ
④ ㄴ, ㄹ　　⑤ ㄷ, ㄹ

205

다음 설명에 해당하는 인물이 실시한 정책으로 옳은 것은?

• 분열된 중국을 최초로 통일하였다.
• 스스로를 황제라고 칭하였다.
• 군현제를 실시하여 중앙 집권적 통치를 강화하였다.
• 화폐와 도량형, 문자를 통일하였다.

① 『오경정의』를 편찬하였다.
② 장건을 대월지에 파견하였다.
③ 9품중정제로 인재를 선발하였다.
④ 천호제라는 군사 조직을 만들었다.
⑤ 흉노를 밀어내고 만리장성을 쌓았다.

206

다음 정책이 추진된 배경으로 가장 적절한 것은?

• 전매제 : 국가가 소금, 철 등을 전매하여 수입 증대 도모
• 균수법 : 지방 특산물을 조세로 거두어 물자가 부족한 지방에 팔아 유통 활성화
• 평준법 : 각지의 물자를 쌀 때 사서 비쌀 때 팔아 물가 조절

① 진승·오광의 난이 일어났다.
② 두 차례 일본 원정이 추진되었다.
③ 한 무제가 자주 대외 원정에 나섰다.
④ 거란(요)과 서하에 많은 물자가 제공되었다.
⑤ 임진왜란 참전으로 막대한 비용이 지출되었다.

207

표에 나타난 지방 통치 제도를 도입한 황제에 대한 설명으로 옳은 것은?

① 자금성을 건설하였다.
② 대운하를 완성하였다.
③ 절도사의 권한을 약화시켰다.
④ 항우를 물리치고 한을 건국하였다.
⑤ 유교를 통치 이념으로 채택하였다.

208

밑줄 친 '이 왕조' 시기의 문화에 대한 설명으로 옳은 것은?

이 왕조 시기에는 토지 사유화의 진전으로 빈부 격차가 심해지면서 지방의 유력 세력인 호족이 등장하였다. 호족은 농민을 예속민으로 삼아 대토지를 경영하여 지역 사회에서 막강한 권력을 행사하였고, 향거리선제를 통해 관료로 진출하여 중앙 정치를 주도하였다.

① 죽림칠현이 활동하였다.
② 사마천이 『사기』를 편찬하였다.
③ 고개지가 「여사잠도」를 그렸다.
④ 이백, 두보 등의 시인이 활약하였다.
⑤ 공영달이 『오경정의』를 편찬하였다.

209

(가) 국가에 대한 설명으로 옳은 것만을 <보기>에서 고른 것은?

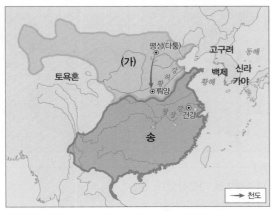

【 보기 】
ㄱ. 균전제를 실시하였다.
ㄴ. 제자백가가 출현하였다.
ㄷ. 한화 정책을 시행하였다.
ㄹ. 몽골 제일주의를 내세웠다.

① ㄱ, ㄴ　　　② ㄱ, ㄷ　　　③ ㄴ, ㄷ
④ ㄴ, ㄹ　　　⑤ ㄷ, ㄹ

210

㉠ 왕조에 대한 설명으로 옳은 것은?

양견이 북주를 무너뜨리고 세운 (㉠)은/는 남조의 진을 멸망시키고 중국을 다시 통일하였다. (㉠)은/는 중앙 관제를 3성 6부제로, 지방 조직을 주현제로 정비하여 중앙 집권을 강화하였다. 또한 균전제, 조용조, 부병제를 새롭게 정비하여 국가 재정과 군사력을 강화하였다.

① 진승·오광의 난 등으로 멸망하였다.
② 향거리선제를 통해 관료를 선발하였다.
③ 9품중정제를 폐지하고 과거제를 시행하였다.
④ 신라와 연합하여 백제, 고구려를 멸망시켰다.
⑤ 흉노 견제를 위해 장건을 대월지에 파견하였다.

211

다음 황제에 대한 설명으로 옳은 것은?

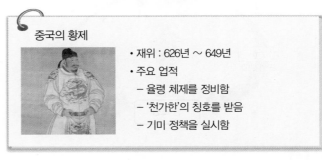

중국의 황제
· 재위 : 626년 ~ 649년
· 주요 업적
 – 율령 체제를 정비함
 – '천가한'의 칭호를 받음
 – 기미 정책을 실시함

① 향거리선제를 시행하였다.
② 평성에서 뤄양으로 수도를 옮겼다.
③ '정관의 치'라고 일컫는 태평성세를 이룩하였다.
④ 남과 북을 수로로 연결하는 대운하를 완성하였다.
⑤ 변경 방어와 지방 통치를 위해 절도사를 설치하였다.

212

다음 지역을 수도로 삼았던 시기에 있었던 사실로 옳은 것은?

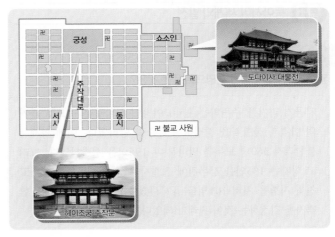

▲ 도다이사 대불전

▲ 헤이조궁 주작문

① 견당사가 폐지되었다.
② 국풍 문화가 발달하였다.
③ 아스카 문화가 발전하였다.
④ 몽골과 고려군이 침략하였다.
⑤ 고전 시가를 엮은 『만엽집』이 편찬되었다.

[213~214] 다음 자료를 보고 물음에 답하시오.

213

㉠, ㉡에 해당하는 제도를 쓰시오.

214 ✎ 서술형

안사의 난 전후로 ㉠, ㉡의 제도가 어떻게 변화하였는지 배경과 그 내용을 서술하시오.

---

03 동아시아 세계의 발전

215

밑줄 친 '황제'에 대한 설명으로 옳은 것은?

> 지공거(과거를 주관하는 관리) 이방이 사사로운 정으로 과거의 합격과 불합격을 결정하여 제소를 당하였다. 이에 황제는 불합격자 360명 모두를 만나본 후 195인을 선발하였다. 그리고 황제는 195인을 강무전에 집결시켜 종이와 붓을 지급하고 친히 시험을 치러 101명을 급제시켰다. 이후 황제가 최종 합격자를 결정하는 것이 관례가 되었다.

① 정화의 함대를 파견하기 시작하였다.
② 호족의 지원을 받아 신을 멸망시켰다.
③ 중앙군인 금군의 통수권을 장악하였다.
④ 왕안석을 등용하여 신법을 추진하였다.
⑤ 러시아와 네르친스크 조약을 체결하였다.

216

(가), (나) 국가의 공통점으로 옳은 것만을 〈보기〉에서 고른 것은?

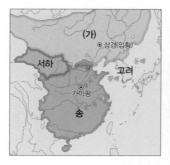

[보기]
ㄱ. 일조편법을 시행하였다.
ㄴ. 고유 문자를 사용하였다.
ㄷ. 만한 병용제를 시행하였다.
ㄹ. 이중 지배 체제를 운영하였다.

① ㄱ, ㄴ   ② ㄱ, ㄷ   ③ ㄴ, ㄷ
④ ㄴ, ㄹ   ⑤ ㄷ, ㄹ

217

(가)에 들어갈 내용으로 적절한 것만을 〈보기〉에서 고른 것은?

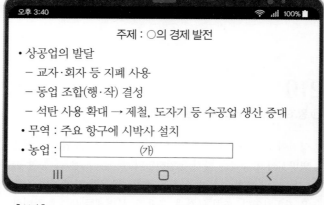

오후 3:40

주제 : ○의 경제 발전
• 상공업의 발달
 – 교자·회자 등 지폐 사용
 – 동업 조합(행·작) 결성
 – 석탄 사용 확대 → 제철, 도자기 등 수공업 생산 증대
• 무역 : 주요 항구에 시박사 설치
• 농업 : (가)

[보기]
ㄱ. 우경 보급 시작
ㄴ. 용골차 등 새로운 농기구 보급
ㄷ. 옥수수, 고구마 등 외래 작물 전래
ㄹ. 참파 벼의 도입으로 농업 생산력 증대

① ㄱ, ㄴ   ② ㄱ, ㄷ   ③ ㄴ, ㄷ
④ ㄴ, ㄹ   ⑤ ㄷ, ㄹ

218

(가), (나) 시기 사이에 있었던 사실로 옳은 것은?

> (가) 송 황제와 거란 황제는 전연에서 맹약을 맺었다. 이에 따라 송은 물품 구입비와 군사비로 매년 비단 20만 필과 은 10만 냥을 보내기로 하였다.
> (나) 카이펑을 함락한 금은 상황 휘종을 위협하여 북방으로 연행하였다. 이어 흠종 황제 및 황후, 황태자를 데리고 북방으로 돌아갔다.

① 거란이 발해를 멸망시켰다.
② 왕안석이 신법을 추진하였다.
③ 거란이 연운 16주를 차지하였다.
④ 송이 수도를 임안(항저우)로 옮겼다.
⑤ 정화가 함대를 이끌고 항해에 나섰다.

219

다음 퀴즈의 정답에 해당하는 인물이 활동하였던 왕조 시기에 있었던 사실로 옳은 것은?

세계사 퀴즈 대회	
1단계	우주의 원리와 인간 본성 탐구
2단계	『사서집주』 저술
3단계	성리학 집대성

3단계 힌트까지 모두 보셨습니다. 이 인물은 누구일까요?

① 대운하가 완성되었다.
② 분서갱유가 단행되었다.
③ 향거리선제가 실시되었다.
④ 장건이 서역에 파견되었다.
⑤ 회자 등의 지폐가 사용되었다.

220

㉠ 인물에 대한 설명으로 옳은 것은?

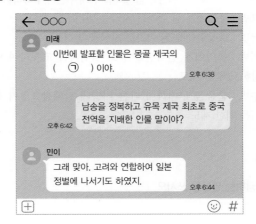

미래
이번에 발표할 인물은 몽골 제국의 (㉠)이야.
오후 6:38

남송을 정복하고 유목 제국 최초로 중국 전역을 지배한 인물 말이야?
오후 6:42

민이
그래 맞아. 고려와 연합하여 일본 정벌에 나서기도 하였지.
오후 6:44

① 이갑제를 실시하였다.
② 삼번의 난을 진압하였다.
③ 맹안 모극제를 시행하였다.
④ 마테오 리치를 후원하였다.
⑤ 수도를 대도(베이징)로 옮겼다.

221

다음 사건이 일어났던 시기를 연표에서 옳게 고른 것은?

> 몽골의 쿠빌라이 칸은 남송을 고립시키기 위해 여러 차례 일본에 사신을 파견하여 조공을 요구하였다. 일본이 이를 거부하고 심지어 몽골 사신을 살해하자, 몽골은 고려의 삼별초 항쟁을 진압한 뒤, 고려와 함께 일본을 침입하였다. 그러나 목적을 달성하지 못하였다.

	(가)	(나)	(다)	(라)	(마)	
다이카 개신		도다이사 건립	헤이안쿄 천도	가마쿠라 막부 성립	무로마치 막부 성립	에도 막부 성립

① (가) ② (나) ③ (다)
④ (라) ⑤ (마)

[222~223] 다음 자료를 읽고 물음에 답하시오.

《 (㉠)이/가 재정 수입 확대를 위해 추진한 부국책 》
• 청묘법 : 농민에게 싼 이자로 자금을 빌려주는 제도
• 시역법 : 소상인에게 싼 이자로 자금을 빌려주는 제도
• 모역법 : 농민에게 면역전을 받고 실업자를 고용하여 역을 담당하도록 한 제도
• 균수법 : 물품을 구매하여 다른 지방에 판매함으로써 물가 안정을 꾀한 제도

222
㉠에 해당하는 인물을 쓰시오.

223 ✐ 서술형
㉠ 인물이 국방력 강화를 위해 추진한 정책 <u>두 가지</u>를 제시하고 그 내용을 서술하시오.

04 동아시아 세계의 변동

224
㉠ 황제가 추진한 정책으로 옳은 것은?

이 궁궐은 유네스코 세계유산으로 등재된 자금성입니다. (㉠)이/가 14년 동안 100만여 명을 동원하여 완성하였다고 합니다.

① 남송을 멸망시켰다.
② 과거제에 전시를 도입하였다.
③ 중서성과 재상제를 폐지하였다.
④ 티베트, 신장, 몽골 등을 정복하였다.
⑤ 황제를 보좌하는 내각 대학사를 설치하였다.

225
밑줄 친 '황제'에 대한 설명으로 옳은 것은?

삼번의 난을 평정하여 내정을 안정시킨 황제는 북방의 불안 요소인 러시아 문제를 해결하고자 결심하였다. 이에 1만 5천여 명의 군사를 보내 아제르바이젠을 공격하여 점령하였다. 그러나 군대가 철수하자 러시아군은 다시 아제르바이젠을 점령하였다. 이 소식을 들은 황제는 이듬해에 다시 아제르바이젠 공격을 명령하였다. 아제르바이젠을 포위한 군대가 압도적인 우세를 유지하며 맹공을 퍼부었지만, 러시아군의 저항도 만만치 않았다. 두 나라의 대치 상황이 장기화되자 황제는 러시아 황제에게 협상을 요구하였다. 그 결과 네르친스크 조약이 체결되어 국경선을 확정하였다.

① 팔기를 창설하였다.
② 군기처를 설치하였다.
③ 정화의 항해를 추진하였다.
④ 이자성의 난을 진압하였다.
⑤ 타이완의 반청 세력을 제압하였다.

226
다음 제도를 시행한 왕조 시기에 있었던 사실로 옳은 것은?

천하가 평정된 지 오래되어 호구가 날로 번창하니 인정(人丁)을 헤아려 정세를 부과하는 일이 어렵다. 인정은 늘더라도 토지는 늘지 않으니 현재의 세역 장부에 등재된 인정 수를 늘리거나 줄이지 말고 영구히 고정하라. 그리고 지금 이후 태어나는 인정은 꼭 정세를 거둘 필요가 없다.

① 육유가 보급되었다.
② 양세법이 시행되었다.
③ 감합 무역이 전개되었다.
④ 『사고전서』가 편찬되었다.
⑤ 파스파 문자가 만들어졌다.

227

(가)에 들어갈 내용으로 가장 적절한 것은?

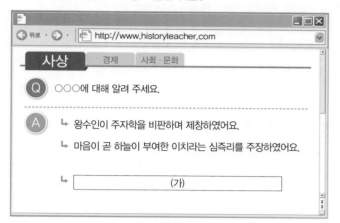

① 『오경정의』를 통해 집대성되었어요.

② 실천을 강조하는 지행합일을 내세웠어요.

③ 변법자강 운동의 사상적 배경이 되었어요.

④ 대규모 편찬 사업을 배경으로 청 대에 발전하였어요.

⑤ 태평도와 오두미도가 도가 사상과 결합하여 성립되었어요.

228

밑줄 친 '그'에 해당하는 인물에 대한 설명으로 옳은 것은?

이 지도는 <u>그</u>가 명의 학자 이지조와 함께 만든 세계 지도이다. 서양에서 간행된 세계 지도와 달리 중국을 가운데 배치한 것이 특징이다. 이 지도는 우리나라와 일본에 전해져 동아시아인의 세계관에 커다란 영향을 끼쳤다.

① 『천공개물』을 저술하였다.

② 음영법을 사용하여 「백준도」를 그렸다.

③ 서광계와 함께 『기하원본』을 간행하였다.

④ 황실 천문대에서 각종 천문 기기를 제작하였다.

⑤ 쿠빌라이 칸의 지원을 받아 중국 각지를 여행하였다.

229

밑줄 친 '막부'에 대한 설명으로 옳은 것은?

감합은 명이 무역을 통제하기 위해 발급한 무역 허가증이다. 반절은 명에서 보관하고 다른 한쪽은 일본 <u>막부</u>에 보냈다. 일본의 배가 명의 항구에 들어갈 때 반드시 이것을 제출해야 하였다.

① 남북조를 통일하였다.

② 『일본서기』를 편찬하였다.

③ 다이카 개신을 단행하였다.

④ 견당사 파견을 중지하였다.

⑤ 크리스트교 포교를 금지하였다.

230

다음 공연이 유행하던 시기에 볼 수 있는 모습으로 적절하지 않은 것은?

① 난학을 공부하는 학생

② 『만엽집』을 편찬하는 학자

③ 우키요에를 감상하는 조닌

④ 산킨코타이를 준비하는 다이묘

⑤ 데지마에서 무역을 하는 서양 상인

[231~232] 다음 자료를 읽고 물음에 답하시오.

(㉠)은/는 110호를 1리로 편성하는 이갑제를 시행하였다. 110호 중 부유한 10호를 이장호로, 나머지 100호를 갑수호로 하여 10갑으로 편성하였다. 매년 이장호 1호와 각 갑수호 1호가 세금 징수, 치안 유지, 수리 시설 정비 등을 직접 담당하여, 10년에 한 번씩 돌아가며 이장과 갑수의 임무를 수행하였다.

231

㉠에 해당하는 황제를 쓰시오.

232 ✏️ 서술형

㉠ 황제가 한족 문화 부흥을 위해 추진한 정책을 <u>세 가지만</u> 서술하시오.

05 서아시아의 여러 제국과 이슬람의 형성

✓ 출제 포인트   ✓ 아시리아   ✓ 페르시아   ✓ 이슬람교   ✓ 셀주크 튀르크   ✓ 오스만 제국

1. 고대 서아시아 세계의 발전

1 아시리아와 아케메네스 왕조 페르시아의 발전

(1) **아시리아** 철제 무기와 우수한 기마병을 이용하여 서아시아 대부분 통일, 강압적인 통치 → 피정복 민족의 반발로 멸망

(2) **아케메네스 왕조 페르시아** 서아시아 재통일

다리우스 1세	영토 확장, 속주에 총독과 감찰관('왕의 눈', '왕의 귀') 파견, '왕의 길'(도로) 건설, 역참 정비 → 전성기 이룩
관용 정책	피지배 민족에게 공납 징수 대신 전통과 신앙 존중
문화	조로아스터교 숭배, 국제적 문화(페르세폴리스 건설)
멸망	알렉산드로스의 침공으로 멸망(기원전 330)

✪2 파르티아와 사산 왕조 페르시아의 발전 © 50쪽 248번 문제로 확인

파르티아	로마와 중국의 한, 인도의 쿠샨 왕조를 연결하는 중계 무역으로 번영, 사산 왕조 페르시아에 멸망(226)
사산 왕조 페르시아	• 중계 무역으로 번영, 로마 제국·비잔티움 제국과의 계속된 전쟁, 정통 칼리프 시대의 이슬람 세력에 멸망(651) • 조로아스터교 국교화, 마니교 출현

2. 이슬람 세계의 형성과 발전

1 이슬람교의 성립 새로운 동서 교역로 발달이 배경이 됨

성립	무함마드가 창시, 우상 숭배 배격, 신 앞의 평등 강조
발전	헤지라(622, 이슬람력의 원년) → 아라비아반도 대부분 통일

✪2 이슬람 제국의 성립과 발전 © 51쪽 253번 문제로 확인

정통 칼리프 시대	• 무함마드 사후 정치·종교의 지도자인 칼리프 선출 • 시리아와 이집트 정복, 사산 왕조 페르시아를 멸망시킴
우마이야 왕조	• 제4대 칼리프인 알리 피살 → 우마이야 가문이 칼리프 세습 → 수니파와 시아파 분리 • 아랍인 우월주의, 아바스 왕조에 멸망(750)

> **자료** 이슬람 제국의 발전 © 51쪽 254번 문제로 확인

> 무함마드 시대의 영토(632년경)
> 4대 칼리프 시대의 영토(656년)
> 우마이야 왕조 시대의 영토(750년)
> → 진출 방향

> **분석** 무함마드 시대와 정통 칼리프 시대를 거쳐 우마이야 왕조 때 동쪽으로 인더스강 유역, 서쪽으로 북아프리카를 거쳐 이베리아반도까지 영토를 확장하여 아시아·아프리카·유럽의 세 대륙에 걸친 대제국이 성립하였다.

✪3 이슬람 제국의 변천 © 52쪽 257번 문제로 확인

아바스 왕조	수도 바그다드 건설, 민족과 인종을 초월한 범이슬람 제국으로 발전, 탈라스 전투 승리
후우마이야 왕조	이베리아반도의 코르도바에 도읍(756)
파티마 왕조	시아파 왕조, 북아프리카에 건국, 카이로 천도, 칼리프 선언

4 이슬람의 사회·경제와 문화

사회·경제	『쿠란』이 일상생활 지배, 평등 강조, 일부다처 허용, 돼지고기 금기시, 동서 교역 활발(대상 무역과 해상 무역 발달)
문화	• 신학·법학 발달, 문학(『아라비안나이트』), 모스크·아라베스크 무늬 • 천문학·화학(연금술)·의학·수학 발달(아라비아 숫자 완성), 중국의 제지술·나침반·화약 등을 유럽에 소개(르네상스에 기여)

3. 이슬람 세계의 팽창

✪1 셀주크 튀르크 © 52쪽 259번 문제로 확인

성립	중앙아시아의 튀르크인이 이슬람 세계에서 노예나 용병으로 활동, 이슬람교 수용 → 10세기 중반 셀주크 튀르크 발흥
발전	• 바그다드에 입성, 아바스 왕조의 칼리프로부터 술탄 칭호 획득 • 예루살렘을 비롯한 소아시아 지역으로 세력 확대, 비잔티움 제국과 대립 → 십자군 전쟁의 빌미 제공

2 티무르 왕조와 사파비 왕조

티무르 왕조	오스만 제국 제압(앙카라 전투), 중앙아시아에서 서아시아에 이르는 대제국 건설, 동서 무역 독점 → 티무르 사후 약화
사파비 왕조	시아파 이슬람교가 국교, '샤' 사용, 이스파한 천도

3 오스만 제국

(1) **발전**

메흐메트 2세	콘스탄티노폴리스 점령 → 이스탄불로 개칭(수도)
셀림 1세	이집트의 맘루크 왕조 정복, 술탄이 칼리프의 칭호까지 획득
술레이만 1세	헝가리 정복, 오스트리아 빈 포위 공격, 유럽 연합 함대 격퇴

(2) **정책** 티마르제, 데브시르메 제도와 예니체리, 다른 민족과 종교에 대한 관용 정책(밀레트 제도)

> **자료** 오스만 제국의 통치 © 53쪽 261번 문제로 확인

> → 오스만 제국의 진출 방향
> ★ 주요 전투지
> ■ 오스만 제국의 최대 영역   ■ 사파비 왕조의 최대 영역

> **분석** 오스만 제국은 메흐메트 2세 때 콘스탄티노폴리스를 정복한 이후 북아프리카까지 진출하여 아시아, 유럽, 아프리카의 세 대륙에 걸친 대제국을 건설하였다.

분석 기출 문제

>> 바른답·알찬풀이 23쪽

•• 빈칸에 들어갈 알맞은 말을 쓰시오.

233 최초로 서아시아 세계의 대부분을 통일한 (   )
은/는 강압적인 통치에 대한 피정복 민족의 반발로 멸망
하였다.

234 제4대 칼리프 알리가 피살되고 (   ) 왕조가 성
립되었다.

•• 다음 설명이 옳으면 ○표, 틀리면 ×표 하시오.

235 아케메네스 왕조 페르시아의 다리우스 1세는 전국에 20
여 개의 속주를 설치하고 총독을 파견하였으며, 감찰관
을 보내 속주의 총독을 감시하였다. (   )

236 우마이야 왕조는 비잔티움 제국과 대립하면서 시리아와
이집트를 정복하고 사산 왕조 페르시아까지 멸망시키는
등 대제국을 건설하였다. (   )

237 오스만 제국의 메흐메트 2세는 콘스탄티노폴리스를 정
복하고 이스탄불로 고쳐 수도로 삼았다. (   )

•• 다음 왕조와 관련된 내용을 옳게 연결하시오.

238 아바스 왕조 •   • ㉠ 카이로 천도

239 후우마이야 왕조 •   • ㉡ 코르도바에 도읍

240 파티마 왕조 •   • ㉢ 수도 바그다드 건설

•• 괄호 안에 들어갈 알맞은 용어를 고르시오.

241 (㉠ 아케메네스 왕조 페르시아, ㉡ 사산 왕조 페르시아)
는 조로아스터교를 국교로 삼았으며 마니교를 탄압하
였다.

242 (㉠ 셀주크 튀르크, ㉡ 티무르 왕조)는 예루살렘을 비롯
한 소아시아 지역으로 세력을 확대하여 비잔티움 제국과
대립하였는데, 이는 십자군 전쟁이 일어나는 빌미가 되
었다.

•• 다음 문장과 관련 있는 국가를 〈보기〉에서 고르시오.

243 술레이만 1세가 헝가리를 정복하고 오스트리아의 빈을
포위 공격하였다. (   )

244 아바스 1세가 수도를 이스파한으로 옮기고 각지에 도로,
다리, 상인들의 숙소 등을 건설하였다. (   )

[보기]
ㄱ. 사파비 왕조   ㄴ. 오스만 제국

245

밑줄 친 '나'가 재위한 시기에 볼 수 있었던 모습으로 적절한 것은?

> 나는 위대한 왕, 왕 중의 왕이다. 광명의 신 아후라 마즈다의
> 높으신 뜻에 따라 왕이 되었다. 아후라 마즈다는 제국을 나에
> 게 주셨다. 나는 아후라 마즈다의 높으신 뜻에 따라 나에게 속
> 한 이 나라들, 즉 페르시아, 엘람, 바빌로니아, 이집트, 아라비
> 아, …… 이 모든 지역을 지배하는 왕이다.

① 카르타고를 건설하는 페니키아인
② 지구라트에서 의식을 집행하는 신관
③ 속주의 총독을 감시하는 감찰관인 '왕의 눈'
④ 서아시아에 철기 문화를 전파하는 히타이트인
⑤ 로마와 중국의 한 사이에서 중계 무역을 하는 상인

246

(가) 왕조에 대한 설명으로 옳은 것은?

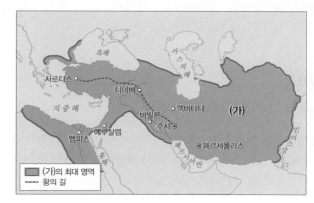

① 서아시아를 재통일하였다.
② 탈라스 전투에서 승리하였다.
③ 조로아스터교를 국교로 삼았다.
④ 이슬람 세력의 침입으로 멸망하였다.
⑤ 피정복 민족을 강압적으로 통치하였다.

247

㉠ 왕조에 대한 설명으로 옳은 것은?

(㉠)은/는 알렉산드로스 제국이 분열된 이후 서아시아 지역에 등장하였다. 이 왕조는 지리적 이점을 이용하여 로마와 중국의 한, 인도의 쿠샨 왕조를 연결하는 동서 무역로를 장악하여 중계 무역으로 경제적 번영을 누렸다. 그러나 로마 제국과의 대립으로 쇠퇴하였다.

① 조로아스터교를 국교로 삼았다.
② 서아시아 세계를 처음 통일하였다.
③ 사산 왕조 페르시아에 멸망하였다.
④ 전국을 20여 개의 속주로 나누었다.
⑤ '왕의 길'로 불리는 도로를 건설하였다.

★빈출 248

(가) 왕조에서 볼 수 있었던 모습으로 적절한 것은?

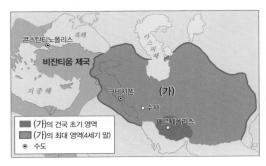

① 마니교를 믿는 사람들
② '왕의 눈'으로 불린 감찰관
③ '왕의 길'을 건설하는 노동자
④ 태양신의 아들로 불린 파라오
⑤ 국경을 침공하는 알렉산드로스의 군대

249

밑줄 친 '이 종교'에 대한 설명으로 옳은 것은?

이 종교는 현세를 부정하는 금욕주의와 정신주의적 성향이 강하였다. 이로 인해 조로아스터교와 대립하다가 이단으로 몰려 탄압을 받았다.

① 무함마드가 창시하였다.
② 우상 숭배를 배격하였다.
③ 신 앞의 인간 평등을 강조하였다.
④ 불교, 크리스트교 등의 영향을 받았다.
⑤ 아케메네스 왕조 페르시아 때 등장하였다.

---

2. 이슬람 세계의 형성과 발전

250

밑줄 친 ㉠의 상황이 전개된 배경을 파악하기 위한 탐구 활동으로 가장 적절한 것은?

6세기 이전까지 아랍인은 주로 유목 생활을 하며 오랫동안 통일을 이루지 못하고 부족 단위로 생활하였다. 이 시기 아라비아반도는 동서 교역로에서 벗어난 변두리 지역에 불과하였다. 그러나 6세기경 기존의 동서 교역로를 대신하여 아라비아해와 홍해를 지나는 ㉠새로운 교역로가 주목을 받게 되었다. 이에 아라비아반도의 메카, 메디나 등의 도시가 번성하였다.

① 사산 왕조 페르시아의 멸망 원인을 찾아본다.
② 알렉산드로스의 동방 원정이 끼친 영향을 알아본다.
③ 사산 왕조 페르시아와 비잔티움 제국의 대립 모습을 살펴본다.
④ 무함마드 사후 이슬람 세계의 정치적인 변화 내용을 파악한다.
⑤ 아케메네스 왕조 페르시아가 그리스 세계와 벌인 전쟁의 결과를 조사한다.

251

(가) 시기에 있었던 사실로 옳은 것은?

메카의 상인인 무함마드가 우상 숭배를 배격하고 신 앞의 평등을 강조하며 유일신 알라를 섬기는 이슬람교를 창시하였다.

↓

(가)

↓

무함마드는 메디나에서 이슬람 공동체를 만들어 세력을 키운 뒤 메카를 탈환하고 아라비아반도 각지로 세력을 확장하였다.

① 헤지라가 일어났다.
② 칼리프가 세습되었다.
③ 탈라스 전투가 일어났다.
④ 파티마 왕조가 수립되었다.
⑤ 사산 왕조 페르시아가 멸망하였다.

252

밑줄 친 '이들'에 대한 설명으로 옳은 것만을 〈보기〉에서 고른 것은?

이들은 무함마드가 알라로부터 받은 계시를 모아 놓은 『쿠란』과 무함마드의 말과 행동을 기록한 『하디스』에 근거하여 생활해.

이들에게는 신앙 고백, 예배, 금식, 희사, 메카 순례의 중요한 의무 다섯 가지가 있어.

[보기]
ㄱ. 돼지고기를 금기시하였다.
ㄴ. 우상 숭배를 철저히 배격하였다.
ㄷ. 광명의 신 아후라 마즈다를 섬겼다.
ㄹ. 상업 행위와 이윤 추구를 비판하였다.

① ㄱ, ㄴ   ② ㄱ, ㄷ   ③ ㄴ, ㄷ
④ ㄴ, ㄹ   ⑤ ㄷ, ㄹ

254

(가) 왕조에서 볼 수 있었던 모습으로 적절한 것은?

프랑크 왕국 / 당 / 투르 / 푸아티에 / 탈라스 / 코르도바 / 메소포타미아 평야 / 비잔티움 제국 / 흑 해 / 콘스탄티노폴리스 / 카스피 해 / 야말 해 / 사마르칸트 / 그라나다 / 로마 / 부하라 / 탕헤르 / 지 중 해 / 다마스쿠스 / 알렉산드리아 / 바그다드 / 호르무즈 / 카이로 / 카스피 해 / 메디나 / 홍 해 / 메카 / 아덴 / 인 도 양

■ 무함마드 시대의 영토(632년경)
■ 4대 칼리프 시대의 영토(656년)
■ (가) 시대의 영토(750년)
→ 진출 방향

① 차별을 받는 비아랍인
② 예루살렘을 정복하는 술탄
③ 제지술을 가르치는 당의 포로
④ 바그다드 건설에 동원된 노동자
⑤ 몽골군의 공격에 두려워하는 칼리프

253

이슬람 세계에서 다음 대립이 나타난 배경으로 가장 적절한 것은?

제4대 칼리프 알리의 후손이 아니어도 후계자가 될 수 있습니다.

알리와 그의 후손만이 정통입니다. 다른 칼리프의 존재를 인정할 수 없습니다.

① 헤지라가 단행되었다.
② 우마이야 왕조가 성립되었다.
③ 무함마드가 메카를 탈환하였다.
④ 이베리아반도에서 이슬람 왕조가 들어섰다.
⑤ 민족과 인종을 초월한 범이슬람 제국이 발전하였다.

255

밑줄 친 '상인'에 대한 설명으로 옳은 것만을 〈보기〉에서 고른 것은?

이 세계는 유럽과 아시아를 잇는 통로에 자리하고 있어서 육로와 해로를 통한 동서 교역이 활발하였다. 육로로는 내륙 아프리카 지역뿐만 아니라 중앙아시아를 거쳐 중국까지 왕래하였고, 해로로는 지중해는 물론 인도양을 거쳐 중국의 동부 해안까지 왕래하였다. 이 세계의 상인들은 비단, 금·은, 향신료 등을 거래하여 막대한 이익을 차지하였다.

[보기]
ㄱ. 농민에 비해 천대를 받았다.
ㄴ. 사막길과 바닷길을 이용하였다.
ㄷ. 대상 무역과 해상 무역에 종사하였다.
ㄹ. 로마와 중국의 한 사이에서 중계 무역을 하였다.

① ㄱ, ㄴ   ② ㄱ, ㄷ   ③ ㄴ, ㄷ
④ ㄴ, ㄹ   ⑤ ㄷ, ㄹ

256

㉠ 왕조에 대한 설명으로 옳은 것은?

> 756년 우마이야 가문의 일족이 이베리아반도에 (㉠) 왕조를 세웠다. (㉠) 왕조는 지중해 무역을 장악하여 경제적 번영을 누렸으며 학문과 문예를 장려하였다. 코르도바는 이베리아반도 최대의 경제적·문화적 중심 도시로 성장하였다. 이 무렵 발달한 이슬람의 학문과 과학은 에스파냐와 유럽의 여러 나라에 많은 영향을 주었다.

① 밀레트제를 시행하였다.

② 코르도바를 수도로 하였다.

③ 술탄의 칭호를 사용하였다.

④ 앙카라 전투에서 승리하였다.

⑤ 시아파 이슬람 왕조로 수립되었다.

257

밑줄 친 '이 도시'에 대한 설명으로 옳은 것은?

> 이 도시는 원형 요새의 성벽에 네 개의 문을 둔 계획도시였습니다. 유럽과 지중해, 아시아를 잇는 교역로의 중심에 위치하여 '세계의 시장'으로 불렸으며 유라시아 교역의 중심 도시가 되었습니다.

① 메흐메트 2세에게 정복되었다.

② 아바스 왕조의 수도로 건설되었다.

③ 다리우스 1세의 명으로 건설되었다.

④ 사파비 왕조 시기에 크게 번성하였다.

⑤ 아바스 왕조와 당 사이에 전투가 벌어졌다.

258

다음 건축물에 대한 설명으로 옳은 것만을 〈보기〉에서 고른 것은?

▲ 예루살렘에 있는 '바위의 돔'

[보기]

ㄱ. 이슬람교의 영향을 받았다.

ㄴ. 아라베스크 무늬가 사용되었다.

ㄷ. 사산 왕조 페르시아에서 건축되었다.

ㄹ. 샤자한이 아내를 추모하여 세운 무덤이다.

① ㄱ, ㄴ   ② ㄱ, ㄷ   ③ ㄴ, ㄷ

④ ㄴ, ㄹ   ⑤ ㄷ, ㄹ

3. 이슬람 세계의 팽창

259

(가) 국가에 대한 설명으로 옳은 것은?

① 아랍인 우월주의를 내세웠다.

② 사산 왕조 페르시아를 정복하였다.

③ 탈라스 전투에서 당에 승리하였다.

④ 시아파 이슬람교를 국교로 정하였다.

⑤ 아바스 왕조의 칼리프로부터 술탄이라는 칭호를 받았다.

260

⊙ 왕조에 대한 설명으로 옳은 것만을 〈보기〉에서 고른 것은?

위 문화유산은 (⊙) 왕조의 이맘 모스크이다. 이 왕조는 페르시아의 군주 칭호인 '샤'를 사용하는 등 고대 페르시아 제국의 계승을 내세웠다.

【 보기 】
ㄱ. 티마르제를 시행하였다.
ㄴ. 이스파한 천도를 단행하였다.
ㄷ. 사마르칸트를 수도로 수립되었다.
ㄹ. 시아파 이슬람교를 국교로 삼았다.

① ㄱ, ㄴ   ② ㄱ, ㄷ   ③ ㄴ, ㄷ
④ ㄴ, ㄹ   ⑤ ㄷ, ㄹ

★빈출 261

(가) 제국에 대한 설명으로 옳은 것만을 〈보기〉에서 고른 것은?

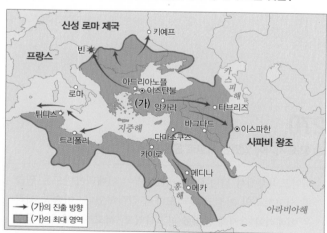

【 보기 】
ㄱ. 예니체리를 창설하였다.
ㄴ. 앙카라 전투에서 승리하였다.
ㄷ. 콘스탄티노폴리스를 점령하였다.
ㄹ. 시아파 이슬람교를 국교로 정하였다.

① ㄱ, ㄴ   ② ㄱ, ㄷ   ③ ㄴ, ㄷ
④ ㄴ, ㄹ   ⑤ ㄷ, ㄹ

262

밑줄 친 '전투'의 승리가 아바스 왕조에 끼친 영향을 서술하시오.

751년 이슬람 세계의 아바스 왕조와 중국의 당 사이에 탈라스 전투가 벌어졌다. 이 전투에서 아바스 왕조가 승리를 거두었는데, 이때 당의 제지 기술자가 포로로 잡히면서 이슬람 세계에 제지술이 전파되는 계기가 되었다.

[263~264] 다음 자료를 보고 물음에 답하시오.

왼쪽 무늬는 이슬람 세계에서 모스크를 장식할 때 사람이나 동물 문양 대신 사용한 기하학적인 무늬나 덩굴무늬를 말한다.

263

밑줄 친 '무늬'의 명칭을 쓰시오.

264

밑줄 친 '무늬'가 모스크 장식에 사용된 배경을 서술하시오.

[265~266] 다음 자료를 보고 물음에 답하시오.

오스만 제국은 (⊙) 제도를 통해 정복한 지역, 특히 발칸 반도 지역의 크리스트교도 청소년을 징집하여 이슬람교로 개종시킨 후 술탄의 친위 부대인 예니체리나 관료로 활용하였다. 또 인두세(지즈야)를 납부하는 조건으로 자치권을 행사하는 종교 공동체인 밀레트를 인정하였다.

265

⊙에 들어갈 알맞은 제도를 쓰시오.

266

밑줄 친 '밀레트'의 인정이 가져온 긍정적인 효과를 서술하시오.

적중 1등급 문제

» 바른답·알찬풀이 25쪽

267

㉠ 왕조에 대한 설명으로 옳은 것은?

이곳은 (㉠)의 다리우스 1세가 건설한 페르세폴리스이다. 이곳의 알현실 유적에는 박트리아, 리디아 등 당시 주변국의 사신들이 공물을 바치는 모습의 부조가 남아 있다.

① 탈라스 전투에서 승리하였다.
② 함무라비 법전을 편찬하였다.
③ 알렉산드로스의 침공으로 멸망하였다.
④ 카르타고라는 식민 도시를 건설하였다.
⑤ 알파벳의 기원이 되는 표음 문자를 만들었다.

268

(가) 왕조에 대한 설명으로 옳은 것만을 <보기>에서 고른 것은?

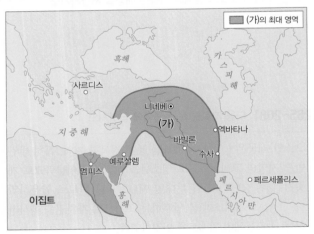

[보기]
ㄱ. 직할지에 총독을 파견하였다.
ㄴ. '왕의 길'로 불리는 도로를 건설하였다.
ㄷ. 피정복 민족을 강압적으로 통치하였다.
ㄹ. 알렉산드로스의 침공을 받아 멸망하였다.

① ㄱ, ㄴ   ② ㄱ, ㄷ   ③ ㄴ, ㄷ
④ ㄴ, ㄹ   ⑤ ㄷ, ㄹ

269

(가) 제국에 대한 설명으로 옳은 것은?

〈6세기 후반의 서아시아〉

① 파르티아를 정복하였다.
② 바그다드를 수도로 삼았다.
③ 이스마일 1세에 의해 수립되었다.
④ 그리스 세계와의 전쟁에서 패하였다.
⑤ 니네베에 왕립 도서관을 건설하였다.

270

㉠ 왕조 시기에 있었던 사실로 옳은 것은?

북아프리카에서 건너온 이슬람 세력이 이베리아반도를 휩쓸며 서고트족의 거점인 톨레도마저 함락하였다. 이슬람 세력은 이베리아 각지에 관리를 파견하였고, 서고트족에게서 징수한 세금을 다마스쿠스에 수도를 둔 (㉠) 왕조의 칼리프에게 바쳤다.

① 칼리프를 선출하였다.
② 시아파 세력이 주도하였다.
③ 탈라스 전투에서 승리하였다.
④ 아랍인 우월주의를 내세웠다.
⑤ 사산 왕조 페르시아를 정복하였다.

271

⊙ 도시에 대한 설명으로 옳은 것은?

> • 시아파의 지원을 받은 가문이 비아랍인을 차별하던 왕조를 타도한 후 새 왕조를 개창하고 (⊙)(으)로 천도하였다. 이 도시는 동서 무역의 중심지로 성장하여 '세계의 시장'으로 불렸다.
> • 만수르가 원형으로 건설한 (⊙)에는 중앙에 칼리프의 궁전이 있었고, 외부로 통하는 4개의 문에서 방사형으로 뻗은 도로를 따라 군 주둔지, 여러 종류의 상점, 서민들의 거주지가 발달하였다. 4개의 문은 외부 교역로와 연결되어 유럽, 지중해, 아시아에서 온 온갖 국적의 사람들이 드나들었다.

① 사파비 왕조의 수도였다.
② 십자군에 의해 정복되었다.
③ 후우마이야 왕조가 세워졌다.
④ 다리우스 1세에 의해 건설되었다.
⑤ 셀주크 튀르크에 의해 점령되었다.

272

밑줄 친 '이들'에 대한 설명으로 옳지 <u>않은</u> 것은?

> 이들은 다양한 천체 관측 기구를 사용하여 경도와 위도, 자오선의 길이 등을 정밀하게 측정하였어요.

> 또한 연금술에 많은 관심을 기울여 이를 연구하는 과정에서 증류나 승화 등 화학 작용의 원리를 발견하였어요.

① 아라비아 숫자를 완성하였다.
② 제지술, 화약, 나침반을 발명하였다.
③ 외과 수술을 하고 인체 해부도를 그렸다.
④ 아리스토텔레스의 저술을 아랍어로 번역하였다.
⑤ 모스크의 장식에 아라베스크 무늬를 사용하였다.

273

⊙ 제국에 대한 설명으로 옳지 <u>않은</u> 것은?

> 우리는 그동안 교황과 황제 및 제후들과 함께 이교도에 맞서 잘 싸워 왔습니다. 그러나 크리스트교 세계에 위기가 다가오고 있습니다. 작년에 (⊙)은/는 베오그라드를 점령하였고, 이제는 우리 헝가리를 정복할 준비를 하고 있습니다. 제국 의회는 크리스트교 세계를 위해 싸워 온 헝가리를 배신해서는 안 됩니다. 헝가리가 (⊙)에 의해 정복된 콘스탄티노폴리스처럼 되도록 해서는 안 됩니다.

① 예니체리를 창설하였다.
② 밀레트 제도를 허용하였다.
③ 티마르 제도를 실시하였다.
④ 사마르칸트를 수도로 삼았다.
⑤ 이집트의 맘루크 왕조를 정복하였다.

274

(가) 왕조에 대한 설명으로 옳은 것은?

① 앙카라 전투에서 승리하였다.
② '샤'라는 군주 칭호를 사용하였다.
③ 시아파 이슬람교를 국교로 하였다.
④ 부와이 왕조를 물리치고 바그다드에 입성하였다.
⑤ 내분으로 약화되다가 몽골의 침입을 받아 멸망하였다.

06 인도의 역사와 종교·문화

☑ 출제 포인트　☑ 마우리아 왕조　☑ 아소카왕　☑ 쿠샨 왕조　☑ 굽타 왕조　☑ 무굴 제국

1. 고대 인도 세계의 발전

1 불교와 자이나교의 출현 크샤트리아와 바이샤 세력의 성장, 브라만교의 형식화된 제사 의식과 카스트제의 계급 차별에 대한 비판 → 기원전 6세기경 출현

✪2 마우리아 왕조의 발전 ◉ 57쪽 288번 문제로 확인

건국	기원전 4세기 찬드라굽타 마우리아의 건국, 북인도 통일
아소카왕	전성기, 칙령을 새긴 석주 건립, 불경 정리, 산치 대탑(스투파) 건립 → 개인의 해탈을 강조하는 상좌부 불교 발전

✪3 쿠샨 왕조의 발전 ◉ 58쪽 292번 문제로 확인

발전	· 1세기 중엽 이란 계통의 쿠샨족이 건국, 북인도 재통일 · 카니슈카왕 때 전성기, 중생의 구제를 목표로 하는 대승 불교 발전
특징	헬레니즘 문화의 영향으로 간다라 미술 발달

2. 굽타 왕조와 인도 고전 문화의 발달

1 굽타 왕조의 성립과 발전

건국	4세기 초 찬드라굽타 1세의 건국, 서북 인도 지역 통일
찬드라굽타 2세	전성기, 북인도 대부분 차지, 동서 해상 무역 독점

2 힌두교의 발전과 카스트제의 변화

힌두교	브라만교를 바탕으로 불교 및 다양한 민간 신앙 융합, 굽타 시대 왕들의 후원 → 인도의 민족 종교로 발전
카스트제	카스트제가 인도 사회에 정착, 『마누 법전』 정리

> **자료** 『마누 법전』 ◉ 58쪽 294번 문제로 확인
>
> 88. 브라만에게는 (베다의) 교수와 학습, 자기 또는 남을 위한 제사와 보시를 베풀거나 받는 일을 정하였느니라.
> 89. 크샤트리아에게는 인민의 보호, 시여(施與), 제사, (베다의) 학습 및 감각적 대상에 대한 무집착을 지정하였느니라.
> 90. 바이샤에게는 목축, 시여, (베다의) 학습, 상업, 금전 대여 및 토지의 경작을 지정하였느니라.
>
> 〔분석〕 『마누 법전』은 카스트를 비롯하여 각종 의례와 관습, 법 등을 기록하여 힌두교도의 일상생활에 큰 영향을 끼쳤다.

✪3 인도 고전 문화의 발달 인도 고유의 색채 강조

(1) **산스크리트 문학 발달** 산스크리트어가 공용어로 사용, 『마하바라타』와 『라마야나』, 「샤쿤탈라」 등

(2) **굽타 양식 출현** 인도 고유의 특색을 살림

(3) **자연 과학 발달** 10진법과 영(0)의 개념 사용(아라비아 숫자 형성에 기여), 원주율 계산, 지구 둘레 추산, 지구 자전 주장

3. 인도의 이슬람화와 델리 술탄 왕조

1 이슬람 세력의 인도 진출 8세기경 인도에 진출, 10세기 말부터 본격적인 인도 침략(가즈니 왕조, 구르 왕조)

2 델리 술탄 왕조의 전개 ◉ 59쪽 298번 문제로 확인

델리 술탄 왕조	13세기 초 아이바크의 왕조 개창 이후 300여 년 동안 델리를 수도로 한 이슬람 계통의 다섯 왕조
통치 정책	힌두교도 탄압, 힌두교 사원과 신상 파괴, 지즈야(인두세)를 납부하면 자신의 종교 유지 허용
문화	이슬람 문화 확산 → 인도 문화와 이슬람 문화 융합

4. 무굴 제국의 발전과 인도·이슬람 문화

✪1 무굴 제국의 성립과 발전

건국	16세기 초 바부르가 델리를 중심으로 수립
아크바르 황제	데칸고원 이남을 제외한 인도 대부분 통일, 중앙 집권 체제 구축, 비이슬람교도의 지즈야(인두세) 폐지 등 관용적 종교 정책
아우랑제브 황제	데칸고원을 넘어 인도 남부의 대부분 차지, 이슬람 제일주의(지즈야 부활 등), 이교도 탄압 강화 → 시크교도(펀자브 지방), 마라타족(중부 인도의 힌두교도) 등의 반란으로 쇠퇴

> **자료** 아크바르 황제의 종교 정책 ◉ 60쪽 302번 문제로 확인
>
> 지금까지 나는 나와 신앙이 다른 사람들을 박해하여 나와 같게 만들려고 하였으며, 그것을 신에 대한 귀의라고 생각하였다. 그러나 지식을 쌓아감에 따라 나는 후회하는 마음에 사로잡혔다. 강제로 개종시킨 사람에게서 어떻게 성실한 신앙생활을 기대할 수 있을까?
> ― 아불 파즐, 『아크바르나마』 ―
>
> 〔분석〕 아크바르는 다양한 종교와 사상을 받아들였다. 힌두교도를 이슬람교도와 차별 없이 관료로 임명하였으며, 다른 종교 신자에게 부과하는 지즈야를 폐지하고, 혼인 동맹으로 힌두 세력을 자신의 편으로 만들었다.

2 무굴 제국의 경제

(1) **국내** 상공업 발달, 도시의 성장(델리, 아그라 등)

(2) **대외 교역** 동남아시아와 서아시아를 연결하는 인도양 무역 주도 → 17세기 이후 서양 상인들과의 경쟁으로 경제가 점차 침체

✪3 인도·이슬람 문화의 발전 ◉ 61쪽 305번 문제로 확인

종교	힌두교와 이슬람교를 융합한 시크교 발전
언어	공식 문서나 외교 용어로 페르시아어 사용, 아랍어와 인도 고유의 언어 등이 더해진 우르두어가 널리 사용
회화	전통적인 인도 양식과 페르시아의 세밀화가 조화를 이룬 무굴 회화
건축	인도와 이슬람 문화의 융합을 보여 주는 왕궁과 성, 모스크 등(아그라 성, 델리의 붉은성, 타지마할 등)

핵심 개념 문제

•• 빈칸에 들어갈 알맞은 말을 쓰시오.

275 기원전 6세기경에 고타마 싯다르타와 바르다마나가 각 각 (　　　　)와/과 (　　　　)을/를 창시하였다.

276 굽타 시대의 인도인들은 10진법과 함께 숫자 영(0)의 개 념을 사용하여 (　　　　)의 형성에 기여하였다.

277 무굴 제국 시기에는 아랍어와 인도 고유의 언어 등이 더 해진 (　　　　)이/가 널리 사용되었다.

•• 다음 설명이 옳으면 ○표, 틀리면 ×표 하시오.

278 쿠샨 왕조는 중국의 후한과 서아시아의 파르티아를 연결 하는 중계 무역으로 번영하였다. (　　　)

279 굽타 왕조에서는 인도 고유의 특색을 강조한 간다라 양식 이 유행하였다. (　　　)

280 델리 술탄 왕조 시대에 수학자이자 천문학자인 아리아바 타는 원주율을 계산하고 이를 바탕으로 지구의 둘레를 추 산하기도 하였다. (　　　)

•• 다음 왕조와 관련된 내용을 옳게 연결하시오.

281 마우리아 왕조 •　　　　• ㉠ 힌두교 발전

282 쿠샨 왕조 •　　　　• ㉡ 대승 불교 발전

283 굽타 왕조 •　　　　• ㉢ 상좌부 불교 발전

•• 괄호 안에 들어갈 알맞은 용어를 고르시오.

284 (㉠아소카왕, ㉡카니슈카왕)의 노력으로 중생의 구제 를 목표로 하는 대승 불교가 발전하여 중앙아시아를 거 쳐 동아시아 지역으로 전파되었다.

285 (㉠아크바르 황제, ㉡아우랑제브 황제)는 이슬람 제일 주의를 바탕으로 이교도 탄압을 강화하였다.

•• 다음 문장과 관련 있는 국가를 〈보기〉에서 고르시오.

286 힌두교와 이슬람교를 융합하여 성립된 시크교가 펀자브 지방을 중심으로 발전하였다. (　　　)

287 힌두교가 발전하면서 브라만의 지위와 영향력이 높아졌 고, 카스트제가 인도 사회에 정착하였다. (　　　)

【 보기 】
ㄱ. 굽타 왕조　　　　ㄴ. 무굴 제국

빈출
288

(가) 왕조에 대한 설명으로 옳은 것은?

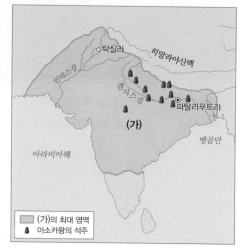

① 상좌부 불교가 발전하였다.
② 산스크리트 문학이 발달하였다.
③ 카니슈카왕 때 전성기를 누렸다.
④ 간다라 양식의 불상이 만들어졌다.
⑤ 대승 불교가 동아시아로 전파되었다.

289

㉠ 왕에 대한 설명으로 옳은 것은?

> 마우리아 왕조의 전성기를 이끌었던 (　㉠　)은/는 부처의 가 르침에 따라 생명체를 사랑하고, 진실을 말하며, 관용과 인내 를 발휘할 것 등을 강조한 조칙을 써넣은 석주를 만들어 자신 이 통일한 제국의 곳곳에 세웠다.

① 산치 대탑을 건립하였다.
② 자신을 비슈누에 비유하였다.
③ 지즈야(인두세)를 폐지하였다.
④ 알렉산드로스의 침입을 겪었다.
⑤ 대승 불교의 전파에 노력하였다.

290

(가)에 들어갈 내용으로 적절한 것은?

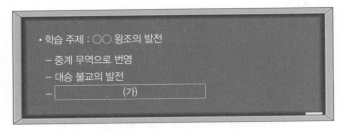

- 학습 주제 : ○○ 왕조의 발전
  - 중계 무역으로 번영
  - 대승 불교의 발전
  -          (가)

① 시크교의 발전   ② 타지마할의 건립
③ 영(0)의 개념 사용   ④ 간다라 미술의 발달
⑤ 아잔타 석굴의 조성

291

인도에서 부처의 상징이 (가)에서 (나)와 같이 변화한 배경으로 적절한 것은?

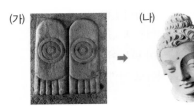

(가) → (나)

① 힌두교의 발전   ② 굽타 양식 유행
③ 이슬람 문화 유입   ④ 인도 고전 문화 발전
⑤ 헬레니즘 문화 영향

★빈출 292

지도의 경로를 따라 전파된 종교에 대한 설명으로 옳은 것만을 〈보기〉에서 고른 것은?

[보기]
ㄱ. 쿠샨 왕조 때 발전하였다.
ㄴ. 중생의 구제를 강조하였다.
ㄷ. 브라만교를 바탕으로 하였다.
ㄹ. 『마누 법전』을 경전으로 하였다.

① ㄱ, ㄴ   ② ㄱ, ㄷ   ③ ㄴ, ㄷ   ④ ㄴ, ㄹ   ⑤ ㄷ, ㄹ

---

2. 굽타 왕조와 인도 고전 문화의 발달

293

밑줄 친 '이 왕조'에서 볼 수 있었던 모습으로 적절한 것만을 〈보기〉에서 고른 것은?

이 왕조는 4세기 초 서북 인도 지역에서 찬드라굽타 1세가 세웠어.

찬드라굽타 2세 때 북인도를 통일하고 관료제를 정비하는 등 전성기를 맞이하였지.

[보기]
ㄱ. 원주율을 계산하는 수학자
ㄴ. 지즈야(인두세)를 거두는 관리
ㄷ. 에프탈의 침입에 맞서 싸우는 병사
ㄹ. 델리를 수도로 왕조를 개창하는 술탄

① ㄱ, ㄴ   ② ㄱ, ㄷ   ③ ㄴ, ㄷ
④ ㄴ, ㄹ   ⑤ ㄷ, ㄹ

★빈출 294

다음 법전에 대한 설명으로 옳은 것은?

88. 브라만에게는 (베다의) 교수와 학습, 자기 또는 남을 위한 제사와 보시를 베풀거나 받는 일을 정하였느니라.
89. 크샤트리아에게는 인민의 보호, 시여(施與), 제사, (베다의) 학습 및 감각적 대상에 대한 무집착을 지정하였느니라.
90. 바이샤에게는 목축, 시여, 제사, (베다의) 학습, 상업, 금전 대여 및 토지의 경작을 지정하였느니라.

① 브라만교의 경전이다.
② 힌두교에서 중시하였다.
③ 카스트제 성립을 가져왔다.
④ 무굴 제국의 통치 법전이다.
⑤ 마우리아 왕조 때 편찬되었다.

295

밑줄 친 '이것'에 대한 설명으로 옳은 것은?

> 이것은 '라마가 나아간 길'이라는 뜻의 대서사시로, 7편 2만 4천의 시구로 되어 있다. 고대의 이상적 군주상인 라마의 무용담을 그린 이 작품은 『마하바라타』와 함께 힌두교의 주요 경전 역할을 하고 있으며, 오늘날에도 인도와 동남아시아 지역에서 문화, 예술의 소재로 활용되고 있다.

① 산스크리트 문학에 해당한다.
② 칼리다사가 저술한 희곡 작품이다.
③ 자이나교의 성립에 영향을 주었다.
④ 카니슈카왕의 노력으로 정리되었다.
⑤ 마우리아 왕조의 성립을 알려 주고 있다.

★빈출
296

밑줄 친 '이 양식'에 대한 설명으로 옳은 것만을 〈보기〉에서 고른 것은?

> 이 양식의 불상은 얼굴이나 옷맵시의 표현에서 옷 주름의 선을 완전히 생략하고 인체의 윤곽을 그대로 드러내는 것이 특징이다. 아잔타 석굴과 엘로라 석굴의 불상 및 조각 등에 이러한 특징이 잘 반영되어 있다.

[보기]
ㄱ. 굽타 왕조 시대에 나타났다.
ㄴ. 인도 고유의 특색을 강조하였다.
ㄷ. 헬레니즘 문화에 영향을 끼쳤다.
ㄹ. 이슬람 문화와 융합하여 나타났다.

① ㄱ, ㄴ　② ㄱ, ㄷ　③ ㄴ, ㄷ　④ ㄴ, ㄹ　⑤ ㄷ, ㄹ

3. 인도의 이슬람화와 델리 술탄 왕조

297

(가)에 들어갈 내용으로 적절한 것은?

> 10세기 말부터 아프가니스탄의 가즈니 왕조는 여러 차례 인도에 침입하여 펀자브 지역을 차지하였다. 12세기에는 구르 왕조가 인도에 침입하여 한때 북인도 지역의 대부분을 지배하였다. 두 왕조의 인도 침입 이후 ____(가)____

① 굽타 왕조가 멸망하였다.
② 마우리아 왕조가 성립하였다.
③ 브라만교에 대한 비판 움직임이 일어났다.
④ 이슬람 세력이 인도에 본격적으로 진출하였다.
⑤ 『마누 법전』이 인도인의 일상생활에 영향을 미쳤다.

★빈출
298

다음 문화유산이 건립될 당시의 상황으로 옳은 것은?

> 위 문화유산은 인도의 델리에 있는 쿠트브 미나르로 아이바크의 델리 정복을 기념하여 세운 탑이다.

① 대승 불교가 발전하였다.
② 힌두교가 탄압을 받았다.
③ 가즈니 왕조의 침입을 받았다.
④ 나나크가 시크교를 창시하였다.
⑤ 엘로라 석굴 조성이 시작되었다.

299

㉠ 왕조에 대한 설명으로 옳은 것만을 〈보기〉에서 고른 것은?

> 인도는 데칸 지역을 중심으로 남부와 북부로 구별되며, 남인도는 다시 데칸 지역과 그 이남의 타밀 지역으로 구분된다. 타밀 지역에서는 기원전 2세기경부터 세 왕조가 세력 다툼을 벌였다. 점차 약화되었던 (㉠) 왕조는 9세기에 다시 세력을 키워 13세기까지 남인도의 정치와 문화를 주도하였다.

[보기]
ㄱ. 이슬람교를 신봉하였다.
ㄴ. 타밀 문학과 예술이 발전하였다.
ㄷ. 페르시아어가 공용어로 사용되었다.
ㄹ. 동남아시아, 서아시아 등과 교역하며 번영을 누렸다.

① ㄱ, ㄴ　　② ㄱ, ㄷ　　③ ㄴ, ㄷ
④ ㄴ, ㄹ　　⑤ ㄷ, ㄹ

4. 무굴 제국의 발전과 인도 · 이슬람 문화

300

교사 질문에 대한 학생의 답변으로 적절한 것은?

이 인물은 티무르의 후손으로 알려져 있는데, 16세기 초에 아프가니스탄 방면에서 북인도 지역으로 진출하여 델리를 중심으로 새로운 왕조를 수립하였습니다. 이 왕조에 대해 발표해 볼까요?

① 갑 : 이슬람 왕조예요.
② 을 : 에프탈의 침입을 받았어요.
③ 병 : 산치 대탑을 조성하였어요.
④ 정 : 간다라 미술이 유행하였어요.
⑤ 무 : 아소카왕 때가 전성기였어요.

301

(가) 황제에 대한 설명으로 옳은 것은?

| ■ 아크바르 시대의 영역 |
| ■ (가) 시대에 확대된 영역 |
| □ 무굴 제국의 최대 영역 |

펀자브 / 인더스강 / 델리 / 아그라 / 벵골 / 벵골만 / 뭄바이 / 데칸고원 / 고아 / 아라비아해 / 캘리컷 / 마드라스 / 코친

① 타지마할을 건립하였다.
② 마라타족의 반란을 겪었다.
③ 델리 술탄 왕조를 무너뜨렸다.
④ 힌두교도를 관료로 임명하였다.
⑤ 가즈니 왕조의 침입을 물리쳤다.

★빈출 302

다음 자료에 대한 학생의 대화 내용으로 적절한 것은?

지금까지 나는 나와 신앙이 다른 사람들을 박해하여 나와 같게 만들려고 하였으며, 그것을 신에 대한 귀의라고 생각하였다. 그러나 지식을 쌓아감에 따라 나는 후회하는 마음에 사로잡혔다. 강제로 개종시킨 사람에게서 어떻게 성실한 신앙생활을 기대할 수 있을까? – 아불 파즐, 『아크바르나마』 –

① 갑 : 관용적 종교 정책이 나타나 있어.
② 을 : 아우랑제브 황제의 정책을 비판하였어.
③ 병 : 아소카왕의 중앙 집권 강화를 뒷받침하였어.
④ 정 : 델리 술탄 왕조 때의 상황을 보여 주고 있어.
⑤ 무 : 카니슈카왕이 추진한 종교 정책을 지지하였어.

303

㉠ 황제의 재위 시기에 있었던 사실로 옳은 것은?

무굴 제국의 (㉠) 황제는 데칸고원을 넘어 인도 남부의 대부분을 차지하고 제국의 최대 판도를 이루었다. 그러나 잦은 정복 활동으로 재정이 악화되었고, 이슬람 제일주의를 바탕으로 지즈야를 부활시키고 힌두교 사원을 파괴하는 등 이교도 탄압을 강화하여 위기를 초래하였다.

① 간다라 미술이 나타났다.
② 산치 대탑이 조성되었다.
③ 아잔타 석굴이 조성되었다.
④ 시크교도가 반란을 일으켰다.
⑤ 구르 왕조가 인도를 침입하였다.

304

밑줄 친 '이 시기'의 상황으로 옳은 것만을 〈보기〉에서 고른 것은?

이 시기의 인도는 상공업이 발달하고 도시가 성장하여 델리, 아그라 등 인구 20만 명이 넘는 대도시가 곳곳에 등장하였다. 특히 직물 생산이 발달하여 수출품으로 인기를 끌었으며, 상인들은 동남아시아와 서아시아를 연결하는 인도양 무역을 통해 많은 부를 쌓았다.

[보기]
ㄱ. 무굴 회화가 발달하였다.
ㄴ. 엘로라 석굴이 조성되었다.
ㄷ. 우르두어가 널리 사용되었다.
ㄹ. 『라마야나』가 오늘날의 형태로 정리되었다.

① ㄱ, ㄴ   ② ㄱ, ㄷ   ③ ㄴ, ㄷ   ④ ㄴ, ㄹ   ⑤ ㄷ, ㄹ

★빈출 305

(가)에 들어갈 건축물의 사진으로 적절한 것은?

〈○○ 제국의 문화〉
- 종교 : 시크교(나나크가 창시, 힌두교＋이슬람교) 발전
- 언어 : 우르두어(힌두어＋페르시아어＋아랍어 등)가 널리 사용, 공식 문서에는 페르시아어 사용
- 건축 : ____(가)____

①

②

③

④

⑤

306

㉠ 종교에 대한 설명으로 옳은 것은?

이곳은 (㉠)의 총본산인 인도의 황금 사원입니다. 이 종교는 나나크가 힌두교와 이슬람교의 장점을 모아 창시하였습니다.

① 『마누 법전』을 중시하였다.
② 개인의 해탈을 강조하였다.
③ 중생의 구제를 중요시하였다.
④ 카스트제의 신분 차별을 반대하였다.
⑤ 브라흐마, 비슈누, 시바 등을 숭배하였다.

1등급을 향한 서답형 문제

[307~308] 다음 글을 읽고 물음에 답하시오.

(㉠)의 창시자 고타마 싯다르타(석가모니)와 (㉡)의 창시자 바르다마나(마하비라)는 크샤트리아 출신으로 브라만의 횡포를 비판하였다. 이들은 공통으로 살생 금지를 강조하였다. 심지어 (㉡) 신자들은 땅속의 벌레를 해칠까봐 농사를 짓지 않고 오직 상업에만 종사하며 철저하게 채식 위주의 생활을 하였다.

307

㉠, ㉡에 들어갈 알맞은 종교를 쓰시오.

308

밑줄 친 부분과 관련된 ㉠, ㉡ 종교의 주장을 서술하시오.

309

밑줄 친 부분과 같은 상황이 나타난 원인을 서술하시오.

굽타 왕조 시대에는 브라만교를 바탕으로 불교 및 다양한 민간 신앙이 융합된 힌두교가 발전하였다. 힌두교도들은 지역에 따라 창조의 신 브라흐마, 유지의 신 비슈누, 파괴의 신 시바 등 다양한 신들을 숭배의 대상으로 삼았다. 힌두교는 당시 왕들의 후원을 받았으며, 백성들에게도 쉽게 수용되어 인도의 민족 종교로 발전하였다.

310

제시된 그림에 나타난 미술 양식의 특징을 서술하시오.

왼쪽 그림은 무굴 회화 전성기의 걸작으로, 자한기르의 초상화이다. 아크바르 황제의 아들인 자한기르 말년의 내면세계를 상징적으로 표현하였다.

적중 1등급 문제

» 바른답·알찬풀이 29쪽

311

㉠ 왕의 재위 시기에 있었던 사실로 옳은 것은?

이 불상은 (㉠) 왕을 모델로 중국 남북조 시대에 제작된 것입니다. 마우리아 왕조의 전성기를 이끈 이 왕은 부처의 가르침에 따를 것을 강조한 조칙을 새긴 석주를 만들어 각지에 세웠습니다.

① 타지마할이 조성되었다.
② 산치 대탑을 건립하였다.
③ 「샤쿤탈라」가 저술되었다.
④ 쿠트브 미나르가 세워졌다.
⑤ 산스크리트 문학이 발달하였다.

312

(가) 왕조에 대한 설명으로 옳은 것만을 〈보기〉에서 고른 것은?

[보기]
ㄱ. 대승 불교가 발전하였다.
ㄴ. 엘로라 석굴을 조성하였다.
ㄷ. 카니슈카왕 때 전성기를 누렸다.
ㄹ. 알렉산드로스의 침입 후 사회 혼란을 수습하였다.

① ㄱ, ㄴ   ② ㄱ, ㄷ   ③ ㄴ, ㄷ
④ ㄴ, ㄹ   ⑤ ㄷ, ㄹ

313

(가) 왕조에서 볼 수 있었던 모습으로 적절한 것은?

① 석주 건립을 명하는 아소카왕
② 지즈야(인두세)를 부과하는 술탄
③ 자이나교를 창시하는 바르다마나
④ 파괴의 신 시바를 숭배하는 힌두교도
⑤ 구르 왕조의 침입에 맞서 싸우는 병사

314

교사의 질문에 대한 학생의 답변으로 적절한 것만을 〈보기〉에서 고른 것은?

이 미술 양식이 나타난 왕조의 문화에 대해 발표해 볼까요?

옷 주름의 선을 생략하고 인체의 윤곽을 그대로 드러내어 인도 고유의 색채를 볼 수 있다. 이러한 미술 양식은 아잔타 석굴의 불상 및 조각 등에 잘 나타나 있다.

[보기]
ㄱ. 갑 : 산치 대탑이 건립되었어요.
ㄴ. 을 : 산스크리트 문학이 발달하였어요.
ㄷ. 병 : 영(0)의 개념과 10진법을 사용하였어요.
ㄹ. 정 : 개인의 해탈을 강조하는 불교가 발전하였어요.

① ㄱ, ㄴ   ② ㄱ, ㄷ   ③ ㄴ, ㄷ
④ ㄴ, ㄹ   ⑤ ㄷ, ㄹ

315

⑦ 왕조의 문화유산으로 옳은 것은?

> 구르 왕조의 맘루크였던 아이바크는 델리를 정복하고 이슬람 왕조를 세웠다. 이후 300여 년 동안 북인도 지역에는 힌두 세력의 끈질긴 저항 속에서도 델리를 수도로 이슬람 계통의 다섯 왕조가 이어졌는데, 이를 (⑦)(이)라고 한다. 이 시기 인도인에게 이슬람교를 강요하지는 않아서 지즈야(인두세)만 부담하면 힌두교를 믿을 수 있게 해 주었다.

①    ②

③    ④

⑤

316

⑦ 종교에 대한 설명으로 옳은 것은?

(⑦)의 춤추는 시바입니다. 시바는 파괴의 신으로 죽음을 관장한다고 합니다.

① 카스트제를 비판하였다.
② 개인의 해탈을 강조하였다.
③ 중생의 구제를 목표로 하였다.
④ 인도의 민족 종교로 발전하였다.
⑤ 이슬람교의 영향을 받아 성립되었다.

317

(가), (나) 황제에 대한 설명으로 옳은 것만을 〈보기〉에서 고른 것은?

(가) 황제 시기의 영역
(나) 황제 시기의 영역

사파비 왕조 / 펀자브 / 인더스강 / 델리 / 아그라 / 무굴 제국 / 아라비아해 / 데칸고원 / 벵골만

[보기]

ㄱ. (가) - 지즈야를 폐지하였다.
ㄴ. (가) - 타지마할을 건립하였다.
ㄷ. (나) - 이슬람 제일주의를 내세웠다.
ㄹ. (나) - 델리 술탄 왕조를 무너뜨렸다.

① ㄱ, ㄴ   ② ㄱ, ㄷ   ③ ㄴ, ㄷ
④ ㄴ, ㄹ   ⑤ ㄷ, ㄹ

318

⑦ 제국에서 있었던 사실로 옳은 것은?

(⑦) 제국에 대해 조사한 것을 발표해 볼까요?

티무르의 후손이 세운 나라예요.

델리 술탄 시대의 마지막 왕조를 멸망시켰어요.

17세기 후반에 데칸고원을 넘어 인도 남부의 대부분을 차지하였어요.

① 자이나교가 출현하였다.
② 우르두어가 사용되었다.
③ 「샤쿤탈라」가 저술되었다.
④ 간다라 양식이 등장하였다.
⑤ 상좌부 불교가 발달하였다.

05 서아시아의 여러 제국과 이슬람의 형성

319

㉠ 국가에 대한 설명으로 옳은 것은?

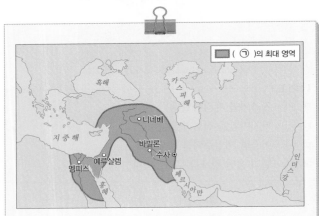

지도는 티그리스강 유역의 작은 도시 국가에서 출발하여 기원전 7세기 전반에 철제 무기와 기마 전술로 서아시아 지역의 대부분을 통일한 (㉠)의 최대 영역을 나타낸 것이다.

① 함무라비 법전을 편찬하였다.
② 니네베에 왕립 도서관을 세웠다.
③ 도리스인의 침입으로 멸망하였다.
④ 카르타고 등의 식민 도시를 건설하였다.
⑤ 알파벳의 기원이 되는 표음 문자를 사용하였다.

320

(가) 왕조에 대한 설명으로 옳은 것은?

① 카스트제를 만들었다.
② 키루스왕이 수립하였다.
③ 크노소스 궁전을 건축하였다.
④ 조로아스터교를 국교로 삼았다.
⑤ 최고 통치자를 파라오라고 불렀다.

321

다음 자료를 활용한 탐구 주제로 가장 적절한 것은?

> 나 키루스는 수메르와 아카드의 영토를 절대 위협하지 않을 것이다. 나는 백성과 그곳의 모든 신전을 보전할 것이다. 내가 살아 있는 한 너희의 전통과 종교를 존중할 것이다. 나는 결코 전쟁으로 통치하지 않을 것이다. 그 누구도 다른 사람을 억압해서도 차별해서도 안 되며, 까닭 없이 남의 재산을 강탈해서도 안 되며, 다른 사람의 자유와 권리를 침해해서도 안 되며, 부채 때문에 남자도 여자도 노예로 삼는 일을 금한다.

① 우마이야 왕조의 통치 방식
② 사산 왕조 페르시아의 건국
③ 아시리아의 정복지 통치 방식
④ 민족을 통일한 범이슬람 제국의 발전
⑤ 아케메네스 왕조 페르시아의 관용 정책

322

밑줄 친 '이 종교'에 대한 설명으로 옳은 것은?

이것은 고대 서아시아 지역에 등장한 이 종교의 상징이다. 이 종교는 세상을 빛과 선의 신 아후라 마즈다와 어둠과 악의 신 아리만이 싸우는 곳으로 보았다.

① 무함마드가 창시하였다.
② 산치 대탑을 조성하였다.
③ 이슬람교에 영향을 주었다.
④ 『마누 법전』을 경전으로 사용하였다.
⑤ 아케메네스 왕조 페르시아가 국교로 삼았다.

323

(가)에 들어갈 내용으로 가장 적절한 것은?

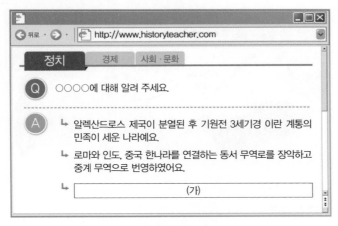

| 정치 | 경제 | 사회·문화 |

Q ○○○○에 대해 알려 주세요.

A ↳ 알렉산드로스 제국이 분열된 후 기원전 3세기경 이란 계통의 민족이 세운 나라예요.
↳ 로마와 인도, 중국 한나라를 연결하는 동서 무역로를 장악하고 중계 무역으로 번영하였어요.
↳ _____(가)_____

① 페르세폴리스를 건설하였어요.
② 함무라비 법전을 편찬하였어요.
③ 투르·푸아티에 전투에서 패배하였어요.
④ 사산 왕조 페르시아에 의해 멸망하였어요.
⑤ '왕의 눈'이라 불리는 감찰관을 파견하였어요.

324

⊙ 왕조에 대한 설명으로 옳은 것은?

> 🔍 세계의 문화유산 이야기
> 이 금화에는 조로아스터교의 상징인 불이 새겨져 있어, 조로아스터교를 국교로 삼은 (⊙)이/가 발행한 화폐임을 알 수 있다. 아케메네스 왕조 페르시아의 부흥을 내세운 (⊙)은/는 동서 교통의 요충지를 차지한 지리적 이점을 이용하여 중계 무역으로 번성하였다.

① 칼리프 칭호를 사용하였다.
② 시아파의 도움을 받아 건국하였다.
③ 다리우스 1세 때 전성기를 맞았다.
④ 알렉산드로스의 침공으로 멸망하였다.
⑤ 로마와의 에데사 전투에서 승리하였다.

325

다음 자료와 관련된 종교에 대한 설명으로 옳은 것은?

• 일정한 시간에 메카를 향해 하루에 다섯 번 예배를 올린다.
• 라마단(이슬람 달력으로 9월) 한 달 동안 해 뜰 무렵부터 해 질 녘까지 금식하며 절제된 생활을 한다.
• 인도주의적 자선으로 부자와 가난한 사람 모두 수입의 일정액을 공동체에 바친다.
• 여건이 허락하면 평생에 한 번 이상 성지인 메카를 순례한다.

① 무함마드가 창시하였다.
② 아소카왕의 후원을 받았다.
③ 간다라 미술 성립에 기여하였다.
④ 유대교의 성립에 영향을 주었다.
⑤ 브라흐마, 시바 등을 신으로 섬겼다.

326

(가), (나) 시기 사이에 있었던 사실로 옳은 것만을 〈보기〉에서 고른 것은?

> (가) 우상 숭배를 철저히 배격하면서 신 앞에 모든 인간은 평등한 존재라고 강조하여 민중의 절대적인 지지를 받았던 무함마드는 메카를 지배하던 세력으로부터 박해를 받고 메디나로 피신하였다.
> (나) 칼리프 선출 과정에서 내분이 일어나 제4대 칼리프 알리가 살해되고 시리아 총독 무아위야가 칼리프가 되었다. 이후 무아위야의 아들이 칼리프를 계승하였다.

[보기]
ㄱ. 사산 왕조 페르시아를 멸망시켰다.
ㄴ. 당과의 탈라스 전투에서 승리하였다.
ㄷ. 이슬람 공동체가 칼리프를 선출하였다.
ㄹ. 셀주크 튀르크에게 정치적 실권을 부여하였다.

① ㄱ, ㄴ ② ㄱ, ㄷ ③ ㄴ, ㄷ
④ ㄴ, ㄹ ⑤ ㄷ, ㄹ

327

다음 퀴즈의 정답에 해당하는 왕조에 대한 설명으로 옳은 것은?

① 조로아스터교를 신봉하였다.
② 탈라스 전투에서 승리하였다.
③ 다마스쿠스를 수도로 삼았다.
④ 사산 왕조 페르시아에 멸망하였다.
⑤ 니네베에 왕립 도서관을 건립하였다.

328

밑줄 친 ㉠~㉣에 대한 학생들의 발표로 옳은 것만을 〈보기〉에서 고른 것은?

> ㉠칼리프 선출을 둘러싼 대립과 갈등으로 혼란한 상황에서 제4대 칼리프 알리가 살해되었다. 이후 시리아 총독 무아위야가 칼리프가 되었으며 그의 아들이 칼리프를 계승하였다. 이로써 ㉡정통 칼리프 시대가 끝나고 우마이야 가문이 칼리프의 자리를 세습하는 우마이야 왕조가 성립되었다. 이를 배경으로 이슬람 세력은 ㉢수니파와 ㉣시아파로 나뉘어 대립하였다.

【 보기 】
ㄱ. ㉠ - 이슬람 공동체의 종교 지도자이자 정치적 수장 역할을 하였어요.
ㄴ. ㉡ - 무함마드 사후 이슬람 공동체에서 칼리프를 선출하였던 시대를 말해요.
ㄷ. ㉢ - 알리와 그 후손만을 무함마드의 정통한 후계자로 여겼어요.
ㄹ. ㉣ - 능력과 자질을 갖춘 이슬람교도면 누구나 칼리프가 될 수 있다고 주장하였어요.

① ㄱ, ㄴ 　　② ㄱ, ㄷ 　　③ ㄴ, ㄷ
④ ㄴ, ㄹ 　　⑤ ㄷ, ㄹ

329

지도에 나타난 (가), (나) 시기 사이에 있었던 사실로 옳은 것은?

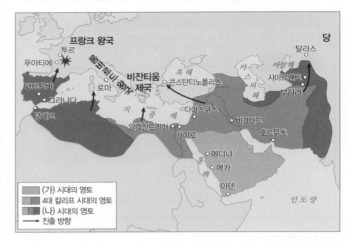

① 이집트를 정복하였다.
② 몽골의 침략을 받았다.
③ 티무르 왕조가 세워졌다.
④ 십자군 전쟁이 발발하였다.
⑤ 비잔티움 제국을 멸망시켰다.

330

밑줄 친 '이 왕조'에 대한 설명으로 옳은 것은?

지도는 바그다드의 구조를 간략히 나타낸 것이다. 이 왕조의 2대 칼리프였던 만수르는 티그리스강 옆에 원형 도시로 바그다드를 건설하고, 이곳을 새로운 수도로 삼았다.

① 비아랍인을 차별하였다.
② 부와이 왕조를 무너뜨렸다.
③ 우즈베크인에게 멸망하였다.
④ 아랍인의 특권을 폐지하였다.
⑤ 콘스탄티노폴리스를 점령하였다.

331

⊙ 왕조에 대한 설명으로 옳은 것은?

(⊙)은/는 지중해 무역을 장악하여 경제적 번영을 누렸으며, 학문과 문예를 장려하였다. 수도인 코르도바는 이베리아반도 최대의 경제적·문화적 중심 도시로 성장하였다. 이 무렵 발달한 이슬람의 학문과 과학은 에스파냐와 유럽의 여러 나라에 많은 영향을 주었다. 하지만 11세기에 들어서면서 국력이 쇠퇴하고 각지에서 반란이 일어나 무너지고, 이후 이베리아반도에는 다수의 작은 이슬람 국가들이 수립되었다.

① 우마이야 왕조를 계승하였다.
② 비잔티움 제국을 멸망시켰다.
③ 아바스 왕조로부터 술탄 칭호를 얻었다.
④ 탈라스에서 당의 군대와 전투를 벌였다.
⑤ 카니슈카왕 시기에 전성기를 이룩하였다.

332

⊙, ⓛ에 대한 설명으로 옳은 것만을 〈보기〉에서 고른 것은?

- 10세기 초 북부 아프리카에서 (⊙)이/가 일어나 카이로 천도를 단행하였다. (⊙)은/는 이집트와 시리아를 지배하면서 지중해와 인도양 무역을 주도하였고, 이슬람 학문의 중심지로 발전하였다.
- 11세기 중엽에 (ⓛ)이/가 바그다드에 입성하여 정치적 실권을 장악하였다. (ⓛ)은/는 서쪽으로 영토를 확장하여 서아시아와 중앙아시아를 아우르는 대제국을 건설하였다. 이후 예루살렘을 비롯한 소아시아 지역으로 세력을 확대하여 비잔티움 제국과 대립하였는데, 이는 십자군 전쟁이 일어나는 빌미가 되었다.

[보기]
ㄱ. ⊙ - 칼리프 칭호를 사용하였다.
ㄴ. ⊙ - 투르·푸아티에 전투에서 패배하였다.
ㄷ. ⓛ - 술탄 칭호를 사용하였다.
ㄹ. ⓛ - 아바스 왕조의 권위를 부정하였다.

① ㄱ, ㄴ   ② ㄱ, ㄷ   ③ ㄴ, ㄷ
④ ㄴ, ㄹ   ⑤ ㄷ, ㄹ

333

밑줄 친 '제국'에 대한 설명으로 옳은 것은?

그는 이슬람 세계의 수호자로서 전쟁을 수행한다는 명분과 몽골 제국의 재건이라는 목표를 내세워 유라시아 세계를 통합하려고 하였다. 남쪽으로 아프간 지방과 이란 방면으로 진출하고 인도의 델리 술탄 왕조를 침공하였으며, 서쪽으로는 오스만 제국을 앙카라 전투에서 제압하여 중앙아시아에서 서아시아에 이르는 대제국을 건설하였다. 그러나 명을 정복하러 가던 도중에 죽은 뒤 제국은 점차 약화되다가 우즈베크인에 의해 멸망하였다.

① 사마르칸트를 수도로 삼았다.
② 아랍인 우월주의를 내세웠다.
③ 콘스탄티노폴리스를 정복하였다.
④ 사산 왕조 페르시아에 의해 멸망하였다.
⑤ 셀주크 튀르크에게 정치적 실권을 부여하였다.

334

(가)에 들어갈 내용으로 가장 적절한 것은?

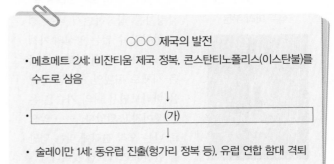

○○○ 제국의 발전
- 메흐메트 2세: 비잔티움 제국 정복, 콘스탄티노폴리스(이스탄불)를 수도로 삼음
↓
- (가)
↓
- 술레이만 1세: 동유럽 진출(헝가리 정복 등), 유럽 연합 함대 격퇴

① 앙카라 전투에서 승리
② 메카와 메디나의 보호권 장악
③ 사산 왕조 페르시아를 멸망시킴
④ 시아파 이슬람교를 국교로 정함
⑤ 아바스 왕조의 권위를 부정하고 칼리프 칭호 사용

[335~336] 다음 자료를 읽고 물음에 답하시오.

이 제국은 정복지의 크리스트교도 중 우수한 인재를 뽑아 예니체리나 관료로 육성하는 제도를 시행하였다. 이 제도를 통해 뽑힌 소년들은 술탄의 친위 부대인 예니체리의 부대원이 되었고, 이들 중 우수한 대원들은 궁정 학교로 뽑혀 가 언어와 『쿠란』, 역사, 수학, 음악, 기마, 무기 다루는 법 등을 배우고 체력을 단련하였다. 이렇게 여러 해 동안 훈련을 받은 이들은 술탄의 비서나 제국의 행정 관리가 되었다.

335

밑줄 친 '이 제도'의 명칭을 쓰시오.

336 ✔ 서술형

위 자료의 제도를 시행한 제국이 다양한 민족을 지배하기 위해 실시한 또 다른 제도 두 가지를 제시하고 그 내용을 서술하시오.

---

06 인도의 역사와 종교·문화

337

㉠ 왕에 대한 설명으로 옳은 것은?

(㉠) 왕이 세운 석주 머리 부분

(㉠) 왕이 세운 석주 비문

칼링가를 정복하면서 나는 결코 돌이킬 수 없는 양심의 가책을 느꼈다. 그들의 영토가 수많은 시체로 뒤덮인 처참한 광경을 바라보면서 나의 가슴은 온통 찢어지고 말았다. …… 앞으로 나는 오직 진리에 맞는 법만을 실천하고 가르칠 것이다.

① 산치 대탑을 건립하였다.
② 쿠샨 왕조의 전성기를 이끌었다.
③ 조로아스터교를 국교로 정하였다.
④ 왕비의 무덤인 타지마할을 건립하였다.
⑤ '왕의 눈'이라 불리는 감찰관을 파견하였다.

338

(가) 왕조 시기에 있었던 사실로 옳은 것은?

① 나나크가 시크교를 창시하였다.
② 칼리다사가 『샤쿤탈라』를 저술하였다.
③ 아이바크가 쿠트브 미나르를 건립하였다.
④ 중생의 구제를 강조하는 대승 불교가 발달하였다.
⑤ 브라만교, 불교, 민간 신앙이 융합된 힌두교가 성립하였다.

339

밑줄 친 '이 왕조' 시기에 볼 수 있는 모습으로 가장 적절한 것은?

이 왕조에서는 브라만교를 바탕으로 불교 및 다양한 민간 신앙이 융합된 힌두교가 발전하였다. 힌두교도는 지역에 따라 창조의 신 브라흐마, 유지의 신 비슈누, 파괴의 신 시바 등 다양한 신들을 숭배의 대상으로 삼았다. 이 왕조의 국왕들은 권위를 높이기 위해 자신을 비슈누에 비유하면서 힌두교를 후원하였다. 토착적 성격이 강한 힌두교는 백성들에게도 쉽게 수용되어 인도의 민족 종교로 발전함으로써 지역적·문화적 차이를 극복하는 데 이바지하였다.

① 지즈야를 징수하는 이슬람 관리
② 콘스탄티노폴리스를 공격하는 장수
③ 타지마할에서 아내를 추모하는 황제
④ 아잔타 석굴 사원 건립에 동원된 석공
⑤ 알렉산드로스 대왕의 군대와 싸우는 병사

340

다음 자료를 활용한 탐구 활동으로 가장 적절한 것은?

- 10세기 말부터 아프가니스탄의 가즈니 왕조가 여러 차례 인도에 침입하여 펀자브 지역을 차지하였다.
- 12세기에 구르 왕조가 인도를 침입하여 한때 북인도 지역의 대부분을 지배하였다.
- 13세기 초에 구르 왕조의 복속민 출신인 아이바크가 델리를 수도로 새로운 왕조를 세웠다. 이후 300여 년 동안 다섯 왕조가 이어졌다.

① 카스트 제도가 등장한 배경을 살펴본다.
② 시아파와 수니파의 분열 과정을 이해한다.
③ 헬레니즘 문화가 인도에 끼친 영향을 파악한다.
④ 이슬람 세력의 인도 진출 과정에 대해 조사한다.
⑤ 상좌부 불교가 동남아시아로 전파된 계기를 알아본다.

341

밑줄 친 '황제'에 대한 설명으로 옳은 것은?

이 그림은 다른 종교 지도자들과 토론하는 무굴 제국 황제의 모습을 그린 것입니다. 황제는 정통 이슬람교도였지만 다른 종교 지도자들과 자유롭게 토론을 벌였으며, 힌두 세력 출신과 결혼하는 등 관용적인 종교 정책을 폈습니다.

① 지즈야를 폐지하였다.
② 타지마할을 건립하였다.
③ 델리 술탄 왕조를 무너뜨렸다.
④ 앙카라 전투에서 오스만 제국을 격퇴하였다.
⑤ 데칸고원을 넘어 인도 남부 대부분 지역을 차지하였다.

342

(가)에 들어갈 내용으로 적절한 것만을 <보기>에서 고른 것은?

○○ 제국 때 발전한 힌두·이슬람 문화의 사례를 발표해 볼까요?

종교에서는 힌두교와 이슬람교가 융합된 시크교가 발전하였어요.

일상생활에서 아랍어와 인도 고유의 언어 등이 더해진 우르두어가 사용되었어요.

(가)

[보기]
ㄱ. 이상적 군주상인 라마의 무용담을 그린 『라마야나』가 정리되었어요.
ㄴ. 돔형 지붕과 아치, 연꽃무늬 등이 조합된 타지마할이 건립되었어요.
ㄷ. 인도 양식과 페르시아의 세밀화가 조화를 이룬 회화가 발달하였어요.
ㄹ. 간다라 양식과 인도 고유 특색이 융합된 엘로라 석굴 사원이 만들어졌어요.

① ㄱ, ㄴ　　② ㄱ, ㄷ　　③ ㄴ, ㄷ
④ ㄴ, ㄹ　　⑤ ㄷ, ㄹ

[343~344] 다음 자료를 읽고 물음에 답하시오.

창조주는 …… 각자의 업을 정하였도다. 브라만에게는 베다를 가르치며 제사 지내는 일을, 크샤트리아에게는 백성을 보호하고 다스릴 것을, 바이샤에게는 농사를 짓고 짐승을 기를 것을 명령하셨다. 마지막으로 수드라에게는 앞선 세 신분의 사람들에게 봉사하는 임무를 명령하셨다.　　　－『마누 법전』－

343

위의 자료와 관련이 깊은 종교를 쓰시오.

344 서술형

위 종교의 특징과 인도 사회에 끼친 영향을 서술하시오.

07 고대 지중해 세계

Ⅳ 유럽·아메리카 지역의 역사

✓ 출제 포인트 　✓ 아테네 　✓ 스파르타 　✓ 알렉산드로스 제국 　✓ 헬레니즘 문화 　✓ 로마

1. 그리스 세계와 헬레니즘 세계

1 아테네와 스파르타

(1) 폴리스 그리스에서 기원전 10세기경 산이 많고 평야가 적은 지형을 배경으로 형성 → 아크로폴리스(정치, 군사 거점), 아고라(광장), 동족 의식 발달(헬레네스, 올림피아 제전)

(2) 아테네의 발전 ⓒ 71쪽 360번 문제로 확인

금권정	솔론의 개혁 → 재산 정도에 따라 참정권을 차등 분배
참주정	솔론의 개혁에 대한 반발 → 참주 등장(페이시스트라토스)
민주정	클레이스테네스의 개혁 → 500인 평의회, 도편 추방제

> **자료** 도편 추방제 ⓒ 72쪽 361번 문제로 확인
>
> 도편 투표 실시 여부를 결정하기 위해 예비 투표를 한다. 실시하기로 가결되면, 아고라 주변에 널판을 두르고 열 개의 입구를 만든다. 그 입구를 통해 사람들은 부족별로 들어와서 이름을 새긴 면을 아래로 하여 자신의 도편을 내려놓는다. 고위 관리 9명과 500인 평의회가 이러한 절차를 주관한다
>
> **분석** 도자기 파편에 독재를 할 가능성이 있는 사람의 이름을 적어 6,000표 이상 얻으면 10년간 국외로 추방하였다.

(3) 페리클레스 시대 민주 정치의 전성기(기원전 5세기 중엽)

배경	페르시아 전쟁 승리 → 아테네가 델로스 동맹의 맹주
특징	민회가 입법권 소유, 관리·배심원 추첨, 공무 수당 지급
한계	여자, 거류 외국인, 노예에게는 참정권이 부여되지 않음

(4) 스파르타 소수의 시민이 다수의 피정복민 지배, 엄격한 군국주의 체제, 펠로폰네소스 동맹의 맹주

2 알렉산드로스 제국과 헬레니즘 문화

(1) 알렉산드로스 제국
① 성립 : 알렉산드로스의 동방 원정(기원전 334) → 유럽·아시아·아프리카에 걸친 대제국 건설
② 알렉산드로스의 동서 융합 정책 : 피정복민의 문화 존중, 알렉산드리아 건설, 그리스인과 페르시아인의 혼인 장려

(2) 헬레니즘 문화 ⓒ 73쪽 367번 문제로 확인
① 형성 : 그리스 문화 + 오리엔트 문화 → 세계적, 개방적
② 철학 : 세계 시민주의, 개인주의 발달 → 개인의 행복 추구

스토아학파	감정과 욕망을 절제하는 금욕주의 → 로마로 전파
에피쿠로스학파	개인의 행복을 위해 마음의 안정과 만족 추구

③ 자연 과학 : 물리학(아르키메데스), 천문학(에라토스테네스) 등 발전
④ 예술 : 격정(「라오콘상」), 관능미(「밀로의 비너스상」) 강조

2. 로마의 발전과 문화

1 로마의 정치 변천 ⓒ 74쪽 371번 문제로 확인

(1) 공화정
① 공화정 수립 : 집정관(행정 및 군사), 원로원(자문), 민회
② 평민권 신장 : 호민관 제도, 평민회 창설, 12표법(로마 최초의 성문법), 리키니우스법, 호르텐시우스법 등 제정

(2) 로마의 팽창과 공화정의 위기
① 포에니 전쟁(기원전 264 ~ 기원전 146) : 세 차례에 걸친 카르타고와의 전쟁에서 로마 승리 → 로마가 서지중해 패권 장악, 대제국 형성 → 사회 내부의 변화
② 그라쿠스 형제의 개혁

배경	라티푼디움(노예 노동을 이용한 대농장) 성행 → 자영농 몰락
내용	농지법, 곡물법 제정
결과	원로원 내 귀족들의 반발로 실패 → 사회 혼란 심화

> **자료** 그라쿠스 형제의 개혁 ⓒ 74쪽 372번 문제로 확인
>
> 조국을 위해 싸우다 죽은 로마 시민에게는 햇볕과 공기밖에는 아무것도 없습니다. 집도 없고 땅도 없이 아내와 자식들을 데리고 떠돌아다닙니다. …… 그들은 다른 사람들의 재산과 행복을 지키기 위해 싸우다 죽어가지만 자기 소유라 할 만한 한 조각의 땅도 없습니다. ― 플루타르코스, 『영웅전』, 티베리우스 그라쿠스의 연설 ―
>
> **분석** 그라쿠스 형제는 호민관이 된 후 라티푼디움의 성행으로 몰락한 자영농을 육성하여 공화정을 되살리려고 하였다.

③ 삼두 정치 : 사병을 거느린 군인 정치가 등장하여 정치 주도, 1차(카이사르 등) → 2차(옥타비아누스 등)

(3) 제정 ⓒ 75쪽 377번 문제로 확인
① 옥타비아누스 : 악티움 해전 승리 → 아우구스투스 호칭
② 5현제 시대 : 유능한 다섯 황제 등장, '로마의 평화 시대'
③ 군인 황제 시대 : 군인 출신 황제 즉위 → 이민족의 침입, 상공업과 도시 쇠퇴, 콜로나투스 성행(콜로누스가 경작)
④ 전제 군주제 강화 : 디오클레티아누스 황제(제국의 4분할 통치), 콘스탄티누스 황제(콘스탄티노폴리스 천도, 밀라노 칙령 발표)

2 로마의 문화와 크리스트교

(1) 특징 그리스 문화 + 헬레니즘 문화 → 실용적 문화
(2) 법률 12표법 → 시민법 → 만민법 → 『유스티니아누스 법전』
(3) 크리스트교 유대교의 선민사상과 율법주의 배격

박해	황제 숭배 거부 → 박해 → 카타콤에서 예배 → 교세 확장
공인	밀라노 칙령(313)으로 크리스트교 공인
국교	테오도시우스 황제 때 국교 제정(392)

1. 그리스 세계와 헬레니즘 세계

•• 빈칸에 들어갈 알맞은 말을 쓰시오.

345 그리스 폴리스 중 (   )에서는 민주 정치가 발전하였고, (   )에서는 엄격한 군국주의 체제가 발전하였다.

346 알렉산드로스는 각지에 자신의 이름을 딴 (   )(이)라는 도시를 건설하여 그리스인을 이주시켰다.

347 포에니 전쟁 이후 로마의 유력자들은 노예 노동을 이용하여 넓은 토지를 경작하는 (   )을/를 경영하였다.

348 로마의 콘스탄티누스 황제는 (   )을/를 발표하여 크리스트교를 공인하였다.

•• 다음 설명이 옳으면 ○표, 틀리면 ×표 하시오.

349 도편 추방제의 실시로 아테네에서는 페이시스트라토스와 같은 참주들이 등장하였다.   (   )

350 알렉산드로스는 그리스인과 페르시아인의 혼인을 장려하는 등 동서 문화 융합을 꾀하였다.   (   )

351 악티움 해전에서 승리한 옥타비아누스는 원로원으로부터 아우구스투스라는 칭호를 받았다.   (   )

•• 다음 문장과 관련 있는 내용을 〈보기〉에서 고르시오.

352 헬레니즘 시대의 대표적인 조각품으로 인간의 격정을 사실적으로 표현하였다.   (   )

353 헬레니즘 시대에 개인의 행복을 위해 마음의 안정과 만족을 얻고자 한 학파이다.   (   )

354 아테네의 민주 정치 발달을 배경으로 등장한 철학자들로 철학의 관심을 인간과 사회로 옮겼다.   (   )

355 로마의 군인 황제 시대에는 농촌에서 부자유 소작농인 콜로누스에게 토지를 경작시키는 제도가 확산되었다.
(   )

┌─[보기]─────────────────┐
ㄱ. 소피스트   ㄴ. 라오콘상
ㄷ. 콜로나투스   ㄹ. 에피쿠로스학파
└──────────────────────────┘

•• 다음 인물과 관련된 내용을 옳게 연결하시오.

356 그라쿠스 형제   •   • ㉠ 1차 삼두 정치

357 카이사르   •   • ㉡ 로마의 4분할 통치

358 디오클레티아누스 •   • ㉢ 농지법·곡물법 제정

359

고대 그리스에서 다음 현상이 나타나게 된 배경으로 적절한 것은?

┌──────────────────────────────────────┐
그리스인은 다른 민족과 구분하여 스스로를 헬레네스라고 불렀다. 또한 4년마다 올림피아에 모여 제우스 신을 기리는 제사와 운동 경기를 통해 공동체의 결속을 다졌는데, 이를 올림피아 제전이라고 불렀다.
└──────────────────────────────────────┘

① 유일신 신앙을 믿었다.
② 일찍부터 농경 생활을 하였다.
③ 일찍이 통일 국가를 이루었다.
④ 이민족의 잦은 침입으로 전쟁이 빈발하였다.
⑤ 통일 국가를 이루지 못하였지만 동족 의식이 강하였다.

★빈출
360

다음은 아테네에서 추진한 개혁이다. 이에 대한 설명으로 옳은 것만을 〈보기〉에서 고른 것은?

┌──────────────────────────────────────┐
그는 연간 토지 수확량을 기준으로 전체 시민을 4등급으로 구분하고, 등급에 따라 정치적 권리와 군사적 의무를 차등적으로 규정하였다. 말과 기병 복무에 필요한 무장을 갖출 수 있는 재산을 소유한 상위 1, 2계층에게는 고위 관직에 나갈 수 있는 자격이 주어졌으며, 하위 3, 4계층에게는 하위 관직과 민회에 출석, 투표할 권리만이 주어졌다.
└──────────────────────────────────────┘

┌─[보기]─────────────────┐
ㄱ. 금권정이라 한다.
ㄴ. 페르시아 전쟁 직후 추진되었다.
ㄷ. 귀족과 평민의 대립을 배경으로 추진되었다.
ㄹ. 평민층의 지지를 받았으나 귀족층이 반발하였다.
└──────────────────────────┘

① ㄱ, ㄴ   ② ㄱ, ㄷ   ③ ㄴ, ㄷ
④ ㄴ, ㄹ   ⑤ ㄷ, ㄹ

★빈출
361

다음 제도를 마련한 인물에 대한 탐구 활동으로 가장 적절한 것은?

> 도편 투표 실시 여부를 결정하기 위해 예비 투표를 한다. 실시하기로 가결되면, 아고라 주변에 널판을 두르고 열 개의 입구를 만든다. 그 입구를 통해 사람들은 부족별로 들어와서 이름을 새긴 면을 아래로 하여 자신의 도편을 내려놓는다. 고위 관리 9명과 500인 평의회가 이러한 절차를 주관한다.

① 페르시아 전쟁의 영향을 분석한다.
② 페이시스트라토스가 등장한 배경을 조사한다.
③ 아테네에서 부족제가 개편된 과정을 정리한다.
④ 델로스 동맹과 펠로폰네소스 동맹의 특징을 비교한다.
⑤ 중장 보병이 군대의 주력이 되면서 나타난 변화를 파악한다.

362

지도에 나타난 전쟁과 관련된 탐구 활동으로 적절한 것만을 〈보기〉에서 고른 것은?

[보기]
ㄱ. 델로스 동맹의 결성 배경을 조사한다.
ㄴ. 페리클레스 시대의 전개 배경을 분석한다.
ㄷ. 펠로폰네소스 동맹에 참여하였던 폴리스를 정리한다.
ㄹ. 마케도니아가 그리스 세계를 정복한 과정을 파악한다.

① ㄱ, ㄴ   ② ㄱ, ㄷ   ③ ㄴ, ㄷ
④ ㄴ, ㄹ   ⑤ ㄷ, ㄹ

363

(가) 인물에 대한 설명으로 옳은 것은?

① 그리스를 정복하였다.
② 포에니 전쟁에서 승리하였다.
③ 펠로폰네소스 동맹을 주도하였다.
④ 피정복민의 전통과 관습을 존중하였다.
⑤ 아테네의 민주 정치 전통을 계승하였다.

364

알렉산드로스가 다음 정책을 실시한 목적으로 적절한 것은?

> 수사로 돌아온 알렉산드로스는 다리우스왕의 딸 스타테이라와 결혼하였다. 그의 친구들 가운데 많은 사람이 페르시아의 귀부인과 결혼하였다. 이들은 함께 결혼식을 올리고 페르시아 여자와 결혼한 모든 마케도니아인을 초대하여 9천여 명이 모인 가운데 축제를 열었다.

① 동서 문화의 융합   ② 전제 왕권의 확립
③ 페르시아 문화 부흥   ④ 중계 무역의 거점 마련
⑤ 중앙과 지방의 연락망 확보

365

밑줄 친 '이 시대'에 있었던 사실로 옳지 않은 것은?

> 이 시대는 기원전 334년 알렉산드로스가 동방 원정을 떠날 때부터 클레오파트라가 지배하던 이집트가 로마에 정복당할 때까지 약 300년간을 말한다.

① 라오콘상이 제작되었다.
② 각지에 알렉산드리아가 건설되었다.
③ 아르키메데스가 부력의 원리를 발견하였다.
④ 스토아학파와 에피쿠로스학파가 유행하였다.
⑤ 그리스가 페르시아와의 전쟁에서 승리하였다.

366

다음 조각품이 만들어졌던 시기에 있었던 사실로 옳은 것은?

① 플라톤이 이상 국가론을 제시하였다.
② 프톨레마이오스가 천동설을 주장하였다.
③ 플루타르코스가 『영웅전』을 저술하였다.
④ 에라토스테네스가 지구의 자오선을 측정하였다.
⑤ 소피스트들이 철학의 관심을 인간과 사회로 돌렸다.

★빈출 367

밑줄 친 '그'에 대한 설명으로 옳은 것만을 〈보기〉에서 고른 것은?

그는 모든 선하고 악한 것은 쾌락과 고통의 지각에서 오는 것이라고 하였다. 좋은 것은 기쁜 것이고, 나쁜 것은 고통스러운 것이다. 쾌락과 고통은 선함과 악함의 궁극적인 도덕적 기준이다. 만약 고통이 쾌락보다 더 큰데도 그것이 선택되었다면 그것이 결국에는 더 큰 쾌락으로 이어지기 때문이다. 그가 진실로 원했던 것은 고통의 부재, 즉 죽음의 공포와 신의 응보로부터 자유로운 만족감과 고요함의 상태였다. 우리가 고통으로 괴롭지 않을 때, 우리는 더 이상 쾌락이 필요 없고, '완벽한 마음의 평화 상태'인 아타락시아(ataraxia)가 된다.

[보기]
ㄱ. 에피쿠로스학파를 창시하였다.
ㄴ. 헬레니즘 시대의 대표적 철학자였다.
ㄷ. 폴리스 중심의 세계관을 지니고 있었다.
ㄹ. 금욕이 행복의 첫 번째 조건이라고 주장하였다.

① ㄱ, ㄴ   ② ㄱ, ㄷ   ③ ㄴ, ㄷ
④ ㄴ, ㄹ   ⑤ ㄷ, ㄹ

---

2. 로마의 발전과 문화

368

(가), (나)에 들어갈 내용을 옳게 짝지은 것은?

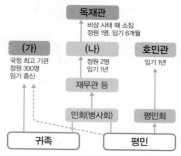

▲ 로마 공화정의 구조

	(가)	(나)		(가)	(나)
①	원로원	집정관	②	민회	집정관
③	원로원	장군	④	민회	장군
⑤	500인 평의회	장군			

[369~370] 다음 자료를 보고 물음에 답하시오.

기원전 494	호민관 설치	원로원 의결 거부권
기원전 471	평민회 설치	평민만 참여하는 의회
기원전 450	12표법 제정	로마 최초의 성문법
기원전 367	리키니우스법 제정	평민 집정관 선출
기원전 287	호르텐시우스법 제정	(가)

369

위 자료를 활용한 탐구 활동 주제로 가장 적절한 것은?

① 아테네 민주 정치의 발전
② 로마의 평민권 신장 과정
③ 펠로폰네소스 전쟁의 영향
④ 포에니 전쟁 이후 로마의 변화
⑤ '로마의 평화 시대'의 사회 변화

370

(가)에 들어갈 내용으로 적절한 것은?

① 독재자의 해외 추방
② 귀족들의 사병 소유 금지
③ 규정 이상의 대토지 소유 금지
④ 콜로누스의 거주 이전의 자유 제한
⑤ 평민회의 의결 사항이 원로원의 동의 없이 효력 발생

≫ 바른답·알찬풀이 34쪽

⭐빈출
371

다음 전쟁이 로마 사회에 끼친 영향으로 적절한 것만을 〈보기〉에서 고른 것은?

제1차 포에니 전쟁(기원전 264~기원전 241)
▨ 로마령(전쟁 시작 당시) ▨ 카르타고령(전쟁 시작 당시)
→ 로마군의 진로 → 카르타고군의 진로
▧ 로마의 정복지

제2차 포에니 전쟁(기원전 218~기원전 201)
⋯→ 로마군의 진로
⋯→ 카르타고군의 진로
▧ 로마의 정복지 ▨ 카르타고의 정복지

[보기]
ㄱ. 평민권이 신장되었다.
ㄴ. 라티푼디움이 성행하였다.
ㄷ. 서지중해의 패권을 장악하였다.
ㄹ. 중장 보병이 군대의 주력으로 성장하였다.

① ㄱ, ㄴ   ② ㄱ, ㄷ   ③ ㄴ, ㄷ
④ ㄴ, ㄹ   ⑤ ㄷ, ㄹ

⭐빈출
372

다음 주장에 따라 추진되었던 정책으로 옳은 것만을 〈보기〉에서 고른 것은?

조국을 위해 싸우다 죽은 로마 시민에게는 햇볕과 공기밖에는 아무것도 없습니다. 집도 없고 땅도 없이 아내와 자식들을 데리고 떠돌아다닙니다. …… 그들은 다른 사람들의 재산과 행복을 지키기 위해 싸우다 죽어가지만 자기 소유라 할 만한 한 조각의 땅도 없습니다.

[보기]
ㄱ. 호민관과 평민회를 설치하였다.
ㄴ. 농지법을 제정하여 대토지 소유를 금지하였다.
ㄷ. 12표법을 제정하여 법을 공평하게 적용하였다.
ㄹ. 곡물법을 제정하여 빈민에게 곡물을 싸게 제공하였다.

① ㄱ, ㄴ   ② ㄱ, ㄷ   ③ ㄴ, ㄷ
④ ㄴ, ㄹ   ⑤ ㄷ, ㄹ

373

밑줄 친 '이 시기'의 상황으로 옳은 것은?

이 시기는 로마의 혼란기였다. 반란을 일으킨 스파르타쿠스의 노예군은 로마 군대의 무기를 탈취하거나 무기를 구입하여 무장하였다. 이들은 주로 노예 감옥을 습격하여 노예를 풀어 주는 방식으로 수를 늘려갔다. 곧 로마 정부는 이들을 진압하기 위해 군대를 소집하였다. 그러나 치밀한 준비나 훈련 없이 노예군과 마주친 로마군은 참패를 당했다. 승승장구한 노예군은 이탈리아 전체를 공포에 떨게 하면서 알프스 북쪽으로 치고 올라갔다.

① 군인 출신 황제가 이어졌다.
② 실질적인 제정이 시작되었다.
③ 호민관직과 평민회가 설치되었다.
④ 그라쿠스 형제의 개혁이 추진되었다.
⑤ 군인 정치가들이 권력을 독점하였다.

374

다음 자료를 통해 당시 로마의 상황을 추론한 것으로 적절한 것은?

국내에서는 모든 것이 평온하였다. 관리들은 전과 같은 직함을 유지하였다. 악티움 해전에서 승리한 후에 신세대가 태어났으며, 구세대의 대다수도 내란 기간에 태어났다. …… 그리고 과거의 좋았던 생활 방식 가운데 남은 것은 전혀 없었다. 평등을 빼앗긴 탓에, 모든 사람이 현실을 제대로 파악하지 못한 채 한 명의 프린켑스가 지시하는 대로 따랐다.

– 타키투스, 『연대기』 –

① 제정이 성립되었다.
② 호민관직이 창설되었다.
③ 콜로나투스 제도가 유행하였다.
④ '로마의 평화 시대'가 막을 내렸다.
⑤ 그라쿠스 형제가 개혁을 시도하였다.

375

⊙, ⓒ에 해당하는 것을 옳게 짝지은 것은?

> 로마는 2세기 말부터 흔들리기 시작하였다. 군대가 정치에 개입하여 군인 출신 황제가 연이어 등장하였고, 속주에서는 반란이 빈번하게 일어났다. 또한 ⊙이민족의 잦은 침략으로 농촌이 피폐하였으며, ⓒ새로운 경작 형태가 나타났다.

	⊙	ⓒ
①	우마이야 왕조	라티푼디움
②	우마이야 왕조	콜로나투스
③	사산 왕조 페르시아	라티푼디움
④	사산 왕조 페르시아	콜로나투스
⑤	아케메네스 왕조 페르시아	둔전병제

376

다음 문화유산을 통해 알 수 있는 로마 문화의 특징으로 적절한 것은?

① 종교가 인간 생활을 지배하였다.
② 인간 중심적인 문화가 발달하였다.
③ 실용적인 분야에서 재능을 나타냈다.
④ 로마네스크 양식의 건축물이 축조되었다.
⑤ 개방적이고 세계 시민주의적인 성향이 나타났다.

★빈출
377

다음 조치를 발표하였던 황제 때에 있었던 사실로 옳은 것은?

> 짐 콘스탄티누스 아우구스투스와 짐 리키니우스 아우구스투스가 길조 속에서 밀라노에서 회동하고 공익과 안전에 관한 모든 현안을 토의하였다. …… 즉, 어떤 사람이든 크리스트교인의 예배 또는 자신에게 가장 적합한 것으로 여기는 종교에 헌신할 자유가 부인되어서는 안 된다고 생각하지 않을 수 없었다.

① 크리스트교가 국교가 되었다.
② 로마 제국이 동서로 분열되었다.
③ 콘스탄티노폴리스로 천도하였다.
④ 군인 출신 황제가 제국을 통치하였다.
⑤ 아우구스투스 칭호가 사용되기 시작하였다.

🎖 1등급을 향한 서답형 문제

[378~379] 다음 글을 읽고 물음에 답하시오.

> 아테네에서 중장 보병으로 군대의 주력이 된 평민들이 자신들의 역할 증대를 배경으로 정치적 권리를 요구하였다. 이에 (⊙)은/는 재산 정도에 따라 시민을 4등급으로 구분하고 참정권을 차등 분배하였다. 그러나 이로 인한 정치적 혼란을 배경으로 참주가 등장하자 클레이스테네스는 다양한 개혁안을 펼쳐 민주 정치의 기틀을 마련하였다.

378

⊙에 들어갈 알맞은 인물을 쓰시오.

379

밑줄 친 '개혁안'의 내용을 한 가지만 서술하시오.

[380~381] 다음 글을 읽고 물음에 답하시오.

> 3세기 로마에서는 (⊙) 황제 시대가 전개되어 큰 혼란에 빠졌다. 또한 이민족의 침입에 시달렸으며, 콜로나투스가 등장하였다. 이러한 상황에서 즉위한 디오클레티아누스 황제는 제국의 위기를 타개하기 위해 통치 체제의 변화를 추진하였다. 또한 전제 군주제를 통해 황제권을 강화하였으며, 화폐 개혁과 군사 개혁을 추진하였다.

380

⊙에 들어갈 알맞은 용어를 쓰시오.

381

밑줄 친 '변화'를 구체적으로 서술하시오.

382

⊙, ⓒ 인물에 대한 설명으로 옳은 것은?

> • (⊙)은/는 혈연 중심의 부족제를 거주지 중심의 부족제로 개편하고, 이를 바탕으로 행정을 담당하는 500인 평의회를 설치하였다.
> • (ⓒ)은/는 가난한 시민도 정치에 참여할 수 있도록 공무수당을 지급하였고 장군과 같은 특수직을 제외한 나머지 관직과 배심원직은 추첨으로 뽑힌 시민이 공무를 담당하게 하였다.

① ⊙ – 스파르타쿠스의 난을 진압하였다.
② ⊙ – 참주의 출현을 막기 위해 도편 추방제를 도입하였다.
③ ⓒ – 삼두 정치를 주도하였다.
④ ⓒ – 크리스트교를 국교로 지정하였다.
⑤ ⊙, ⓒ – 펠로폰네소스 전쟁을 승리로 이끌었다.

383

밑줄 친 '전쟁'의 결과로 옳은 것은?

> 페리클레스가 델로스 동맹의 기금 금고를 아테네로 이전하고, 이 기금을 이용하여 파르테논 신전을 건축하였다. 또한 아테네 민회 참여자에게 지급하는 수당도 여기에서 지출되었다. 이렇게 아테네 위주로 델로스 동맹을 운영하자 동맹국 내부의 반발이 일어났다. 또한 경쟁국인 스파르타와의 대립도 격화되었다. 이 때문에 델로스 동맹과 스파르타 중심의 펠로폰네소스 동맹 사이에 전쟁이 일어났다.

① 라티푼디움이 확산되었다.
② 미케네 문명이 파괴되었다.
③ 헬레니즘 문화가 성립되었다.
④ 스파르타가 그리스의 패권을 장악하였다.
⑤ 아테네가 강력한 해상 국가로 발전하였다.

384

다음 원정을 추진한 제국에 대한 설명으로 옳은 것은?

① 악티움 해전에서 승리하였다.
② 파르테논 신전을 건축하였다.
③ 펠로폰네소스 동맹을 결성하였다.
④ 카르타고 등 식민 도시를 건설하였다.
⑤ 정복지 곳곳에 알렉산드리아를 건설하였다.

385

밑줄 친 '철학'의 특징을 보여 주는 주장으로 적절한 것만을 〈보기〉에서 고른 것은?

> 이 시대 문화의 특색은 세계 시민주의와 개인주의였는데, 당시에 유행하였던 철학에서 이러한 특징이 두드러지게 나타났다. 이는 고립된 폴리스를 뛰어넘어 좀 더 큰 세계를 지향하는 것이고, 폴리스라는 공동체 중심의 사고로부터 개인 중심의 사고로 바뀌기 시작하였음을 의미하는 것이었다.

【 보기 】
ㄱ. 인간은 만물의 척도이다.
ㄴ. 행복해지려면 욕망을 버려야 한다.
ㄷ. 정신적 평온이 행복에 가장 중요하다.
ㄹ. 모든 지식의 근거는 감각과 경험에 있다.

① ㄱ, ㄴ   ② ㄱ, ㄷ   ③ ㄴ, ㄷ
④ ㄴ, ㄹ   ⑤ ㄷ, ㄹ

386

(가), (나) 시기 사이에 있었던 사실로 옳은 것만을 〈보기〉에서 고른 것은?

> (가) 황제는 군대와 조세 개편 등 내정을 정비하고 변방의 수비를 견고히 하여 제국 번영의 기틀을 다졌다. 이후 유능한 다섯 황제(5현제)가 연달아 집권하여 정치적·경제적 안정과 번영을 누렸다.
>
> (나) 황제는 자신의 통치를 받는 모든 로마인과 속주민들에게 사도 베드로가 전파한 종교를 믿을 것을 명령하였다. 다른 종교를 믿는 것을 금지하고 이를 어기면 법에 따라 처벌될 것이라고 공포하였다.

【 보기 】
ㄱ. 밀라노 칙령이 공포되었다.
ㄴ. 제국이 동·서로 분리되었다.
ㄷ. 제국을 넷으로 나눠 통치하였다.
ㄹ. 카르타고와의 전쟁에서 승리하였다.

① ㄱ, ㄴ ② ㄱ, ㄷ ③ ㄴ, ㄷ
④ ㄴ, ㄹ ⑤ ㄷ, ㄹ

387

밑줄 친 '자유의 수호자'에 대한 설명으로 옳은 것은?

> 우리는 동방으로부터 들려온 소식에 분개하였다. 이집트 여왕은 줄곧 우리의 권력을 탐하여 왔다. 사실 여왕의 배후에는 안토니우스가 있었다. 만일 안토니우스가 권좌를 차지하였다면, 우리의 도시들은 여왕의 수중에 떨어지고 모든 권력은 이집트로 넘어갔을 것이다. 그러나 이러한 위기 상황에서 <u>자유의 수호자</u>가 나타나 저들을 격파하고 분열을 종식시켰다.
>
> – 카시우스 디오 –

① 아케메네스 왕조 페르시아를 멸망시켰다.
② 밀라노 칙령을 통해 크리스트교를 공인하였다.
③ 동료 황제를 두고 제국을 4분할하여 통치하였다.
④ 스파르타쿠스의 난을 진압하고 혼란을 수습하였다.
⑤ 악티움 해전에서 승리하여 아우구스투스의 칭호를 받았다.

388

㉠, ㉡의 내용으로 옳은 것만을 〈보기〉에서 고른 것은?

> • 이탈리아를 통일한 로마는 지중해 일대로 세력을 확장하였는데, 이러한 움직임은 카르타고와 마찰을 불러 일으켜 포에니 전쟁이 일어났다. 로마는 이 전쟁에서 승리하여 서지중해 일대의 패권을 장악하였으나 장기간의 전쟁으로 사회 내부에 큰 ㉠변화가 일어나 몹시 혼란하였다.
>
> • 3세기 들어서 라인강 건너에서는 게르만족이, 동쪽 국경에서는 사산 왕조 페르시아가 일어나 로마 제국을 위협하였고, 변경에 나가 있던 군대가 황제를 옹립하면서 내분도 심해졌다. 이러한 위기를 극복하기 위한 ㉡노력이 나타났다.

【 보기 】
ㄱ. ㉠ – 콜로나투스가 등장하였다.
ㄴ. ㉠ – 라티푼디움 경영이 널리 퍼졌다.
ㄷ. ㉡ – 그라쿠스 형제의 개혁이 추진되었다.
ㄹ. ㉡ – 제국을 4분할하여 통치하는 체제가 마련되었다.

① ㄱ, ㄴ ② ㄱ, ㄷ ③ ㄴ, ㄷ
④ ㄴ, ㄹ ⑤ ㄷ, ㄹ

389

(가) 황제에 대한 설명으로 옳은 것은?

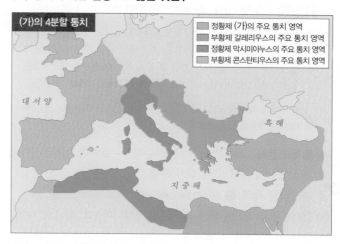

(가)의 4분할 통치
■ 정황제 (가)의 주요 통치 영역
■ 부황제 갈레리우스의 주요 통치 영역
■ 정황제 막시미아누스의 주요 통치 영역
■ 부황제 콘스탄티우스의 주요 통치 영역

대서양 흑해 지중해

① '로마의 평화 시대'를 열었다.
② 크리스트교를 국교로 삼았다.
③ 로마법을 집대성한 법전을 편찬하였다.
④ 전제 군주제를 확립하여 황제권을 강화하였다.
⑤ 아타나시우스파의 삼위일체설을 정통으로 채택하였다.

08 유럽 세계의 형성과 동요

☑ 출제 포인트   ☑ 프랑크 왕국   ☑ 비잔티움 제국   ☑ 십자군 전쟁   ☑ 르네상스   ☑ 종교 개혁

1. 서유럽 봉건 사회와 비잔티움 제국

1 서유럽 봉건 사회의 성립

(1) 게르만족의 이동 유럽 북부에서 로마 영토로 이동

① 원인 : 인구 증가로 농경지 부족, 훈족의 압박

② 결과 : 서로마 제국 멸망(476), 게르만 국가 성립

(2) 프랑크 왕국의 발전 갈리아 지방에 정착, 크리스트교 개종

메로베우스 왕조	• 클로비스 : 왕조 개창, 아타나시우스파 개종 • 카롤루스 마르텔 : 투르·푸아티에 전투 승리
카롤루스 왕조	• 피핀 : 왕조 개창, 교황령 기증 • 카롤루스 대제 : 서로마 황제 대관, 카롤루스 르네상스

⭐(3) 봉건제의 성립 ◎ 80쪽 409번 문제로 확인

① 배경 : 노르만족·이슬람의 침입으로 사회 혼란 → 기사 성장

② 특징 : 정치적으로 주종제, 경제적으로 장원제

주종제	• 주군은 봉신에게 봉토 수여, 주군과 봉신 간 쌍무적 계약 관계 • 봉신의 불입권 소유(주군의 간섭 없이 재판권·징세권 행사)
장원제	• 영주와 농노 간 지배 예속 관계 • 영주 직영지와 농민 보유지로 경작지 구성, 삼포제로 경작 • 농노는 공납과 부역, 각종 시설 사용료 부담, 거주 이전 제한

2 크리스트교의 성장

(1) 동서 교회 분열 성상 파괴령 → 로마 가톨릭, 그리스 정교

(2) 교황과 황제의 대립 그레고리우스 7세의 서임권 투쟁

카노사의 굴욕(1077)	그레고리우스 7세(교황)에게 하인리히 4세(황제) 굴복
보름스 협약(1122)	교황이 성직자 서임권 확보, 성직자는 황제의 봉신

자료 **카노사의 굴욕** ◎ 80쪽 411번 문제로 확인

> 마침내 하인리히 4세가 자발적으로 내가 머물고 있는 카노사에 몇 명의 수행원과 함께 왔습니다. 그곳에서 왕에 속한 모든 장식을 제거하고 난 후 맨발로, 천을 쓰고서 비참하게 3일 동안 성문 앞에 계속 서 있었지요. – 그레고리우스 7세의 편지, 「중세사 사료집」 –
>
> **분석** 카노사의 굴욕에 대한 자료이다. 이 사건으로 교황권이 세속 황제권보다 우월함을 입증하였다.

(3) 중세의 문화 크리스트교 중심 문화 → 스콜라 철학(「신학대전」), 로마네스크·고딕 양식 유행

⭐3 비잔티움 제국 ◎ 81쪽 413번 문제로 확인

(1) 정치 황제 교황주의, 관료제, 유스티니아누스 황제(전성기)

(2) 군사 군관구제, 둔전병제 → 자영농 육성, 국방력 강화

(3) 멸망 오스만 제국에 멸망(1453)

(4) 문화 그리스 정교 + 그리스·로마 문화 + 헬레니즘 문화

특징	그리스어 공용어, 그리스 고전 보존 → 르네상스에 기여
건축	비잔티움 양식 : 성 소피아 성당(웅장한 돔, 내부의 모자이크화)

2. 봉건 사회의 변화와 르네상스

⭐1 봉건 사회의 변화 ◎ 81쪽 415번 문제로 확인

(1) 십자군 전쟁 중세 서유럽 세계의 팽창 과정에서 전개

원인	비잔티움 제국 황제의 도움 요청 → 클레르몽 공의회(1095)
경과	예루살렘 왕국 건설(1차), 라틴 제국 수립(4차) → 실패
영향	교황권 쇠퇴, 봉건 세력 몰락, 지중해 무역 발달, 문화적 자극

(2) 교역의 발달과 도시의 성장

① 자치 도시 : 영주로부터 특허장 매입, 무력으로 자치권 획득

② 길드 : 도시민들의 공동 이익과 안전 도모

(3) 장원제와 농노제의 해체

① 배경 : 원격지 무역과 상공업 발달 → 도시·화폐 경제 성장

② 과정 : 지대의 금납화, 흑사병 → 농노 지위 향상 → 장원 해체

③ 봉건적 반동 : 영주들의 농노 속박 강화 → 자크리의 난(프랑스), 와트 타일러의 난(영국)

⭐(4) 중앙 집권 국가 등장 ◎ 82쪽 418번 문제로 확인

① 특징 : 상공업자들이 재정적으로 국왕 지원, 관리로 봉사

② 영국과 프랑스 : 백년 전쟁, 장미 전쟁 → 중앙 집권 국가 형성

(5) 교황권의 쇠퇴

아비뇽 유수	왕과 교황의 대립 → 교황청이 아비뇽으로 이전
교회의 대분열	로마·아비뇽 교황 대립 → 교회 개혁 운동(위클리프, 후스)
콘스탄츠 공의회	교회의 대분열 종식, 후스 처형

⭐2 르네상스와 종교 개혁 ◎ 82쪽 420번 문제로 확인

(1) 르네상스 그리스·로마 문화 재생 → 인문주의

이탈리아	14세기 발달, 예술 중심, 상인·군주의 후원
알프스 이북	16세기 전파, 사회 비판적 성격 → 종교 개혁으로 연결

(2) 종교 개혁 교회의 부패와 성직자의 타락을 배경으로 전개

① 루터 : 교회의 면벌부 판매 → 「95개조 반박문」 발표 → 제후들의 지지 → 아우크스부르크 화의로 공인(1555)

② 칼뱅 : 예정설, 정당한 부의 축적 인정 → 상공업자의 지지

③ 영국 국교회 : 수장법(헨리 8세) → 통일법(엘리자베스 1세)

자료 **칼뱅의 예정설** ◎ 83쪽 423번 문제로 확인

> 어떤 사람에게는 영원한 삶이, 또 어떤 사람에게는 영원한 벌이 예정되어 있다. 그러므로 성서에 따라, 우리는 신이 그 영원한 섭리로서 누구를 구제하려고 원하고 또한 누구를 멸망에 이르게 하려고 하는가를 미리 정해 놓았다고 말하는 것이다.
>
> – 칼뱅, 「크리스트교 강요」 –
>
> **분석** 칼뱅은 인간의 구원은 신에 의해 미리 정해져 있다는 예정설을 주장하였다.

분석 기출 문제

>> 바른답·알찬풀이 38쪽

•• 빈칸에 들어갈 알맞은 말을 쓰시오.

390 프랑크 왕국의 (   )은/는 투르·푸아티에 전투에서 이슬람의 침입을 물리쳤다.

391 동서 교회가 분열하게 된 계기는 비잔티움 제국 황제가 내린 (   )이었다.

392 프랑스의 왕위 계승 문제를 둘러싸고 영국과 프랑스 사이에 (   ) 전쟁이 일어났다.

393 토머스 모어는 『(   )』에서 부조리한 현실 사회를 비판하고 빈부 격차가 없는 이상 사회를 제시하였다.

•• 다음 설명이 옳으면 ○표, 틀리면 ×표 하시오.

394 주종 관계는 쌍무적 계약 관계로 어느 한쪽이 의무를 이행하지 않으면 파기되었다.　　　　　(　　　　)

395 성직자 서임권은 카노사의 굴욕 이후 보름스 협약을 통해 교황이 차지하게 되었다.　　　　　(　　　　)

396 십자군 전쟁 이후 교황권이 쇠퇴하였고 지중해를 통한 원거리 무역이 발달하였다.　　　　　(　　　　)

397 영국의 헨리 8세는 통일법을 발표하여 영국 국교회를 확립하였다.　　　　　(　　　　)

•• 다음 인물과 관련된 내용을 옳게 연결하시오.

398 카롤루스 대제　•　　　•　㉠ 예정설 주장

399 토마스 아퀴나스　•　　　•　㉡ 『신학대전』 편찬

400 칼뱅　　　　　•　　　•　㉢ 서로마 황제 대관

•• 다음 문장과 관련 있는 내용을 〈보기〉에서 고르시오.

401 중세 도시민들이 공동의 이익과 안전을 도모하기 위하여 조직하였다.　　　　　(　　　　)

402 비잔티움 제국에서 국방력 강화를 위해 둔전병제와 함께 실시하였다.　　　　　(　　　　)

403 에라스뮈스가 교회의 형식화와 성직자의 타락을 신랄하게 비판하였다.　　　　　(　　　　)

404 교회를 비판하던 위클리프를 이단으로 규정하고 후스를 화형에 처하였다.　　　　　(　　　　)

[보기]
ㄱ. 길드　　　　　　ㄴ. 군관구제
ㄷ. 『우신예찬』　　　ㄹ. 콘스탄츠 공의회

405

밑줄 친 '이동'의 결과로 볼 수 있는 것은?

> 게르만족은 원래 발트해 연안에서 수렵과 목축업에 종사하던 민족이었다. 점차 농경의 비중이 높아지고 인구가 증가하자, 따뜻하고 기름진 농경지를 찾아 남쪽으로 이동하였다. 또한 4세기 후반 훈족이 동부 유럽으로 이동해 오자 대규모로 로마 제국 영내로 이동하였다.

① 봉건제가 성립되었다.
② 르네상스가 전개되었다.
③ 십자군 전쟁이 일어났다.
④ 프랑크 왕국이 분열하였다.
⑤ 서로마 제국이 멸망하였다.

406

밑줄 친 '그'에 대한 설명으로 옳은 것은?

> 로마 주민들이 교황 레오를 폭행하자, 교황은 그에게로 도망가서 도움을 청하였다. 그는 추락한 교회의 위상을 바로 세우기 위해 로마에 왔다가, 결국 그곳에서 겨울을 났다. 이때 그는 교황으로부터 황제와 아우구스투스 칭호를 받았다.

① 에스파냐의 무적함대를 격파하였다.
② 『유스티니아누스 법전』을 편찬하였다.
③ 투르·푸아티에 전투에서 승리하였다.
④ 궁정 학교를 세워 문예를 부흥시켰다.
⑤ 클레르몽 공의회에서 성지 회복을 주장하였다.

407

지도에 나타난 민족의 이동이 서유럽 세계에 끼친 영향으로 적절한 것은?

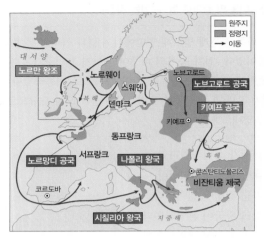

① 봉건제가 성립되었다.
② 서로마 제국이 멸망하였다.
③ 프랑크 왕국이 분열하였다.
④ 지중해 무역이 번성하였다.
⑤ 카롤루스 르네상스가 일어났다.

408

밑줄 친 '그'에 대한 설명으로 옳은 것은?

> 그는 일찍 일어났다. 오늘은 수도원 직영지에 가서 일을 해야 하는 날이기 때문이다. 잔소리가 심한 직영지 관리인이 두려워서 늑장을 부릴 수가 없었다. 그래서 그는 큰 수소를 모는 첫째 아들 위드를 데리고 집을 나섰다. 가는 길에 다른 동료들과 만나 함께 직영지로 향했다. 그들 중에는 말이나 소를 끌고 온 사람, 곡괭이, 호미, 도끼, 큰 낫 등을 가지고 온 사람 등 가지각색이었다.
> – 아일린 파워, 『중세의 사람들』 –

① 거주 이전의 자유를 보장받았다.
② 자신의 재산을 소유할 수 없었다.
③ 영주에 대한 군사적 의무가 있었다.
④ 토지를 매개로 영주와 주종 관계를 체결하였다.
⑤ 장원의 시설을 이용하고 영주에게 대가를 지불하였다.

★빈출 409

다음과 같은 구조를 갖춘 지역에서의 생활 모습으로 옳은 것은?

① 삼포제에 의해 농지를 경작하였다.
② 농민들은 재산을 소유할 수 없었다.
③ 영주 직영지는 영주의 가족들이 경작하였다.
④ 대장간과 방앗간은 무료로 사용할 수 있었다.
⑤ 길드가 결성되어 자치적으로 규율을 정하였다.

410

다음 사건의 계기로 가장 적절한 것은?

> 로마는 서유럽, 콘스탄티노폴리스는 동유럽 교회를 대표하였는데, 동서 교회의 대립은 격화되었다. 결국 로마 가톨릭 교회와 그리스 정교회로 분리되었다.

① 수도원 운동이 전개되었다.
② 로마 제국이 동서로 분열되었다.
③ 비잔티움 제국 황제가 성상 파괴령을 내렸다.
④ 교황 그레고리우스 7세가 개혁을 추진하였다.
⑤ 크리스트교의 세 교구가 이슬람 세력의 지배에 들어갔다.

★빈출 411

밑줄 친 ㉠ 인물에 대한 설명으로 옳은 것은?

> 마침내 그가 자발적으로 ㉠내가 머물고 있는 카노사에 몇 명의 수행원과 함께 왔습니다. 그곳에서 왕에 속한 모든 장식을 제거하고 난 후 맨발로, 천을 쓰고서 비참하게 3일 동안 성문 앞에 계속 서 있었지요.

① 보름스 협약을 체결하였다.
② 십자군 전쟁을 호소하였다.
③ 교황청을 아비뇽으로 옮겼다.
④ 세속 군주의 성직자 서임을 금지하였다.
⑤ 밀라노 칙령을 통해 크리스트교를 공인하였다.

412

(가)에 들어갈 내용으로 적절한 것은?

> 13세기 토마스 아퀴나스는 스콜라 철학을 집대성한 『신학대전』을 집필하여 _____(가)_____

① 이성보다 신앙을 중시하였다.

② 신앙과 이성의 분리를 주장하였다.

③ 신앙과 이성의 조화를 강조하였다.

④ 신앙을 이성의 보조 수단으로 여겼다.

⑤ 신앙을 배척해야 할 대상으로 여겼다.

★빈출 413

다음 건축물을 축조한 제국에 대한 설명으로 옳지 않은 것은?

① 군관구제와 둔전병제를 실시하였다.

② 정치와 종교가 엄격하게 분리되었다.

③ 유스티니아누스 황제 때 전성기를 누렸다.

④ 동서 중계 무역을 통해 경제적 번영을 누렸다.

⑤ 로마 제국의 법률을 정리한 법전을 편찬하였다.

414

밑줄 친 '이 제국'과 관련된 탐구 활동으로 가장 적절한 것은?

> 8세기 초 성상 숭배는 절정에 달하였다. 사회의 상류층에게 기적은 곧 마술이었고 그리스도, 성모, 성자들의 성화를 숭배하는 것은 우상 숭배와 다름없었다. 아랍 세계, 이슬람의 전진으로 위협받는 일부 동방 지역에서처럼, 지배 집단 내에서 성화거부 운동, 즉 성상 파괴론이 발전해 나갔다. 레오 3세와 콘스탄티누스 5세 같은 이 제국 황제들은 분열된 신민들에게 이를 강제하였다.

① 그리스 정교의 영향을 파악한다.

② 투르·푸아티에 전투의 결과를 조사한다.

③ 카롤루스 문예 부흥의 시기와 특징을 알아본다.

④ 게르만의 용병 대장 오도아케르의 활동을 정리한다.

⑤ 이베리아반도에서 재정복 운동이 일어난 원인을 분석한다.

★빈출 415

밑줄 친 '이 전쟁'에 대한 설명으로 옳은 것은?

① 지중해 무역이 발달하는 계기가 되었다.

② 칼뱅파를 인정한 베스트팔렌 조약으로 종결되었다.

③ 프랑스 내 신교도와 구교도가 대립하면서 발생하였다.

④ 영국 왕이 프랑스 왕위 계승을 주장하면서 발생하였다.

⑤ 교회에 대한 과세 문제로 교황과 프랑스 국왕이 충돌하였다.

416

(가) 시기 유럽의 상황으로 옳지 않은 것은?

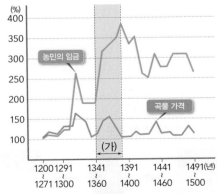

▲ 영국 농민의 임금과 곡물 가격 변화

① 와트 타일러의 난 등 농민 봉기가 일어났다.

② 흑사병으로 인구가 줄어 노동력이 귀해졌다.

③ 자영 농민이 증가하면서 장원이 해체되어 갔다.

④ 농민이 지대를 현물이나 화폐로 납부하게 되었다.

⑤ 토지 조사가 실시되어 『둠즈데이 북』이 작성되었다.

417

다음 규정을 둔 길드에 대한 설명으로 옳지 <u>않은</u> 것은?

> • 회원들은 생계유지를 위한 물품 판매 외에 과도한 물품 생산으로 타 회원의 생계를 침범해서는 안 된다.
> • 노동 시간과 제조 방법은 회원 간 동일한 원칙에 의해서 정한다.
> • 물품의 가격은 조합 회의를 거쳐 결정한 뒤 적절한 선에서 일률적으로 책정한다.

① 상인 길드에서 분리되어 조직되었다.
② 장인이 되기 위한 시험을 주관하였다.
③ 장인들만 회원으로 가입할 수 있었다.
④ 자유 경쟁을 통한 기술 발전에 공헌하였다.
⑤ 동일한 업종끼리 조직되어 동업 조합으로 불리었다.

★빈출 418

다음 전쟁들의 공통적인 영향으로 적절한 것은?

> • 백년 전쟁(1337 ~ 1453)   • 장미 전쟁(1455 ~ 1485)

① 한자 동맹이 결성되었다.
② 신분제 의회가 성립되었다.
③ 봉건 영주 세력이 강화되었다.
④ 중앙 집권 국가가 형성되었다.
⑤ 자크리의 난과 와트 타일러의 난이 일어났다.

419

(가)에 들어갈 내용으로 적절한 것은?

① 루터가 「95개조 반박문」을 게시하였다.
② 비잔티움 제국의 황제가 성상 파괴령을 내렸다.
③ 위클리프가 성서에 기반을 둔 신앙을 강조하였다.
④ 교황 그레고리우스 7세가 성직 매매를 금지하였다.
⑤ 클뤼니 수도원을 중심으로 교회 개혁 운동이 전개되었다.

★빈출 420

다음 작품이 등장한 시기 알프스 이북의 상황으로 옳은 것만을 〈보기〉에서 고른 것은?

> 성 베드로가 복음서에서 "우리는 그리스도를 따르기 위해 모든 것을 버렸나이다."라고 말했음에도 불구하고 교황들은 그를 위한답시고 영토와 도시와 통행세 등으로 세습 재산을 만들어 하나의 왕국을 세웠습니다. …… 그들은 이 모든 것을 유지하기 위해서 칼과 불로 싸움으로써 크리스트교도의 피를 강물처럼 흐르도록 만들었습니다.
> – 에라스뮈스, 「우신예찬」 –

[보기]
ㄱ. 계몽사상이 유행하였다.
ㄴ. 국민 문학이 발달하였다.
ㄷ. 교부 철학이 발달하였다.
ㄹ. 사회 비판적 경향이 확산되었다.

① ㄱ, ㄴ   ② ㄱ, ㄹ   ③ ㄴ, ㄷ
④ ㄴ, ㄹ   ⑤ ㄷ, ㄹ

421

밑줄 친 '다른 성향'을 입증하기 위해 제시할 자료로 적절하지 <u>않은</u> 것은?

> 이탈리아에서 꽃핀 르네상스는 16세기에 알프스 산맥을 넘어 유럽 전역으로 확산되었다. 북유럽의 인문주의자들은 이탈리아 인문주의자들과 <u>다른 성향</u>을 표출하였다.

① 「햄릿」   ② 「군주론」
③ 「유토피아」   ④ 「우신예찬」
⑤ 「돈키호테」

422

밑줄 친 '영향'으로 적절하지 <u>않은</u> 것은?

> 자연을 세밀히 관찰하고 탐구하려는 르네상스 시대의 정신은 근대 과학 기술 발달의 바탕이 되었다. 특히 중국에서 전해진 화약, 나침반, 인쇄술 등 새로운 과학 기술은 사회 전반에 커다란 <u>영향</u>을 끼쳤다.

① 봉건 기사 세력이 몰락하였다.
② 기계론적 우주관이 확립되었다.
③ 새로운 지식과 사상이 보급되었다.
④ 르네상스와 종교 개혁이 확산되었다.
⑤ 원거리 항해로 유럽 세계가 팽창하였다.

⭐빈출 423

(가), (나)의 주장을 한 인물에 대한 설명으로 옳은 것은?

> (가) 제20조 교황이 모든 벌을 면제한다고 선언한다면 그것은 진정한 의미에서의 모든 벌이 아니라, 단지 교황 자신이 내린 벌을 면제한다는 것뿐이다.
>
> 제36조 진실로 회개한 크리스트교도는 면벌부가 없어도 징벌이나 죄에서 완전히 해방되는 것이다.
>
> (나) 어떤 사람들에게는 영원한 삶이, 또 어떤 사람에게는 영원한 벌이 예정되어 있다. 그러므로 성서에 따라, 우리는 신이 그 영원의 섭리로서 누구를 구제하려고 원하고 또한 누구를 멸망에 이르게 하려고 하는가를 미리 정해 놓았다고 말하는 것이다.

① (가) - 국왕이 교회의 수장임을 선포하였다.
② (가) - 예수회를 설립하여 선교 활동을 펼쳤다.
③ (나) - 신흥 상공업자들의 지지를 받았다.
④ (나) - 종교 재판소를 설치하고 금서 목록을 작성하였다.
⑤ (가), (나) - 아우크스부르크 화의에서 공인되었다.

424

밑줄 친 '전쟁'의 결과로 옳은 것은?

> 신성 로마 제국의 황제가 신교도를 탄압하자 신교를 믿는 제후국들이 반란을 일으키면서 전쟁이 시작되었다. 그러나 그 목적이 점차 정치적으로 변모되었고, 이 과정에서 유럽의 여러 왕가들이 자신들의 이해관계에 따라 참전함으로써 국제전으로 확대되었다.

① 칼뱅파에게 종교 선택의 자유가 허용되었다.
② 통일법이 반포되어 영국 국교회가 확립되었다.
③ 트리엔트 공의회에서 종교 재판소 설치가 결의되었다.
④ 낭트 칙령이 발표되어 위그노가 신앙의 자유를 얻었다.
⑤ 아우크스부르크 화의를 통해 루터파 교회가 인정받았다.

🔺 1등급을 향한 서답형 문제

[425~427] 다음 도표를 보고 물음에 답하시오.

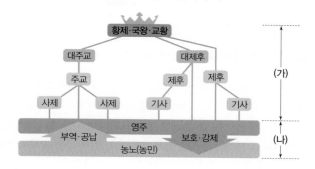

425

(가), (나)에 들어갈 알맞은 제도를 각각 쓰시오.

426

(가)에서 주군과 봉신의 의무를 각각 서술하시오.

427

(나)에서 영주가 농노를 지배하는 경제 이외의 수단을 <u>두 가지</u> 서술하시오.

[428~429] 다음 글을 읽고 물음에 답하시오.

> 1. 각 영방 제후는 종교를 결정할 권리를 가진다. 영주의 종교에 따라 영민들의 종교가 결정된다.
> 2. 원칙은 루터파에게만 적용되며, 그 밖의 신교, 즉 점차 증가 추세에 있는 칼뱅파에는 적용되지 않는다.

428

위와 같은 결정을 내린 회의를 쓰시오.

429

위 자료의 한계를 지적하고 이로 인해 신성 로마 제국에서 발생한 전쟁을 서술하시오.

적중 1등급 문제

≫ 바른답·알찬풀이 40쪽

430

밑줄 친 '그'에 대한 설명으로 옳은 것은?

> 로마인들에 의해 많은 부당한 일을 당한 …… 교황 레오 3세가 왕의 신임을 간청하지 않을 수 없었기 때문이다. 이 때문에 그는 로마에 와서는 큰 혼란에 빠진 교회의 지위를 회복하기 위해 겨우내 여기에서 체류를 연장하였다. 이때 그는 황제요, 아우구스투스라는 호칭을 받아들였다. …… 그럼에도 그 호칭을 받아들인 것을 로마인들의 황제들은 어울리지 않는다고 여겼으므로, 큰 인내를 가지고 그런 반감을 견뎌 냈다.

① 베르됭 조약을 체결하였다.
② 로마 가톨릭교로 개종하였다.
③ 메로베우스 왕조를 무너뜨렸다.
④ 투르·푸아티에 전투에서 승리하였다.
⑤ 궁정 학교를 세워 고전 연구를 후원하였다.

431

다음 대화를 이해하기 위한 탐구 활동으로 가장 적절한 것은?

그레고리우스 7세시여, 당신은 세속 권력에 맞서 교회의 권위를 바로 세우신 진정한 사도입니다.

특히 성직자 서임권 문제로 당신께 도전한 신성 로마 제국의 황제를 파문하신 일은 오래 기억될 것입니다.

① 카노사의 굴욕이 일어난 과정을 조사한다.
② 콘스탄츠 공의회의 결정 내용을 분석한다.
③ 예수회가 설립된 과정과 주도 인물을 알아본다.
④ 아비뇽 유수 기간 중 재임하였던 교황을 파악한다.
⑤ 교회의 대분열이 일어났던 기간을 연표로 정리한다.

432

다음 칙령이 발표된 시기를 연표에서 옳게 고른 것은?

> **황제 레오 3세는 아래와 같이 칙령을 발표한다**
> • 불멸의 신을 형상화하는 것은 신을 인간의 수준으로 전락시키는 행위이다.
> • 성화(聖畫)를 그리는 행위를 신성 모독으로 규정한다.
> • 희생 제의(祭儀)를 포함한 모든 이교적 행위를 금지한다.

(가)	(나)	(다)	(라)	(마)
니케아 공의회 개최	동서 교회의 분열	카노사의 굴욕	제1차 십자군 원정	보름스 협약	교회의 대분열

① (가)　　　　② (나)　　　　③ (다)
④ (라)　　　　⑤ (마)

433

⊙ 제국에 대한 탐구 활동으로 적절한 것만을 〈보기〉에서 고른 것은?

> 〈문화의 용광로, (⊙) 제국이 온다!〉
>
> 일시 : 2020년 ○○월 ○○일 ~ ○○일 / 장소 : △△ 박물관
>
>
>
> ▲ 유스티니아누스 황제
>
> (⊙) 제국은 그리스어를 공용어로 삼고 로마 제국의 법통을 계승하여 그리스 문화와 로마 문화를 융합하였습니다. 특히 제국의 황제 유스티니아누스가 세운 성 소피아 성당은 다양한 문화 요소를 합친 새로운 양식의 결정체입니다. 이번 특별전에서 제국의 위대한 숨결을 느껴 보시기 바랍니다.

[보기]
ㄱ. 레판토 해전의 결과를 조사한다.
ㄴ. 콘스탄티노폴리스를 조사한다.
ㄷ. 볼로냐 대학이 설립된 지역을 알아본다.
ㄹ. 군관구제와 둔전병제의 내용을 파악한다.

① ㄱ, ㄴ　　　　② ㄱ, ㄷ　　　　③ ㄴ, ㄷ
④ ㄴ, ㄹ　　　　⑤ ㄷ, ㄹ

434

밑줄 친 ⊙ 시기에 발생한 사실로 옳은 것은?

> 십자군 전쟁의 실패로 종교적 열기가 식으면서 교황의 권위는 약화되었다. 이런 상황에서 교회와 성직자에 대한 과세 문제로 프랑스의 왕과 교황이 대립하였으나 의회의 지지를 얻은 왕이 교황을 굴복시켰다. 충격과 굴욕감으로 교황이 사망하고 새로운 인물이 프랑스 왕의 지원으로 교황의 자리에 올랐다. 새 교황은 이에 대한 보답으로 교황청을 이곳으로 옮겼다. ⊙이때부터 약 70년 간 교황은 프랑스 왕의 통제 아래 놓이게 되었다.

① 콘스탄티노폴리스에 라틴 제국이 수립되었다.

② 보름스 협약으로 교황이 성직자 서임권을 차지하였다.

③ 콘스탄츠 공의회에서 위클리프와 후스가 이단으로 규정되었다.

④ 영국 왕이 프랑스 왕위 계승을 주장하면서 백년 전쟁이 발발하였다.

⑤ 교황에게 파문당한 황제가 카노사성으로 교황을 찾아가서 사죄하였다.

435

(가)~(마)에 대한 설명으로 옳지 <u>않은</u> 것은?

① (가) – 잉여 생산물의 증가로 시장이 형성되었다.

② (나) – 대서양 해로를 이용하여 이루어졌다.

③ (다) – 길드 조직의 배경이 되었다.

④ (라) – 흑사병의 유행으로 촉진되었다.

⑤ (마) – 봉건적 반동을 유발시키기도 하였다.

436

다음 글을 발표한 인물에 대한 설명으로 옳은 것은?

제2조	회개의 의미를 교회의 절차, 즉 사제의 지도에 의한 고해나 단식, 기부, 순례와 같은 속죄 행위로 이해해서는 안 된다.
제6조	교황은 신의 용서를 확증하는 이외에 어떠한 죄도 용서할 수 없다.
제21조	설교자가 교황의 면벌부에 의해 모든 형벌에서 벗어날 수 있다고 하는 것은 잘못이다.
제36조	진실로 회개한 크리스트교도는 면벌부 없이도 벌이나 죄에서 완전히 해방될 수 있다.

① 예수회 창설을 주도하였다.

② 성서만이 신앙의 근거라고 주장하였다.

③ 『크리스트교 강요』에서 예정설을 주장하였다.

④ 『우신예찬』에서 성직자의 타락을 비판하였다.

⑤ 『신학대전』을 저술하여 스콜라 철학을 집대성하였다.

437

밑줄 친 '이 전쟁' 기간 중에 있었던 사실로 옳은 것은?

> 독일 지역에서 일어난 <u>이 전쟁</u>은 신성 로마 제국을 중심으로 한 구교와 신교 세력의 충돌로 시작하였으나, 나중에는 유럽의 주요 왕가들이 신앙보다 자신들의 이해관계에 따라 가담함으로써 국제 전쟁으로 확대되었다. 전쟁이 끝난 후 베스트팔렌 조약이 체결되어, 유럽에 종교적 평화가 찾아오고 새로운 국제 관계가 나타났다.

① 상수시 궁전이 세워졌다.

② 청교도 혁명이 시작되었다.

③ 비잔티움 제국이 멸망하였다.

④ 마젤란의 세계 일주가 이루어졌다.

⑤ 루터가 「95개조 반박문」을 발표하였다.

IV 유럽·아메리카 지역의 역사

09 유럽 세계의 변화

✓ 출제 포인트　✓ 신항로 개척　✓ 삼각 무역　✓ 절대 왕정　✓ 왕권신수설　✓ 중상주의

1. 신항로의 개척과 유럽 교역망의 확장

1 신항로의 개척 **ⓒ 87쪽 453번 문제로 확인**

(1) 배경
① 동양에 대한 관심 증대 : 마르코 폴로의 『동방견문록』
② 오스만 제국의 팽창 : 동서 교역의 주도권 장악
③ 과학 기술 발달 : 지리학·조선술 발달, 나침반 사용 → 원양 항해 가능

(2) 전개　포르투갈과 에스파냐가 선도

바스쿠 다 가마	포르투갈인, 인도 캘리컷에 도착 → 인도 항로 개척
콜럼버스	에스파냐의 후원, 대서양 항로로 서인도 제도에 도착
마젤란	에스파냐의 후원, 태평양 횡단 → 최초로 세계 일주 성공

2 유럽 교역망의 확장

대서양 무역	• 유럽 – 아프리카 – 아메리카를 잇는 삼각 무역 성립 • 세계적 산물 유입으로 유럽인의 생활 풍요
가격 혁명	• 아메리카산 금·은의 유입으로 유럽 물가 폭등 • 화폐 지대를 납부하는 농노와 신흥 상공업자에 유리, 봉건 지주에 불리
상업 혁명	세계적 교역망 형성 → 상업 및 금융 제도 발달

자료 유럽 교역망의 변화 **ⓒ 88쪽 455번 문제로 확인**

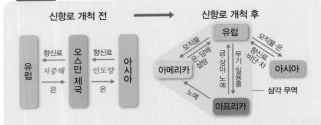

분석 신항로 개척 이전에는 유럽이 지중해 무역을 하였는데, 이는 오스만 제국을 통해 아시아의 물품을 수입하는 형태였다. 신항로 개척 이후 대서양을 통해 직접 유럽인들이 아프리카, 아시아와 무역을 하게 되었다.

3 아메리카 문명의 파괴

(1) 아메리카의 문명

마야 문명	5세기 전후, 멕시코만 연안, 0과 20진법, 피라미드형 신전
아스테카 문명	14세기경, 멕시코고원 일대, 테노치티틀란, 그림 문자
잉카 문명	15세기 중엽, 안데스고원, 쿠스코(태양 신전), 키푸

(2) 문명의 파괴 **ⓒ 89쪽 459번 문제로 확인**
① 에스파냐 : 아스테카(코르테스), 잉카(피사로) 정복 → 금·은 수탈, 플랜테이션 농장(사탕수수, 담배 등) 건설
② 인구 감소 : 전염병 전파와 가혹한 착취로 원주민 인구 급감 → 아프리카 노예를 수입하여 플랜테이션 농장에 투입

2. 절대 왕정

1 절대 왕정

(1) 개념　국왕이 절대적인 권력을 행사하는 정치 형태
① 등장 : 16 ~ 18세기, 봉건 귀족과 시민 계층의 세력 균형
② 제도적 장치 : 관료제, 상비군 → 재정 확보 필요성 대두
③ 사상적 기반 : 왕권신수설, 중상주의

| 왕권신수설 | 왕권은 신으로부터 부여받은 것 → 절대 왕권 이론적 뒷받침 |
| 중상주의 | 금·은의 보유 중시 → 국내 산업 보호, 식민지 쟁탈전 |

(2) 특징　봉건 국가에서 근대 국가로 이행하는 과도기적 형태

자료 절대 왕정의 구조 **ⓒ 89쪽 460번 문제로 확인**

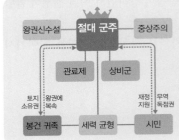

분석 16세기부터 서유럽에서는 국왕을 중심으로 관료제와 상비군을 육성하였다. 관료와 군대를 유지하기 위해 막대한 재정이 필요하였는데, 이러한 재정을 확보하기 위해 중상주의 정책을 시행하였다.

2 서유럽의 절대 왕정 **ⓒ 90쪽 465번 문제로 확인**

(1) 에스파냐　재정복 운동을 통해 중앙 집권 국가 수립
① 펠리페 2세 : 레판토 해전(오스만 제국 격파), 포르투갈 병합
② 쇠퇴 : 네덜란드 독립, 무적함대 패배, 국내 산업 발달 부진

(2) 영국
① 헨리 8세 : 종교 개혁, 수도원 해산 → 절대 왕정 기틀 마련
② 엘리자베스 1세 : 무적함대 격파, 동인도 회사 설립, 중상주의 정책 추진, 영국 국교회 확립(통일법), 빈민 구제법 제정

(3) 프랑스
① 앙리 4세 : 낭트 칙령 발표, 부르봉 왕조 개창
② 루이 14세 : 태양왕 자처, 강력한 중상주의 정책 추진, 콜베르 등용, 베르사유 궁전 축조, 낭트 칙령 폐지

3 동유럽의 절대 왕정 **ⓒ 91쪽 468번 문제로 확인**

(1) 계몽 전제 정치　농노제 존속, 시민 세력 미약, 상공업 발달 부진 → 계몽사상을 받아들인 절대 군주가 개혁 추진

(2) 각국의 계몽 전제 군주

러시아	• 표트르 대제 : 서구화 정책, 상트페테르부르크 건설(수도) • 예카테리나 2세 : 폴란드 분할 참여, 내정 개혁
오스트리아	• 마리아 테레지아 : 오스트리아 왕위 계승 전쟁 • 요제프 2세 : 내정 개혁 추진
프로이센	프리드리히 2세 : 슐레지엔 확보, 폴란드 분할

핵심 개념 문제

•• 빈칸에 들어갈 알맞은 말을 쓰시오.

438 마르코 폴로의 『(   )』은/는 유럽인의 동양에 대한 호기심을 자극하였다.

439 신항로 개척 이후 아메리카 대륙에서 많은 양의 금·은이 들어와 유럽의 물가가 크게 올랐는데, 이를 (   )(이)라고 한다.

440 신항로 개척 이후 세계적인 교역망이 형성되면서 이를 위해 어음, 보험 등 금융 제도가 발전하였는데, 이러한 교역망의 변화를 (   )(이)라고 한다.

•• 다음 인물과 관련된 내용을 옳게 연결하시오.

441 마젤란 •   • ㉠ 인도 항로 개척

442 콜럼버스 •   • ㉡ 서인도 제도 도착

443 바스쿠 다 가마 •   • ㉢ 최초로 세계 일주

•• 다음 설명이 옳으면 ○표, 틀리면 ×표 하시오.

444 신항로 개척 이후 유럽 무역의 중심지가 대서양에서 지중해로 이동하였다.   (   )

445 아메리카에서는 유럽인의 원주민 착취와 전염병으로 원주민 수가 크게 감소하였다.   (   )

446 16 ~ 18세기 유럽에서는 국왕이 절대 권력을 행사하는 절대 왕정이 성립되었다.   (   )

447 동유럽에서는 귀족 세력이 강성하여 절대 왕정이 성립되지 않았다.   (   )

•• 다음 문장과 관련 있는 절대 군주를 〈보기〉에서 고르시오.

448 레판토 해전에서 오스만 제국을 격파하여 지중해 해상권을 장악하였다.   (   )

449 부르봉 왕조를 개창하면서 낭트 칙령을 발표하여 종교 전쟁을 수습하였다.   (   )

450 에스파냐의 무적함대를 격파하고 동인도 회사를 세워 아시아로 진출하였다.   (   )

451 서구화 정책을 추진하여 네덜란드와 영국 등의 선진 문화를 도입해 러시아의 내정을 개혁하였다.   (   )

[보기]
ㄱ. 앙리 4세   ㄴ. 표트르 대제
ㄷ. 펠리페 2세   ㄹ. 엘리자베스 1세

452

㉠, ㉡ 국가에 대한 설명으로 옳은 것만을 〈보기〉에서 고른 것은?

(㉠) 출신인 마젤란은 (㉡)의 후원으로 다섯 척으로 구성된 선단을 이끌고 신항로 개척에 나섰으나 필리핀에서 토착인과의 전투 중에 사망하였다. 결국 항해를 마친 것은 항해사 세바스티안 데 엘카노였다. 그는 무사히 출발지로 귀환함으로써 최초로 세계 일주에 성공하였다.

[보기]
ㄱ. ㉠ - 펠리페 2세 시기에 에스파냐에 합병되었다.
ㄴ. ㉠ - 크롬웰의 항해법으로 무역에 타격을 입었다.
ㄷ. ㉡ - 무적함대의 패배 이후 국력이 쇠퇴하였다.
ㄹ. ㉡ - 콜베르를 등용하여 중상주의 정책을 펼쳤다.

① ㄱ, ㄴ   ② ㄱ, ㄷ   ③ ㄴ, ㄷ
④ ㄴ, ㄹ   ⑤ ㄷ, ㄹ

★빈출
453

(가), (나) 인물에 대한 설명으로 옳은 것만을 〈보기〉에서 고른 것은?

[보기]
ㄱ. (가) - 에스파냐의 후원을 받았다.
ㄴ. (가) - 아스테카 문명을 파괴하였다.
ㄷ. (나) - 인도 항로를 개척하였다.
ㄹ. (나) - 필리핀의 식민지화에 영향을 끼쳤다.

① ㄱ, ㄴ   ② ㄱ, ㄷ   ③ ㄴ, ㄷ
④ ㄴ, ㄹ   ⑤ ㄷ, ㄹ

Ⅳ

454

지도에 나타난 항로 개척의 영향으로 적절한 것만을 〈보기〉에서 고른 것은?

[보기]
ㄱ. 가격 혁명이 일어났다.
ㄴ. 한자 동맹이 결성되었다.
ㄷ. 대서양 연안 국가들이 번성하였다.
ㄹ. 이탈리아에서 르네상스가 일어났다.

① ㄱ, ㄴ　　　② ㄱ, ㄷ　　　③ ㄴ, ㄷ
④ ㄴ, ㄹ　　　⑤ ㄷ, ㄹ

⭐빈출 455

다음 도표에 나타난 무역이 이루어지던 시기 각 지역의 상황으로 옳은 것만을 〈보기〉에서 고른 것은?

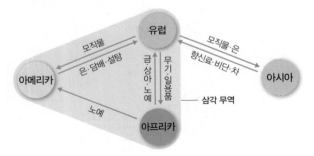

[보기]
ㄱ. 유럽 – 어음, 보험 등 금융 제도가 발달하였다.
ㄴ. 아시아 – 유럽의 물품이 대량으로 유입되었다.
ㄷ. 아메리카 – 전염병의 전파로 인구가 급감하였다.
ㄹ. 아프리카 – 플랜테이션 작물 재배가 발달하였다.

① ㄱ, ㄴ　　　② ㄱ, ㄷ　　　③ ㄴ, ㄷ
④ ㄴ, ㄹ　　　⑤ ㄷ, ㄹ

456

다음 상황을 이해하기 위한 탐구 활동으로 가장 적절한 것은?

신항로 개척 이후 유럽에서 물건을 가지고 상업에 종사하던 상공업자들은 엄청난 부를 축적하게 되었다. 정부는 재정 지출이 증가하자 재정 적자를 감당하기 힘들어졌고, 상업을 통해 부를 축적한 시민 세력에게 더 많이 손을 벌리게 되었다. 지대의 금납화로 인해 고정적인 화폐 지대를 받는 봉건 영주들은 수입의 급감으로 피해를 입은 반면 농민들은 부담이 줄어 지위가 상승하였다.

① 시민 혁명의 원인을 파악한다.
② 동방 무역의 발달 배경을 조사한다.
③ 가격 혁명의 원인과 영향을 분석한다.
④ 산업 자본가의 성장 배경을 조사한다.
⑤ 매뉴팩처의 발달 과정과 특징을 알아본다.

457

다음 도표를 참고하여 16세기 후반에서 17세기 중반 유럽의 상황을 옳게 추론한 것만을 〈보기〉에서 고른 것은?

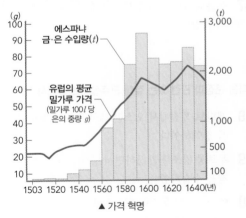

▲ 가격 혁명

[보기]
ㄱ. 은의 가치가 급등하였다.
ㄴ. 농노의 지대 부담이 가벼워졌다.
ㄷ. 물가 폭등으로 경제가 침체하였다.
ㄹ. 봉건 영주가 경제적 타격을 받았다.

① ㄱ, ㄴ　　　② ㄱ, ㄷ　　　③ ㄴ, ㄷ
④ ㄴ, ㄹ　　　⑤ ㄷ, ㄹ

458

(가), (나) 문명에 대한 설명으로 옳은 것은?

① (가) - 팀북투를 중심으로 번성하였다.

② (가) - 새끼줄 매듭으로 문자를 대신하였다.

③ (나) - 0과 20진법을 사용하였다.

④ (나) - 그림 문자를 사용하고 피라미드 신전을 만들었다.

⑤ (가), (나) - 에스파냐인에게 정복되어 멸망하였다.

빈출
459

다음 그래프에 나타난 변화에 대한 학생의 대화 내용으로 적절한 것만을 〈보기〉에서 고른 것은?

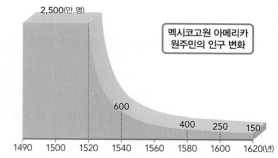

[보기]

ㄱ. 갑 : 흑사병의 유행이 원인이었어.

ㄴ. 을 : 아메리카 원주민의 지위 향상에 기여하였지.

ㄷ. 병 : 유럽인들의 원주민 혹사를 배경으로 나타났어.

ㄹ. 정 : 아프리카로부터 노예 유입이 급증하는 배경이 되었지.

① ㄱ, ㄴ   ② ㄱ, ㄷ   ③ ㄴ, ㄷ

④ ㄴ, ㄹ   ⑤ ㄷ, ㄹ

---

2. 절대 왕정

빈출
460

다음 체제가 형성되었던 시기 유럽의 상황으로 옳지 <u>않은</u> 것은?

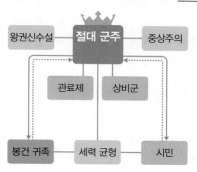

① 지방 분권적인 체제가 유지되었다.

② 국왕에 의해 국내 산업이 육성되었다.

③ 시민 세력이 주로 재정적 지원을 담당하였다.

④ 봉건 귀족 세력이 관료로서 왕권에 의존하였다.

⑤ 보댕, 보쉬에 등의 왕권신수설이 정치를 뒷받침하였다.

461

다음 주장에 대한 설명으로 가장 적절한 것은?

> 신은 국왕을 그의 사자(使者)로 만드셔서, 국왕을 통해 백성을 지배한다. 모든 권력은 신으로부터 나온다. 국왕은 절대적인 권력을 갖지 않고서는 선을 이룰 수도, 악을 막을 수도 없다. 국왕의 권력은, 어느 누구도 그것으로부터 도망치려고 마음먹을 수 없는 권력이어야 한다.

① 로크에 의해 제기되었다.

② 상공업 육성을 주장하였다.

③ 교황권의 전성기에 등장하였다.

④ 절대 왕정의 사상적 기반이 되었다.

⑤ 일반 의지에 따른 통치를 주장하였다.

462

⊙~⑩에 대한 설명으로 옳지 <u>않은</u> 것은?

16세기부터 서유럽에서는 ⊙ 제도 정비를 통해 절대 왕정이 등장하였다. 왕권을 견제하던 ⓛ 의회는 약화되었고 왕권을 뒷받침하는 ⓒ 정치 이론도 등장하였으며, ⓔ 경제 정책은 국내 상공업 보호에 초점이 맞춰졌다. 그러나 절대 왕정은 봉건적 ⓜ 한계성을 지니고 있었다.

① ⊙ – 관료제와 상비군이 대표적이다.
② ⓛ – 과세 승인 권한이 있었으나 제한적이었다.
③ ⓒ – 왕권신수설을 제시하였다.
④ ⓔ – 자유 무역을 추구하였다.
⑤ ⓜ – 봉건적 신분제가 존속하였다.

463

다음 조치를 발표한 프랑스 왕에 대한 설명으로 옳은 것은?

- 파리를 제외한 다른 지역에서 개신교도가 모여 집회를 할 수 있다.
- 개신교도에게 완전한 시민권을 허용한다.
- 신교도와 구교도로 구성된 특별 법원을 만들어 이 칙령으로 인한 분쟁을 해결하게 한다.
- 개신교도를 보호하기 위해 라 로셰에 병력을 주둔시키고 그 비용으로 해마다 18만 에쿠를 국왕이 지불한다.
- 위그노에게 위급한 상황이 발생할 것을 대비해 150개의 요새를 건설할 수 있도록 한다.

① 태양왕을 자처하였다.
② 30년 전쟁에 참전하였다.
③ 부르봉 왕조를 개창하였다.
④ 백년 전쟁을 승리로 이끌었다.
⑤ 신분제 의회인 삼부회를 최초로 소집하였다.

464

다음과 같은 말을 한 절대 군주가 한 일로 옳은 것은?

> 짐은 국가와 결혼하였다.

① 콜베르 등용
② 무적함대 격파
③ 레판토 해전 승리
④ 슐레지엔 지방 확보
⑤ 청과 네르친스크 조약 체결

★빈출 465

다음 주장을 했던 프랑스의 절대 군주에 대한 설명으로 옳은 것은?

우리가 신민으로부터 받는 복종과 존경은 공짜로 얻어지는 것이 아니다. 그것은 그들이 우리에게서 기대하는 정의와 보호의 대가로 지불되는 것이다. 그들이 우리를 존경해야만 하듯이, 우리는 그들을 보호하고 지켜 주어야만 한다.

① 베르사유 궁전을 축조하였다.
② 계몽 전제 군주를 자처하였다.
③ 무적함대를 이끌고 식민지를 확대하였다.
④ 통일령을 반포하여 영국 국교회를 완성하였다.
⑤ 낭트 칙령을 통해 위그노의 자유를 허용하였다.

466

밑줄 친 '그'의 업적으로 옳은 것만을 <보기>에서 고른 것은?

그의 위대한 개혁 중 단연 최고의 걸작은 바로 수도 상트페테르부르크 건설이다. '페테르'라는 뜻은 본래 그리스어로 돌을 의미하는데, 목조 도시인 러시아의 다른 도시와 달리 돌로 만든 석조 도시였다.

[보기]
ㄱ. 농노 해방령을 발표하였다.
ㄴ. 청과 네르친스크 조약을 체결하였다.
ㄷ. 서유럽의 기술과 문물을 적극적으로 받아들였다.
ㄹ. 프로이센, 오스트리아와 폴란드 분할에 참여하였다.

① ㄱ, ㄴ
② ㄱ, ㄷ
③ ㄴ, ㄷ
④ ㄴ, ㄹ
⑤ ㄷ, ㄹ

467

다음 자료를 통해 알 수 있는 동유럽 절대 왕정의 특징으로 옳은 것은?

> 국민의 행복은 군주의 어떤 이익보다 중요하다. 군주는 결코 자기가 지배하고 있는 백성의 절대적 주인이 아니라 국가 제일의 심부름꾼에 지나지 않기 때문이다. …… 인간은 자기의 안전 및 생존을 유지하기 위해 …… 우두머리를 내세워 자신의 서로 다른 이해관계를 합칠 필요를 느낀 것이다.

① 계몽 전제 정치가 나타났다.
② 중상주의 경제 정책에 반대하였다.
③ 왕정을 포기하고 민주정을 채택하였다.
④ 서유럽보다 먼저 절대 왕정이 성립되었다.
⑤ 다른 나라와의 전쟁이 이루어지지 않았다.

⭐빈출 468

다음 인물들의 공통점으로 적절한 것은?

> • 군주 정치의 진정한 목적은 무엇인가? 인민으로부터 자연적인 자유를 빼앗는 것이 아니라 최고선에 도달하도록 그들의 행위를 바로잡는 것이다.
> — 예카테리나 2세 —
> • 국민의 행복은 군주의 어떤 이익보다 중요하다. 생각하건대 군주는 결코 자기가 지배하고 있는 백성의 절대적 주인이 아니라 국가 제일의 공복(公僕)에 지나지 않기 때문이다.
> — 프리드리히 2세 —

① 인민 주권을 지지하였다.
② 계몽사상의 영향을 받았다.
③ 대외 팽창에 소극적이었다.
④ 상공업자의 성장을 탄압하였다.
⑤ 자유주의 경제 정책을 추진하였다.

1등급을 향한 서답형 문제

[469~470] 다음 글을 읽고 물음에 답하시오.

> 십자군 전쟁 이후 유럽에서 ㉠ 동양에 대한 호기심이 증가하고 ㉡ 새로운 발명품의 등장으로 원양 항해가 가능해지자, 유럽인은 ㉢ 새로운 항로를 찾아 나섰다.

469

㉠을 초래하였던 책과 ㉡ 가운데 동양에서 전래되었던 것을 각각 쓰시오.

470

㉢을 그 이전의 항로와 연관 지어 서술하시오.

[471~472] 다음 도표를 보고 물음에 답하시오.

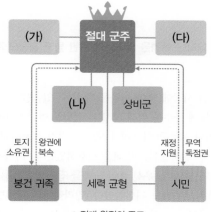

▲ 절대 왕정의 구조

471

(가)에는 정치사상을, (나)에는 제도를 각각 쓰시오.

472

(다)에 들어갈 경제 정책을 구체적으로 설명하시오(단, 국부의 원천, 정책의 목적, 목적 달성을 위한 수단을 포함할 것).

473

밑줄 친 '항해'를 후원한 나라에 대한 설명으로 옳은 것은?

이 건물은 제로니무스 수도원입니다. 이곳은 바스쿠 다 가마가 인도를 향한 첫 항해에 나서며 기도를 올렸다는 일화가 전하는 곳입니다.

① 잉카 문명을 파괴하였다.
② 카스티야로부터 독립하였다.
③ 상트페테르부르크를 건설하였다.
④ 콜베르를 등용하여 해외 시장을 개척하였다.
⑤ 무적함대를 격파하고 대서양 무역을 주도하였다.

474

다음 상황이 나타난 배경을 알아보기 위한 탐구 활동으로 가장 적절한 것은?

> 흑인을 유럽 시장에 팔아 이윤을 챙길 수 있음을 깨달은 포르투갈인은 노예 공수를 위해 더 많은 선박을 아프리카에 보내게 된다. 그러나 이들은 아프리카 노예를 직접 생포하지 않고 물물 교환을 통해 사들이는 방식을 선호하였는데, 여기에는 그럴만한 이유가 있었다. 우선 흑인 노예를 잡기 위해 내륙으로 들어가는 것은 너무나도 위험하였다. 말라리아나 황열병과 같은 열대병은 공포 그 자체였다. 대신 노예를 사는 것이 훨씬 안전하고 또 경제적이었다. 아프리카에는 이미 노예 제도가 보편적이어서 사하라 이남 투아레그족 사회는 노예의 비중이 70%를 넘을 정도였다. 현지의 왕 또는 부족장으로부터 그들을 사들이는 것은 어렵지 않았다.

① 지중해 무역의 발달 배경을 파악한다.
② 미국의 노예 해방령 발표 배경을 조사한다.
③ 길드의 조직 과정과 운영상의 한계를 정리한다.
④ 십자군 전쟁이 유럽 사회에 끼친 영향을 분석한다.
⑤ 유럽인이 아메리카를 침략하였던 방식을 알아본다.

475

다음 대화를 뒷받침하기 위한 탐구 활동으로 가장 적절한 것은?

유럽인의 침략과 새로 유입된 전염병으로 원주민의 수가 크게 줄어들었어.

게다가 유럽인은 포토시 은광 같은 곳에서 원주민 노동력을 가혹하게 이용하여 막대한 은을 수탈하였어.

대농장에서도 많은 원주민들이 목숨을 잃어 부족해진 노동력을 아프리카에서 데려온 노예로 충당하였지.

① 한자 동맹의 성립 배경을 분석한다.
② 산업 혁명이 가져온 사회 문제를 알아본다.
③ 에스파냐의 아메리카 진출 과정을 조사한다.
④ 라티푼디움의 확대가 초래한 문제를 파악한다.
⑤ 농노 해방과 브나로드 운동의 전개 과정을 살펴본다.

476

지도를 활용한 탐구 활동 주제로 적절하지 않은 것은?

① 갈레온 무역의 특징
② 열강의 아프리카 분할
③ 상업 혁명의 전개 과정
④ 아메리카 은의 유통 경로
⑤ 명의 일조편법 시행 배경

477

(가)에 들어갈 내용으로 가장 적절한 것은?

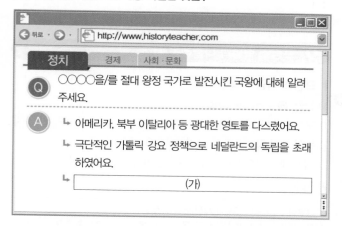

정치　　경제　　사회·문화

Q　○○○○을/를 절대 왕정 국가로 발전시킨 국왕에 대해 알려 주세요.

A　↳ 아메리카, 북부 이탈리아 등 광대한 영토를 다스렸어요.
　　↳ 극단적인 가톨릭 강요 정책으로 네덜란드의 독립을 초래하였어요.
　　↳　　　　　　　(가)

① 무적함대를 격파하였어요.
② 대륙 봉쇄령을 발표하였어요.
③ 베르사유 궁전을 건설하였어요.
④ 레판토 해전에서 승리하였어요.
⑤ 상트페테르부르크를 수도로 삼았어요.

478

밑줄 친 '저 나라'에 대한 설명으로 옳은 것만을 〈보기〉에서 고른 것은?

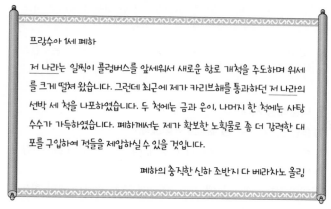

프랑수아 1세 폐하

저 나라는 일찍이 콜럼버스를 앞세워서 새로운 항로 개척을 주도하며 위세를 크게 떨쳐 왔습니다. 그런데 최근에 제가 카리브해를 통과하던 저 나라의 선박 세 척을 나포하셨습니다. 두 척에는 금과 은이, 나머지 한 척에는 사탕수수가 가득하셨습니다. 폐하께서는 제가 확보한 노획물로 좀 더 강력한 대포를 구입하여 적들을 제압하실 수 있을 것입니다.

폐하의 충직한 신하 조반지 다 베라차노 올림

[보기]

ㄱ. 네덜란드의 독립으로 국력이 약화되었다.
ㄴ. 레판토 해전에서 오스만 제국을 격파하였다.
ㄷ. 인클로저 운동으로 이농 현상이 심화되었다.
ㄹ. 재정 확보를 위해 『둠즈데이 북』을 만들었다.

① ㄱ, ㄴ　　　② ㄱ, ㄷ　　　③ ㄴ, ㄷ
④ ㄴ, ㄹ　　　⑤ ㄷ, ㄹ

479

(가), (나) 군주에 대한 설명으로 옳은 것은?

(가)

네덜란드의 선박 건조 기술을 배우고 영국의 교육과 의회 제도를 살피며 서구화를 추진해야 한다.

(나)

군주는 단지 자신의 명망을 좇는 자가 아니라 국가 제일의 공복에 지나지 않는다.

① (가) - 낭트 칙령을 폐지하였다.
② (가) - 『반마키아벨리론』을 저술하였다.
③ (나) - 계몽 전제 군주를 자처하였다.
④ (나) - 청과 네르친스크 조약을 체결하였다.
⑤ (가), (나) - 폴란드 분할에 참여해 영토를 넓혔다.

480

(가)~(마) 국가에 대한 설명으로 옳지 않은 것은?

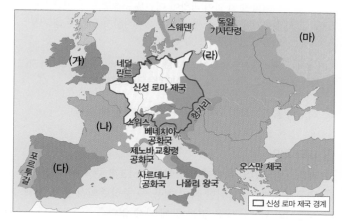

① (가) - 강력한 해군력으로 무적함대를 격파하였다.
② (나) - 콜베르를 등용하여 중상주의 정책을 펼쳤다.
③ (다) - 레판토 해전에서 승리하여 동방 무역을 장악하였다.
④ (라) - 오스트리아 등과 함께 폴란드 분할에 참여하였다.
⑤ (마) - 7년 전쟁으로 슐레지엔 지방을 차지하였다.

10 시민 혁명

✓ 출제 포인트　✓ 청교도 혁명　✓ 명예혁명　✓ 미국 혁명　✓ 프랑스 혁명　✓ 나폴레옹

1. 영국 혁명과 미국 혁명

1 과학 혁명과 계몽사상 ◉ 95쪽 497번 문제로 확인

(1) **과학 혁명**　17세기 전후 과학의 발전과 세계관의 변화 → 코페르니쿠스(지동설), 뉴턴(기계론적 우주관 확립)

(2) **계몽사상**　이성을 바탕으로 낡은 관습과 미신 타파 → 진보
① 성립 : 과학 혁명 + 합리주의 철학 + 로크의 사상(혁명권)
② 사상가 : 볼테르, 몽테스키외(삼권 분립), 루소(사회 계약설)

2 영국 혁명

(1) **청교도 혁명(1642)**

배경	젠트리 성장, 스튜어트 왕조의 전제 정치 → 의회의 권리 청원 제출, 찰스 1세의 승인(1628) → 국왕의 의회 해산 → 스코틀랜드와의 전쟁 비용 마련을 위해 다시 의회 소집
전개	• 국왕과 의회의 대립 격화 → 의회파와 왕당파 간 내전 → 크롬웰이 이끄는 의회파 승리 → 찰스 1세 처형 → 공화정 수립 • 크롬웰의 정치 : 아일랜드 정복, 항해법 제정(네덜란드 타격)

(2) 명예혁명(1688)

① 혁명의 전개

배경	• 크롬웰 사후 찰스 2세 즉위 → 의회의 심사법, 인신 보호법 제정 • 토리당과 휘그당의 대립, 제임스 2세의 가톨릭 우대 정책
전개	의회의 제임스 2세 폐위 → 메리와 윌리엄 공동 왕 즉위 → 권리 장전 승인, 입헌 군주제 토대 마련

자료　권리 장전 ◉ 96쪽 500번 문제로 확인

제1조　국왕이 의회의 동의 없이 법의 효력을 정지하거나 법의 집행을 정지하는 것은 위법이다.
제4조　의회의 승인 없이 국왕이 대권을 구실로 …… 기간을 연장하거나 편법을 써서 왕권을 행사하기 위한 돈을 거두어들이는 행위는 위법이다.

분석　권리 장전은 영국 헌법의 기초가 되는 문서의 하나로, 의회가 군주권을 제한하고 의회가 정치의 중심이라는 것을 천명하였다.

② 하노버 왕조 : 조지 1세 즉위 → 내각 책임제 시행

3 미국 혁명

(1) **배경**　영국인의 북아메리카 이주 → 13개 주 식민지 건설
① 영국의 정책 : 광범위한 자치 허용 → 중상주의적 통제 정책
② 식민지의 저항 : "대표 없는 곳에 과세 없다."

(2) 전개 ◉ 96쪽 501번 문제로 확인

① 발단 : 보스턴 차 사건 → 영국 정부의 식민지 압박
② 경과 : 대륙 회의 개최(대영 통상 단절) → 전쟁 발발 → 독립 선언문 발표 → 열강의 지원 → 파리 조약(1783)으로 독립

(3) **결과**　연방 헌법 제정, 연방 정부 탄생(대통령 – 조지 워싱턴)

2. 프랑스 혁명과 나폴레옹 시대

1 프랑스 혁명

(1) 원인 ◉ 97쪽 503번 문제로 확인

① 구제도의 모순 : 제1 신분·제2 신분의 정치·경제적 특권 차지
② 왕실 재정 악화 : 왕실 사치, 계속된 대외 전쟁
③ 시민 계급 성장 : 계몽사상 수용, 미국 혁명의 영향

(2) **전개**

삼부회 (삼신분회)	• 루이 16세가 재정 문제 해결을 위해 소집 • 투표 방식을 놓고 대립 : 신분별 투표 vs 머릿수 투표
국민 의회	• 제3 신분의 국민 의회 결성 → 테니스 코트의 서약 → 국왕의 탄압 → 파리 시민의 바스티유 감옥 습격 • 봉건제 폐지 선언, 인권 선언 발표 • 헌법 제정(1791) : 입헌 군주제, 제한 선거제 규정
입법 의회	헌법에 의해 구성 → 오스트리아, 프로이센과 혁명 전쟁
국민 공회	• 파리 민중의 봉기로 수립 → 국왕 처형(자코뱅파 주도) • 로베스피에르 : 공포 정치(공안 위원회, 혁명 재판소), 개혁 추진(봉건적 공납 폐지, 최고 가격제 시행, 징병제 실시) • 테르미도르의 반동 : 로베스피에르 실각·처형
총재 정부	5인의 총재가 통치 → 무능과 부패

자료　인간과 시민의 권리선언 ◉ 97쪽 505번 문제로 확인

제1조　사람은 자유롭게, 그리고 평등한 권리를 갖고 태어났다.
제2조　모든 정치적 결사의 목적은 그 무엇도 침해할 수 없는 인간의 자연권을 보전하는 데 있다. 그 권리는 자유, 재산, 안전 및 압제에 대한 저항이다.
제17조　소유권은 그 무엇도 침해할 수 없는 신성한 권리이므로 …… 미리 정당한 보상을 제시한 경우가 아니면 어느 누구도 그것을 빼앗을 수 없다.

분석　프랑스 인권 선언으로 불리는 인간과 시민의 권리선언은 프랑스 혁명의 이념인 자유와 평등, 국민 주권, 재산권 보호 등을 담고 있다.

2 나폴레옹 시대

(1) 통령 정부(1799) ◉ 98쪽 507번 문제로 확인

① 수립 : 나폴레옹이 쿠데타로 총재 정부를 무너뜨리고 수립
② 내정 개혁 : 국민 교육 제도, 『나폴레옹 법전』 편찬
③ 대외 정책 : 대프 동맹 격파, 영국과 조약 체결로 평화 회복

(2) **제1 제정(1804)**

① 수립 : 나폴레옹이 국민 투표를 통해 황제 즉위
② 유럽 정복 : 재결성된 대프 동맹 격파, 신성 로마 제국 해체
③ 대륙 봉쇄령 : 유럽 대륙과 영국과의 무역 금지령

배경	영국과의 트라팔가르 해전 패배 → 영국에 경제적 타격 의도
전개	러시아의 대륙 봉쇄령 거역 → 러시아 원정 → 실패

④ 붕괴 : 나폴레옹의 패배 → 엘바섬 유배·탈출 → 워털루 전투 패배

분석 기출 문제

» 바른답·알찬풀이 46쪽

•• 빈칸에 들어갈 알맞은 말을 쓰시오.

481 뉴턴은 자연이 거대한 기계처럼 스스로 운동하며, 인간의 이성은 이를 객관적이고 합리적으로 파악할 수 있다는 (　　　　) 우주관을 확립하였다.

482 홉스와 로크는 자연법사상에 바탕을 둔 (　　　　)을/를 주장하였다.

483 청교도 혁명 이후 호국경에 취임한 (　　　　)은/는 금욕적인 청교도주의에 입각한 독재 정치를 실시하였다.

484 18세기 초 영국에서 스튜어트 왕조가 단절되자 독일의 조지 1세가 즉위하여 (　　　　) 왕조가 개창되었다.

•• 다음 설명이 옳으면 ○표, 틀리면 ×표 하시오.

485 갈릴레이는 망원경을 제작하고 천체를 관측하여 지동설을 입증하였다. (　　　)

486 몽테스키외는 입법, 사법, 행정의 삼권 분립에 입각한 정치 형태를 이상적인 정치 체제로 제시하였다. (　　　)

487 미국 혁명은 프랑스 혁명의 영향을 받았다. (　　　)

•• 다음 시민 혁명과 관련된 내용을 옳게 연결하시오.

488 청교도 혁명 •　　　　　　　• ㉠ 권리 장전

489 명예혁명 •　　　　　　　• ㉡ 권리 청원

490 미국 혁명 •　　　　　　　• ㉢ 보스턴 차 사건

491 프랑스 혁명 •　　　　　　　• ㉣ 구제도의 모순

•• 다음 문장과 관련 있는 세력을 〈보기〉에서 고르시오.

492 봉건제 폐지를 선언하고 인간과 시민의 권리선언을 발표하였다. (　　　)

493 테르미도르의 반동으로 로베스피에르가 처형된 이후 수립되었다. (　　　)

494 공화정을 선포하고 과격파인 자코뱅파의 주도로 국왕을 처형하였다. (　　　)

495 입헌 군주제와 제한 선거제를 규정한 1791년의 헌법에 의해 소집되었다. (　　　)

【 보기 】
ㄱ. 국민 의회　　　　　　ㄴ. 입법 의회
ㄷ. 국민 공회　　　　　　ㄹ. 총재 정부

496

밑줄 친 ㉠에 해당하는 내용으로 옳지 **않은** 것은?

> 르네상스 이후 유럽인은 그리스 철학과 이슬람 과학의 영향을 받아 자연 과학에 대한 관심이 높아졌으며, 정확한 관찰과 실험을 위해 망원경, 현미경 등의 기구들을 발명하였다. 그 결과 ㉠과학 혁명이라 불리는 업적들이 쏟아져 나왔다.

① 코페르니쿠스가 지동설을 주장하였다.
② 뉴턴이 만유인력의 법칙을 발견하였다.
③ 하비가 혈액 순환의 원리를 발견하였다.
④ 구텐베르크가 활판 인쇄술을 발명하였다.
⑤ 베살리우스가 인체 해부학의 토대를 마련하였다.

⭐빈출 497

다음 주장에 대한 설명으로 옳은 것만을 〈보기〉에서 고른 것은?

> 자연 상태는 자연법이 있는 상태로서 사람들이 이 자연법에 복종함으로써 평화와 질서가 유지된다. 그러나 이 자연 상태에서는 다른 사람의 생명, 자유, 재산 등 자연권을 침해하는 경우 이를 해결할 수단이 결여되어 있다. 이러한 결점을 극복하기 위해 인간은 자연 상태에서 자신이 가지고 있던 자연권을 계약을 통해 국왕에게 위임하게 된다. 각 개인의 계약에 의해 성립된 사회의 목적은 각 개인의 생명, 자유, 재산을 보호하고 평화와 행복을 확보하는 데 있다.

【 보기 】
ㄱ. 자연법사상을 담고 있다.
ㄴ. 사회 계약설을 주장하고 있다.
ㄷ. 프랑스 혁명 이후 등장하였다.
ㄹ. 애덤 스미스에 의해 제기되었다.

① ㄱ, ㄴ　　　　② ㄱ, ㄷ　　　　③ ㄴ, ㄷ
④ ㄴ, ㄹ　　　　⑤ ㄷ, ㄹ

498

(가)에 들어갈 내용으로 옳은 것은?

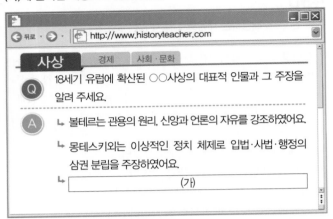

① 칼뱅이 예정설을 주장하였어요.
② 루소는 인민 주권의 이념을 제시하였어요.
③ 루터가 「95개조의 반박문」을 발표하였어요.
④ 소크라테스가 보편적, 절대적 진리를 강조하였어요.
⑤ 토마스 아퀴나스가 신앙과 이성의 조화를 주장하였어요.

499

(가), (나) 법률에 대한 설명으로 옳은 것만을 〈보기〉에서 고른 것은?

(가) 영국 국교회 의식에 따라 성체성사를 받았는지 여부를 공직 임용의 전제 조건으로 삼는 것이다. 이 법률은 가톨릭 부활 움직임에 대항하여 의회가 제정하였는데 17세기 후반 모든 공직에 확대 적용되었다.
(나) 아메리카에서 사용되는 모든 서류, 증권, 은행권, 광고 등에 1/2페니에서 1파운드에 이르는 인지를 의무적으로 첨부하도록 한 것이다. 사실 인지의 가격은 그렇게 큰 부담은 아니었으나 식민지인들을 뒤흔들게 한 것은 금액이 아니라 정신적인 문제였다.

【 보기 】
ㄱ. (가) – 크롬웰이 호국경에 취임하여 제정하였다.
ㄴ. (가) – 권리 청원과 권리 장전 사이에 제정되었다.
ㄷ. (나) – 7년 전쟁 이후 영국 의회에서 제정하였다.
ㄹ. (나) – 미국 독립 전쟁이 발발한 이후 폐지되었다.

① ㄱ, ㄴ   ② ㄱ, ㄷ   ③ ㄴ, ㄷ
④ ㄴ, ㄹ   ⑤ ㄷ, ㄹ

★빈출 500

다음 자료에 대한 설명으로 옳은 것만을 〈보기〉에서 고른 것은?

제1조 국왕이 의회의 동의 없이 법의 효력을 정지하거나 법의 집행을 정지하는 것은 위법이다.
제4조 의회의 승인 없이 국왕이 대권을 구실로 의회가 이미 승인하였거나 향후에 승인할 내용과 달리, 기간을 연장하거나 편법을 써서 왕권을 행사하기 위한 돈을 거두어들이는 행위는 위법이다.

【 보기 】
ㄱ. 휘그당과 토리당의 분열을 초래하였다.
ㄴ. 의회 중심의 입헌 군주제를 확립시켰다.
ㄷ. 명예혁명 직후에 국왕에 의해 승인되었다.
ㄹ. 국왕의 친가톨릭 정책을 견제하기 위해 발표되었다.

① ㄱ, ㄴ   ② ㄱ, ㄷ   ③ ㄴ, ㄷ
④ ㄴ, ㄹ   ⑤ ㄷ, ㄹ

★빈출 501

다음 가상 신문 기사의 (가)에 들어갈 제목으로 가장 적절한 것은?

○○신문   1773년 ○○월 ○○일
제목 :   (가)

어젯밤 북아메리카의 항구에 정박해 있던 영국 동인도 회사 소속의 배 2척이 인디언 차림을 한 괴한들에게 습격을 당했다. 괴한들은 배에 가득 실려 있던 화물 상자를 몽땅 바다에 던지고 도망을 쳤다고 알려지고 있다. 이를 돈으로 환산하면 15,000파운드에 달한다고 한다.

① 독립 선언문 발표되다
② 순례 시조, 미국에 정착하다
③ 서부 개척, 드디어 시작되다
④ 대륙 회의, 영국과의 전쟁 결의
⑤ 시민의 분노, 보스턴 차 사건 발발

502

다음 주장을 배경으로 전개되었던 혁명의 결과로 옳은 것은?

> 내가 말하는 것은 간단하고 당연한 이야기, 즉 상식이다. ......
> 영국과 결합함으로써 당하는 피해는 셀 수 없다. 우리 자신은
> 물론 인류에 대한 우리의 의무를 다하려면 이 제휴를 중지해야
> 한다. ...... 피해자의 피가, 자연의 흐느낌이, 이제는 영국에서
> 떨어져 나와야 한다고 외치고 있다. 전능하신 신이 아메리카
> 를 영국으로부터 멀리 떨어뜨려 놓은 것도 아메리카에 대한 영
> 국의 지배가 결코 신의 뜻이 아니라는 것을 증명하고 있다.
>
> – 토마스 페인, 『상식』 –

① 노예가 해방되었다.
② 파리 조약이 체결되었다.
③ 보스턴 차 사건이 일어났다.
④ 유럽에서 7년 전쟁이 일어났다.
⑤ 의회 중심의 내각 책임제가 확립되었다.

503

빈출

2. 프랑스 혁명과 나폴레옹 시대

다음 풍자화를 이해하기 위한 탐구 활동으로 가장 적절한 것은?

제2 신분(귀족)
제1 신분(성직자)
제3 신분
(시민, 농민, 노동자)

① 낭트 칙령의 내용을 파악한다.
② 베르사유 궁전 건설 목적을 살펴본다.
③ 부르봉 왕조의 성립 과정을 정리한다.
④ 구제도의 모순이 의미하는 바를 파악한다.
⑤ 제1 제정과 제2 제정의 대외 정책을 비교한다.

504

다음 〈보기〉는 프랑스 혁명 당시 있었던 일들이다. 순서대로 옳게 나
열한 것은?

【 보기 】

ㄱ. 새로 구성된 국민 공회는 루이 16세를 국민의 자유에 대
한 반역 음모 및 국가 전체의 안녕을 위협한 죄로 처형하
였다.

ㄴ. 국왕이 국민 의회를 무력으로 해산하려 하자 파리 민중이
바스티유 감옥을 습격하였다. 민중의 저항은 지방 도시와
농촌 등 전국으로 퍼져 나갔다.

ㄷ. 입헌 공화정과 제한 선거를 골자로 한 헌법에 따라 5명의
총재가 행정을 담당하는 정부가 구성되었다. 그러나 경제
난과 재정난, 정치적 불안정이 계속되었다.

ㄹ. 혁명의 파급을 두려워한 오스트리아, 프로이센 등의 간섭
으로 전쟁이 시작되었다. 국가의 위기를 구하기 위해 많은
젊은이가 자발적으로 파리로 모여들었다.

① ㄱ – ㄴ – ㄷ – ㄹ
② ㄱ – ㄹ – ㄷ – ㄴ
③ ㄴ – ㄱ – ㄷ – ㄹ
④ ㄴ – ㄹ – ㄱ – ㄷ
⑤ ㄹ – ㄱ – ㄴ – ㄷ

505

빈출

㉠의 활동 시기에 프랑스에서 있었던 사실로 옳은 것은?

> (㉠)을/를 구성하고 있는 프랑스 인민의 대표들은 인간의
> 여러 권리에 대한 무지, 망각 또는 멸시가 공공의 불행과 정부
> 의 부패에 대한 유일한 원인들이라고 간주하여 엄숙한 선언을
> 통해 자연적이고 양도할 수 없으며 신성한 인간의 권리들을 제
> 시하기로 결정하였다. ......
>
> 제1조 사람들은 자유롭게, 그리고 평등한 권리를 갖고 태어
> 났으며 늘 그렇게 살아간다.
>
> 제2조 모든 정치적 결사의 목적은 그 무엇도 침해할 수 없는
> 인간의 자연권을 보전하는 데 있다. 그 권리는 자유,
> 재산, 안전 및 압제에 대한 저항이다.

① 총재 정부가 수립되었다.
② 루이 16세를 처형하였다.
③ 공안 위원회가 결성되었다.
④ 왕이 삼부회를 소집하였다.
⑤ 시민들이 바스티유 감옥을 습격하였다.

분석 기출 문제 ≫ 바른답·알찬풀이 46쪽

506
(가), (나) 사이 시기에 있었던 사실로 옳은 것은?

(가)

(나)

▲ 루이 16세 처형

▲ 테르미도르의 반동

① 총재 정부 수립
② 혁명 전쟁 시작
③ 『나폴레옹 법전』 편찬
④ 인간과 시민의 권리선언 발표
⑤ 공안 위원회와 혁명 재판소 설치

★빈출
507
㉠ 인물에 대한 설명으로 옳은 것만을 〈보기〉에서 고른 것은?

• 나는 얼마 전 프로이센의 부패한 관료 제도를 파괴하고 있는 (㉠)을/를 보고 '살아 있는 세계 정신'이라며 감격한 바 있다. 보편적인 프랑스 혁명을 전파하는 그의 앞길에 영광이 있으라.
　　　　　　　　　　　　　　　　　　　　　　　　　　　－ 헤겔 －
• 지금 독일은 프랑군의 침략을 받아 나락에 빠져 있다. (㉠)은/는 그가 가진 이상이 아무리 좋다고 해도 다른 나라의 주권과 자유를 짓밟는 침략자에 불과하다.
　　　　　　　　　　　　　　　　　　　　　　　　　　　－ 피히테 －

【 보기 】
ㄱ. 최초로 징병제를 실시하였다.
ㄴ. 테르미도르의 반동으로 몰락하였다.
ㄷ. 자신의 이름을 딴 법전을 편찬하였다.
ㄹ. 총재 정부를 무너뜨리고 정권을 장악하였다.

① ㄱ, ㄴ　　　　　② ㄱ, ㄷ　　　　　③ ㄴ, ㄷ
④ ㄴ, ㄹ　　　　　⑤ ㄷ, ㄹ

⟁ 1등급을 향한 서답형 문제

[508~509] 다음 글을 읽고 물음에 답하시오.

우리는 다음과 같은 진리를 당연한 것으로 받아들인다. 즉, 모든 인간은 평등하게 창조되었다는 것, ㉠그들은 창조주로부터 양도할 수 없는 일정한 권리를 부여받았고 그 권리 중에는 생명, 자유, 행복을 추구할 권리가 포함되어 있다는 것, 그리고 이러한 권리를 확보하기 위해 정부를 수립하였으며, 정부의 정당한 권력은 국민의 동의에서 발생한다는 것이다. 그리고 ㉡어떠한 형태의 정부라도 이러한 목적을 파괴할 때에는 언제든지 그 정부를 바꾸거나 없애고 국민의 안전과 행복을 가장 잘 이룩할 수 있는 새로운 정부를 조직하는 것이 국민의 권리이다.

508
㉠, ㉡에 해당하는 이론을 각각 쓰시오.

509
위 선언이 발표된 사건을 쓰고, 위 선언에 담겨 있는 원리를 서술하시오.

[510~511] 다음 글을 읽고 물음에 답하시오.

국민 공회는 공화정을 선포하고 ㉠과격파의 주도로 루이 16세를 처형하였다. 국왕의 처형에 놀란 영국, 러시아 등 유럽 각국은 대프랑스 동맹을 결성하였으며, 프랑스 국내에서는 반혁명 세력이 반란을 일으켰다. 이를 계기로 로베스피에르는 반혁명 세력에 대한 ㉡탄압을 강화하는 등 공포 정치를 행하였다.

510
㉠ 세력의 명칭을 쓰시오.

511
㉡에 해당하는 내용을 핵심적인 기구 두 가지를 언급하여 서술하시오.

512

밑줄 친 '혁명'의 결과로 옳은 것은?

이 그림은 혁명 시기 요크타운 전투에서 승리한 식민지군이 영국군의 항복을 받고 있는 모습입니다.

① 항해법이 제정되었다.
② 메테르니히가 실각하였다.
③ 보스턴 차 사건이 발생하였다.
④ 테르미도르의 반동이 일어났다.
⑤ 연방주의에 기초한 공화국이 탄생하였다.

513

(가), (나) 시기 사이에 영국에서 일어난 일을 〈보기〉에서 고른 것은?

(가)   (나)

▲ 처형당하는 찰스 1세   ▲ 권리 장전을 승인하는
                          메리와 윌리엄

【 보기 】
ㄱ. 내각 책임제가 확립되었다.
ㄴ. 토리당과 휘그당이 대립하였다.
ㄷ. 크롬웰이 호국경에 취임하였다.
ㄹ. 의회가 권리 청원을 제출하였다.

① ㄱ, ㄴ   ② ㄱ, ㄷ   ③ ㄴ, ㄷ
④ ㄴ, ㄹ   ⑤ ㄷ, ㄹ

514

(가), (나) 문서가 작성된 시기 사이에 있었던 사실로 옳은 것은?

(가) 봉건제를 완전히 폐지한다. …… 인신 예속에 관한 권리와 의무는 무상으로 폐지된다. 그 밖의 모든 권리와 의무는 유상 폐지의 대상이다. …… 이 법령으로 폐지되지 않는 권리와 의무는 그에 상응하는 금액을 지불할 때까지 지속된다.
– 「8월 법령」 제3조 –

(나) 열흘 전 왕정이 폐지되었다. 성직자도 귀족도 사라지고 평등의 시대가 시작되었다. 자기들만을 위한 공화국을 세워 부자와 관리의 이익을 위해 통치하려는 사이비 애국자와 국민 전체의 이익과 평등을 위하여 공화국을 건설하려고 애쓰는 진짜 애국자를 구별하라.
– 로베스피에르, 「유권자들에게 보내는 편지」 –

① 총재 정부가 수립되었다.
② 루이 16세가 처형되었다.
③ 혁명 재판소가 설치되었다.
④ 시민들이 바스티유 감옥을 습격하였다.
⑤ 입법 의회가 오스트리아에 선전 포고를 하였다.

515

(가) 인물에 대한 설명으로 옳은 것만을 〈보기〉에서 고른 것은?

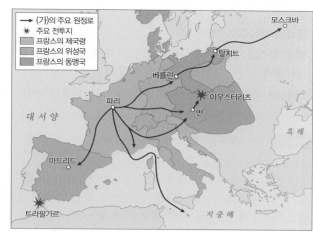

【 보기 】
ㄱ. 빈 체제를 붕괴시켰다.
ㄴ. 대륙 봉쇄령을 발표하였다.
ㄷ. 테르미도르의 반동으로 집권하였다.
ㄹ. 자유주의와 민족주의를 유럽에 전파하였다.

① ㄱ, ㄴ   ② ㄱ, ㄷ   ③ ㄴ, ㄷ
④ ㄴ, ㄹ   ⑤ ㄷ, ㄹ

11 Ⅳ 유럽·아메리카 지역의 역사
국민 국가의 형성과 산업 혁명

☑ 출제 포인트 ☑ 빈 체제 ☑ 2월 혁명 ☑ 차티스트 운동 ☑ 철혈 정책 ☑ 산업 혁명

1. 국민 국가의 발전

⭐1 빈 체제 🔘 101쪽 531번 문제로 확인

(1) **성립** 나폴레옹 몰락 후 전후 처리를 논의한 빈 회의 개최
① 주도 : 오스트리아의 메테르니히 → 신성 동맹, 4국 동맹
② 원칙 : 복고주의·정통주의 → 자유주의와 민족주의 운동 탄압

(2) **반발** 빈 체제에 저항 → 자유주의·민족주의 운동 전개
① 유럽 : 부르셴샤프트 운동(독일), 카르보나리당(이탈리아), 그리스 독립(유럽 지식인층 지지, 영국·프랑스 등 지원)
② 라틴아메리카 : 에스파냐의 지배에서 벗어나려는 독립 운동 전개, 미국의 먼로 선언

⭐2 프랑스의 7월 혁명과 2월 혁명 🔘 102쪽 533번 문제로 확인

(1) **7월 혁명(1830)** 빈 체제의 동요 초래

전개	부르봉 왕조 부활, 샤를 10세의 전제 정치 → 파리의 자유주의자, 시민의 봉기
결과	샤를 10세 추방 → 루이 필리프의 왕 추대(입헌 군주정 성립)
영향	벨기에 독립, 청년 이탈리아당 결성

(2) **2월 혁명(1848)** 빈 체제의 붕괴 초래

전개	소수의 부유한 시민에게만 선거권 부여 → 선거권 확대 요구
결과	루이 필리프 하야 → 제2 공화정 수립(대통령 – 루이 나폴레옹)
영향	메테르니히 실각, 독일과 이탈리아의 통일 운동 전개

3 영국의 자유주의 개혁

(1) **제1차 선거법 개정(1832)** 부패 선거구 폐지, 도시 신흥 상공업자에게 선거권 부여, 노동자는 혜택 제외

(2) **차티스트 운동** 노동자들의 선거권 요구, 인민헌장 발표 → 실패, 선거법 개정에 영향

> **자료** 차티스트 운동 🔘 104쪽 546번 문제로 확인
>
> 우리는 자유인의 의무를 수행하고 있고 자유인의 특권을 가져야 한다. 그러므로 …… 모든 성인 남자에게 의원 선거권을 부여할 것, 앞으로 있을 모든 의원 선거를 비밀 선거로 할 것, 그렇게 선출된 의원의 임기가 어떤 상황에서도 1년을 넘기 않도록 할 것, 피선거권자의 모든 재산 자격을 철폐할 것, 의원의 봉직 기간에 대해 적절한 보상을 제공할 것을 주장한다.
>
> – 『인민헌장』(1838) –
>
> 〔분석〕 제1차 선거법 개정에서 선거권을 부여받지 못한 노동자들은 인민헌장을 발표하고 차티스트 운동을 전개하였다.

(3) **자유주의 경제 개혁**
① 곡물법 폐지, 항해법 폐지 → 자유주의 경제 체제 확립
② 산업화의 성과를 바탕으로 세계적인 강대국으로 부상

4 이탈리아와 독일의 통일

(1) **이탈리아의 통일** 분열 상태, 북부는 오스트리아의 지배

마치니	청년 이탈리아당의 통일 운동 주도 → 실패
카보우르	사르데냐 왕국의 재상, 이탈리아 중북부 지방 통합
가리발디	의용군 조직, 시칠리아·나폴리 점령 → 이탈리아 왕국(1861)
통일 완성	베네치아, 교황령 통합

(2) **독일의 통일** 35개 영방 국가, 4개 자유시로 분열
① 경제 통합 : 관세 동맹(프로이센 주도)
⭐② 철혈 정책 : 비스마르크의 군비 강화 🔘 102쪽 536번 문제로 확인

프로이센·오스트리아 전쟁	➡	북독일 연방 결성
프로이센·프랑스 전쟁	➡	독일 제국 수립(1871, 빌헬름 1세 즉위)

5 미국과 러시아의 발전

(1) **미국의 발전** 독립 이후 서부 개척 추진, 산업 혁명 전개
① 남북 전쟁 : 영토 확장과 산업화 과정에서 남부와 북부의 대립 → 링컨 대통령 당선 → 남부의 연방 탈퇴 → 전쟁 발발 → 노예 해방령 → 북부 승리
② 산업화 : 국민 통합, 대륙 횡단 철도 부설, 이민자 수용

(2) **러시아의 발전** 차르의 전제 정치, 농노제 유지
① 데카브리스트의 봉기 : 자유주의의 영향을 받은 청년 장교 등이 입헌 군주제를 지향하며 봉기 → 실패
② 알렉산드르 2세의 개혁 : 농노 해방령 발표, 지방 의회 창설
③ 브나로드 운동 : 지식인들의 농민 계몽 운동 → 과격파 등장

2. 산업 혁명

⭐1 산업 혁명 🔘 103쪽 540번 문제로 확인

(1) **의미** 새로운 기계와 동력의 발명으로 인한 급격한 산업 발전
(2) **영국의 산업 혁명** 18세기 후반 가장 먼저 시작
① 배경 : 정치적 안정, 인클로저 운동, 지하자원 풍부(석탄, 철)
② 내용 : 방직기·방적기 개발, 증기 기관 개량 → 면직업 발달
(3) **산업 혁명의 확산** 벨기에·프랑스(19세기 초) → 독일·미국(19세기 중반) → 러시아·일본(19세기 후반)

2 산업 혁명의 영향

(1) **자본주의 체제** 산업 사회, 도시 성장, 노동자 계급 등장
(2) **노동 운동과 사회주의의 등장**
① 러다이트 운동 : 노동자들의 기계 파괴 운동
② 노동 운동 : 노동 조건 개선, 임금 인상 요구 → 영국의 공장법 제정, 유럽과 미국의 노동조합 합법화
③ 사회주의 : 사유 재산제 비판, 생산 수단의 공동 소유 주장

분석 기출 문제

>> 바른답·알찬풀이 49쪽

해심 개념 문제

●● 빈칸에 들어갈 알맞은 말을 쓰시오.

516 나폴레옹 몰락 후 유럽 각국 대표들은 오스트리아의 메테르니히 주도로 (　　　　)을/를 열었다.

517 프랑스 7월 혁명 결과 부르봉 왕조가 무너지고 입헌 군주정이 수립되었으며, (　　　　)이/가 즉위하였다.

518 미국에서는 노예제를 둘러싼 남부와 북부의 대립으로 (　　　　) 전쟁이 일어났다.

519 영국에서는 (　　　　) 운동으로 토지에서 밀려난 농민들이 도시의 공장에 노동력을 제공하였다.

●● 다음 설명이 옳으면 ○표, 틀리면 ×표 하시오.

520 빈 체제는 자유주의와 민족주의 운동을 탄압하면서 보수적인 질서를 지키려고 하였다. (　　　)

521 프랑스 2월 혁명의 결과 제2 제정이 시작되었다. (　　　)

522 영국에서 1832년 제1차 선거법 개정으로 노동자에게 선거권이 주어졌다. (　　　)

523 프랑스의 생시몽, 영국의 오언 등 초기의 사회주의자들은 협동과 공동체를 강조하였다. (　　　)

●● 다음 관련된 내용을 옳게 연결하시오.

524 차티스트 •　　　　　• ㉠ 기계 파괴 운동

525 데카브리스트 •　　　　• ㉡ 입헌 군주제 요구

526 러다이트 •　　　　　• ㉢ 노동자들의 참정권 요구

●● 다음 문장과 관련 있는 인물을 〈보기〉에서 고르시오.

527 러시아가 크림 전쟁에서 패배한 후 농노 해방을 비롯한 내정 개혁을 단행하였다. (　　　)

528 사르데냐 왕국의 재상으로 오스트리아와의 전쟁을 통해 중북부 이탈리아를 통합하였다. (　　　)

529 미국 대통령에 당선된 후 남북 전쟁 중 노예 해방령을 발표하고 전쟁을 승리로 이끌었다. (　　　)

530 프로이센의 재상으로 철혈 정책을 추진하여 오스트리아와 프랑스와의 전쟁을 승리로 이끌었다. (　　　)

[보기]
ㄱ. 링컨　　　　　　ㄴ. 카보우르
ㄷ. 비스마르크　　　ㄹ. 알렉산드르 2세

★빈출
531

㉠ 체제에 대한 설명으로 옳지 **않은** 것은?

위 그림은 회의에 참가한 열강이 유럽 지도를 다시 그리는 모습을 풍자한 그림이다. 이후 (　㉠　)이/가 성립되었다.

① 정통주의를 원칙으로 삼았다.
② 그리스의 독립으로 타격을 받았다.
③ 신성 동맹과 4국 동맹에 의해 유지되었다.
④ 자유주의와 민족주의 운동을 지원하였다.
⑤ 오스트리아의 재상 메테르니히가 주도하였다.

532

지도를 통해 당시 유럽의 상황을 추론한 것으로 적절한 것은?

① 계몽사상이 태동하였다.
② 나폴레옹이 유럽을 제패하였다.
③ 유럽 전역에 산업 혁명이 완수되었다.
④ 독일과 이탈리아의 통일이 이루어졌다.
⑤ 정통주의에 입각한 체제가 유지되었다.

바른답·알찬풀이 49쪽

★빈출
533

밑줄 친 '혁명'에 대한 설명으로 옳은 것만을 〈보기〉에서 고른 것은?

이 그림은 들라크루아가 1830년 프랑스에서 일어난 혁명 당시의 상황을 그린 것입니다.

[보기]
ㄱ. 빈 체제에 타격을 주었다.
ㄴ. 공화정이 수립되는 결과를 낳았다.
ㄷ. 유럽 각국의 자유주의 운동을 자극하였다.
ㄹ. 사회주의자와 노동자가 적극적으로 참여하였다.

① ㄱ, ㄴ ② ㄱ, ㄷ ③ ㄴ, ㄷ
④ ㄴ, ㄹ ⑤ ㄷ, ㄹ

534

밑줄 친 '혁명'이 프랑스에 끼친 영향으로 적절한 것은?

당시 프랑스는 선거권을 상류층만이 가지고 있었는데, 산업 혁명의 진행으로 세력이 커진 노동자와 소시민들도 선거권을 요구하였다. 이러한 가운데 자유주의파와 사회주의자들은 선거법 확대를 비롯한 정치적 개혁을 요구하는 집회를 열었는데, 정부가 이를 탄압하자 파리의 시민과 노동자들은 혁명을 일으켜 국왕을 영국으로 쫓아냈다.

① 샤를 10세가 왕위에서 추방되었다.
② 루이 나폴레옹이 대통령으로 선출되었다.
③ 시민과 노동자들이 파리 코뮌을 수립하였다.
④ 부유한 시민과 대지주가 선거권을 획득하였다.
⑤ 프로이센의 지원 속에 제3 공화정이 출범하였다.

535

지도를 설명하는 과정에서 언급될 수 있는 인물로 가장 적절한 것은?

① 가리발디 ② 비스마르크
③ 메테르니히 ④ 조지 워싱턴
⑤ 알렉산드르 2세

★빈출
536

다음 연설을 했던 인물에 대한 설명으로 옳은 것은?

프로이센은 지금까지 여러 번의 좋은 기회를 놓쳐 왔는데, 이를 거울삼아 앞으로의 좋은 기회에 대비하여 힘을 모아야 합니다. 프로이센의 국경은 정상적인 국가에 어울리는 것이 아닙니다. 언론이나 다수결로는 현재의 커다란 문제를 해결할 수 없습니다. 언론이나 다수결로 해결하려 했던 것이 1848년과 1849년의 오류였습니다. 현재의 문제는 무기와 피에 의해서만 해결할 수 있습니다.

① 독일의 관세 동맹 체결을 주도하였다.
② 프랑크푸르트 국민 의회에 참여하였다.
③ 독일 제국을 수립하고 황제로 즉위하였다.
④ 오스트리아를 격파하고 북독일 연방을 결성하였다.
⑤ 이탈리아 통일 전쟁에서 사르데냐 왕국을 지원하였다.

537

미국에서 일어난 (가), (나) 전쟁에 대한 설명으로 옳은 것만을 〈보기〉에서 고른 것은?

> (가) 식민지 대표들이 본국에 대항하면서 발발하였다. 이들은 대륙 회의를 개최하여 대륙군을 창설하고 총사령관을 임명하였다. 대륙군은 요크타운 전투에서 승리를 거두며 전쟁을 종결지었다.
>
> (나) 새로운 대통령이 당선되자 노예제 문제 등으로 북부와 갈등을 빚던 남부의 여러 주가 연방에서 탈퇴하면서 발발하였다. 북부는 게티즈버그 전투에서 승리를 거두며 전쟁의 흐름을 주도하였다.

[보기]
ㄱ. (가) - 독립 선언문 발표를 계기로 일어났다.
ㄴ. (가) - 프랑스, 에스파냐 등의 지원을 받았다.
ㄷ. (나) - 대륙 횡단 철도 개통 직후 발발하였다.
ㄹ. (나) - 남과 북의 경제 구조 차이를 배경으로 일어났다.

① ㄱ, ㄴ   ② ㄱ, ㄷ   ③ ㄴ, ㄷ
④ ㄴ, ㄹ   ⑤ ㄷ, ㄹ

538

밑줄 친 '나'에 대한 설명으로 옳은 것은?

> 나는 생전 처음, 가족이나 친구와 멀리 떨어져, 또 지식인들과도 멀리 떨어져, 러시아의 시골 생활에 뛰어들어 민중과 직면하게 되었다. 농민이라는 정직한 사람들의 큰 바다 한가운데에서 내 자신이 외롭고 힘없는 존재임을 절실히 느꼈다. 절망감이 나를 덮쳤다. 육체적인 고로움에 완전히 짓눌려 버린 러시아 민중에게 차르에 대한 저항이나 혁명에 관해 이야기를 하는 것은 그들을 놀리는 것이 되지 않을까 염려되기도 하였다.

① 브나로드 운동에 참여하였다.
② 빈 체제로부터 탄압을 받았다.
③ 절대 왕정 타도에 성공하였다.
④ 데카브리스트의 봉기에 가담하였다.
⑤ 알렉산드르 2세의 개혁을 지지하였다.

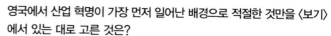

2. 산업 혁명

539

다음 생산 방식을 가리키는 용어로 옳은 것은?

> 동일 업종의 수공업자들을 공장에 모아, 분업의 원칙에 따라 상호 연관된 공정 속에서 각기 다른 작업에 종사하게 한다. 이를 통해 작업 간의 이동에 따른 시간의 낭비를 막고, 한 가지 상품을 생산하는 데 필요한 여러 생산 단계의 공간적 거리를 단축하였다.

① 선대제   ② 매뉴팩처
③ 길드 경영   ④ 가내 수공업
⑤ 공장제 기계 공업

★빈출 540

영국에서 산업 혁명이 가장 먼저 일어난 배경으로 적절한 것만을 〈보기〉에서 있는 대로 고른 것은?

[보기]
ㄱ. 지하자원 풍부
ㄴ. 정치적인 안정
ㄷ. 차티스트 운동의 전개
ㄹ. 인클로저 운동으로 인한 도시 노동력 풍부

① ㄱ, ㄴ   ② ㄷ, ㄹ   ③ ㄱ, ㄴ, ㄷ
④ ㄱ, ㄴ, ㄹ   ⑤ ㄴ, ㄷ, ㄹ

541

밑줄 친 '변화'에 대한 탐구 활동으로 가장 적절한 것은?

> 영국에서 수력 방적기 등이 발명되어 면직물 공업에서 획기적인 발전이 나타났다. 매뉴팩처가 쇠퇴하고, 공장제 기계 공업이 전반적으로 나타난 것이다. 또한 증기 기관차, 철도 등 교통의 혁신으로 이어졌다. 이러한 급속한 산업화로 인해 사회·문화 등 각 분야에서 여러 변화가 나타났다.

① 길드의 조직을 분석한다.
② 인클로저 운동의 배경을 조사한다.
③ 농업 혁명의 전개 과정을 파악한다.
④ 한자 동맹에 가입한 도시를 알아본다.
⑤ 급속한 도시화로 인해 발생한 문제를 알아본다.

542

밑줄 친 '새로운 계층'에 대한 설명으로 옳은 것은?

> 영국에서 산업 사회가 형성되면서 자본가 이외에 새로운 계층이 대두하였다. 이들은 엄격한 규율 아래 자본가의 통제를 받았다. 초기에는 열악한 작업 환경에서 오랜 시간 일하였고, 여성과 아동까지 일터로 내몰렸다.

① 곡물법 제정을 주도하였다.
② 인클로저 운동을 전개하였다.
③ 공장법의 제정으로 지위가 향상되었다.
④ 심사법의 폐지로 종교의 자유를 얻었다.
⑤ 제1차 선거법 개정으로 선거권을 확보하였다.

543

다음 상황을 배경으로 나타난 사실만을 〈보기〉에서 고른 것은?

> 이 시기 노동자들의 생활은 비참하였다. 공장의 위생과 안전은 무시되었고, 단조로운 노동에 장시간 종사해도 임금으로는 가족 생계가 어려워 여성과 어린이까지도 공장이나 탄광에서 일해야 했다.

[보기]
ㄱ. 사회주의 사상이 싹텄다.
ㄴ. 러다이트 운동이 전개되었다.
ㄷ. 기계론적 우주관이 널리 퍼졌다.
ㄹ. 상업 혁명이 유럽 전역으로 확산되었다.

① ㄱ, ㄴ   ② ㄱ, ㄷ   ③ ㄴ, ㄷ
④ ㄴ, ㄹ   ⑤ ㄷ, ㄹ

544

밑줄 친 ㉠ 주장의 방법론으로 적절한 것은?

> 사회주의 사상을 과학적인 공산주의 이론으로 체계화하고 국제 노동자 운동에 앞장선 사람은 엥겔스와 마르크스였다. 마르크스는 자본주의 사회의 붕괴를 예언하였으며, ㉠사회주의 사회 건설을 주장하였다.

① 노동조합을 설립하고 노동 3권을 보장한다.
② 정부가 공공사업을 일으켜 일자리를 창출한다.
③ 노동자의 권익 옹호를 위해 보호 관세를 강화한다.
④ 자유로운 경제 활동을 위해 국가의 통제에서 벗어난다.
⑤ 노동자의 단결에 의한 혁명으로 자본주의 사회를 전복한다.

🎖️ 1등급을 향한 서답형 문제

[545~546] 다음 글을 읽고 물음에 답하시오.

> 우리는 자유인의 의무를 수행하고 있고 자유인의 특권을 가져야 한다. 그러므로 …… 모든 성인 남자에게 의원 선거권을 부여할 것, 앞으로 있을 모든 의원 선거를 비밀 선거로 할 것, 그렇게 선출된 의원의 임기가 어떤 상황에서도 1년을 넘지 않도록 할 것, 피선거권자의 모든 재산 자격을 철폐할 것, 의원의 봉직 기간에 대해 적절한 보상을 제공할 것을 주장한다.

545

영국에서 발표된 위 문서의 명칭을 쓰시오.

⭐빈출 546

위 문서에서 노동자들의 요구 사항을 서술하고 그것이 등장하게 된 배경을 영국의 선거법 개정과 연관 지어 서술하시오.

[547~549] 다음 글을 읽고 물음에 답하시오.

> 19세기 초 영국에서는 일부 노동자들이 자신이 처한 현실적인 고통이 기계 탓이라고 여겨 ㉠기계 파괴 운동을 전개하였다. 노동자들은 처우 개선을 위해 ㉡단결을 강화하였고, 일부 지식인들은 산업 사회의 문제를 해결하기 위한 근본적인 대안을 제시하였는데, 마르크스가 제시한 사회주의 사회 건설을 위한 ㉢구체적 방안도 그 가운데 하나였다.

547

㉠ 운동의 명칭을 쓰시오.

548

㉡을 위한 노동자들의 노력을 한 가지만 서술하시오.

549

㉢의 내용을 간략하게 서술하시오.

적중 1등급 문제

» 바른답·알찬풀이 50쪽

550

⊙ 체제에 대한 설명으로 옳은 것만을 〈보기〉에서 고른 것은?

○○신문	○○○○년 ○○월 ○○일

도전받는 체제, (⊙)의 운명은?

독일 학생들, 자유를 외치다!

독일의 학생 조합(부르셴샤프트)이 민족주의와 자유주의 운동을 전개하였다. 이에 (⊙)을/를 주도한 오스트리아 재상은 독일 군주들에게 학생 조합의 해산을 요청하였다.

[보기]
ㄱ. 네덜란드의 독립을 탄압하였다.
ㄴ. 미국의 먼로 선언으로 타격을 입었다.
ㄷ. 신성 동맹과 4국 동맹에 의해 유지되었다.
ㄹ. 프랑스에 공화정이 성립되는 계기가 되었다.

① ㄱ, ㄴ   ② ㄱ, ㄷ   ③ ㄴ, ㄷ
④ ㄴ, ㄹ   ⑤ ㄷ, ㄹ

551

프랑스에서 일어난 (가), (나) 혁명의 결과로 옳은 것만을 〈보기〉에서 고른 것은?

(가) 파리 시민들의 봉기로 부르봉 왕실의 샤를 10세가 추방되었고 의회에 의해 루이 필리프가 왕으로 추대되어 입헌 군주정이 수립되었다.

(나) 선거권 확대를 요구하는 시민 대회를 정부가 탄압하자 혁명이 일어났다. 3일간의 시가전 끝에 루이 필리프가 망명하고 새 정부가 수립되었다.

[보기]
ㄱ. (가) – 삼부회가 소집되었다.
ㄴ. (가) – 제한 선거를 규정한 헌법이 제정되었다.
ㄷ. (나) – 파리 코뮌이 수립되었다.
ㄹ. (나) – 제2 공화정이 수립되었다.

① ㄱ, ㄴ   ② ㄱ, ㄷ   ③ ㄴ, ㄷ
④ ㄴ, ㄹ   ⑤ ㄷ, ㄹ

552

(가), (나) 시기 사이에 있었던 사실로 옳은 것은?

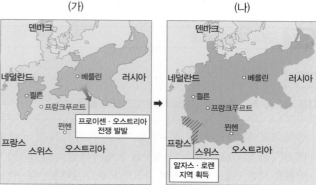

▲ ○○의 통일 과정

① 3국 동맹이 성립되었다.
② 북독일 연방이 결성되었다.
③ 이탈리아 왕국이 수립되었다.
④ 링컨 대통령이 노예 해방을 선언하였다.
⑤ 알렉산드르 2세가 농노 해방령을 발표하였다.

553

(가) 시기에 볼 수 있는 모습으로 가장 적절한 것은?

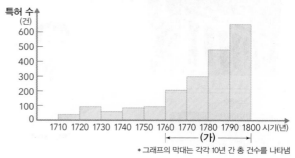

〈잉글랜드에서 인가받은 특허 수〉

* 그래프의 막대는 각각 10년 간 총 건수를 나타냄

① 모스 부호로 통신하는 관리
② 종의 기원을 집필하는 다윈
③ 증기 기관 개량에 성공한 와트
④ 미국 대륙 횡단 철도 개통식을 취재하는 기자
⑤ 인민헌장을 내걸고 차티스트 운동을 벌이는 노동자

07 고대 지중해 세계

554

다음 제도를 처음 도입한 인물에 대한 설명으로 옳은 것은?

예비 투표에서 가결되면, 널판으로 아고라를 두르고 열 군데에 입구를 남긴다. 사람들이 입구를 통해 부족별로 들어와서 이름을 새긴 면을 아래로 하여 자신의 도편을 내려놓는다. 이 과정은 아홉 명의 아르콘과 협의회가 주재한다. 도편이 계수되면 최다이면서 6,000표 이상을 받은 사람은 누구나, 자신이 고소인이든 피고인이든, 관련된 송사의 의무를 열흘 내에 정리하고 10년간 도시를 떠나야 한다.

① 500인 평의회를 설치하였다.
② 아우구스투스라는 칭호를 받았다.
③ 정복지에 알렉산드리아를 건설하였다.
④ 관직과 배심원을 추첨으로 임명하였다.
⑤ 재산 정도에 따라 참정권을 차등 분배하였다.

555

다음 건축물을 남긴 국가에 대한 설명으로 옳은 것은?

이 건축물은 여신 아테나에게 바친 신전입니다. 당시 최고의 건축가와 조각가가 16년에 걸쳐 건설한 것으로 알려져 있습니다.

① 12표법을 제정하였다.
② 삼두 정치가 전개되었다.
③ 『마누 법전』을 편찬하였다.
④ 인더스강 유역까지 진출하였다.
⑤ 페르시아와의 전쟁에서 승리하였다.

556

다음 연설이 행해진 시기를 연표에서 옳게 고른 것은?

들짐승도 저마다 보금자리를 가지고 있습니다. 그런데 조국을 위해 싸우다 죽은 로마 시민에게는 햇볕과 공기밖에는 아무 것도 없습니다. 집도 없고 땅도 없이 아내와 자식들을 데리고 떠돌아다닙니다. 병사들은 용감하게 싸웠고 용감하게 죽었습니다. 그들은 다른 사람들의 재산과 행복을 지키기 위해 싸우다 죽어가지만 자기 소유라 할 만한 한 조각의 땅도 없습니다.

① (가) ② (나) ③ (다)
④ (라) ⑤ (마)

[557~558] 다음 지도를 보고 물음에 답하시오.

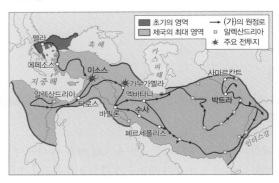

557

(가)에 해당하는 인물을 쓰시오.

558 ✔ 서술형

(가) 인물이 정복한 지역을 다스리기 위해 추진한 정책을 **두 가지** 서술하시오.

08 유럽 세계의 형성과 동요

559

밑줄 친 '왕조'에 대한 설명으로 옳은 것은?

아버지의 뒤를 이어 프랑크 왕국의 궁재직을 계승한 피핀은 곧 왕위를 찬탈하고 새로운 왕이 되었다. 강력한 지지 세력이 필요하였던 피핀은 교황에게 사실상 권력을 쥔 자가 왕명을 갖는 것이 옳은지에 대해 묻는 서신을 보냈다. 이에 교황은 옳다고 회신을 하였고 이에 따라 새로운 왕조가 개창되었다.

① 황제 교황주의를 표방하였다.
② 교황과 보름스 협약을 체결하였다.
③ 귀족의 요구에 따라 대헌장을 승인하였다.
④ 궁정 학교를 세우고 문예 부흥에 노력하였다.
⑤ 그리스 정교를 수용하고 키릴 문자를 사용하였다.

560

다음 협약이 체결된 시기를 연표에서 옳게 고른 것은?

신성 로마 제국 황제인 나, 하인리히는 모든 서임권을 성스러운 로마 가톨릭 교회에 바친다. 그리고 짐의 왕국과 제국 내 모든 교회에서 교회법에 따른 주교와 수도원장의 선출과 성직 수임의 자유를 보장하는 것에 동의한다.

	(가)		(나)		(다)		(라)		(마)	
성상 파괴령		동서 교회의 분열		카노사의 굴욕		클레르몽 공의회 개최		아비뇽 유수 단행		콘스탄츠 공의회 개최

① (가)　　② (나)　　③ (다)　　④ (라)　　⑤ (마)

561

밑줄 친 '전쟁'의 영향으로 가장 적절한 것은?

비잔티움 제국 황제의 요청을 받은 교황 우르바누스 2세는 성지 회복을 위한 전쟁을 호소하였고, 국왕을 비롯한 제후와 기사, 상인, 농민이 종교적 열정과 세속적인 이익을 위해 전쟁에 참가하였다.

① 서로마 제국이 멸망하였다.
② 헬레니즘 문화가 성립되었다.
③ 게르만족의 이동이 시작되었다.
④ 라티푼디움 경영이 확대되었다.
⑤ 로마 교황의 권위가 약화되었다.

562

밑줄 친 '공의회'에 대한 설명으로 옳은 것만을 <보기>에서 고른 것은?

첫째, 이 모임은 성령 안에서 합법적으로 이루어졌으므로 공의회를 구성하며 가톨릭 교회를 대표한다. 따라서 그리스도로부터 직접 그 권위를 받으며 교황 자신을 포함하여 어떤 계급과 조건에 속한 어떤 사람이라도 신앙, 대분열의 종식, 신의 교회를 머리에서 지체까지 개혁하는 것과 관련된 문제에서 공의회에 복종해야만 한다.
둘째, 공의회에 의해서 만들어질 명령, 포고, 법령, 지침을 반항적으로 복종하기를 거부하는 자는 바른 마음 자세로 돌아오지 않으면, 적절한 형벌을 받아야 하며 온전히 처벌될 것이다. 그리고 필요하다면 다른 권위에 호소될 것이다.

[보기]
ㄱ. 종교 재판소를 설치하였다.
ㄴ. 위클리프를 이단으로 규정하였다.
ㄷ. 로마와 아비뇽의 교황을 폐위하였다.
ㄹ. 아타나시우스파의 교리를 정통으로 인정하였다.

① ㄱ, ㄴ　　　② ㄱ, ㄷ　　　③ ㄴ, ㄷ
④ ㄴ, ㄹ　　　⑤ ㄷ, ㄹ

563

다음 작품이 제작된 시기에 유럽에서 볼 수 있는 모습으로 가장 적절한 것은?

▲ 다비드상(미켈란젤로)　　▲ 모나리자(레오나르도 다 빈치)

① 십자군 전쟁에 참가한 기사
② 『신학대전』을 저술하는 성직자
③ 『종의 기원』을 읽고 있는 학생
④ 콜로세움 건설에 동원된 노동자
⑤ 그리스와 로마의 고전을 연구하는 학자

[564~565] 다음 자료를 읽고 물음에 답하시오.

> 14세기 중엽 (㉠)이/가 온 세계에 떠돌았다. 이 때문에 유럽 인구가 3분의 1이상 줄어들었다. …… 가을이 오자 곡식을 거두어들이는 일손을 구하려면 식사를 제공해 주고 8펜스 아래로는 사람을 잡을 수 없었다. 풀 베는 사람에게는 10펜스는 주어야 했다. 일손을 구하지 못한 밭에서는 온갖 작물이 거두어지지 못한 채 썩어버렸다.

564

㉠에 해당하는 질병을 쓰시오.

565 ✔ 서술형

㉠의 유행이 유럽 사회에 끼친 영향을 서술하시오.

---

09 유럽 세계의 변화

566

지도의 사건이 끼친 영향으로 옳은 것은?

① 장원제가 붕괴되었다.
② 한자 동맹이 성립되었다.
③ 자크리의 난이 일어났다.
④ 플랜테이션 농업이 성행하였다.
⑤ 바스쿠 다 가마가 신항로를 개척하였다.

567

㉠ 국왕에 대한 설명으로 옳은 것은?

① 대헌장을 승인하였다.
② 무적함대를 격파하였다.
③ 낭트 칙령을 폐지하였다.
④ 레판토 해전에서 승리하였다.
⑤ 네르친스크 조약을 체결하였다.

568

㉠에 들어갈 문화유산으로 옳은 것은?

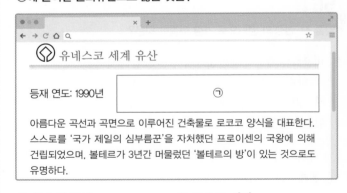

① 상수시 궁전 　　② 두오모 성당
③ 베르사유 궁전 　　④ 성베드로 성당
⑤ 아비뇽 교황청

[569~570] 다음 자료를 읽고 물음에 답하시오.

> 지중해를 통한 향신료 무역에서 소외되었던 포르투갈과 에스파냐는 서아프리카 해안을 돌아 새로운 항로를 개척하였다. 신항로의 개척으로 무역의 중심지가 지중해에서 ⬚ (가) ⬚ 지역으로 이동하였다. 한편 ㉠ 에스파냐는 아스테카와 잉카 제국을 정복한 뒤 금광·은광 개발에 몰두하였고, 포르투갈은 아프리카 항로를 개척한 후 노예 무역을 시작하였다.

569

(가)에 들어갈 말을 쓰시오.

570 ✐ 서술형

밑줄 친 ㉠이 유럽 사회에 끼친 영향을 서술하시오.

---

10 시민 혁명

571

(가), (나) 인물에 대한 설명으로 옳은 것은?

> (가) 『천구의 회전에 관하여』를 출간하여 지구가 자전축을 중심으로 자전하고 정지해 있는 태양 주위를 공전한다고 주장함으로써, 근대 과학의 출현에 지대한 의미를 가지는 개념을 발전시켰다.
>
> (나) 지구와 행성들이 태양을 중심으로 일정하게 움직이는 원인으로 만유인력의 법칙을 발견하여 지동설을 입증하였다. 그가 발표한 『자연 철학의 수학적 원리』는 만유인력의 법칙을 정리한 것이다.

① (가) – 기계론적 우주관을 확립하였다.
② (가) – 직접 만든 망원경으로 천체를 관측하였다.
③ (나) – 다윈이 제시한 진화론의 영향을 받았다.
④ (나) – 행성의 궤도가 타원이라는 것을 증명하였다.
⑤ (가), (나) – 과학 혁명의 태동에 영향을 끼쳤다.

572

다음 사상의 성립에 영향을 미친 사실을 〈보기〉에서 있는 대로 고른 것은?

> 인간은 무능력한 존재이고 인간의 운명과 세계의 역사는 신에 의해 좌우되는 것이 아니다. 인간에 대한 믿음, 특히 인간이 지니고 있는 이성의 능력에 대한 믿음을 가져야 한다. 무지, 미신, 불합리한 제도와 관습 등이 존재하는 어두운 현실에 밝은 빛을 비추어 이를 타파하면 인간은 무한히 진보할 수 있다. 그러나 그 빛은 '신의 말씀'에서 오는 것이 아니라 '이성과 과학'에서 온다.

[보기]
ㄱ. 자연 과학의 발달
ㄴ. 혁명권 사상의 확산
ㄷ. 합리주의 철학의 발달
ㄹ. 『백과전서』의 편찬 및 보급

① ㄱ, ㄴ ② ㄱ, ㄹ ③ ㄴ, ㄹ
④ ㄱ, ㄴ, ㄷ ⑤ ㄴ, ㄷ, ㄹ

573

다음 선언이 발표된 배경으로 가장 적절한 것은?

> 종교와 법과 자유가 전복되는 위험에 다시 처하지 않도록, 국민의 완벽하고 자유로운 대표로서 모인 성직자, 귀족, 평민들은 이 목적을 달성하기 위해서 그들의 옛 권리와 자유를 옹호하고 주장하며 다음과 같이 선언한다.
>
> 제1조　국왕이 의회의 동의 없이 법의 효력을 정지하거나 법의 집행을 정지하는 것은 위법이다.
>
> 제4조　의회의 승인 없이 국왕이 대권을 구실로 …… 기간을 연장하거나 편법을 써서 왕권을 행사하기 위한 돈을 거두어들이는 행위는 위법이다.

① 하노버 왕조가 개창되었다.
② 제임스 2세가 전제 정치를 강화하였다.
③ 인간과 시민의 권리 선언이 발표되었다.
④ 필라델피아에서 대륙 회의가 개최되었다.
⑤ 찰스 1세가 처형되고 공화정이 수립되었다.

574

(가), (나) 시기 사이에 들어갈 내용으로 옳은 것은?

▲ 독립 선언문 발표

▲ 파리 조약 체결

① 렉싱턴 전투
② 요크타운 전투
③ 보스턴 차 사건
④ 미국 연방 헌법 제정
⑤ 제1차 대륙 회의 개최

575

㉠ 기구가 운용되던 시기에 있었던 사실로 옳은 것은?

혁명의 전파를 우려한 오스트리아와 프로이센 등이 프랑스를 위협하자, 의회가 선전 포고함으로써 전쟁이 시작되었다. 그러나 거듭 패전하여 혁명이 위기에 처하자 민중들은 '라 마르세예즈'를 외치며 전투에 참여하고자 파리로 몰려들었다. 전쟁으로 물가가 오르고 생활이 어려워지자 과격해진 파리 민중이 국왕의 퇴위를 주장하며 왕궁을 습격하였다. 그 결과 왕권이 정지되었고 입법 의회 대신에 (㉠)이/가 들어섰다.

① 혁명 전쟁이 발발하였다.
② 루이 16세가 처형되었다.
③ 러시아 원정이 단행되었다.
④ 시민이 바스티유 감옥을 습격하였다.
⑤ 인간과 시민의 권리 선언을 발표하였다.

[576~577] 다음 자료를 읽고 물음에 답하시오.

(㉠)은/는 영국을 고립시키기 위해 유럽 대륙과 영국 사이의 무역을 금지하는 대륙 봉쇄령을 내렸다. 그러나 러시아가 봉쇄령을 어기고 영국과 무역을 계속하자 러시아 원정에 나섰다. (㉠)의 군대는 러시아의 후퇴 전술에 말려들어 혹독한 추위와 굶주림을 이기지 못하고 퇴각하였다. (㉠)은/는 대프랑스 동맹에 패하여 엘바섬에 유배되었다가 탈출하여 황제로 복귀하였으나, 영국과 프로이센 연합군과의 워털루 전투에서 패하여 몰락하였다.

576

㉠에 해당하는 인물을 쓰시오.

577 ✎ 서술형

㉠이 일으킨 전쟁이 유럽에 끼친 영향을 서술하시오.

11 국민 국가의 형성과 산업 혁명

578

밑줄 친 '이 회의'에 대한 설명으로 옳은 것은?

오스트리아의 재상 메테르니히가 주도한 이 회의에는 영국, 프로이센, 러시아, 프랑스 등이 참가하였어.

맞아. 유럽 각국의 지배권과 영토를 프랑스 혁명 이전으로 되돌릴 것을 결정하였어.

① 봉건제의 폐지를 선언하였다.
② 종교 재판소 설치를 결정하였다.
③ 데카브리스트의 봉기를 지지하였다.
④ 보스턴 차 사건이 원인이 되어 개최되었다.
⑤ 신성 동맹과 4국 동맹이 결성되는 배경이 되었다.

579

㉠ 국가에 대한 설명으로 옳은 것은?

(㉠)은/는 지금까지 여러 번의 좋은 기회를 놓쳐 왔는데, 이를 거울삼아 앞으로의 좋은 기회에 대비하여 힘을 모아야 합니다. (㉠)의 국경은 정상적인 국가에 어울리는 것이 아닙니다. 언론이나 다수결로는 현재의 커다란 문제를 해결할 수 없습니다. 언론이나 다수결로 해결하려 하였던 것이 1848년과 1849년의 오류였습니다. 현재의 문제는 무기(철)와 피에 의해서만 해결할 수 있습니다.

① 곡물법을 폐지하였다.
② 관세 동맹을 주도하였다.
③ 대륙 봉쇄령을 발표하였다.
④ 아스테카 문명을 파괴하였다.
⑤ 상트페테르부르크를 수도로 삼았다.

580

밑줄 친 '이 전쟁'에 대한 설명으로 옳은 것은?

노예제 폐지에 찬성하는 링컨이 대통령에 당선되자 남부 7개 주가 연방에서 탈퇴하면서 이 전쟁이 일어났다. 처음에는 남부가 우세하였으나, 링컨이 노예 해방령을 발표하면서 전세는 북부에 유리해졌다. 결국 인구수와 경제력이 앞선 북부가 게티즈버그 전투를 계기로 전세를 역전하면서 전쟁에 승리하였다.

① 빈 체제의 붕괴를 가져왔다.
② 나폴레옹의 몰락을 가져왔다.
③ 프랑스 혁명에 영향을 주었다.
④ 권리 청원이 제출되는 계기가 되었다.
⑤ 남부와 북부의 경제 구조 차이가 원인이었다.

581

자료에 나타난 문제를 해결하려는 노력을 알아보기 위한 탐구 활동으로 가장 적절한 것은?

문 : 몇 살 때 공장 일을 시작하였습니까?
답 : 6세 때입니다.
문 : 작업 시간은 몇 시에서 몇 시까지였습니까?
답 : 일이 밀릴 때는 새벽 5시에서 저녁 9시까지 일하였습니다.
문 : 일을 잘못하거나 늦을 때 어떤 일을 당했나요?
답 : 감독이 아이들을 쇠사슬로 묶어 놓고 허리띠로 때렸어요.

– 새들러 위원회 보고서 –

① 노예 해방령의 영향을 분석한다.
② 곡물법이 폐지된 원인을 찾아본다.
③ 빈 체제가 성립된 목적을 살펴본다.
④ 유럽 최초로 제정된 공장법의 내용을 알아본다.
⑤ 제2차 인클로저 운동이 일어난 배경을 파악한다.

[582~583] 다음 자료를 읽고 물음에 답하시오.

귀족은 농노의 인신에 대한 권리를 자발적으로 포기하였다. …… 농민은 일정 기간 법에 따라 자유 경작인의 모든 권리를 부여받을 것이다. 지주들은 소유 토지에 대한 재산권을 보유하면서 농민들에게 고정된 임대료를 받고 토지 경작권을 부여할 것이다. …… 동시에 농민에게 토지를 구매할 권리가 부여된다. …… 그리고 구매한 땅의 지주에 대한 의무에서 해방되어 자유 농민(토지 소유자)으로 편입된다.

582

위의 법령을 쓰시오.

583 ✏ 서술형

위 법령의 의의와 한계를 서술하시오.

12 Ⓥ 제국주의와 두 차례 세계 대전
제국주의와 민족 운동

✓ 출제 포인트 ✓ 제국주의 ✓ 양무운동 ✓ 신해혁명 ✓ 메이지 유신 ✓ 세포이의 항쟁

1. 제국주의의 등장과 식민지 분할

✪ 1 제국주의의 성립 ◉ 113쪽 597번 문제로 확인

의미	19세기 말~20세기 초 우월한 경제력과 군사력을 앞세워 약소국을 식민지로 삼는 열강의 대외 팽창 정책
배경	독점 자본주의, 침략적 민족주의, 사회 진화론·인종주의

2 제국주의 열강의 아시아·태평양 분할

포르투갈	가장 먼저 동남아시아에 진출, 향신료 무역 독점
에스파냐	필리핀 점령
네덜란드	자와·수마트라·보르네오를 합쳐 네덜란드령 동인도 건설
영국	플라시 전투로 인도의 벵골 지역 통치권 차지, 인도 대부분 점령(19세기 중엽), 미얀마를 영국령 인도에 편입, 말레이 연방 수립
프랑스	베트남, 캄보디아, 라오스를 합쳐 프랑스령 인도차이나 연방 조직
미국	일본 개항, 필리핀 식민지화, 괌·하와이 차지

3 제국주의 열강의 아프리카 분할

영국	종단 정책(카이로와 케이프타운 연결)	→ 파쇼다에서 충돌 (파쇼다 사건)
프랑스	횡단 정책(알제리와 마다가스카르 연결)	

2. 중국의 개항과 민족 운동

✪ 1 아편 전쟁과 중국의 개항 ◉ 114쪽 599번 문제로 확인

구분	제1차 아편 전쟁(1840~1842)	제2차 아편 전쟁(1856~1860)
전개	영국의 삼각 무역으로 은 유출, 아편 중독자 증가 → 청의 아편 무역 단속 → 영국의 청 공격 → 청 패배	영국의 무역 확대 요구, 애로호 사건, 프랑스 선교사 피살 사건 → 영·프 연합군 공격 → 영·프의 톈진과 베이징 점령
결과	난징 조약(5개 항구 개항, 홍콩 할양, 공행 폐지 등), 이듬해 추가 조약(영사 재판권 인정, 최혜국 대우 등)	톈진 조약(외국 공사의 베이징 주재 허용, 개항장 추가, 크리스트교 포교 허가), 베이징 조약(러시아가 연해주 차지)

2 중국의 근대화 운동

(1) 태평천국 운동(1851~1864)

전개	홍수전이 상제회 조직 → 태평천국 건설('멸만흥한') → 내부 분열과 향용의 공격으로 실패
개혁 내용	천조전무 제도(토지 균분), 남녀평등, 변발·전족 금지 등

(2) 양무운동(1861~1895)

전개	증국번, 이홍장 등의 한인 관료가 '중체서용'을 바탕으로 부국강병 추구 → 계획 부족, 청일 전쟁의 패배로 한계가 드러남
개혁 내용	군수 공장 건설, 근대 회사 설립, 유학생 파견 등

자료 양무운동 ◉ 114쪽 601번 문제로 확인

기계 제조는 현재 외부의 침략을 막아 내기 위해 기댈 수 있는 곳이며 자강의 근본입니다. …… 신이 뜻을 다해 말씀드리는 것은 서양 기계가 농경, 직포, 인쇄, 도자기 등의 용구를 모두 만들 수 있고 민생의 일상생활에 유익한 것이지, 오로지 군사 무기만을 만드는 것이 아니라는 것입니다.
― 『이홍장 전집』 ―

분석 이홍장이 서양의 근대적 기술을 받아들이자고 주장하였던 상소문의 일부이다.

✪ (3) 변법자강 운동(1898) ◉ 114쪽 602번 문제로 확인

전개	캉유웨이, 량치차오 등이 메이지 유신을 모방하여 정치·사회 제도 개혁 → 서태후 등 보수파의 무술정변으로 실패
개혁 내용	입헌 군주제 도입, 과거제 개혁, 상공업 육성, 신교육 실시 등

(4) **의화단 운동(1899~1901)** '부청멸양'을 주장하며 봉기 → 연합군의 의화단 진압 → 신축 조약(외국군의 베이징 주둔 허용)

(5) **신해혁명(1911)**
① 쑨원 : 중국 동맹회, 삼민주의 주장, 중화민국의 임시 대총통
② 전개 : 청 정부의 민간 철도 국유화 조치 → 우창 봉기 → 각 성의 독립 선언 → 중화민국 수립(1912)

(6) **신문화 운동** 천두슈 등이 주도, 『신청년』 간행, 백화 운동

(7) **5·4 운동** 일본의 21개조 요구 철폐 주장, 반군벌·반제국주의

3. 일본의 개항과 근대화 운동

개항	미국의 포함 외교 → 미일 화친 조약, 미일 수호 통상 조약
메이지 유신 (1868)	• 메이지 정부 수립 : 막부 타도, 왕정복고 • 개혁 : 폐번치현(봉건제 폐지), 신분제 폐지, 징병제 실시, 근대적 토지 세제 확립, 이와쿠라 사절단 파견
자유 민권 운동	헌법 제정, 서양식 의회 설립 주장 → 일본 제국 헌법에 영향
대외 침략	류큐 합병, 운요호 사건(→ 조선 개항), 청일 전쟁, 러일 전쟁

4. 인도, 동남아시아, 서아시아의 민족 운동

인도	• 세포이의 항쟁(1857) → 영국령 인도 제국 성립 • 브라흐마 사마지 운동, 인도 국민 회의의 반영 운동
베트남	근왕 운동, 판보이쩌우(베트남 유신회, 동유 운동), 판쩌우찐
필리핀	호세 리살(필리핀 연맹), 아기날도(필리핀 공화국 선포)
인도네시아	카르티니, 부티 우토모, 이슬람 동맹
태국	짜끄리 왕조의 근대화 정책 → 독립 유지
오스만 제국	탄지마트, 헌법 제정(입헌 군주제, 의회 설립), 청년 튀르크당의 입헌 혁명(1908)
아랍과 이란	아랍(와하브 운동), 이란(담배 불매 운동, 입헌 혁명)

분석 기출 문제

» 바른답·알찬풀이 54쪽

1. 제국주의의 등장과 식민지 분할

•• 다음 문장과 관련 있는 개념을 〈보기〉에서 고르시오.

584 열등한 인종과 사회는 도태하고 우월한 인종과 사회는 번영한다는 주장이다. (　　　)

585 19세기 말 ~ 20세기 초 우월한 경제력과 군사력을 앞세워 약소국을 식민지로 삼는 열강의 대외 팽창 정책이다. (　　　)

【 보기 】
ㄱ. 제국주의　　　　　　　ㄴ. 사회 진화론

•• 빈칸에 들어갈 알맞은 말을 쓰시오.

586 영국은 프랑스와의 (　　　　　)에서 승리하여 인도 벵골 지역의 통치권을 차지하였다.

587 일본 개항 후 사쓰마번과 조슈번이 중심이 되어 막부를 타도하고 왕정복고를 이룬 뒤 추진한 개혁을 (　　　　　)(이)라고 한다.

•• 다음 설명이 옳으면 ○표, 틀리면 ×표 하시오.

588 프랑스는 동인도 회사를 앞세워 동남아시아로 진출하여 인도네시아에 인도차이나 연방을 건설하였다. (　　　)

589 일본의 에도 막부는 미국의 페리 제독이 주도한 포함 외교로 문호를 개방하였다. (　　　)

•• 다음 국가와 관련된 민족 운동을 옳게 연결하시오.

590 중국　　•　　　　　　•ㄱ 근왕 운동

591 인도　　•　　　　　　•ㄴ 이슬람 동맹

592 베트남　•　　　　　　•ㄷ 태평천국 운동

593 인도네시아 •　　　　　•ㄹ 세포이의 항쟁

•• 괄호 안에 들어갈 알맞은 용어를 고르시오.

594 제1차 아편 전쟁의 결과 중국은 영국과 근대적 조약이자 불평등 조약인 (ㄱ 난징 조약, ㄴ 베이징 조약)을 체결하였다.

595 증국번, 이홍장 등의 한인 관료층은 중체서용을 바탕으로 (ㄱ 양무, ㄴ 의화단) 운동을 주도하였다.

596 (ㄱ 태국, ㄴ 인도네시아)에서는 지식인과 이슬람교도 상인들이 이슬람 동맹을 결성하여 민족 운동을 전개하였다.

★ 빈출
597

㉠에 대한 설명으로 옳은 것은?

> 19세기 후반 독점자본주의 단계에 도달한 서양 열강은 값싼 원료 공급지와 제품을 판매하고 국내 잉여 자본을 투자할 새로운 시장이 필요하였다. 이에 서양 열강은 군사력을 앞세워 식민지를 확보하기 위해 대외 팽창 정책을 추진하였는데, 이를 (　㉠　)(이)라고 한다.

① 절대 왕정을 뒷받침하였다.
② 제2차 세계 대전의 원인이 되었다.
③ 사회 진화론에 의해 정당화되었다.
④ 주종제와 장원제를 기초로 한 사회 질서이다.
⑤ 각국의 사회주의 정당으로부터 전폭적인 지지를 받았다.

598

(가) 사건과 관련된 탐구 활동으로 가장 적절한 것은?

① 플라시 전투의 결과를 확인한다.
② 프랑스의 횡단 정책을 조사한다.
③ 빈 회의의 개최 배경을 파악한다.
④ 네르친스크 조약의 내용을 찾아본다.
⑤ 영국이 항해법을 제정한 이유를 분석한다.

2. 중국의 개항과 민족 운동

★ 빈출
599

다음 주장이 제기된 당시의 상황으로 옳은 것만을 〈보기〉에서 고른 것은?

> 귀국은 우리 영내에서 6만~7만 리나 떨어져 있는데도 배들이 앞다투어 무역하러 오는 것은 큰 이익을 얻기 위함이다. 이곳 광저우에 파견된 나, 흠차 대신 임칙서가 생각하건대 외국인이 얻는 이익은 모두 우리 중국인이 나누어 준 것이다. 그럼에도 불구하고 오히려 독물(毒物)을 가지고 중국인에게 해를 끼치는 것은 그 도리가 어디에 있는 것인가?

[보기]
ㄱ. '부청멸양'을 구호로 의화단 운동이 일어났다.
ㄴ. 서양 열강은 중국의 공행 체제에 불만이 많았다.
ㄷ. 영국, 인도, 청 사이에서 삼각 무역이 전개되었다.
ㄹ. 일본이 중국 정부에 자신들의 이권을 보장하는 21개조를 요구하였다.

① ㄱ, ㄴ   ② ㄱ, ㄷ   ③ ㄴ, ㄷ
④ ㄴ, ㄹ   ⑤ ㄷ, ㄹ

600

다음 글을 발표한 세력에 대한 설명으로 옳은 것은?

> 천하의 사람들이 모두 황상제(皇上帝)의 커다란 복을 받아서, 토지가 있으면 함께 경작하고 음식이 있으면 함께 먹으며, 옷이 있으면 함께 입고, 돈이 있으면 함께 쓰고, 장소에 따라 불균형이 있거나 풍족한 생활을 할 수 없는 자가 없도록 한다. …… 모름지기 천하의 토지는 세상 사람들이 똑같이 경작하게 한다. 이쪽이 모자라면 사람들을 저쪽으로 옮기고, 저쪽이 모자라면 이쪽으로 옮긴다. 모름지기 천하의 토지는 풍작과 흉작에 따라 부족한 것을 서로 메꿔준다.

① 중국 동맹회의 지지를 받았다.
② 8개국 연합군에 의해 진압되었다.
③ 난징에 금릉 기기국을 설립하였다.
④ 만주족 배격과 한족 국가 부흥을 주장하였다.
⑤ 량치차오를 비롯한 개혁적 성향의 지식인들이 주도하였다.

★ 빈출
601

다음 주장에 따라 실시된 개혁의 내용으로 옳지 않은 것은?

> 기계 제조는 현재 외부의 침략을 막아 내기 위해 기댈 수 있는 곳이며 자강의 근본입니다. …… 신이 뜻을 다해 말씀드리는 것은 서양 기계가 농경, 직포, 인쇄, 도자기 등의 용구를 모두 만들 수 있고 민생의 일상생활에 유익한 것이지, 오로지 군사 무기만을 만드는 것이 아니라는 것입니다.
> – 「이홍장 전집」 –

① 입헌 군주제 도입
② 서양식 군사 제도 도입
③ 군수 공장과 조선소 설립
④ 광산 개발 및 제철소 신설
⑤ 유학생 파견 및 신식 학교 설립

★ 빈출
602

다음 대화가 이루어졌던 시기를 연표에서 옳게 고른 것은?

> 캉유웨이가 메이지 유신을 본받아서 제도국을 세우고 헌법을 제정하자는 상소를 올렸다고 하더군.

> 그러게 말이야. 황제께서 수용하셔서 과거제를 비롯하여 여러 분야의 개혁에 직접 착수하셨다더군.

| 난징 조약 | (가) | 베이징 조약 | (나) | 청프 전쟁 발발 | (다) | 청일 전쟁 발발 | (라) | 신축 조약 | (마) | 신해 혁명 |

① (가)   ② (나)   ③ (다)
④ (라)   ⑤ (마)

603

다음 〈보기〉는 중국의 민족 운동이다. 운동 당시의 구호를 옳게 연결한 것은?

[보기]
ㄱ. 양무운동   ㄴ. 의화단 운동   ㄷ. 태평천국 운동

① ㄱ – 존왕양이   ② ㄱ – 멸만흥한
③ ㄴ – 부청멸양   ④ ㄴ – 중체서용
⑤ ㄷ – 삼민주의

604

다음의 주장을 한 인물로 옳은 것은?

> 나는 이제 유럽의 역사 발전을 3대 주의로 논하고자 한다. 그것은 민족, 민권, 민생이다. 민족주의는 만주족 왕조인 청을 무너뜨리고 한족의 주권을 되찾자는 것이고, 민권주의는 국민이 주권을 갖는 공화주의와 국민의 권리를 보호하는 민주주의를 의미하며, 민생주의는 토지 제도를 개혁하여 국민의 생활을 안정시키는 것을 의미한다.

① 쑨원   ② 이홍장   ③ 홍수전

④ 캉유웨이   ⑤ 위안스카이

605

밑줄 친 '이 운동'에 대한 설명으로 옳은 것은?

『청년잡지』에는 사회와 청년의 관계를 인체와 세포의 관계로 비유하면서 청년들에게 자주적일 것, 진보적일 것, 진취적일 것, 세계적일 것, 실리적일 것, 과학적일 것을 당부하는 글이 실렸다. 『청년잡지』는 곧 『신청년』으로 개칭되었는데, 『신청년』은 서양의 민주주의와 과학을 수용하고 유교 중심의 전통문화를 타파하자고 주장하면서 이 운동을 이끌었다.

① 삼민주의를 강령으로 삼았다.

② 멸만흥한을 기치로 내세웠다.

③ 천두슈, 후스 등이 주도하였다.

④ 청일 전쟁의 패배로 한계를 드러냈다.

⑤ 청 정부의 민간 철도 국유화 조치에 반발하여 일어났다.

[606~607] 다음 자료를 읽고 물음에 답하시오.

> (가) 제4조   천황은 국가의 원수로서 통치권을 총괄하며, 헌법의 조항에 따라 이를 행한다.
> 제5조   천황은 제국 의회의 협찬을 얻어 입법권을 행한다.
> 제11조 천황은 육해군을 통수한다.
>
> (나) 제2조   러시아 제국 정부는 일본 제국이 한국에서 정치·군사상 및 경제상의 탁월한 이익을 갖는다는 것을 인정하고 일본 제국 정부가 한국에서 필요하다고 인정하는 지도 보호 및 감리의 조처를 하는 데 이를 저지하거나 간섭하지 않을 것을 약정한다.
>
> (다) 도쿠가와 쇼군이 지금까지 위임받았던 대정(大政)을 봉환하고 쇼군직을 사퇴하겠다는 두 안건을 (천황께서) 이번에 단호히 받아들이셨다. …… 이에 따라 왕정복고를 하여 국위를 만회할 기반을 세우기로 작정하셨다.

⭐빈출
606

(가)~(다)가 발표된 순서대로 옳게 나열한 것은?

① (가) – (나) – (다)   ② (가) – (다) – (나)

③ (나) – (가) – (다)   ④ (다) – (가) – (나)

⑤ (다) – (나) – (가)

607

(나) 조약 체결 이후에 일어난 사실로 옳은 것은?

① 류큐 합병   ② 정한론 대두

③ 을사조약 체결   ④ 폐번치현 단행

⑤ 삼국 간섭 발생

608

시모노세키 조약의 내용으로 옳은 것만을 〈보기〉에서 고른 것은?

[보기]
ㄱ. 청의 10개 항구 개항
ㄴ. 청이 일본에 타이완 할양
ㄷ. 일본군의 베이징 주둔 인정
ㄹ. 청의 조선에 대한 종주권 포기

① ㄱ, ㄴ   ② ㄱ, ㄷ   ③ ㄴ, ㄷ

④ ㄴ, ㄹ   ⑤ ㄷ, ㄹ

609

밑줄 친 '새로운 정부'가 추진한 정책으로 옳은 것만을 〈보기〉에서 고른 것은?

> 조슈번과 사쓰마번은 국가의 모든 정치 실권을 장악하고 있던 에도 막부를 비판하며 막부 타도를 위한 동맹을 결성하였다. 결국 쇼군 도쿠가와 요시노부가 국가 통치권을 천황에게 반환하면서 새로운 정부가 탄생하였다.

[보기]
ㄱ. 이와쿠라 사절단을 파견하였다.
ㄴ. 중국과 감합 무역을 추진하였다.
ㄷ. 번을 폐지하고 현을 설치하였다.
ㄹ. 미일 수호 통상 조약을 체결하였다.

① ㄱ, ㄴ ② ㄱ, ㄷ ③ ㄴ, ㄷ
④ ㄴ, ㄹ ⑤ ㄷ, ㄹ

---

4. 인도, 동남아시아, 서아시아의 민족 운동

610

밑줄 친 '이번 반란'의 영향으로 옳은 것은?

> 이전에도 인도군 내부에서는 병사의 반란이 일어난 적은 있었으나 이번 반란은 종전과는 다음과 같은 점에서 다르다. 사상 처음으로 반란군이 자기 손으로 백인 장교를 살해하였다는 점, 이슬람교도와 힌두교도가 서로 반목을 버리고 공통의 주인에 맞서 단결한 점, 힌두교도 내부의 소란으로 이슬람교도 황제가 델리의 왕좌에 앉게 되었다는 점, 반란이 일부 지역에 한정되지 않는다는 점, 그리고 마지막으로 인도군 내부의 반란이 아시아의 많은 위대한 민족의 영국 지배에 대한 불만과 함께 나타나고 있다는 점이다.

① 지즈야를 폐지하였다.
② 마라타 동맹이 결성되었다.
③ 영국령 인도 제국이 성립되었다.
④ 영국이 벵골 지역의 통치권을 차지하였다.
⑤ 인간 평등을 강조하는 시크교가 창시되었다.

611

밑줄 친 '이 단체'에 대한 설명으로 옳지 않은 것은?

▲ 창립 대회(1885)

> 1885년 결성된 이 단체는 인도 정부의 내무 장관이었던 영국인 흄이 인도 협회를 결성하고 있던 바널지 등과 함께 만든 단체로, 인도 근대화와 민족 운동을 이끈 주요 단체였다. 현재도 존재하는 인도의 정치 정당이다.

① 벵골 분할령에 반대하였다.
② 브라흐마 사마지 운동을 주도하였다.
③ 초기에는 영국의 식민 통치에 순응하였다.
④ 콜카타 대회를 개최하여 4대 강령을 채택하였다.
⑤ 전 인도 이슬람교도 연맹과 함께 반영 운동에 나섰다.

612

19 ~ 20세기의 (가)~(라) 지역에 대한 설명으로 옳은 것은?

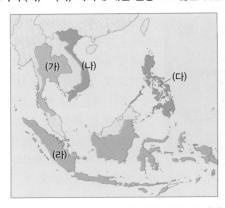

① (가) – 동남아시아 국가 중 유일하게 독립을 유지하였다.
② (나) – 네덜란드령 동인도의 일부였다.
③ (다) – 브라흐마 사마지 운동이 전개되었다.
④ (라) – 서구 열강으로부터 공행 무역 폐지 압력을 받았다.
⑤ (나), (라) – 같은 국가에게 식민 지배를 받았다.

★ 빈출

613

자료를 활용한 탐구 활동으로 가장 적절한 것은?

제8조	모든 국민은 종교의 자유를 갖는다.
제9조	이슬람교도와 비이슬람교도는 법률 앞에서 평등하다.
제28조	내각 회의는 대재상의 주재로 소집되며, 내각의 권한은 국내외 모든 중요 안건에 이른다.
제42조	제국 의회는 상원과 하원으로 구성한다.
제60조	상원 의원은 술탄이 임명한다.

– 1876 –

① 동유 운동의 목적을 살펴본다.
② 담배 불매 운동의 배경을 알아본다.
③ 부티 우토모 운동의 특징을 정리한다.
④ 와하브 왕국의 건설 과정을 조사한다.
⑤ 미드하트 헌법의 내용과 의미를 탐구한다.

614

18세기에 지도의 표시된 지역에서 전개된 민족 운동에 대한 설명으로 옳은 것만을 〈보기〉에서 고른 것은?

[보기]
ㄱ. 이슬람교 초기의 순수함을 되찾자고 주장하였다.
ㄴ. 사우디아라비아 왕국이 수립되는 배경이 되었다.
ㄷ. 청년 튀르크당이 무장봉기하여 헌법을 부활시켰다.
ㄹ. 개혁 세력과 이슬람 성직자들이 담배 불매 운동을 벌였다.

① ㄱ, ㄴ   ② ㄱ, ㄷ   ③ ㄴ, ㄷ
④ ㄴ, ㄹ   ⑤ ㄷ, ㄹ

⟫ 1등급을 향한 서답형 문제

[615~616] 다음 주장을 읽고 물음에 답하시오.

(가) 서양의 문물은 기(器)와 용(用)에 해당하고 중국의 전통적 가치는 도(道)와 체(體)에 해당한다. 서양 문물을 도입하여 중국의 전통적 가치를 접목하면 부국강병을 이룰 수 있다.

(나) 중국을 구하기 위해서는 유신밖에 없으며, 유신하기 위해서는 외국을 배우는 길밖에 없다. 외국을 배운 다음 서양의 방식을 따라 중국의 국가 제도와 사회 제도를 바꿔야 한다. 만약 중국이 변법 유신한다면 10년 내에 부강을 이룰 수 있다.

615

(가), (나)에 해당하는 중국의 민족 운동을 각각 쓰시오.

616

(가), (나) 운동의 차이점을 서술하시오.

[617~618] 다음 글을 읽고 물음에 답하시오.

제1조	지금까지 동인도 회사가 점유하거나 통치하였던 영토와 권력을 영국 여왕 폐하가 대신한다.
제3조	여왕 폐하의 국무 위원 중 한 사람은 동인도 회사가 가졌던 권력과 의무를 모두 갖고 실행한다.
제39조	동인도 회사의 토지, 부동산, 금전, 저당품, 상품, 재산, 그 밖의 부동산과 동산은 이 회사의 자본금과 배당액을 제외하고는 폐하에게 주어진다.

617

인도 지배와 관련하여 영국이 제정한 위 법의 명칭을 쓰시오.

618

위 법에 따라 인도에서 일어난 변화와 그 의미를 서술하시오.

적중1등급문제

» 바른답·알찬풀이 57쪽

619

⊙ 국가에 대한 설명으로 옳은 것은?

> 1898년 (⊙)은/는 마닐라항에서 에스파냐의 함대를 격퇴하고 항복을 받아냈다. 이후 파리 조약을 통해 에스파냐로부터 필리핀을 2천만 달러에 매수함으로써 필리핀에 대한 통치권을 양도받았다. 이를 통해 아시아로 세력을 확장하는 교두보를 마련하였다.

① 영국과 플라시 전투를 벌였다.
② 헤레로족의 봉기를 진압하였다.
③ 이산들와나 전투에서 패배하였다.
④ 앙골라, 모잠비크 등을 지배하였다.
⑤ 일본에게 진주만 기지를 기습당하였다.

620

⊙에 대한 설명으로 옳은 것은?

> 학습 주제 : 19세기 후반 (⊙)의 등장 배경

자본주의가 고도로 발달하면서 값싼 원료 공급지와 상품 판매 시장뿐만 아니라 잉여 자본의 투자 시장이 필요하게 되었지.

국민 국가가 발달하면서 침략적 민족주의가 고조되었기 때문이야.

그리고 사회 진화론이 유럽 사회에 확산되었던 것도 배경이 되었어.

① 왕권신수설에 의해 뒷받침되었다.
② 로크의 사회 계약설에 영향을 주었다.
③ 초기 사회주의의 비현실성을 비판하였다.
④ 독일에서 일어난 30년 전쟁으로 확대되었다.
⑤ 아시아가 열강에 의해 분할되는 결과를 가져왔다.

621

다음 퀴즈의 정답에 해당하는 도시에서 있었던 사실로 옳은 것은?

3단계 힌트까지 모두 보셨습니다. 이 도시는 어디일까요?

세계사 퀴즈	
1단계	태평천국군이 수도로 삼은 곳
2단계	일본군이 대학살을 자행한 곳
3단계	쑨원이 명을 세운 곳

① 쑨원이 임시 대총통에 취임하였다.
② 의화단과 8개국 연합군이 충돌하였다.
③ 제1차 아편 전쟁의 결과로 개항되었다.
④ 장쉐량이 장제스를 감금하는 사건이 일어났다.
⑤ 신해혁명을 촉발한 신군 봉기가 처음 일어났다.

622

(가), (나) 국가에 대한 설명으로 옳은 것은?

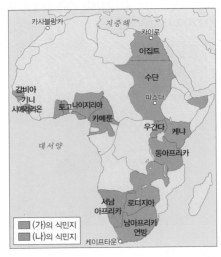

① (가) - 미국과의 전쟁에서 패배하여 필리핀을 상실하였다.
② (가) - 동남아시아에 진출하여 인도차이나 연방을 수립하였다.
③ (나) - 모로코를 둘러싸고 프랑스와 대립하였다.
④ (나) - 이집트를 보호국으로 삼고 수에즈 운하를 차지하였다.
⑤ (가), (나) - 팽창 정책을 추진하는 과정에서 파쇼다 사건을 일으켰다.

623

(가), (나) 시기 사이에 있었던 사실로 옳은 것은?

(가)	(나)
천황 중심의 신정부 수립 쇼군 요시노부가 며칠 전 정권을 조정에 반환한다고 하였다. 천황이 이를 받아들이기로 하고 막부를 비롯하여 섭정, 관백 등을 폐지할 것이라고 한다.	일본군, 청에 대승 거둬 어제 조선 앞바다에서 전투가 벌어졌다. 이 전투에서 우리 일본군이 청의 군함 한 척을 포획하고 적군 천오백 명을 쓰러뜨리는 등 대승을 거두었다.

① 류큐가 일본에 병합되었다.
② 타이완이 일본에 할양되었다.
③ 러시아가 연해주를 차지하였다.
④ 영국과 청이 난징 조약을 체결하였다.
⑤ 일본이 산둥반도의 이권을 반환하였다.

624

(가)에 들어갈 내용으로 적절한 것만을 〈보기〉에서 고른 것은?

전보

– 인도 전신국

날짜	○○○○년 ○○월 ○○일	시간	○○시 ○○분
받는 사람	△△ 신문 기자 ○○○	받는 사람	△△ 신문 편집국

금일 벵골 각지의 대표와 수많은 학생들이 콜카타의 공회당에 모여 채택한 결의문을 전송함
1. 벵골 분할령은 취소되어야 한다.
2. _____(가)_____
3. 벵골 분할령이 취소될 때까지 투쟁은 계속될 것이다.

【 보기 】
ㄱ. 롤럿법의 폐지를 촉구한다.
ㄴ. 스와라지를 구호로 삼는다.
ㄷ. 인도 독립 동맹의 결성을 지지한다.
ㄹ. 영국 상품을 불매하는 운동을 벌인다.

① ㄱ, ㄴ   ② ㄱ, ㄷ   ③ ㄴ, ㄷ
④ ㄴ, ㄹ   ⑤ ㄷ, ㄹ

625

㉠ 왕조에서 있었던 민족 운동에 대한 탐구 활동으로 가장 적절한 것은?

 이 그림은 영국과 러시아 사이에서 난감해 하는 (㉠)의 나세르 알 딘 샤를 풍자한 것이다. 카스피해 동쪽으로 남하하던 러시아와 아프가니스탄 지역을 장악하고 있던 영국은 (㉠)을/를 압박하여 영토를 빼앗고 각종 이권을 차지하였다.

① 탄지마트의 성과를 분석한다.
② 동유 운동의 내용을 살펴본다.
③ 롤럿법의 내용과 폐지 운동의 전개 양상을 조사한다.
④ 튀르크 민족주의에 대한 피지배층의 반발을 파악한다.
⑤ 아프가니가 담배 독점권 반환 촉구 운동을 호소한 이유를 알아본다.

626

㉠ 지역에서 일어난 민족 운동에 대한 설명으로 옳은 것은?

미합중국의 해군과 야전군은 에스파냐 정부를 무너뜨려서 (㉠)에 자유를 주려고 왔다는 사실을 명백하게 밝힌 바 있다. 그러므로 미합중국이 (㉠)에 대한 통치권을 주장하는 것에 대해 항의한다. 내가 미합중국과 협력하며 에스파냐와 전쟁을 한 것은, 미합중국의 이익을 위해서가 아니라 바로 (㉠)의 자유와 독립을 위해서이다. – 에밀리오 아기날도 –

① 판보이쩌우가 동유 운동을 전개하였다.
② 호세 리살이 필리핀 연맹을 조직하였다.
③ 카르티니가 여성을 위한 학교를 설립하였다.
④ 지식인과 이슬람교도 상인들이 이슬람 동맹을 결성하였다.
⑤ 라마 4세와 라마 5세가 내정 개혁과 근대화를 추진하였다.

13 두 차례의 세계 대전

☑ 출제 포인트　☑ 제1차 세계 대전　☑ 러시아 혁명　☑ 대공황　☑ 전체주의　☑ 제2차 세계 대전

1. 제1차 세계 대전과 러시아 혁명

1 제1차 세계 대전
(1) **배경**　3국 동맹·3국 협상, 범게르만주의·범슬라브주의 대립
✪ (2) **과정** ◉ 121쪽 640번 문제로 확인

전개	사라예보 사건 → 오스트리아·헝가리 제국의 선전 포고 → 동맹국과 협상국의 참전 → 미국의 참전 → 러시아의 이탈
종결	오스트리아·헝가리 제국 항복 → 독일에서 혁명 발생 → 독일 항복

2 러시아 혁명(1917)
(1) **과정**　사회주의 사상의 보급과 피의 일요일 사건(1905)

구분	배경	결과
3월 혁명	제1차 세계 대전의 장기화로 경제 악화	노동자·병사 소비에트 중심의 혁명 발생 → 제정 붕괴, 임시 정부 수립
11월 혁명	임시 정부의 전쟁 지속과 개혁 실패	레닌 중심의 볼셰비키 혁명(전쟁 반대, 사회주의 지향) → 소비에트 정부 수립

✪ (2) **혁명 후의 상황** ◉ 122쪽 642번 문제로 확인

레닌	• 브레스트-리토프스크 조약을 맺고 제1차 세계 대전에서 이탈 • 토지·주요 산업의 국유화 → 신경제 정책(NEP) 실시(1921) • 소비에트 사회주의 공화국 연방(소련) 수립(1922)
스탈린	경제 개발 5개년 계획 추진, 독재 체제 강화

2. 제1차 세계 대전 이후의 세계

1 평화 유지 노력
(1) **베르사유 체제**　파리 강화 회의(윌슨의 14개조 평화 원칙, 승전국의 이익과 패전국에 대한 응징) → 전승국과 독일 간에 베르사유 조약(1919. 6.) 체결 → 베르사유 체제 성립
(2) **평화 구축을 위한 노력**　국제 연맹 창설, 워싱턴 회의, 로카르노 조약, 켈로그-브리앙 조약, 도스안·영안
(3) **민주주의 발전**　민주 공화국 탄생, 보통 선거권 확산

2 아시아의 민족 운동
(1) **중국의 국공 합작**

제1차	• 반군벌, 반제국주의를 목적으로 제1차 국공 합작 • 장제스의 국민당이 북벌 완성(국민 혁명, 1928) → 국민당의 탄압을 피해 공산당의 대장정(1934~1936)
제2차	시안 사건을 계기로 내전 중단, 항일 투쟁에 합의(1937)

(2) **아시아의 여러 나라**

인도	간디의 비폭력·불복종 운동, 네루의 인도 독립 동맹 결성
동남아시아	베트남(호찌민), 인도네시아(수카르노)
서아시아	터키 공화국 수립

3. 대공황과 전체주의

✪ 1 대공황(1929) ◉ 123쪽 647번 문제로 확인
(1) **배경**　제1차 세계 대전 이후 미국의 경제 성장, 과잉 생산과 소비 위축 → 미국의 주가 대폭락 → 전 세계 확산
(2) **극복 방안**
① 미국 : 루스벨트 대통령의 뉴딜 정책
② 영국, 프랑스 : 경제 블록 형성 등

2 전체주의의 대두

이탈리아 (파시즘)	무솔리니의 파시스트당 조직 → 로마 진군(1922), 일당 독재 체제 구축 → 대외 침략, 국제 연맹 탈퇴
독일 (나치즘)	• 총선에서 나치당 승리 → 히틀러의 총통 취임(1934) • 히틀러의 통치 : 국제 연맹 탈퇴, 재무장 선언, 독재 체제 구축
일본 (군국주의)	대공황으로 경제 침체 → 만주 사변(1931) → 국제 연맹 탈퇴 → 중일 전쟁(1937)

> **자료**　파시즘과 나치즘 ◉ 124쪽 650번 문제로 확인
>
> • 국가 개념은 모든 것을 포괄하며, 국가를 떠나서는 인간과 영혼의 가치도 존재하지 않는다. …… 국민이 국가를 발생시키는 것이 아니라, 국가가 국민을 창조한다. – 무솔리니, 『파시즘 독트린』 –
> • 민족주의 국가는 인종을 모든 생활의 중심에 두어야 한다. 국가는 인종의 순수한 유지를 위해 배려해야 한다. – 히틀러, 『나의 투쟁』 –
>
> 분석 ▶ 파시즘과 나치즘은 전체주의의 전형적인 형태로, 개인의 생명과 권리를 무시하고 국가와 민족의 이익만을 절대적 우위에 두었다.

4. 제2차 세계 대전

1 전쟁 전의 상황
(1) **3국 방공 협정**　독일·일본·이탈리아의 3국 방공 협정 체결
(2) **독일 팽창**　오스트리아·체코슬로바키아 병합, 독·소 불가침 조약 체결

✪ 2 과정 ◉ 125쪽 653번 문제로 확인

전개	독일의 폴란드 침공과 유럽 점령 → 독·소 불가침 조약 파기, 소련 침공 → 일본의 진주만 기습 공격(태평양 전쟁 발발) → 미국의 참전 → 미드웨이 해전에서 미국 승리 → 스탈린그라드 전투에서 소련 승리
종결	이탈리아 항복 → 노르망디 상륙 작전 → 독일 항복 → 미국이 일본에 원자 폭탄 투하 → 일본 항복(1945)

3 전후 처리
(1) **회담**　대서양 헌장(1941), 카이로 회담(1943), 얄타 회담(1945), 포츠담 회담(1945)
(2) **국제 연합 창설(1945)**　국제 평화와 안전을 목표로 창설, 국제 연합군(유엔군) 창설, 안전 보장 이사회의 결의를 우선시, 상임 이사국의 거부권 행사

분석 기출 문제

» 바른답·알찬풀이 59쪽

•• 빈칸에 들어갈 알맞은 말을 쓰시오.

627 제1차 세계 대전은 (   ) 사건을 계기로 시작되었다.

628 미국은 대공황의 위기를 극복하고자 (   )을/를 추진하였다.

•• 다음 설명이 옳으면 ○표, 틀리면 ×표 하시오.

629 제1차 세계 대전은 국가의 모든 인적·물적 자원이 동원된 총력전의 양상으로 전개되었다.   (   )

630 제2차 세계 대전 직전 독일은 헝가리를 분할 점령하는 조건으로 소련과 불가침 조약을 체결하였다.   (   )

•• 다음 인물과 관련된 내용을 옳게 연결하시오.

631 레닌 •   • ㉠ 망명 정부

632 윌슨 •   • ㉡ 신경제 정책

633 드골 •   • ㉢ 민족 자결주의

•• 괄호 안에 들어갈 알맞은 용어를 고르시오.

634 1917년 러시아에서 일어난 (㉠ 3월 혁명, ㉡ 11월 혁명)의 결과 소비에트 정부가 수립되었다.

635 이탈리아의 (㉠ 무솔리니, ㉡ 히틀러)는 로마 진군을 통해 정권을 획득하였다.

636 제2차 세계 대전이 끝난 후 세계 평화를 유지하기 위해 (㉠ 국제 연맹, ㉡ 국제 연합)이 창설되었다.

•• 다음 〈보기〉의 사실을 일어난 순서대로 옳게 나열하시오.

637
[보기]
ㄱ. 3월 혁명   ㄴ. 소련 수립
ㄷ. 11월 혁명   ㄹ. 피의 일요일 사건

(   )

638
[보기]
ㄱ. 일본의 진주만 공격
ㄴ. 독일의 폴란드 침공
ㄷ. 미국의 원자 폭탄 투하
ㄹ. 노르망디 상륙 작전 성공

(   )

639

㉠ 국가에 대한 설명으로 옳은 것만을 〈보기〉에서 고른 것은?

(㉠)은/는 이른바 세계 정책을 내세우며 적극적인 팽창 정책을 추진한 이래로 아시아와의 무역로 확보를 고민하게 되었다. 이에 따라 이전의 인도 항로보다는 새로운 육로, 즉 (㉠)의 수도로부터 비잔티움과 바그다드를 연결하는 육로를 확보하려고 하였다.

[보기]
ㄱ. 국제 연맹의 창립 멤버가 되었다.
ㄴ. 제정이 붕괴되고 바이마르 공화국이 수립되었다.
ㄷ. 발칸반도의 영토 분할 과정에서 세르비아를 지원하였다.
ㄹ. 이탈리아, 오스트리아·헝가리 제국과 3국 동맹을 체결하였다.

① ㄱ, ㄴ   ② ㄱ, ㄷ   ③ ㄴ, ㄷ
④ ㄴ, ㄹ   ⑤ ㄷ, ㄹ

빈출
640

다음 선언이 끼친 영향으로 옳은 것은?

연합국 측은 국제법의 모든 규정을 위반하고 중립국과 독일·오스트리아 사이의 합법적인 무역을 방해하였다. …… 상황이 이렇기 때문에 독일은 비합법적인 수단에 대항하기 위해 다음과 같이 결의한다. 즉, 1917년 2월 1일 이후 영국, 프랑스, 이탈리아 및 동지중해 주변의 해역에서 영국이나 프랑스 등에 출입하는 선박은 중립국 것까지도 모두 무력으로 방해할 것이다.

① 독일이 3B 정책을 추진하였다.
② 메테르니히가 국외로 추방되었다.
③ 소련과 독일이 불가침 조약을 맺었다.
④ 미국이 제1차 세계 대전에 참전하였다.
⑤ 영국, 프랑스, 러시아가 3국 협상을 체결하였다.

641

다음 글이 발표된 시기를 연표에서 옳게 고른 것은?

> 임시 정부는 그들의 자본주의적 속성 때문에 의심할 여지 없이 이 제국주의 전쟁을 계속하려 들 것이다. …… 현재 니콜라이 2세의 차르 체제가 타도되었으나, 러시아의 정세는 노동자의 계급 의식과 조직이 불충분하여 권력을 부르주아의 손에 넘겨준 혁명의 제1 단계에서, 권력을 노동자와 빈농의 손에 넘겨줄 혁명의 제2 단계로 이행하고 있는 중이다.
>
> – '4월 테제' –

(가)	(나)	(다)	(라)	(마)
피의 일요일 사건	3월 혁명	11월 혁명	신경제 정책 발표	소련 수립	스탈린 집권

① (가)   ② (나)   ③ (다)

④ (라)   ⑤ (마)

★빈출 642

다음 발표를 한 인물에 대한 설명으로 옳은 것은?

> 당 대회에서 전시 공산주의 정책을 종식하고 신경제 정책을 도입할 것을 결의한다. 하나, 곡물의 강제 징발을 폐지하고 현물세를 실시한다. 하나, 현물세를 납부하고 남은 농민들의 잉여 생산물은 그 처분을 그들의 재량에 맡긴다.

① 11월 혁명을 주도하였다.

② 스탈린의 뒤를 이어 집권하였다.

③ 경제 개발 5개년 계획을 추진하였다.

④ 3월 혁명 이후 임시 정부를 이끌었다.

⑤ 제2차 세계 대전의 참전을 결정하였다.

643

지도에 나타난 결과를 가져온 전쟁에 대한 설명으로 옳은 것은?

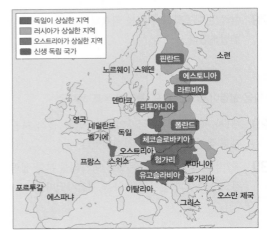

① 전체주의의 확산에서 비롯되었다.

② 전후 냉전 체제의 성립을 가져왔다.

③ 사라예보 사건을 계기로 촉발되었다.

④ 일본에 원자 폭탄 투하로 종결되었다.

⑤ 진주만 기습 공격으로 전선이 확대되었다.

644

(가)에 들어갈 내용으로 가장 적절한 것은?

> 제1차 세계 대전 당시 전쟁에 참여한 남자들을 대신하여 군수 공장이나 농장 등에서의 인력은 여성으로 대체되었다. 이에 따라 점차 여성의 지위가 향상되었고, 제1차 세계 대전이 끝나고 대부분의 유럽에서는 　(가)

① 2월 혁명이 일어났다.

② 참정권이 확대되었다.

③ 제국주의가 확산되었다.

④ 산업 혁명이 시작되었다.

⑤ 차티스트 운동이 전개되었다.

645

밑줄 친 '이 나라'에서 일어난 민족 운동의 사례로 옳은 것은?

이 나라의 모든 화폐에 그려져 있는 호찌민은 제차 세계 대전 당시 협력의 대가로 독립을 약속했던 프랑스가 약속을 어기자 이에 반발하여 독립 운동을 주도하였습니다.

① 세포이의 항쟁이 일어났다.
② 와하브 운동이 전개되었다.
③ 베트남 공산당이 결성되었다.
④ 마오쩌둥이 대장정을 단행하였다.
⑤ 무스타파 케말이 근대화 정책을 추진하였다.

646

밑줄 친 '개혁'에 해당하는 내용으로 옳은 것은?

▲ 무스타파 케말의 문자 제정

제1차 세계 대전에서 패배한 오스만 제국은 연합국에 의해 튀르크인이 거주하지 않는 지역의 영토를 대부분 잃고 내정 간섭을 받았다. 이에 반발한 무스타파 케말은 터키 공화국을 수립하고 개혁을 단행하였다.

① 대장정을 단행하였다.
② 농노 해방령을 내렸다.
③ 모범 의회를 소집하였다.
④ 남녀 평등권을 도입하였다.
⑤ 마흐디 운동을 전개하였다.

★ 빈출
647

(가) 시기의 경제 상황을 해결하기 위한 각국의 대응 방안으로 옳은 것은?

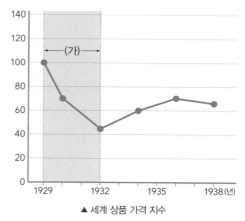

▲ 세계 상품 가격 지수

① 프랑스 – 아프리카 횡단 정책을 추진하였다.
② 일본 – 중국 정부에 21개조의 이권을 요구하였다.
③ 영국 – 본국과 식민지를 묶어 파운드 블록을 형성하였다.
④ 독일 – 오스트리아·헝가리 제국, 이탈리아와 3국 동맹을 결성하였다.
⑤ 미국 – 북미 자유 무역 협정(NAFTA)을 체결하여 경제 협력을 추구하였다.

648

(가)에 들어갈 내용으로 적절한 것은?

〈역사 토론회〉

주제 :　　　　　(가)

• 발표자 1 : 농업 조정법의 내용
• 발표자 2 : 국가 산업 부흥법을 통한 생산 조절의 효과
• 발표자 3 : 테네시 계곡 개발 공사법에 따른 일자리 수의 변화
• 발표자 4 : 노동자의 단결권과 단체 교섭권 인정의 의미
• 발표자 5 : 주 정부의 구제 활동에 연방 정부가 지원한 내역

① 워싱턴 회의
② 미국의 뉴딜 정책
③ 소련의 신경제 정책
④ 켈로그 – 브리앙 조약
⑤ 무스타파 케말의 개혁

649

(가) 시기에 있었던 사실로 옳은 것은?

> 10월 24일 일명 '검은 목요일', 뉴욕 증권 거래소에서 모든 주가가 폭락하기 시작하였다.

↓

> (가)

↓

> 리벤트로프와 몰로토프가 독일과 소련의 불가침 조약을 체결하였다.

① 태평양 전쟁이 발발하였다.
② 대서양 헌장이 발표되었다.
③ 독일이 국제 연맹을 탈퇴하였다.
④ 레닌이 신경제 정책을 실시하였다.
⑤ 무솔리니가 로마 진군을 단행하였다.

★빈출
650

(가), (나)를 주장한 인물들의 공통점으로 옳은 것만을 〈보기〉에서 고른 것은?

> (가) "국가 개념은 모든 것을 포괄하며, 국가를 떠나서는 인간과 영혼의 가치도 존재하지 않는다. …… 국민이 국가를 발생시키는 것이 아니라, 국가가 국민을 창조한다."
> (나) "민족주의 국가는 인종을 모든 생활의 중심에 두어야 한다. 국가는 인종의 순수한 유지를 위해 배려해야 한다."

[보기]
ㄱ. 국가와 민족의 이익을 절대적 우위에 두었다.
ㄴ. 대공황 이후 경제적 위기를 대외 침략으로 극복하려고 하였다.
ㄷ. 초기 사회주의의 주장을 비판하고 과학적 공산주의를 주장하였다.
ㄹ. 국제 공산당 조직인 코민테른을 조직하고, 식민지 해방 운동을 지원하겠다고 선언하였다.

① ㄱ, ㄴ
② ㄱ, ㄷ
③ ㄴ, ㄷ
④ ㄴ, ㄹ
⑤ ㄷ, ㄹ

651

교사 질문에 대한 학생의 답변으로 적절한 것은?

> 이 그림은 독일의 히틀러와 소련의 스탈린이 서로 손을 잡은 모습을 풍자한 그림입니다. 상호 비방하던 두 당사자가 불가침조약을 맺었는데, 이러한 상황을 배경으로 시작된 전쟁에 대해 말해 볼까요?

① 갑 : 국제 연맹이 창설되는 결과를 낳았어요.
② 을 : 러시아 혁명의 발발에 영향을 주었어요.
③ 병 : 베르사유 체제가 성립되는 계기가 되었어요.
④ 정 : 3국 방공 협정 체결국의 도발로 시작되었어요.
⑤ 무 : 전쟁 중 독일은 무제한 잠수함 작전을 전개하였어요.

652

다음 연설이 발표된 시기를 연표에서 옳게 고른 것은?

> 전쟁을 시작한 이래 8일 만에 이미 승패는 결정되어, 불과 14일 만에 우리 독일 육군은 폴란드를 완전히 점령했습니다. …… 폴란드 방위 사령관은 항복을 권하는 우리의 제안에 아무런 회답도 하지 않았습니다. 그러다가 폴란드의 태도는 갑자기 돌변했습니다. 즉 9월 14일이 되자 마침내 바르샤바는 항복했던 것입니다. 이 전쟁의 대성공은 무릇 독일군의 저격병과 척탄병, 그리고 보병을 지원한 포병대와 전차 부대 및 비행기에 힘입은 것입니다.
> – 아돌프 히틀러 –

	(가)		(나)		(다)		(라)		(마)	
러일 전쟁 발발		러시아 혁명 발발		미국, 대공황 발생		독일, 국제 연맹 탈퇴		일본, 진주만 공격		얄타 회담 개최

① (가)
② (나)
③ (다)
④ (라)
⑤ (마)

★빈출
653

다음 〈보기〉의 사건들을 일어난 순서대로 옳게 나열한 것은?

[보기]

ㄱ. ▲ 노르망디 상륙 작전

ㄴ. ▲ 일본에 원자 폭탄 투하

ㄷ. ▲ 독일군의 파리 점령

ㄹ. ▲ 스탈린그라드 전투

① ㄱ - ㄷ - ㄹ - ㄴ

② ㄱ - ㄹ - ㄴ - ㄷ

③ ㄷ - ㄴ - ㄹ - ㄱ

④ ㄷ - ㄹ - ㄱ - ㄴ

⑤ ㄷ - ㄹ - ㄴ - ㄱ

654

(가), (나) 회담에 대한 설명으로 옳지 <u>않은</u> 것은?

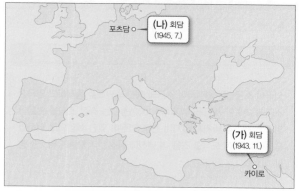

▲ 제2차 세계 대전 중 열린 국제 회담

① (가) - 한국의 독립 문제에 대해 합의하였다.

② (가) - 일본의 진주만 기습 이후에 진행되었다.

③ (나) - 노르망디 상륙 작전 성공 이후에 개최되었다.

④ (나) - 독일 처리 문제를 협의하였다.

⑤ (나) - 소련의 대일전 참전을 결정하였다.

[655~656] 다음 글을 읽고 물음에 답하시오.

> 5. 식민지 주권 문제를 결정할 때, 이와 관련된 주민들의 이익은 앞으로 지위가 결정될 정부의 정당한 권리 주장과 동등하게 중요한 것으로 다룬다는 원칙을 엄격히 준수하며, 모든 식민지의 요구들에 대해 자유롭고 편견 없고 또한 절대적으로 공평하게 조정한다.
>
> 14. 강대국과 약소국 모두의 정치적 독립과 영토 보전을 상호 간에 보장하기 위해 국가들 간의 하나의 일반적인 연합 체제가 특별한 협약하에 형성되어야 한다.

655

제1차 세계 대전이 끝날 무렵 위와 같은 원칙을 제창한 사람을 쓰시오.

656

5조와 14조의 영향을 받아 일어난 역사적 사실을 각각 서술하시오.

[657~658] 다음 글을 읽고 물음에 답하시오.

> 제1조 (㉠)의 목적은 다음과 같다.
>
> 제1항 국제 평화와 안전을 유지한다. 이를 위하여 평화에 대한 위협을 막아 없애고, 침략 행위와 그밖에 평화를 깨뜨리는 모든 국제 분쟁과 사태를 평화적 수단에 따라, 또 정의와 국제법의 원칙에 따라 조정하거나 해결하도록 한다.
>
> 제4조 제2항 중요 문제에 관한 총회의 결정은 출석해서 투표하는 구성국의 3분의 2 이상 찬성으로 이루어진다. 중요 문제는 국제 평화 및 안전 유지에 관한 권고, 안전 보장 이사회 비상임 이사국 선거, …… 새로 가입하려는 나라에 대한 가입 승인 등이 있다.

657

㉠에 들어갈 국제기구를 쓰시오.

658

위 기구와 국제 연맹의 차이점을 <u>두 가지</u> 서술하시오.

659

다음 연설이 이루어진 전쟁의 결과로 옳은 것은?

> 지난 2월 1일을 기해 독일 정부는 법이나 인간애의 억제력을 깡그리 무시한 채, 잠수함을 동원해 영국과 아일랜드, 유럽 서부 해안 또는 지중해에 있는 독일의 적들이 관할하는 항구에 접근하려는 모든 선박을 침몰시키는 것을 목표로 하고 있습니다. …… 현재 통상에 대한 독일 잠수함의 전투 행위는 인류에 대한 전투 행위입니다. 미국 선박이 침몰되고, 미국 국민이 목숨을 잃었습니다. 중립국의 선박과 국민도 똑같이 바다에 가라앉고 있는 것입니다.

① 독일 제국이 선포되었다.
② 북독일 연방이 결성되었다.
③ 신성 로마 제국이 해체되었다.
④ 피의 일요일 사건이 일어났다.
⑤ 독일이 모든 해외 식민지를 상실하였다.

660

다음 조약에 대한 설명으로 옳은 것은?

> 제119조 독일은 해외 식민지에 관한 모든 권리와 소유권을 연합국과 그 협력국에 넘겨준다.
> 제173조 독일에서 광범위하게 적용된 징병 제도는 폐지된다. 독일군은 오직 자발적인 입대를 통해서 모집되며 조직된다.
> 제235조 독일은 연합국과 그 협력국의 최종 청구액이 확정되기 이전에, 배상 위원회가 정하는 방법에 따라 이들 나라들의 산업 복구를 위해 시급히 필요한 200억 마르크 금화에 상당하는 돈을 1921년 4월까지 지불한다.

① 뉴딜 정책의 실행을 결정하였다.
② 3국 동맹 결성의 계기가 되었다.
③ 독일의 3B 정책에 영향을 주었다.
④ 로카르노 조약 이후에 체결되었다.
⑤ 베르사유 체제의 성립에 기여하였다.

661

밑줄 친 '임시 정부' 시기에 있었던 사실로 옳은 것은?

> 노동자, 병사, 농민들이여! 여러분은 이미 혁명을 통해 차르와 귀족의 전제정을 타도한 경험이 있습니다. 그리고 바로 어제, 부르주아 집단의 전제정인 임시 정부를 타도하였습니다.

① 농노 해방령이 공포되었다.
② 독일과의 전쟁이 지속되었다.
③ 피의 일요일 사건이 발생하였다.
④ 신경제 정책(NEP)이 실시되었다.
⑤ 중국과 네르친스크 조약을 체결하였다.

662

밑줄 친 '그'에 대한 설명으로 옳은 것은?

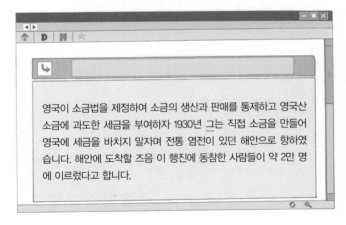

> 영국이 소금법을 제정하여 소금의 생산과 판매를 통제하고 영국산 소금에 과도한 세금을 부여하자 1930년 그는 직접 소금을 만들어 영국에 세금을 바치지 말자며 전통 염전이 있던 해안으로 향하였습니다. 해안에 도착할 즈음 이 행진에 동참한 사람들이 약 2만 명에 이르렀다고 합니다.

① 담배 불매 운동에 앞장섰다.
② 인도 독립 동맹을 결성하였다.
③ 비폭력·불복종 운동을 전개하였다.
④ 홍군을 이끌고 대장정을 단행하였다.
⑤ 제정을 폐지하고 터키 공화국을 세웠다.

663

다음 사건이 일어난 시기를 연표에서 옳게 고른 것은?

> 국민당 동북군의 지휘관인 장쉐량은 공산군 토벌을 격려하러 온 국민당 대총통 장제스를 감금하였다. 만주 사변에 의해 아버지를 잃은 장쉐량은 항일전에 나서고자 국민당군에 들어갔으나 장제스가 국내를 안정시키는 것이 우선이라고 생각하여 항일 투쟁보다 공산당 토벌에 집중하자 이번 사건을 일으킨 것이다. 장쉐량은 장제스에게 내전 중지와 항일 투쟁 등을 요구하였고, 장제스는 이를 수용하기로 하고 나서야 풀려날 수 있었다.

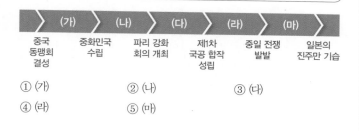

(가)	(나)	(다)	(라)	(마)
중국 동맹회 결성	중화민국 수립	파리 강화 회의 개최	제1차 국공 합작 성립	중일 전쟁 발발	일본의 진주만 기습

① (가) ② (나) ③ (다)

④ (라) ⑤ (마)

664

㉠, ㉡ 인물에 대한 설명으로 옳은 것만을 〈보기〉에서 고른 것은?

> • (㉠)은/는 "파시스트 손으로 조국의 정치와 경제 조직을 질서 있게 발달시킬 수 있는 기초를 만들 필요가 있다."라고 주장하였다. 그는 검은 셔츠단을 이끌고 로마로 진군하여 파시스트 정권을 수립하였다.
> • (㉡)은/는 자서전 『나의 투쟁』에서 "인종을 모든 생활의 중심에 두어야 하며, 국가는 인종의 순수성을 유지하기 위하여 배려해야 한다."라고 주장하였다. 그는 나치당의 지도자로 정권을 장악한 후 반유대주의 정책을 펼쳤다.

[보기]

ㄱ. ㉠ – 에스파냐 내전 당시 프랑코를 지원하였다.
ㄴ. ㉠ – 세계 대공황의 경제 위기 속에서 권력을 장악하였다.
ㄷ. ㉡ – 베르사유 조약을 파기하였다.
ㄹ. ㉡ – 철혈 정책을 내세워 군비를 확장하였다.

① ㄱ, ㄴ ② ㄱ, ㄷ ③ ㄴ, ㄷ

④ ㄴ, ㄹ ⑤ ㄷ, ㄹ

665

밑줄 친 '병합' 이후에 발생한 사실로 옳은 것은?

> 히틀러 집권 이후 재무장한 독일은 체코슬로바키아의 수데텐 지방을 요구하였다. 이에 독일을 이용하여 공산주의의 확산을 막으려고 독일에 유화 정책을 펴던 영국과 프랑스는 체코슬로바키아와 소련의 반대에도 불구하고 뮌헨 협정을 체결하여 더 이상의 영토를 요구하지 않는다는 조건으로 수데텐 지방을 독일에 넘겨주었다. 그러나 히틀러는 약속을 깨고 체코슬로바키아를 **병합**하였다.

① 비시 정부가 수립되었다.
② 중일 전쟁이 발발하였다.
③ 오스트리아가 독일에 합병되었다.
④ 무솔리니가 에티오피아를 침공하였다.
⑤ 프랑코 군부 세력이 반란을 일으켰다.

666

다음 조직에 대한 설명으로 옳은 것은?

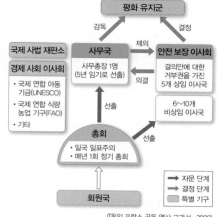

(『독일 프랑스 공동 역사 교과서』, 2008)

① 국제 분쟁을 무력으로 제재할 수 있다.
② 마스트리흐트 조약의 체결로 창립되었다.
③ 인도네시아 반둥에서 평화 10원칙을 발표하였다.
④ 제1차 세계 대전의 전후 처리 과정에서 창설되었다.
⑤ 서유럽 경제를 재건하려는 마셜 계획을 추진하였다.

12 제국주의와 민족 운동

667

㉠에 들어갈 내용으로 가장 적절한 것은?

(㉠)에 대해 조사한 것을 발표해 볼까요?

서양은 자국의 자본주의를 확대하기 위해 식민지를 필요로 했어요.

유럽 열강들이 아시아와 아프리카 지역을 침략했어요.

영국과 프랑스의 아프리카 침략 과정에서 파쇼다 사건이 일어나기도 했어요.

① 빈 체제의 성립
② 제국주의의 전개
③ 사회주의의 확산
④ 냉전 체제의 형성
⑤ 제2차 세계 대전의 발발

668

㉠, ㉡ 국가에 대한 설명으로 옳은 것은?

> 1885년 베를린 회의에서 열강은 먼저 점령하여 '실효 있는 지배'를 확립한 나라의 점유권을 인정하는 분할 규칙을 확립하였다. 이후 아프리카의 막대한 지하자원과 시장을 독점하기 위한 열강의 침략이 본격화되었다. (㉠)은/는 북쪽의 이집트에서 남부 아프리카의 케이프타운까지 연결하는 정책을 추진하였고, (㉡)은/는 서부 알제리에서 사하라 사막을 통해 동부의 마다가스카르까지 연결하는 정책을 추진하였다.

① ㉠ – 파쇼다에서 프랑스와 충돌하였다.
② ㉠ – 아프리카에서 횡단 정책을 추진하였다.
③ ㉡ – 수에즈 운하의 관리권을 차지하였다.
④ ㉡ – 중앙아프리카의 콩고를 식민지로 삼았다.
⑤ ㉠, ㉡ – 모로코를 둘러싸고 두 차례에 걸쳐 대립하였다.

669

㉠ 국가에 대한 설명으로 옳은 것은?

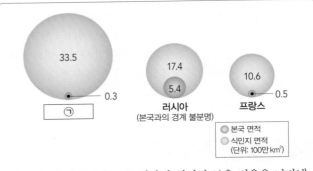

33.5   0.3   17.4   5.4   10.6   0.5

㉠   러시아 (본국과의 경계 불분명)   프랑스

● 본국 면적
● 식민지 면적
(단위: 100만 km²)

이 그래프는 1914년 주요 열강의 식민지 보유 비율을 나타낸 것이다. 본국의 면적보다 훨씬 넓은 지역을 식민지로 차지하고 있었음을 알 수 있다.

① 시베리아를 개척하였다.
② 베트남의 지배권을 놓고 청과 전쟁을 벌였다.
③ 오스트레일리아와 뉴질랜드를 자치령으로 삼았다.
④ 에스파냐와의 전쟁에서 승리해 필리핀을 차지하였다.
⑤ 태평양의 비스마르크 제도와 마셜 제도 등을 점령하였다.

670

㉠ 국가에 대한 설명으로 옳은 것은?

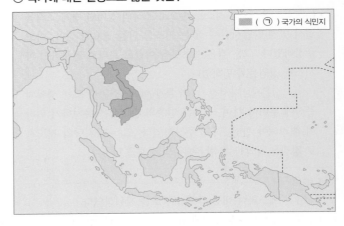

■ (㉠) 국가의 식민지

① 3B 정책을 추진하였다.
② 플라시 전투에서 승리하였다.
③ 청과 난징 조약을 체결하였다.
④ 아프리카에서 횡단 정책을 추진하였다.
⑤ 데지마에 상관을 설치해 일본과 교역하였다.

671

(가)에서 (나)로 무역 구조가 바뀌게 된 상황과 관련 있는 사실로 가장 적절한 것은?

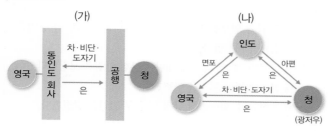

① 세포이의 항쟁
② 의화단 운동 전개
③ 애로호 사건 발생
④ 변법자강 운동 추진
⑤ 영국의 무역 적자 증가

672

다음 토지 제도 개혁을 내세운 민족 운동에 대한 설명으로 옳은 것은?

이것은 천조전무 제도에 대해 서술된 책의 표지입니다. 천조전무 제도는 남녀 차별 없이 토지를 가족 수에 따라 분배하는 토지 제도입니다.

① 멸만흥한을 내세웠다.
② 중체서용을 주장하였다.
③ 입헌 군주제를 추구하였다.
④ 삼민주의를 강령으로 채택하였다.
⑤ 일본의 21개조 요구에 반발하였다.

673

(가), (나) 시기 사이에 있었던 사실로 옳은 것만을 〈보기〉에서 고른 것은?

⑦ 제국주의 열강의 이권 침탈이 가속화되자 외세에 대한 민중의 반감이 커졌다. 이런 상황에서 산둥반도를 근거지로 일부 백련교도가 중심이 되어 조직한 의화단은 '부청멸양'을 구호로 반크리스트교, 반제국주의 운동을 전개하였다.

㉯ 파리 강화 회의에서 산둥반도의 이권 회수를 요구한 중국의 입장이 받아들여지지 않자, 베이징의 학생들이 톈안먼 광장에서 격렬한 항의 시위를 일으켰다. 여기에 상인과 노동자가 가세하면서 시위는 대규모 민족 운동으로 발전하였다. 이들은 일본의 21개조 요구 철폐, 군벌 타도, 친일파 타도 등을 외쳤다.

【 보기 】
ㄱ. 캉유웨이 등이 무술변법을 주도하였다.
ㄴ. 쑨원이 중화민국 임시 대총통에 취임하였다.
ㄷ. 이홍장이 중체서용을 내세우며 부국강병을 추구하였다.
ㄹ. 천두슈 등 지식인과 학생들이 신문화 운동을 전개하였다.

① ㄱ, ㄴ   ② ㄱ, ㄷ   ③ ㄴ, ㄷ
④ ㄴ, ㄹ   ⑤ ㄷ, ㄹ

674

다음 조서를 발표한 정부에 대한 설명으로 옳지 않은 것은?

지난번 다이묘들의 영지 반환 요청을 받아들여, 그들을 지사로 임명하였다. 그러나 수백 년 동안 내려온 관습 때문에 이름만 바뀌었을 뿐 과거와 다름없이 행동하는 자들이 있다. …… 이에 지금 번을 폐지하고 현을 설치한다. 이는 정치상 쓸데없는 것을 덜어 간소화해서 유명무실의 폐단을 없앰으로써 명령[政令]이 여러 곳에서 나오는 우려를 없애기 위함이다.

① 징병제를 시행하였다.
② 이와쿠라 사절단을 파견하였다.
③ 미일 수호 통상 조약을 체결하였다.
④ 에도의 이름을 도쿄로 고쳐 수도로 삼았다.
⑤ 서양식 교육 제도와 의무 교육을 도입하였다.

675

(가), (나) 전쟁 사이 시기에 있었던 사실로 옳은 것은?

(가)

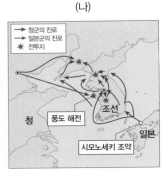
(나)

① 신해혁명이 일어났다.
② 신축조약이 체결되었다.
③ 러일 전쟁이 발발하였다.
④ 일본 제국 헌법이 공포되었다.
⑤ 미일 화친 조약이 체결되었다.

676

다음 법률이 제정된 계기로 가장 적절한 것은?

제1조	동인도 회사가 점유하거나 통치하였던 영토와 권력을 영국 여왕 폐하가 대신한다.
제3조	국무 위원 중 한 사람은 동인도 회사가 가졌던 권력과 의무를 갖고 실행한다.
제39조	동인도 회사의 토지, 부동산, 금전, 저당품, 상품, 재산, 그 밖의 부동산과 동산은 이 회사의 자본금과 배당액을 제외하고는 폐하에게 주어진다.

① 세포이의 항쟁이 일어났다.
② 롤럿법 폐지를 요구하였다.
③ 벵골 분할령이 발표되었다.
④ 영국령 인도 제국이 성립되었다.
⑤ 인도 국민 회의가 결성되었다.

677

다음 칙령을 발표한 국가의 민족 운동에 대한 탐구 활동으로 가장 적절한 것은?

• 술탄의 권한 일부를 의회에 넘기고, 의회는 술탄의 승인을 얻어 법률을 제정한다.
• 백성의 생명, 명예, 재산에 대한 충분한 안전을 보장한다.
• 조세 징수에 관한 원칙을 마련한다.
• 군대의 징집에 대한 정식 규정 및 근무 기간을 설정한다.

① 호세 리살의 생애를 조사한다.
② 동유 운동의 목적을 살펴본다.
③ 청년 튀르크당의 활동을 분석한다.
④ 콜카타 대회에서 채택한 강령을 파악한다.
⑤ 아프가니의 담배 독점권 반환 촉구 운동에 대해 알아본다.

[678~679] 다음 자료를 보고 물음에 답하시오.

영국은 넓은 벵골 지역을 효율적으로 통치한다는 명분으로 (㉠)을/를 발표하여 서벵골과 동벵골로 나누었다.

678

㉠에 들어갈 법령을 쓰시오.

679 ✔ 서술형

㉠에 대응해 인도인들이 전개한 민족 운동을 서술하시오.

13 두 차례의 세계 대전

680

밑줄 친 '전쟁'이 일어난 배경으로 옳은 것은?

▲ 전쟁 이전의 유럽

▲ 전쟁 이후 변화된 유럽

① 대공황의 발생
② 나치당의 정권 장악
③ 러시아 혁명의 발생
④ 애로호 사건의 발생
⑤ 범슬라브주의와 범게르만주의의 대립

681

밑줄 친 '이번 전쟁'에 대한 설명으로 옳은 것은?

이번 전쟁에서는 세 가지 요소가 이전 전쟁과 다른 모습을 보이며 전쟁의 양상을 완전히 뒤바꾸어 놓았다. 첫째, 그때까지 알려지지 않았던 장거리 대포, 기관총, 수류탄, 전차, 독가스, 전투기와 폭격기, 잠수함 등의 신무기가 등장하였다. 둘째, 후방의 중요성이 두드러졌다. 그리고 군수품 생산을 위해 공장 등지에서 여성들이 남성들을 대신해야 했다. 마지막으로 선전전이 요란하게 등장했다는 것이다.

① 원자 폭탄이 처음 사용되었다.
② 북독일 연방 성립의 배경이 되었다.
③ 사라예보 사건을 계기로 시작되었다.
④ 포츠머스 조약 체결로 마무리되었다.
⑤ 일본이 독일과 동맹을 맺고 참전하였다.

682

다음 원칙에 대한 설명으로 옳은 것만을 〈보기〉에서 고른 것은?

제1조	강화 조약은 공개적으로 진행하며, 비밀 외교와 비밀 회담을 금지한다.
제2조	국제 협약을 시행하기 위한 국제적 조처에 따라 공해상에서 항해의 절대적 자유가 주어진다.
제5조	모든 식민지 문제는 식민지 주민의 의사를 존중하여 공평무사하고 자유롭게 처리되도록 한다.
제14조	국가 간 연합 기구를 만들어 각국의 정치적 독립과 영토 보전을 보장한다.

[보기]
ㄱ. 파리 강화 회의에 영향을 주었다.
ㄴ. 미국 대통령 윌슨에 의해 제안되었다.
ㄷ. 국제 연합 창설의 계기를 마련하였다.
ㄹ. 오스만 제국으로부터 그리스의 독립을 보장하였다.

① ㄱ, ㄴ   ② ㄱ, ㄷ   ③ ㄴ, ㄷ
④ ㄴ, ㄹ   ⑤ ㄷ, ㄹ

683

밑줄 친 '이 강령'이 발표된 시기를 연표에서 옳게 고른 것은?

이 강령은 스위스에 망명 중이던 레닌이 상트페테르부르크로 돌아와 발표한 것입니다.

제1항 제국주의 전쟁에 단호히 반대하고 즉각 평화를 실현해야 한다.
제5항 의회제 공화국에 반대하고 소비에트 공화국을 수립해야 한다.

(가)	(나)	(다)	(라)	(마)
피의 일요일 사건	니콜라이 2세의 10월 선언	제차 세계 대전 발발	3월 혁명 발발	11월 혁명 발발	독일과 강화 조약 체결

① (가)   ② (나)   ③ (다)
④ (라)   ⑤ (마)

684

(가), (나) 시기 사이에 있었던 사실로 옳은 것은?

> (가) 중국 국민당과 공산당은 공동으로 군벌을 소탕하고, 군벌과 연결된 일본 등 제국주의 열강에 대항하기 위한 제1차 국공 합작을 이루었다.
>
> (나) 일본의 중국 침략이 확대되는 가운데 중일 전쟁이 발발하자 중국 국민당 정부는 공산당과 제2차 국공 합작을 이루어 항일 투쟁에 나섰다.

① 5·4 운동이 일어났다.
② 일본이 진주만을 기습하였다.
③ 신군이 우창에서 봉기하였다.
④ 파리 강화 회의가 개최되었다.
⑤ 중국 공산당이 대장정에 나섰다.

685

㉠ 인물에 대한 설명으로 옳은 것은?

> 영국 정부가 인도에서의 소금 생산과 판매를 통제하고 영국산 소금에 과도한 세금을 부과하는 소금법을 제정하자, 이에 항의하여 직접 소금을 만들겠다며 해안의 전통 염전으로 향했던 (㉠)의 행진이 마침내 종지부를 찍게 되었다. 그는 염전에서 한 줌의 소금을 만든 후 인간에게 반드시 필요한 소금을 영국이 독점하는 것은 인도인의 생명을 빼앗는 행위라고 주장하여 행진에 참여했던 많은 사람의 호응을 받았다.

① 동유 운동을 전개하였다.
② 롤럿법의 폐지를 요구하였다.
③ 브라흐마 사마지 운동을 주도하였다.
④ 무력으로 영국의 식민 지배에 저항하였다.
⑤ 담배 독점권 반환 촉구 운동을 호소하였다.

686

다음 그래프를 활용한 탐구 활동으로 가장 적절한 것은?

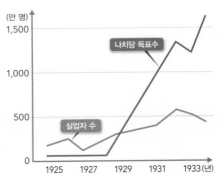

▲ 독일의 실업자 수와 나치당의 득표수 추이

① 3국 동맹이 결성된 이유를 분석한다.
② 전체주의 정당의 집권 배경을 살펴본다.
③ 베르사유 체제가 성립된 계기를 알아본다.
④ 북독일 연방의 성립을 가져온 사건을 파악한다.
⑤ 빌헬름 2세가 퇴위하고 공화국이 수립되는 과정을 조사한다.

687

다음 정책을 추진한 국가에 대한 설명으로 옳은 것은?

> • 농업 보조금 정책 : 주요 농산물의 과잉 생산을 제한하고 농민에게 보조금 지급
> • 테네시강 유역 개발 : 초대형 댐 건설로 인력 고용, 완공 이후 홍수 조절, 수력 발전, 환경 조성 역할
> • 와그너법 : 최저 임금제, 최고 노동 시간 규정, 단체 교섭권 보장
> • 사회 보장법 : 노인, 유족, 실업자, 산업 재해, 의료 서비스 등을 지원하기 위한 공공 부조 체제 시행
> • 공공사업 진흥 정책 : 교량, 고속 도로, 공원 등 대규모 건설 노동자 고용 및 각종 예술가 지원 등으로 약 8백만 개의 일자리 창출

① 국제 연맹을 탈퇴하였다.
② 진주만을 기습 공격하였다.
③ 국제 연합 창설을 주도하였다.
④ 신경제 정책(NEP)을 실시하였다.
⑤ 아프리카에서 횡단 정책을 추진하였다.

688

다음 작전이 전개된 시기를 연표에서 옳게 고른 것은?

> D−Day가 가까워지자 연합군은 더욱더 맹렬한 공중 공격을 가했고, 상륙 부대가 영국 남부의 여러 항구에서 승선하기 시작하였다. 그러나 갑자기 기상 상태가 나빠지면서 바다에는 거친 풍랑이 몰아쳤다. D−Day를 연기하자는 의견이 있었으나 아이젠하워 장군은 작전을 강행하기로 결정하였다. 마침내 6일 새벽, 최초로 피라미드 부대가 노르망디 해안에 상륙하였다. 동시에 글라이더로 수송된 공병 부대가 착륙하였다. 이어 독일 방어 부대에 대한 공중 폭격과 함포 사격이 뒤를 이었고, 얼마 후 수많은 선박으로 운반된 5개 사단 병력이 상륙하였다.

(가)	(나)	(다)	(라)	(마)
독·소 불가침 조약 체결	독일군의 파리 점령	일본의 진주만 공격	미드웨이 해전	스탈린 그란드 전투	일본에 원자 폭탄 투하

① (가) ② (나) ③ (다)
④ (라) ⑤ (마)

689

다음 퀴즈의 정답에 해당하는 국제회의로 옳은 것은?

3단계 힌트까지 모두 보셨습니다. 이 국제회의는 무엇일까요?

세계사 퀴즈

1단계	미국, 영국, 중국 대표가 참가
2단계	전후 일본 처리 문제 협의
3단계	한국의 독립 문제 최초 합의

① 얄타 회담 ② 카이로 회담
③ 포츠담 선언 ④ 워싱턴 회의
⑤ 파리 강화 회의

690

㉠ 기구에 대한 설명으로 옳은 것만을 〈보기〉에서 고른 것은?

> (㉠) 헌장
> 제1조 국제 평화와 안전을 유지한다. 이를 위하여 평화에 대한 위협을 없애고 침략 행위와 그 밖의 평화를 파괴하는 행위를 진압하기 위하여 효과적인 집단적 조치를 취하고, 나아가 평화를 깨뜨리는 모든 국제 분쟁과 사태를 평화적 수단에 따라, 정의와 국제법의 원칙에 따라 조정하거나 해결한다.
> 제23조 안전 보장 이사회는 15개 회원국으로 구성된다. 중화민국, 프랑스, 소비에트 사회주의 공화국 연방, 영국, 미합중국은 안전 보장 이사회의 상임 이사국이다.
> 제42조 안전 보장 이사회는 정해진 조치로 불충분하다고 인정할 때 국제 평화와 안전을 유지하고 회복하는 데 필요한 육·해·공군의 행동을 취할 수 있다.

[보기]
ㄱ. 주요 강대국인 미국이 불참하였다.
ㄴ. 대서양 헌장을 기초로 창설되었다.
ㄷ. 제1차 세계 대전 직후 창설되었다.
ㄹ. 상임 이사국에 거부권을 부여하였다.

① ㄱ, ㄴ ② ㄱ, ㄷ ③ ㄴ, ㄷ
④ ㄴ, ㄹ ⑤ ㄷ, ㄹ

[691~692] 다음 자료를 읽고 물음에 답하시오.

> (가) 파시스트의 국가 개념은 모든 것을 포괄한다. 국가를 떠나서는 어떤 인간적이거나 정신적인 가치도 효력이 없는 것은 말할 것도 없고 존재할 수조차 없다. 이러한 의미에서 파시즘은 전체주의적이고, 파시스트 국가는 국민의 삶을 해석하고 발전시키고 고양한다.
> (나) 민족주의 국가는 인종을 모든 생활의 중심에 두어야 한다. 국가는 인종의 순수한 유지를 위해 배려해야 한다. …… 우리 국가 사회주의자는 단호하게 우리의 외교 정책 목표, 즉 독일 민족에 상응하는 영토를 이 지상에서 확보하는 것을 고수해야 할 것이다.

691

(가), (나)를 발표한 인물을 쓰시오.

692 ✎ 서술형

(가), (나) 주장이 제기된 배경과 공통점을 서술하시오.

14 ⅤⅠ 현대 세계의 변화

현대 세계의 변화

✓ 출제 포인트   ✓ 냉전   ✓ 제3 세계   ✓ 닉슨 독트린   ✓ 세계 무역 기구(WTO)   ✓ 세계화

1. 냉전과 탈냉전

1 냉전 체제의 형성과 변화

(1) 형성
① 미국 중심의 자본주의 진영(트루먼 독트린, 마셜 계획, 북대 서양 조약 기구)과 소련 중심의 공산주의 진영(코민포름, 코메콘, 바르샤바 조약 기구)의 대립
② 냉전 체제 하의 사건들 : 베를린 봉쇄, 6·25 전쟁, 베트남 전쟁, 쿠바 미사일 위기 등 발생 → 미국과 유럽, 소련과 중국 중심의 체제 강화

⭐ (2) 변화 ⓒ 136쪽 709번 문제로 확인
① 아시아·아프리카 독립 → 제3 세계 형성(평화 10원칙, 비동맹 중립 노선)
② 세계 질서의 다극화(유럽 경제 공동체 구성, 중·소 분쟁), 미국의 닉슨 독트린, 미국과 소련·중국의 관계 개선 노력 → 냉전 체제의 완화

> **자료** **닉슨 독트린(1969)** ⓒ 136쪽 710번 문제로 확인
>
> • 미국은 앞으로 베트남 전쟁과 같은 군사적 개입을 피한다.
> • 강대국의 핵 위협을 제외하고 미국은 침략을 받은 국가의 요구가 있을 때 그에 적절한 군사적·경제적 원조를 제공한다. 그러나 미국은 직접 위협을 받은 국가가 자국의 방어를 위해 인력을 제공할 1차적 책임을 떠맡기를 기대한다.
>
> **분석** 미국의 대통령 닉슨은 미국의 안보에 직접적으로 위협이 되지 않는 한 군사적 대립에 참여하지 않는다는 새로운 대외 정책을 발표하였다.

⭐ 2 사회주의 체제의 변화 ⓒ 137쪽 715번 문제로 확인

소련	고르바초프의 페레스트로이카·글라스노스트 정책 → 소련 연방 내 각 공화국의 독립 선포, 독립 국가 연합 출범, 소련 해체(1991)
동유럽	• 독일 : 베를린 장벽 붕괴 후 동·서독 통일(1990) • 폴란드(바웬사), 체코슬로바키아(하벨) : 비공산당 정권 수립
중국	• 중화 인민 공화국 수립(1949) 이후 마오쩌둥의 사회주의 정책 시행, 대약진 운동과 문화 대혁명 추진 • 덩샤오핑의 '흑묘백묘론', 적극적인 개혁·개방 정책 • 톈안먼 사건(1989)

3 탈냉전 시대의 갈등과 세계 질서의 재편

(1) 냉전 체제의 종식 선언 몰타 회담(1989)
(2) 민족, 종교, 인종, 영토 등을 둘러싼 분쟁 발생 팔레스타인 분쟁, 카슈미르 분쟁, 유고슬라비아 내전 등
(3) 새로운 세계 질서의 등장
① 자유 무역 확대 : 브레턴우즈 회의 개최, 관세 및 무역에 관한 일반 협정(GATT) 체결, 세계 무역 기구(WTO) 출범

② 지역 공동체 형성 : 동남아시아 국가 연합(1967), 아시아·태평양 경제 협력체(1989), 유럽 연합(1993), 북미 자유 무역 협정(1992년 성립) 등

> **자료** **지역별 경제 공동체** ⓒ 137쪽 718번 문제로 확인
>
>
>
> **분석** 자본주의가 급속히 발전하면서 각국은 국가 간 상호 경제 협력을 위해 국경을 넘어 지역 간 협력체를 구성하였다.

2. 21세기의 세계

1 세계화와 과학 기술의 발달

(1) 세계화

특징	• 세계를 하나로 통합, 세계인의 교류와 상호 의존도 증가, 세계 공동의 문화 창출 • 세계 무역 기구(WTO)의 활동, 세계가 거대한 하나의 시장 형성, 인력·물자·정보의 전 세계적 이동, 다국적 기업과 금융 자본의 활동
부정적 영향	개인·국가 간 치열한 경쟁과 그로 인한 빈부 격차 심화

(2) 과학 기술의 발달

발달	인공 지능의 개발, 양자 역학의 등장, 우주 과학 발전으로 인한 우주 개발, 유전 공학 및 의학의 발달
부작용	핵무기 및 핵폐기물 문제, 유전자 조작 식품, 생명 윤리 논란 등

⭐ 2 현대 사회의 갈등과 분쟁 ⓒ 138쪽 719번 문제로 확인

빈부 격차의 심화	• 남북 문제(대륙 간 빈부 격차) • 신자유주의 확산에 따른 세계화로 국가 내 빈부 격차도 심화
인종과 종교 갈등	크리스트교 세계와 이슬람 세계의 대립(9·11 테러) → '테러와의 전쟁'
에너지와 환경 문제	• '환경과 개발에 관한 공동 선언'(리우 선언, 1992) • 온실가스 배출량 감축을 위한 교토 의정서 → 파리 기후 협약
여성과 소수자 차별	• 국가 내 지역, 계층 간 여성 차별 문제 • 소수자의 권리 강조 • 다문화주의 : 다양성, 관용, 통합 중시

분석 기출 문제

≫ 바른답·알찬풀이 66쪽

•• 빈칸에 들어갈 알맞은 말을 쓰시오.

693 제2차 세계 대전이 끝난 후 자본주의 진영과 공산주의 진영이 대립하는 ( ) 체제가 형성되었다.

694 지구촌이 하나의 단일화된 공간으로 통합되고, 구성원의 상호 의존성이 증가하는 현상을 ( )(이)라 한다.

•• 자본주의 진영에 맞선 공산주의 진영의 대응을 옳게 연결하시오.

695 마셜 계획 • • ㉠ 바르샤바 조약 기구

696 북대서양 조약 기구 • • ㉡ 코메콘

•• 다음 설명이 옳으면 ○표, 틀리면 ×표 하시오.

697 소련의 공산당 서기장이 된 흐루쇼프는 페레스트로이카·글라스노스트 정책을 펼쳤다. ( )

698 중국의 덩샤오핑은 흑묘백묘론을 내세우며 적극적인 개혁·개방 정책을 추진하였다. ( )

699 1995년에 각국의 무역 불균형과 마찰을 감시하고 자유 무역을 확대하기 위해 세계 무역 기구(WTO)가 출범하였다. ( )

•• 괄호 안에 들어갈 알맞은 용어를 고르시오.

700 1969년 미국 대통령 (㉠ 트루먼, ㉡ 닉슨)은 국제 분쟁에 대한 미국의 직접적인 군사 개입을 축소하겠다는 선언을 하였다.

701 제2차 세계 대전 이후 아시아·아프리카의 신생 독립국들이 비동맹 중립주의를 내세운 (㉠ 제3 세계, ㉡ 공산주의 진영)을/를 형성하였다.

702 (㉠ 카슈미르, ㉡ 팔레스타인)을/를 둘러싸고 인도와 파키스탄의 분쟁이 일어났다.

•• 다음 문장과 관련 있는 지역을 〈보기〉에서 고르시오.

703 베를린 장벽 붕괴 후 통일을 이루었다. ( )

704 유대인이 이스라엘을 세우자 유대인과 아랍인 사이에 네 차례의 전쟁이 일어났다. ( )

705 마오쩌둥이 사회주의 혁명 완수를 명분으로 홍위병을 내세워 반대파를 숙청하였다. ( )

【 보기 】
ㄱ. 중국   ㄴ. 독일   ㄷ. 팔레스타인

---

1. 냉전과 탈냉전

706

다음 연설에 대한 설명으로 옳은 것만을 〈보기〉에서 고른 것은?

> 미국은 그리스 정부로부터 재정적·경제적 지원을 해달라는 긴급한 요청을 받고 있다. 지금 그리스에서 활동 중인 미국 경제 사절단과 그리스 주재 미국 대사가 보내온 보고서는 그리스가 자유 국가로 살아남기 위해서는 원조가 절대적으로 필요하다는 그리스 정부의 주장이 타당하다는 사실을 확인해 주고 있다.

【 보기 】
ㄱ. 냉전 체제의 완화에 기여하였다.
ㄴ. 미국 대통령 트루먼이 제기하였다.
ㄷ. 공산주의 세력의 확대를 막기 위해 제창되었다.
ㄹ. 동유럽권에서 결성된 코메콘에 대응하여 발표되었다.

① ㄱ, ㄴ   ② ㄱ, ㄷ   ③ ㄴ, ㄷ
④ ㄴ, ㄹ   ⑤ ㄷ, ㄹ

707

(가) 시기에 있었던 사실로 옳은 것은?

> 미국과 서유럽 여러 나라는 공산주의의 확산을 막고자 군사 동맹을 모색하였다. 이에 상호 군사 지원과 집단 방어 체제를 구축하기 위해 북대서양 조약 기구〈NATO〉를 결성하였다.

↓

(가)

↓

> 북베트남은 남베트남에 있는 민족 해방 전선을 지원하여 통일을 이루고자 하였다. 이에 미국은 통킹만 사건을 조작하여, 이를 근거로 북베트남을 폭격하면서 전쟁이 본격적으로 시작되었다.

① 베를린 장벽이 세워졌다.
② 마셜 계획이 발표되었다.
③ 트루먼 독트린이 발표되었다.
④ 국제 연합(UN)이 창설되었다.
⑤ 마스트리흐트 조약이 공표되었다.

708

다음 사건이 일어난 시기를 연표에서 옳게 고른 것은?

미사일을 실은 소련 선박이 쿠바로 향하고 있다는 정보를 입수한 미국의 케네디 대통령은 미 해군에 해상 봉쇄를 명하였다. 이후 쿠바 해상에서 소련과 미국이 대치하면서 전쟁 발발 위기에 처하였으나 소련의 흐루쇼프가 쿠바 내 미사일 배치 계획을 포기하면서 사건이 일단락되었다.

	(가)	(나)	(다)	(라)	(마)	
국제 연합 출범		코메콘 창설		샌프란 시스코 강화 회의		닉슨 독트린		베트남 전쟁 종결		베를린 장벽 붕괴

① (가)　　　　② (나)　　　　③ (다)
④ (라)　　　　⑤ (마)

★빈출
709

밑줄 친 ㉠ 원칙에 해당하는 내용으로 적절하지 <u>않은</u> 것은?

인도의 네루와 중국의 저우언라이가 발표한 평화 5원칙을 기초로(1954), 이듬해 인도네시아에서 열린 반둥 회의에서 아시아·아프리카의 29개국 대표들이 모여 ㉠ <u>평화 10원칙</u>을 발표하였다.

① 서유럽 경제의 재건
② 타국의 내정 불간섭
③ 국제 분쟁의 평화적 해결
④ 모든 인종·국가 간 평등 인정
⑤ 모든 국가의 영토 및 주권 존중

★빈출
710

다음 선언 이후 일어난 일로 옳지 <u>않은</u> 것은?

• 미국은 앞으로 베트남 전쟁과 같은 군사적 개입을 피한다.
• 강대국의 핵 위협을 제외하고 미국은 침략을 받은 국가의 요구가 있을 때 그에 적절한 군사적·경제적 원조를 제공한다. 그러나 미국은 직접 위험을 받은 국가가 자국의 방어를 위해 인력을 제공할 1차적 책임을 떠맡기를 기대한다.

① 쿠바 미사일 위기 발생
② 미국의 베트남 전쟁 철수
③ 미국과 중국의 국교 수립
④ 서독 총리 브란트의 동방 정책 추진
⑤ 미국과 소련의 전략 무기 제한 협정 체결

711

밑줄 친 '다극화'의 사례로 적절하지 <u>않은</u> 것은?

1950년대 이후 제3 세계의 비동맹 중립주의와 더불어 미국과 소련의 대립에서 벗어나 독자 노선을 추구하는 움직임이 생겨났다. 이러한 현상을 다극화라고 한다.

① 유럽 경제 공동체의 구성
② 중국과 소련의 국경 분쟁
③ 바르샤바 조약 기구(WTO)의 결성
④ 중국의 사회주의 진영 내 주도권 다툼
⑤ 프랑스의 북대서양 조약 기구 통합군 탈퇴

712

다음 정책의 영향으로 일어난 사건을 〈보기〉에서 있는대로 고른 것은?

1985년 소련의 공산당 서기장에 취임한 고르바초프는 페레스트로이카(개혁)·글라스노스트(개방) 정책을 추진하였다. 이를 통해 기업의 이윤 추구 보장, 시장 경제 원리 도입, 언론 통제 완화, 정치 민주화 등을 추구하였으며, 동유럽 국가들에 대한 불간섭 선언을 발표하였다.

【 보기 】
ㄱ. 소련 해체
ㄴ. 독립 국가 연합(CIS) 출범
ㄷ. 동유럽 공산주의 국가 붕괴
ㄹ. 바르샤바 조약 기구(WTO) 결성

① ㄱ, ㄴ　　　　② ㄷ, ㄹ　　　　③ ㄱ, ㄴ, ㄷ
④ ㄱ, ㄷ, ㄹ　　　　⑤ ㄴ, ㄷ, ㄹ

713

(가)에 들어갈 내용으로 적절한 것은?

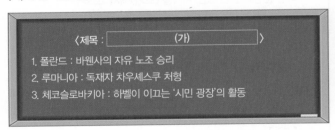

〈제목 : 　　　　(가)　　　　〉
1. 폴란드 : 바웬사의 자유 노조 승리
2. 루마니아 : 독재자 차우셰스쿠 처형
3. 체코슬로바키아 : 하벨이 이끄는 '시민 광장'의 활동

① 냉전의 심화　　　　② 전체주의의 대두
③ 제국주의의 등장　　　　④ 비동맹 중립주의의 출현
⑤ 동유럽 사회주의권의 붕괴

714

다음 〈보기〉는 제2차 세계 대전 이후 중국에서 있었던 사실들이다. 일어난 순서대로 옳게 나열한 것은?

[보기]
ㄱ. 톈안먼 사건이 일어났다.
ㄴ. 문화 대혁명이 전개되었다.
ㄷ. 대약진 운동이 시작되었다.
ㄹ. 국민당이 타이완으로 이동하였다.

① ㄱ — ㄴ — ㄷ — ㄹ
② ㄱ — ㄴ — ㄹ — ㄷ
③ ㄹ — ㄱ — ㄴ — ㄷ
④ ㄹ — ㄴ — ㄱ — ㄷ
⑤ ㄹ — ㄷ — ㄴ — ㄱ

★빈출 715

(가)에 들어갈 내용으로 적절한 것은?

1979년 1월 중국의 국가 부총리였던 덩샤오핑이 미국을 방문하였다. 그는 미국 방문 당시 많은 화제를 뿌렸다. 그의 방문 일정에는 미국의 첨단 산업 시설을 둘러보는 것도 포함되어 있었다. 포드, 보잉 등 미국의 주력 산업체들을 둘러본 뒤 중국으로 돌아온 그는 "검은 고양이든 흰 고양이든 쥐만 잘 잡으면 된다."라는 이른바 흑묘백묘론을 강조하였다. 그리고 _____(가)_____

① 인민 공사를 설립하였다.
② 문화 대혁명을 전개하였다.
③ 농업 집단화를 추진하였다.
④ 대약진 운동을 단행하였다.
⑤ 외국 자본의 투자를 유치하였다.

716

(가), (나)에 해당하는 기구를 옳게 짝지은 것은?

(가) 금융 협력 및 무역 확대를 촉진하고, 무역 적자국을 지원하여 국제 통화의 안정을 꾀할 목적으로 설립된 국제 기구
(나) 다자간 무역 체제의 효율성을 높이고, 산업·무역의 세계화와 함께 국경 없는 무한 경쟁 시대로 돌입하는 새로운 국제 무역 환경 기반을 조성한 기구

	(가)	(나)		(가)	(나)
①	EU	GATT	②	APEC	IMF
③	IMF	WTO	④	GATT	IBRD
⑤	APEC	ASEAN			

717

밑줄 친 '분쟁'에 해당하는 내용으로 옳은 것은?

외교부는 해외에서 우리 국민에 대한 사건·사고 피해를 예방하고 우리 국민의 안전한 해외 거주, 방문을 위해 여행 경보 제도를 운영하고 있다. 적색 경보 지역은 여행을 즉각 중지하고 철수해야 하는 위험한 곳이다. 인도에서 카슈미르의 인도령은 분쟁 때문에 적색 경보 지역으로 지정되어 있다.

① 9·11 테러가 발생하였다.
② 후투족과 투치족 사이에 내전이 벌어졌다.
③ 범게르만주의와 범슬라브주의가 충돌하였다.
④ 힌두교도와 이슬람교도 사이에 충돌이 일어났다.
⑤ 유대인과 팔레스타인인 사이에 대립이 지속되었다.

★빈출 718

지도에 표시된 지역에서 구성된 (가), (나) 공동체에 대한 설명으로 옳지 <u>않은</u> 것은?

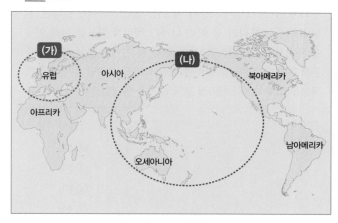

① (가) – 1993년에 출범하였다.
② (가) – 단일 화폐를 사용한다.
③ (나) – 무력 제재가 가능한 군사력을 보유하고 있다.
④ (나) – 환태평양 지역의 무역 증진을 목표로 하고 있다.
⑤ (가), (나) – 소속 국가 간의 경제적·인적 교류의 증대에 기여하였다.

2. 21세기의 세계

★빈출
719

밑줄 친 ㉠ 정책의 확산이 끼친 영향에 대한 학생의 대화 내용으로 적절한 것은?

> 1970년대 석유 파동에 따른 경제 위기를 극복하기 위해 ㉠신자유주의 경제 정책이 확산되었다. 이는 영국, 미국 등 선진국들이 공공 지출과 복지비를 삭감하고, 국·공영 기업의 민영화, 노조 활동의 축소 등 경제 활동에 관한 국가 개입과 정부 규제를 최소화하여 민간에 최대의 자유를 보장해 주는 것이다.

① 갑 : 남북문제가 해결되었어.
② 을 : 지구촌의 환경 문제가 심각해졌어.
③ 병 : 국가 내의 빈부 격차가 심화되었어.
④ 정 : 종교에 따른 국가 간 갈등이 심해졌어.
⑤ 무 : 국가 간 인력과 물자, 정보의 이동이 어려워졌어.

720

㉠ 지역을 지도에서 옳게 고른 것은?

> (㉠) 지역은 어족 자원이 풍부하고 석유와 천연가스가 매장되어 있다. 그렇기 때문에 베트남, 중국, 타이완, 필리핀, 인도네시아, 브루나이 등 여러 나라가 에너지 확보를 위해 이곳을 차지하려고 경쟁하고 있다. 현재 이 지역은 중국 해군이 주둔하고 있다. 이에 맞서 주변 여러 국가들은 해당 지역을 상징적으로 점유하면서 배타적 경제 수역을 인정받으려 하고 있다.

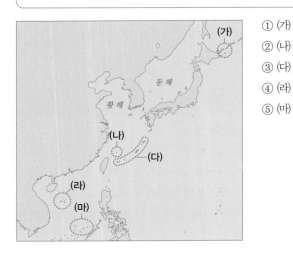

① (가)
② (나)
③ (다)
④ (라)
⑤ (마)

721

(가)에 들어갈 국제 합의로 옳은 것은?

리우 기후 변화 협약	1992년	• 총 192개국 가입 • 사전 예방의 원칙, 공동의 차별화된 책임 원칙
(가)	1997년	• 최초로 전 세계 온실가스 감축 협의 (2020년까지) • 38개의 선진국 의무 감축 대상(개발 도상국 제외)
파리 기후 협약	2015년	• 2020년 종료되는 (가) 대체 • 선진국·개발 도상국 구분 없이 의무 감축 대상 195개국으로 확대

① 대서양 헌장　　　　　　② 반둥 회의
③ 교토 의정서　　　　　　④ 사막화 방지 협약
⑤ 마스트리흐트 조약

722

다음은 지구 생명 지수를 나타낸 그래프이다. 지구촌이 이러한 문제에 직면하게 된 원인으로 옳지 <u>않은</u> 것은?

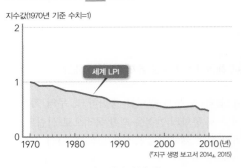

▲ 지구 생명 지수(LPI)

① 기후 변화
② 서식지 환경 악화
③ 냉전 체제의 전개
④ 급속한 과학 기술의 발전
⑤ 수렵 및 어획을 통한 남획

723

㉠, ㉡에 들어갈 내용을 옳게 짝지은 것은?

'지속 가능한 발전'이란 미래 세대가 이용할 자연환경을 파괴하지 않으면서 현 세대의 필요를 충족시켜야 한다는 '세대 간의 (㉠)'과 자연환경을 이용할 때에는 자연의 정화 능력 안에서 오염 물질을 배출해야 한다는 '환경 용량 내에서의 (㉡)'을 의미한다.

	㉠	㉡
①	발전	균형
②	발전	개발
③	개발	형평성
④	형평성	개발
⑤	형평성	균형

724

밑줄 친 '비정부 기구(NGO)'에 해당하는 기구가 <u>아닌</u> 것은?

국제 사회의 분쟁을 해결하기 위해 많은 국제기구가 활동하고 있다. 특히 세계 각지의 빈곤, 환경, 질병 등의 문제 해결을 돕기 위한 비정부 기구(NGO)의 활동이 주목할 만하다.

① 녹색당   ② 그린피스
③ 굿 네이버스   ④ 국경 없는 의사회
⑤ 세이브 더 칠드런

725

㉠에 들어갈 용어로 가장 적절한 것은?

최근 다양한 원인으로 국제 이주가 증가하면서 인종과 문화의 상호 교류가 활발해졌다. 종교, 인종 등으로 차별받지 않고 소수자들의 권리를 보장해야 한다는 주장이 제기되면서 (㉠)는 새로운 가치관으로 자리 잡아가고 있다.

① 지역화   ② 세계화
③ 전체주의   ④ 다문화주의
⑤ 신자유주의

[726~727] 다음 장면을 보고 물음에 답하시오.

전후의 세계 경제 질서를 논의하기 위한 회의에 참석해 주신 각국 대표 여러분! 우리는 미국 달러의 가치는 금을 기준으로 고정하고, 각국 통화의 가치는 미국 달러를 기준으로 정하기로 합의하였습니다.

그렇다면 미국의 달러가 기축 통화가 되겠군요.

726

밑줄 친 '회의'의 명칭을 쓰시오.

727

제시된 내용 외에 밑줄 친 '회의'에서 결정된 내용을 <u>두 가지</u> 서술하시오.

[728~729] 다음 글을 읽고 물음에 답하시오.

자본주의가 급속히 발전하면서 각국은 국가 간 상호 경제 협력을 위해 국경을 넘어 지역 간 협력체를 구성하게 되었다. 즉 지리적으로 가까운 나라끼리 경제 공동체나 협력체를 만들기 위해 노력한 것이다. 1950년 이후에 유럽에서 나타났고 특히 1980년대 말부터 전 세계에서 무역 경쟁이 심해지면서 이러한 (㉠) 현상이 급속하게 진행되었다.

728

㉠에 들어갈 가장 적절한 용어를 쓰시오.

729

㉠ 현상에 해당하는 사례 중 우리나라가 소속된 대표적인 경제 공동체에 대해 서술하시오.

적중 1등급 문제

▶▶ 바른답·알찬풀이 68쪽

730

(가), (나) 연설 사이에 있었던 사실로 옳은 것은?

> (가) "오늘날 공산주의자들이 그리스의 생존을 위협하고 있습니다. 터키도 지금 우리의 도움을 필요로 합니다. 그래서 미국은 그리스와 터키 등을 위한 재정적 지원을 염두에 두고 있습니다."
>
> (나) "미국은 앞으로 베트남 전쟁과 같은 군사적 개입을 피하려 합니다. 하지만 기존에 체결한 조약을 지키고, 우리 동맹국이 핵의 위협을 받을 경우 직접 방어에 나설 것입니다."

① 독일이 통일되었다.
② 국제 연합이 창설되었다.
③ 쿠바 미사일 위기가 발생하였다.
④ 독립 국가 연합(CIS)이 결성되었다.
⑤ 미국과 소련의 전략 무기 제한 협정을 체결하였다.

731

밑줄 친 '이 회의'에 대한 설명으로 옳은 것은?

이 회의에서는 비동맹 중립 노선이 천명되었어.

아시아와 아프리카의 29개국 대표들이 모였지.

이 회의는 인도네시아에서 개최되었어.

① 평화 10원칙을 발표하였다.
② 브레턴우즈 체제를 성립시켰다.
③ 미국의 쿠바 봉쇄를 지지하였다.
④ 독립 국가 연합(CIS)을 출범시켰다.
⑤ 바르샤바 조약 기구의 창설에 기여하였다.

732

(가)에 들어갈 내용으로 가장 적절한 것은?

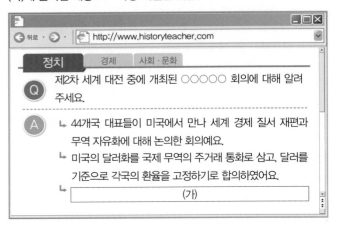

http://www.historyteacher.com

| 정치 | 경제 | 사회·문화 |

Q 제2차 세계 대전 중에 개최된 ○○○○○ 회의에 대해 알려 주세요.

A ↳ 44개국 대표들이 미국에서 만나 세계 경제 질서 재편과 무역 자유화에 대해 논의한 회의예요.
↳ 미국의 달러화를 국제 무역의 주거래 통화로 삼고, 달러를 기준으로 각국의 환율을 고정하기로 합의하였어요.
↳ (가)

① 마셜 계획이 발표되었어요.
② 북미 자유 무역 협정이 발효되었어요.
③ 유럽 연합(EU)이 출범하는 계기가 되었어요.
④ 세계 무역 기구(WTO) 발족에 합의하였어요.
⑤ 국제 통화 기금(IMF)을 설립하기로 하였어요.

733

㉠ 국가의 대외 정책으로 옳은 것은?

> 헝가리 사람들은 이 날을 잊지 못할 것이다. 추위와 안개에도 불구하고 학생들은 이른 아침부터 거리로 나와 행진하며 노래를 불렀다. …… 공산주의자들이 정권을 장악한 지 10년이 지났다. 그 치하에서는 허용되지 않았던 감정을 자유롭게 표출하고자 하였다. 학생들은 "바르샤바 조약 기구에 우리를 묶어 두려는 (㉠)은/는 물러가라! 헝가리를 독립적으로 놔둬라! 스탈린 추종자 라코시를 법정에 세워라! 우리는 새로운 지도부를 원한다!"라고 하였다.

① 코메콘을 창설하였다.
② 마셜 계획을 추진하였다.
③ 6·25 전쟁에 참전하였다.
④ 콜롬보 회의에 참여하였다.
⑤ 트루먼 독트린을 발표하였다.

734

⊙에 대한 설명으로 옳은 것은?

(⊙)은/는 사상·문화 분야에서 시작되었지만, 곧바로 '권력 탈취 단계'로 넘어가 버렸으며, 문화·교육·과학의 발전에 대해서는 비판, 파괴만 행하였을 뿐이다. 그 결과 학교가 폐쇄되고, 학생은 학업을 중단하여 문맹이 증가하고 문예의 근거지가 황폐화하였다. 또한 과학 연구 기구가 대량으로 폐쇄되고 지식인이 타격을 입었다. …… 결국 (⊙)은/는 지도자가 잘못 발동하고, 반혁명 집단에 이용당해 당과 국가와 각 민족 인민에게 엄중한 재난을 가져다준 내란이었다.

① 덩샤오핑이 주도하였다.
② 공산당 지도부에 의해 진압되었다.
③ 경제특구를 설치하여 개혁, 개방에 나섰다.
④ 인민 공사를 설립하여 생산성 향상을 꾀하였다.
⑤ 홍위병을 조직하여 부르주아 문화를 비판하였다.

735

(가)에 들어갈 내용으로 적절한 것만을 〈보기〉에서 고른 것은?

○○신문	○○○○년 ○○월 ○○일

이달의 인물 : 독일 현대사의 주역

그는 1930년에 출생하였다. 1982년 서독의 6번째 총리로 취임한 후 16년 동안 독일의 정치를 이끌었다. 그는 고르바초프의 개혁을 지지하면서 냉전의 종식에 기여하였고, 프랑스의 미테랑과 공조하여 유럽 연합(EU)을 탄생시켰다. 그의 중요한 정치적 업적으로 [(가)   ] 등을 들 수 있다.

【 보기 】
ㄱ. 브렉시트 결정
ㄴ. 마셜 계획 추진
ㄷ. 동독의 흡수 통일
ㄹ. 마스트리흐트 조약 체결 주도

① ㄱ, ㄴ   ② ㄱ, ㄷ   ③ ㄱ, ㄹ
④ ㄴ, ㄷ   ⑤ ㄷ, ㄹ

736

밑줄 친 '나'에 대한 설명으로 옳은 것은?

페레스트로이카 정책은 소련과 같은 사회주의 국가가 새로운 질적 상태로의 전환, 즉 권위주의적이고 관료주의적인 체제에서 벗어나 인간적이고 민주적인 사회로 평화롭게 이행하는 유일한 길이라고 생각합니다. …… 나는 페레스트로이카의 모든 과정을 민주주의의 원칙에 근거하여 결단력 있게 추진할 것입니다.

① 신경제 정책(NEP)을 추진하였다.
② 제1차 비동맹 회의를 주도하였다.
③ 독립 국가 연합(CIS) 결성을 주도하였다.
④ 동유럽 국가에 대한 불간섭을 선언하였다.
⑤ 자유 노조 연대를 이끌어 대통령에 당선되었다.

737

다음 선언과 관련된 지역을 지도에서 옳게 고른 것은?

• 소련은 일본의 요청에 응하여 아울러 일본의 이익을 고려하여 하보마이 군도 및 시코탄섬을 일본국에 넘기는 것에 동의한다. 다만, 이러한 여러 섬은 일본과 소련 사이에 평화 조약이 체결된 후에 현실적으로 넘겨주는 것으로 한다.

– 소·일 공동 선언 –

• 소련 정부는 극동에서의 평화 기구를 저해하고 소·일 관계의 발전에 장애가 되는 새로운 군사 조약이 일본에 의하여 체결되었다는 조치를 묵과할 수 없다. 이 조약은 사실상 일본의 독립을 상실시키며 일본이 항복한 결과 일본에 주둔하고 있는 외국 군대가 금후 일본 영토에 계속 주둔하게 됨에 따라 하보마이, 시코탄섬을 일본에 넘기겠다고 한 소련 정부의 약속 실현을 불가능하게 하는 새로운 정세가 조성되었다.

– 소련 외상 각서 –

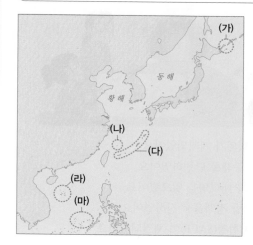

① (가)
② (나)
③ (다)
④ (라)
⑤ (마)

14 현대 세계의 변화

738

밑줄 친 ㉠에 해당하는 사례로 가장 적절한 것은?

> 최근 일부 국가가 국민이 원치 않는데도 불구하고 전체주의 체제를 수립하였습니다. …… 나는 미국의 정책이 무력으로 국민을 굴복시키려는 권력자들과 외세의 압력에 저항하는 자유민을 지원하는 방향으로 수립되어야 한다고 믿고 있습니다. …… 그래서 경제적 안정과 정돈된 정치 관계의 기본이 될 ㉠재정적인 지원을 염두에 두고 있습니다.

① 뉴딜 정책이 마련되었다.
② 미국이 마셜 계획을 수립하였다.
③ 신경제 정책(NEP)을 추진하였다.
④ 북미 자유 무역 협정이 체결되었다.
⑤ 미국 달러화를 무역의 주거래 화폐로 정하였다.

739

(가)에 들어갈 내용으로 가장 적절한 것은?

① 제1차 비동맹 회의가 개최되었어요.
② 소련이 베를린 봉쇄를 단행하였어요.
③ 마오쩌둥이 문화 대혁명을 일으켰어요.
④ 소련이 개혁·개방 정책을 추진하였어요.
⑤ 전략 무기 제한 협정(SALT)이 체결되었어요.

740

(가), (나) 시기 사이에 있었던 사실로 옳은 것은?

> (가) 서베를린을 점령하고 있던 미국, 영국, 프랑스가 자신들의 독일 내 관할 구역을 하나의 경제 단위로 만들려고 서독 지역에 새로운 통화 제도를 도입하였다. 이에 동베를린을 점령하고 있던 소련은 서베를린으로 통하는 도로와 철도는 차단하는 베를린 봉쇄를 단행하였다.
>
> (나) 소련은 쿠바를 방위한다는 약속을 이행하기 위해 쿠바에 미사일 기지를 건설하고 중거리 미사일을 배치하려고 하였다. 이에 미국은 즉각 철수를 요구하며 쿠바 해상을 봉쇄하였다. 두 나라 관계가 핵전쟁 발발 직전 상황으로까지 악화되었다.

① 닉슨 독트린이 발표되었다.
② 베를린 장벽이 설치되었다.
③ 트루먼 독트린이 발표되었다.
④ 국제 연합(UN)이 창설되었다.
⑤ 미국과 중국이 국교를 수립하였다.

741

다음 원칙에 대한 학생들의 발표로 옳은 것만을 〈보기〉에서 고른 것은?

> 1. 기본적인 인권 존중
> 2. 모든 국가의 영토 및 주권 존중
> 3. 모든 인종·국가 간 평등 인정
> 4. 타국의 내정 불간섭
> 5. 모든 국가의 자위권 존중
> 6. 강대국에 순종하는 집단 안보 배제
> 7. 영토 보존이나 정치적 독립에 반하는 무력 사용 삼가
> 8. 국제 분쟁의 평화적 해결
> 9. 상호 이익과 협력 촉진
> 10. 정의와 국제적 의무 존중

【 보기 】
ㄱ. 제3 세계의 성립이 공식화되는 계기가 되었어요.
ㄴ. 파리 강화 회의에서 기본 원칙으로 수용되었어요.
ㄷ. 아시아·아프리카 29개국 대표가 참여한 회의에서 발표되었어요.
ㄹ. 공산주의에 대항하기 위해 자유 민주주의 국가를 지원한다는 내용을 담고 있어요.

① ㄱ, ㄴ   ② ㄱ, ㄷ   ③ ㄴ, ㄷ
④ ㄴ, ㄹ   ⑤ ㄷ, ㄹ

742

(가)에 들어갈 주제로 가장 적절한 것은?

학술 회의 안내

주제: (가)

* 일시: 20○○년 ○○월 ○○일
* 장소: △△대학교 세미나실
* 발표 논문
    1. 소련과 서독의 국교 회복 과정
    2. 프랑스의 북대서양 조약 기구 탈퇴의 의미
    3. 닉슨 독트린과 미국의 베트남 철수

◇◇학회

---

① 빈 체제의 붕괴
② 전체주의의 대두
③ 냉전 체제의 완화
④ 유럽 공동체의 탄생
⑤ 베르사유 체제의 성립

744

(가), (나) 인물에 대한 설명으로 옳은 것은?

(가)

(나)

이 사람은 1985년 소련 공산당 서기장에 취임하였다. 그는 동유럽 국가들에 대한 불간섭 선언을 발표하여 동유럽의 자유화를 촉진하였다.

이 사람은 1970년대 말부터 1980년대 중국의 실권자였다. 그는 흑묘백묘론을 내세워 중국의 경제 성장을 이끌었다.

① (가) – 소비에트 정부를 수립하였다.
② (가) – 신경제 정책(NEP)을 추진하였다.
③ (나) – 문화 대혁명을 일으켰다.
④ (나) – 대약진 운동을 주도하였다.
⑤ (가), (나) – 개혁·개방 정책을 추진하였다.

743

다음 사건이 일어난 시기를 연표에서 옳게 고른 것은?

베를린 장벽 위에 올라간 독일 국민의 모습이다. 베를린 장벽이 들어선 지 28년 만에 베를린 장벽은 붕괴되었다.

(가)	(나)	(다)	(라)	(마)
파리 강화 회의 개최	대공항 발생	마셜 계획 발표	닉슨 독트린 발표	미·중 국교 수립	소련 해체

① (가)
② (나)
③ (다)
④ (라)
⑤ (마)

745

밑줄 친 '이 회담'이 열린 해에 볼 수 있었던 모습으로 가장 적절한 것은?

몰타에서 개최된 이 회담에 대해 조사한 것을 발표해 볼까?

미국의 부시와 소련의 고르바초프가 정상 회담을 가졌어.

냉전 체제의 종식과 평화를 지향하는 새로운 세계 질서를 수립한다는 선언이 이루어졌어.

① 대약진 운동을 홍보하는 관리
② 베를린 장벽을 설치하는 노동자
③ 독일의 통일 소식을 전하는 기자
④ 톈안먼 광장에서 민주화를 요구하는 학생
⑤ 제1차 비동맹 회의에 참가한 국가 지도자들

746

다음 조약에 대한 설명으로 옳은 것은?

> 1. 내부 경계를 없애고 경제 및 사회의 일체성을 강화하여, 궁극적으로 단일 통화를 포함한 경제 통화 연합을 달성하여 경제·사회적 진보와 높은 수준의 고용을 촉진할 것.
> 2. 최종적으로는 공동 방위를 할 수 있도록 공통의 외교 정책과 안전 보장 정책을 시행해 나감으로써 국제 무대에서 스스로의 정체성을 주장할 것.
> 3. 연합의 시민권을 도입함으로써 회원국 국민의 권리 및 이익에 대한 보호를 강화할 것.
> 4. 사법 및 치안 문제에서 긴밀한 협조를 발전시킬 것.

① 비동맹 중립주의를 표방하였다.
② 제3 세계 성립을 공식화하였다.
③ 유럽 연합의 출범으로 이어졌다.
④ 대서양 헌장을 기초로 체결되었다.
⑤ 미국의 달러를 주거래 통화로 삼았다.

747

다음 학생이 생각하고 있는 국제기구로 가장 적절한 것은?

1995년 출범
자유 무역 확대
관세 및 무역에 관한 일반 협정(GATT)을 대체한 기구

① 유럽 공동체(EC)
② 국제 통화 기금(IMF)
③ 세계 무역 기구(WTO)
④ 국제 부흥 개발 은행(IBRD)
⑤ 아시아·태평양 경제 협력체(APEC)

748

㉠에 대한 학생의 발표로 가장 적절한 것은?

> (㉠)은/는 1970년대 석유 파동에 따른 경제 위기를 극복하기 위해 제기되었던 경제 이론이다. 영국, 미국 등 선진국들이 공공 지출과 복지비를 삭감하고 국영과 공영 기업의 민영화, 노조 활동의 축소 등 경제 활동에 관한 국가 개입과 정부 규제를 최소화하고 민간에 최대의 자유를 보장해 주는 것이다. 영국에서 1979년 총리로 당선된 대처가 이전과 다른 사회 경제 정책을 펼친 것이나 1980년대 미국 레이건 정부가 레이거노믹스를 추진한 것이 대표적이다.

① 비동맹 중립주의를 표방하였어요.
② 대륙 간 빈부 격차를 심화시켰어요.
③ 계몽 전제 군주의 개혁을 지지하였어요.
④ 개인의 자유보다 집단의 이익을 중시하였어요.
⑤ 자본주의를 비판하고 평등 사회를 주장하였어요.

[749~750] 다음 자료를 읽고 물음에 답하시오.

> 1985년 공산당 서기장에 취임한 ▢(가)▢ 은/는 경제를 발전시키고 비효율적인 정치 및 행정 체제를 개선하기 위해 노력하였다. 먼저 경제와 정치 체제, 사회관계, 사상 등 모든 영역에서 ㉠페레스트로이카 정책을 추진하였고, 군비를 감축하고 미국 및 서방 국가, 중국과의 관계도 개선하고자 하였다. 그리고 공산당 일당 독재 체제를 완화하고, 자유주의 시장 경제 체제를 일부 도입하려 하였으며 ㉡글라스노스트 정책을 펼쳤다.

749

(가)에 해당하는 인물을 쓰시오.

750 ✏ 서술형

밑줄 친 ㉠, ㉡의 의미를 서술하시오.

기출 분석 문제집

1등급 만들기

세계사 750제

빠른답 체크
Speed Check

◀ 이곳을 열면 정답을 바로 확인할 수 있습니다.

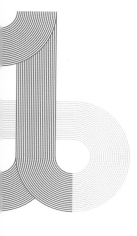

1등급 만들기 세계사 750제

빠른답 체크
Speed Check

빠른답 체크 후 틀린 문제는
바른답·알찬풀이에서
꼭 확인하세요.

01 인류의 출현과 문명의 발생

001 신석기 혁명		002 메소포타미아	
003 ○	004 ×	005 ○	006 ㉢
007 ㉣	008 ㉡	009 ㉢	010 ㉠
011 ㉡	012 ㄴ	013 ㄱ	
014 ⑤	015 ④	016 ③	017 ⑤
018 ①	019 ⑤	020 ③	021 ⑤
022 ④	023 ⑤	024 ③	025 ①
026 ③	027 ⑤	028 ③	029 ③
030 ⑤	031 ③	032 ①	033 ①
034 신석기 시대		035 해설 참조	
036 「길가메시 서사시」		037 해설 참조	
038 ⑤	039 ④	040 ④	041 ④
042 ⑤	043 ③	044 ①	045 ②

Ⅰ 단원 마무리 문제

046 ④	047 ⑤	048 ①	049 ⑤
050 ②	051 ①	052 ①	053 ④
054 ③	055 ③	056 ①	057 ②
058 ⑤	059 ⑤	060 ②	061 ⑤
062 ④	063 ③	064 ⑤	
065 갑골 문자(갑골문)		066 해설 참조	

02 동아시아 세계의 형성

067 춘추 전국		068 한화 정책	
069 ○	070 ○	071 ×	072 ㉢
073 ㉡	074 ㉠	075 ㉠	076 ㉡
077 ㉡	078 ㄱ	079 ㄴ	
080 ①	081 ⑤	082 ④	083 ④
084 ③	085 ④	086 ②	087 ④
088 ③	089 ③	090 ⑤	091 ③
092 ③	093 ③	094 ⑤	095 ③
096 ③	097 ③	098 ①	099 ④
100 9품중정제		101 해설 참조	
102 수		103 해설 참조	
104 ③	105 ④	106 ③	107 ③
108 ①	109 ②	110 ①	111 ①

03 동아시아 세계의 발전

112 문치주의		113 성리학	
114 ○	115 ×	116 ○	117 ○
118 ㉢	119 ㉠	120 ㉡	121 ㉡
122 ㉡	123 ㉠	124 ㄴ	125 ㄱ
126 ③	127 ⑤	128 ③	129 ②
130 ④	131 ④	132 ⑤	133 ①
134 ③	135 ④	136 ①	137 ③
138 ③	139 ③	140 ③	141 ①
142 ②	143 ③	144 ④	
145 사대부		146 해설 참조	
147 몽골 제일주의		148 해설 참조	
149 ④	150 ④	151 ①	152 ③
153 ④	154 ③	155 ①	156 ④

04 동아시아 세계의 변동

157 홍무제	158 만한 병용제		159 ×
160 ○	161 ○	162 ㉠	163 ㉢
164 ㉡	165 ㉣	166 ㉢	167 ㉠
168 ㉠	169 ㄴ	170 ㄱ	
171 ①	172 ⑤	173 ④	174 ②
175 ④	176 ②	177 ⑤	178 ⑤
179 ①	180 ②	181 ⑤	182 ②
183 ④	184 ②	185 ①	186 ③
187 ②	188 ④	189 ③	190 ⑤
191 ⑤	192 ㉠ 어린도책, ㉡ 부역황책		
193 해설 참조		194 산킨코타이제	
195 해설 참조			
196 ①	197 ⑤	198 ④	199 ②
200 ②	201 ⑤	202 ⑤	203 ⑤

Ⅱ 단원 마무리 문제

204 ⑤	205 ④	206 ③	207 ④
208 ②	209 ②	210 ③	211 ③
212 ⑤	213 ㉠ 부병제, ㉡ 조용조		
214 해설 참조		215 ④	216 ④
217 ④	218 ②	219 ⑤	220 ⑤
221 ④	222 왕안석	223 해설 참조	
224 ⑤	225 ③	226 ②	227 ②
228 ②	229 ③	230 ②	
231 홍무제(명 태조)		232 해설 참조	

05 서아시아의 여러 제국과 이슬람의 형성

233 아시리아		234 우마이야	
235 ○	236 ×	237 ○	238 ㉢
239 ㉡	240 ㉠	241 ㉡	242 ㉠
243 ㄴ	244 ㄱ		
245 ③	246 ①	247 ③	248 ①
249 ④	250 ③	251 ①	252 ②
253 ②	254 ①	255 ③	256 ②
257 ②	258 ①	259 ⑤	260 ④
261 ②		262 해설 참조	
263 아라베스크 무늬		264 해설 참조	
265 데브시르메		266 해설 참조	
267 ③	268 ②	269 ①	270 ④
271 ⑤	272 ②	273 ④	274 ①

06 인도의 역사와 종교·문화

275 불교, 자이나교		276 아라비아 숫자	
277 우르두어		278 ○	279 ×
280 ×	281 ㉢	282 ㉡	283 ㉠
284 ㉡	285 ㉡	286 ㄴ	287 ㄱ
288 ①	289 ①	290 ④	291 ⑤
292 ①	293 ③	294 ②	295 ①
296 ①	297 ③	298 ②	299 ④
300 ①	301 ③	302 ①	303 ④
304 ②	305 ①	306 ④	
307 ㉠ 불교, ㉡ 자이나교			
308 해설 참조		309 해설 참조	
310 해설 참조			
311 ②	312 ②	313 ④	314 ③
315 ③	316 ②	317 ②	318 ②

Ⅲ 단원 마무리 문제

319 ②	320 ④	321 ⑤	322 ③
323 ④	324 ⑤	325 ①	326 ②
327 ③	328 ①	329 ③	330 ④
331 ①	332 ②	333 ①	334 ②
335 데브시르메 제도		336 해설 참조	
337 ③	338 ④	339 ④	340 ④
341 ①	342 ③	343 힌두교	
344 해설 참조			

기출 분석 문제집

1등급 만들기

❶ **핵심 개념 잡기**
   시험 출제 원리를 꿰뚫는 핵심 개념을 잡는다!

❷ **1등급 도전하기**
   선별한 고빈출 문제로 실전 감각을 키운다!

❸ **1등급 달성하기**
   응용 및 고난도 문제로 1등급 노하우를 터득한다!

1등급 만들기로, 실전에서 완벽한 1등급 달성!

- **국어** 문학, 독서
- **수학** 고등 수학(상), 고등 수학(하),
       수학 I, 수학 II, 확률과 통계, 미적분, 기하
- **사회** 통합사회, 한국사, 한국지리, 세계지리,
       생활과 윤리, 윤리와 사상, 사회·문화,
       정치와 법, 경제, 세계사, 동아시아사
- **과학** 통합과학, 물리학 I, 화학 I, 생명과학 I, 지구과학 I,
       물리학 II, 화학 II, 생명과학 II, 지구과학 II

기출 분석 문제집
1등급 만들기로 1등급 실력 예약!

● **개념 핵심 잡기** | 시험 출제 원리를 꿰뚫는 개념의 핵심을 잡는다.

● **1등급 도전하기** | 선별한 고빈출 기출 문제로 1등급에 도전한다.

● **1등급 완성하기** | 응용 및 고난도 문제로 1등급 노하우를 터득한다.

완벽한 기출 문제 분석, 완벽한 시험 대비!

2015개정		
국어	문학, 독서	
수학	수학Ⅰ, 수학Ⅱ, 확률과 통계, 미적분, 기하	
사회	한국지리, 세계지리, 생활과 윤리, 윤리와 사상, 사회·문화, 정치와 법, 경제, 세계사, 동아시아사	
과학	물리학Ⅰ, 화학Ⅰ, 생명과학Ⅰ, 지구과학Ⅰ, 물리학Ⅱ, 화학Ⅱ, 생명과학Ⅱ, 지구과학Ⅱ	

2022개정		
수학	공통수학1, 공통수학2, 대수, 확률과 통계＊, 미적분Ⅰ＊	
사회	통합사회1, 통합사회2＊, 한국사1, 한국사2＊, 세계시민과 지리, 사회와 문화, 세계사, 현대사회와 윤리	
과학	통합과학1, 통합과학2	

＊ 2025년 상반기 출간 예정

고등
도서 안내

문학 입문서

손쉬운

작품 이해에서 문제 해결까지
손쉬운 비법을 담은 문학 입문서

현대 문학, 고전 문학

비주얼 개념서

룩 LOOK

이미지 연상으로 필수 개념을 쉽게 익히는
비주얼 개념서

국어   문법
영어   분석독해

수학 개념 기본서

수학중심

개념과 유형을 한 번에 잡는 강력한
개념 기본서

수학Ⅰ, 수학Ⅱ, 확률과 통계, 미적분, 기하

수학 문제 기본서

유형중심

체계적인 유형별 학습으로 실전에서 강력한
문제 기본서

수학Ⅰ, 수학Ⅱ, 확률과 통계, 미적분

사회·과학 필수 기본서

개념 학습과 유형 학습으로 내신과 수능을 잡는
필수 기본서

[2022 개정]
사회   통합사회1, 통합사회2*, 한국사1, 한국사2*
과학   통합과학1, 통합과학2, 물리학*, 화학*, 생명과학*,
        지구과학*

*2025년 상반기 출간 예정

[2015 개정]
사회   한국지리, 사회·문화, 생활과 윤리, 윤리와 사상
과학   물리학Ⅰ, 화학Ⅰ, 생명과학Ⅰ, 지구과학Ⅰ

기출 분석 문제집

완벽한 기출 문제 분석으로 시험에 대비하는 1등급 문제집

[2022 개정]
수학   공통수학1, 공통수학2, 대수, 확률과 통계*, 미적분Ⅰ*
사회   통합사회1, 통합사회2*, 한국사1, 한국사2*,
        세계시민과 지리, 사회와 문화, 세계사, 현대사회와 윤리
과학   통합과학1, 통합과학2

*2025년 상반기 출간 예정

[2015 개정]
국어   문학, 독서
수학   수학Ⅰ, 수학Ⅱ, 확률과 통계, 미적분, 기하
사회   한국지리, 세계지리, 생활과 윤리, 윤리와 사상,
        사회·문화, 정치와 법, 경제, 세계사, 동아시아사
과학   물리학Ⅰ, 화학Ⅰ, 생명과학Ⅰ, 지구과학Ⅰ,
        물리학Ⅱ, 화학Ⅱ, 생명과학Ⅱ, 지구과학Ⅱ

1등급 만들기

세계사
750제

바른답·알찬풀이

Mirae N 에듀

바른답·알찬풀이

바른답·알찬풀이

1등급 만들기

세계사 750제

바른답·
알찬풀이

I 인류의 출현과 문명의 발생

01 인류의 출현과 문명의 발생

분석 기출 문제

7~11쪽

[핵심 개념 문제]

001 신석기 혁명	**002** 메소포타미아	**003** ○	**004** ×	**005** ○
006 ㉠	**007** ㉣	**008** ㉡	**009** ㉢	**010** ㉠	**011** ㉡	**012** ㄴ
013 ㄱ				

014 ⑤	**015** ④	**016** ③	**017** ⑤	**018** ①	**019** ⑤	**020** ③
021 ⑤	**022** ④	**023** ⑤	**024** ③	**025** ①	**026** ③	**027** ⑤
028 ③	**029** ①	**030** ⑤	**031** ④	**032** ①	**033** ①	

[1등급을 향한 서답형 문제]

034 신석기 시대 **035** (예시 답안) 농경과 목축이 시작되었다.

036 「길가메시 서사시」 **037** (예시 답안) 내세보다는 현세의 문제를 중시하였다.

014
(가)는 역사의 현재성을 강조하였고, (나)는 객관적 사실을 강조하였다.

(바로잡기) ⑤ 모든 사실을 중시하는 것은 (나)에 해당한다.

015
㉠은 호모 사피엔스이다. 현생 인류의 조상인 호모 사피엔스에는 크로마뇽인, 상동인 등이 있다. 크로마뇽인은 동굴 벽화를 남겼다.

(바로잡기) ㄱ. 샤머니즘은 신석기 시대에 등장하였다. ㄷ. 신석기 시대에 농경과 목축을 시작하면서 정착 생활을 하였다.

016
라스코 동굴 벽화는 호모 사피엔스에 속하는 크로마뇽인이 남긴 것이다. 유럽의 크로마뇽인, 중국의 상동인의 모습과 지능은 현재 인류와 유사하였다.

(바로잡기) ① 오스트랄로피테쿠스, ④ 호모 네안데르탈렌시스, ⑤ 호모 에렉투스에 대한 설명이다. ② 신석기 시대에 정착 생활을 하였다. 동굴 벽화는 구석기 시대의 예술품이다.

017
㉠은 구석기이다. 구석기 시대 사람들은 채집, 사냥, 어로를 하면서 이동 생활을 하였는데, 주로 동굴이나 막집에서 생활하였다.

(바로잡기) ①, ④ 신석기 시대, ② 청동기 시대, ③ 메소포타미아 문명, 중국 문명 등에 대한 설명이다.

018
제시된 도구는 신석기 시대부터 만들어 사용하였던 간석기로, 당시 사람들은 농경과 목축을 시작하고 토기를 만들어 음식물을 저장하거나 요리하는 데 이용하였다.

(바로잡기) ㄷ. 이집트 문명, ㄹ. 메소포타미아 문명에서 볼 수 있는 모습이다.

019
밑줄 친 '이 시대'는 신석기 시대이다. 신석기 시대부터 농경과 목축이 시작되었으며, 베틀과 뼈바늘을 이용하여 옷을 만들어 입었다.

(바로잡기) ㄱ. 청동기 시대 문명의 발생, ㄴ. 구석기 시대와 관련된 내용이다.

020
(가)는 이집트 문명, (나)는 메소포타미아 문명, (다)는 인도 문명, (라)는 중국 문명이 발생한 곳이다. 메소포타미아 문명에서는 태음력과 60진법을 사용하였으며, 인도 문명에서는 브라만교의 경전인 베다를 만들었다.

(바로잡기) ㄱ. 메소포타미아 문명, ㄹ. 페니키아에 대한 설명이다.

021
제시된 자료는 메소포타미아 문명의 바빌로니아 왕국에서 편찬된 함무라비 법전이다. 아무르인이 세운 바빌로니아 왕국은 기원전 18세기 함무라비왕 시대에 메소포타미아 전역을 통일하고, 수메르의 옛 법을 집대성하여 함무라비 법전을 편찬하였다.

(바로잡기) ① 유대교의 성립 등이 있다. ② 중국의 주 왕조가 실시한 봉건제에 대한 설명이다. ③ 철기 문화의 수용 등이 해당한다. ④ 이집트 문명의 피라미드 등이 해당한다.

022
밑줄 친 '이들'은 티그리스강과 유프라테스강 사이에서 메소포타미아 문명을 성립시킨 수메르인이다. 이들은 우르, 라가시 등의 도시 국가를 세우고 문명을 일으켰다.

(바로잡기) ① 중국의 주 왕조, ② 이집트 문명, ③ 인도 문명의 아리아인, ⑤ 인더스 문명에 대한 설명이다.

023
(가)는 메소포타미아 문명의 쐐기 문자, (나)는 중국 문명(상 왕조)의 갑골문이다. 메소포타미아 문명의 왕은 많은 사람을 동원하여 치수 관개 사업을 총괄하면서 신의 대리자로서 신권 정치를 행하였다. 중국 문명의 상 왕조도 제정일치의 신정 국가였다.

(바로잡기) ① 중국의 상 왕조, ② 인더스 문명, ③ 이집트 문명, ④ 메소포타미아 문명에 대한 설명이다.

024
㉠ 문명은 이집트 문명이다. 이집트 문명에서는 나일강의 범람을 예측하기 위해 천문학이 발달하면서 태양력이 만들어졌다.

(바로잡기) ① 메소포타미아 문명, ②, ⑤ 페니키아, ④ 인더스 문명과 관련된 탐구 활동이다.

025
제시된 자료는 이집트 문명의 「사자의 서」로, 내세를 중시하는 종교관이 나타나 있다. 이집트인은 사후 세계에 관심을 두었고 인간의 생사 또한 반복된다는 영혼 불멸 사상을 가졌다.

(바로잡기) ② 메소포타미아 문명, ③ 헤브라이, ④ 중국의 상 왕조, ⑤ 메소포타미아 문명의 「길가메시 서사시」 등과 관련된 내용이다.

026
제시된 문화유산은 이집트 문명의 스핑크스와 피라미드이다. 이집트인들은 사후 세계에 관심을 두었고 영혼 불멸 사상을 가졌다. 이에 시신을 미라로 만들어 「사자의 서」와 함께 무덤 속에 넣었다.

바로잡기 ①, ④, ⑤ 메소포타미아 문명. ② 인더스 문명에 대한 설명이다.

027

⊙은 히타이트, ⓒ은 헤브라이로, 모두 동부 지중해 연안에서 발전하였다.

바로잡기 ①, ④ 이집트 문명. ② 헤브라이. ③ 메소포타미아 문명에 대한 설명이다.

028

⊙은 페니키아이다. 페니키아 사람들이 상업용으로 고안한 표음 문자는 그리스에 전해져 알파벳의 기원이 되었다.

바로잡기 ① 중국의 상 왕조. ②, ④ 메소포타미아 문명. ⑤ 아리아인 이동 이후의 인도 문명에 대한 설명이다.

029

(가)는 중앙아시아 지역에서 인도로 이동해 온 아리아인이다. 이들은 철제 농기구를 사용하여 토지를 개간하고 곡식을 재배하였으며, 자연 현상을 신앙의 대상으로 삼은 브라만교를 성립시켰다.

바로잡기 ㄷ. 이집트 문명. ㄹ. 메소포타미아 문명에 대한 설명이다.

030

제시된 인장은 인더스 문명과 관련된 것이다. 인더스 문명의 하라파, 모헨조다로 등은 벽돌로 쌓은 성벽을 두르고 포장도로와 배수 시설, 공중목욕탕, 창고 등을 갖춘 계획도시였다.

바로잡기 ①, ②, ④ 메소포타미아 문명. ③ 아리아인 이동 이후의 인도 문명과 관련된 모습이다.

031

(가)는 중국 문명의 상 왕조, (나)는 주 왕조이다. 주 왕조에서는 덕이 있는 자가 천명을 받아 나라를 다스린다는 덕치주의가 강조되어 도덕과 학문에 의한 정치 체제가 발달하는 데 중요한 역할을 하였다.

바로잡기 ①, ② 주 왕조. ③ 상 왕조에 해당한다. ⑤ 상 왕조, 주 왕조 모두 청동기 문화를 바탕으로 발전하였다.

032

⊙ 왕조는 중국의 상(은) 왕조이다. 상에서는 국가의 중요한 일을 정인이라는 점술가가 점을 쳐서 신의 뜻을 물어 결정하였다. 점의 내용과 결과는 갑골에 새겨 기록하였는데, 이것이 한자의 원형이 되었다.

바로잡기 ② 아리아인 이동 이후의 인도 문명. ③ 중국의 주 왕조. ④ 이집트 문명. ⑤ 메소포타미아 문명에 대한 설명이다.

033

밑줄 친 '이 왕조'는 중국의 주 왕조이다. 기원전 1100년경 상을 멸망시킨 주는 호경에 도읍하고 황허강 유역의 새로운 지배자가 되었다.

바로잡기 ② 하 왕조. ③ 메소포타미아 문명의 바빌로니아 왕국. ④ 상 왕조. ⑤ 이집트 문명에 대한 설명이다.

034

약 1만 년 전에 시작되었으며, 자연환경의 변화에 대응하여 간석기와 토기를 만들어 사용하였던 시기는 신석기 시대이다.

035

채점 기준	수준
농경과 목축을 시작하였다고 서술한 경우	상
농경이나 목축 중 한 가지만 시작하였다고 서술한 경우	중

036

'길가메시, 배를 채우고 자식을 낳는 것 등을 인간의 운명이라고 한 것'을 통해 메소포타미아 문명의 「길가메시 서사시」임을 알 수 있다.

037

채점 기준	수준
내세보다는 현세를 중시하였다고 서술한 경우	상
현세를 중시하였다고만 서술한 경우	중

적중1등급문제

12~13쪽

| 038 ⑤ | 039 ④ | 040 ④ | 041 ④ | 042 ⑤ |
| 043 ③ | 044 ① | 045 ② | | |

038 호모 에렉투스의 특징

1등급 자료 분석 호모 에렉투스

약 180만 년 전에는 '직립 인간'이라는 뜻의 (⊙)이/가 등장하
└ 호모 에렉투스
였다. 이들은 완전한 직립 보행을 하였고 한층 발전된 도구를 만들
었다. 이들의 화석은 인도네시아의 자와, 중국의 베이징 등에서 발
└ 자와인, 베이징인
견되었다.

⊙은 호모 에렉투스이다. 약 180만 년 전에 출현한 호모 에렉투스는 언어와 불을 사용하였다.

바로잡기 ① 호모 사피엔스. ② 신석기 시대. ③ 호모 네안데르탈렌시스. ④ 호모 사피엔스(크로마뇽인)에 대한 설명이다.

039 신석기 시대의 특징

1등급 자료 분석 신석기 시대의 생활 모습

이 시대에는 인구가 증가하면서 촌락이 형성되었다. 촌락의 주민들
└ 정착 생활
은 혈연 중심의 씨족 사회를 이루어 함께 농경과 목축에 종사하였으
└ 신석기 혁명
며, 생산물을 공평하게 분배하였다. 한편 이 시대에는 자연환경의 영
└ 청동기 시대 사유 재산 발생 이전
향을 받는 농경이 생활의 중심이 되면서 원시적인 형태의 종교 의
└ 애니미즘, 샤머니즘, 토테미즘
식이 생겨났다.

밑줄 친 '이 시대'는 신석기 시대이다. 신석기 시대 사람들은 농경과 정착 생활을 하면서 움집에서 거주하였다. 간석기와 토기를 사용하였으며, 옷을 만들어 입었다. 또한 원시적인 종교 형태인 애니미즘, 샤머니즘, 토테미즘 등이 나타났다.

040 메소포타미아 문명

1등급 자료 분석 「길가메시 서사시」 – 고대 바빌로니아의 서사시

> 길가메시여, 당신은 생명을 찾지 못할 것입니다. 신들이 인간을 만들 때 인간에게 죽음도 함께 붙여 주었습니다. 생명만 그들이 보살피도록 남겨 두었지요. 좋은 음식으로 배를 채우십시오. 밤낮으로 춤추며 즐기십시오. …… 당신의 손을 잡아 줄 자식을 낳고, 아내를 당신 품 안에 꼭 품어 주십시오. 왜냐하면 이 또한 인간의 운명이니까요. └메소포타미아 문명 사람들의 현세적 내세관 반영

「길가메시 서사시」를 남긴 문명은 메소포타미아 문명이다. 메소포타미아 문명의 수메르인은 지구라트라는 신전을 세워 수호신을 섬겼다.

바로잡기 ① 「마누 법전」은 기원전 3세기에서 기원후 2세기 사이에 기록된 힌두교 법전이다. ② 이집트 문명, ③ 에게 문명, ⑤ 중국 문명에 해당한다.

041 이집트 문명

1등급 자료 분석 이집트 왕

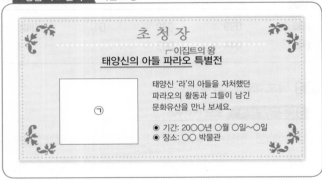

파라오는 이집트의 왕으로 태양신 '라'의 아들을 자처하며 신권 정치를 폈다. 이집트 문명의 대표적 문화유산으로는 스핑크스와 피라미드, 「사자의 서」와 미라 등이 있다.

바로잡기 ① 중국 문명의 청동 세 발 솥, ② 중국 문명의 갑골문, ③ 메소포타미아 문명의 함무라비 법전, ⑤ 인더스 문명의 인장에 해당한다.

042 중국 상 왕조

1등급 자료 분석 갑골문

상에서는 왕의 점술가가 거북의 배딱지나 소의 어깨뼈를 불에 달궈 갈라지는 금의 모양을 보고 신의 뜻을 판단

자료의 갑골문을 통해 밑줄 친 '이 왕조'가 상임을 알 수 있다. 상은 제정일치의 신정 국가로, 국가의 중요한 일은 정인이라는 점술가가 점을 쳐서 신의 뜻을 물어 결정하였다. 점의 내용과 결과는 갑골에 새겨 기록하였는데, 이것이 한자의 원형이 되었다. 상은 은허를 중심으로 황허강 일대를 통치하였다.

바로잡기 ① 아리아인 이동 이후의 인도 문명에 대한 설명이다. ② 메소포타미아 문명에서는 도시마다 지구라트라는 신전을 세웠다. ③ 이집트 문명에서는 죽은 자를 위한 안내서인 「사자의 서」를 제작하였다. ④ 인더스 문명에서는 하라파, 모헨조다로 등의 계획도시가 건설되었다.

043 이집트인의 세계관

1등급 자료 분석 「사자의 서」

제시된 유물은 이집트 문명의 「사자의 서」이다. 이집트는 기원전 7세기 아시리아에 정복될 때까지 이민족의 침입을 거의 받지 않고 통일 국가를 오랫동안 유지할 수 있었다. 이러한 안정 속에서 이집트인은 사후 세계에 관심을 두게 되었고 인간의 생사 또한 반복된다는 영혼 불멸 사상을 낳았다. 이에 이집트인은 시신을 미라로 만들어 사후 세계에 대한 안내서인 「사자의 서」와 함께 무덤 속에 넣었다.

바로잡기 ① 히타이트인은 철기 문화를 서아시아에 전파하였다. ② 메소포타미아 문명, ④ 인더스 문명, ⑤ 중국 상 왕조의 갑골문과 관련된 내용이다.

044 아리아인의 활동

1등급 자료 분석 아리아인의 이동

> 중앙아시아 일대에서 유목 생활을 하던 (㉠)은/는 기원전 1500 기원전 1800년경 인더스 문명 쇠퇴 이후┘ 년경 힌두쿠시산맥을 넘어 북인도로 남하하였다. 이들은 펀자브 지 └인도 문명 건설 방을 정복한 후 점차 동쪽으로 이동하여 기원전 1000년경에는 갠지스강 유역까지 진출하였다. └갠지스강 중심의 문명 발전

㉠은 중앙아시아 일대에서 인도로 이동한 아리아인이다. 아리아인은 철제 농기구를 사용하여 토지를 개간하고 곡식을 재배하면서 점차 국가의 형태를 갖추어 갔다. 또한 엄격한 신분 제도인 카스트제를 확립하였고, 브라만교를 성립시켰다.

바로잡기 ㄷ. 모헨조다로, 하라파 등의 계획도시를 세운 것은 드라비다인으로 추정하고 있다. ㄹ. 인더스 문명에 대한 설명이다.

045 중국 주 왕조의 특징

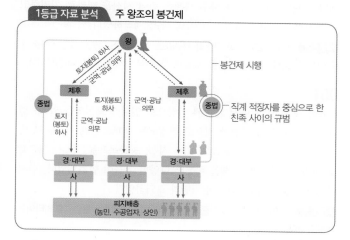

제시된 제도는 중국 주 왕조의 봉건제이다. 왕이 직할지를 직접 통치하고 나머지 지역은 왕족과 공신에게 봉토로 분배하여 통치하게 한 봉건제는 종법제와 천명사상으로 뒷받침되었다.

바로잡기 ① 아리아인 이동 이후의 인도 문명, ③ 상 왕조, ④ 하 왕조, ⑤ 인더스 문명에 대한 설명이다.

단원 마무리 문제

14~17쪽

01 인류의 출현과 문명의 발생

046 ④	047 ⑤	048 ①	049 ⑤	050 ②	051 ①	052 ①
053 ④	054 ③	055 ③	056 ①	057 ②	058 ⑤	059 ⑤
060 ②	061 ⑤	062 ④	063 ③	064 ⑤		

065 갑골 문자(갑골문) **066** 예시답안 상은 제정일치의 신정 국가로, 국가의 중요한 일은 정인이라는 점술가가 점을 쳐서 신의 뜻을 물어 결정하였다.

046

자료에서 ㉠은 역사가가 역사 연구에 이용하는 모든 자료인 사료에 해당한다. 사료는 다양한 기록물, 그림, 구전되는 노래와 설화, 유물 및 유적 등이 포함된다.

바로잡기 ④ 사료가 과거의 사실을 객관적으로 완벽하게 담고 있는 것은 아니며, 완전한 형태로 전해지지도 않는다. 따라서 역사가는 이러한 사료의 한계를 명확히 인식하여 사료의 오류와 왜곡을 배제하고 객관적 사실을 파악하려고 노력해야 한다.

047

자료는 신석기 혁명에 대한 대화 내용이다. 신석기 시대 인류는 농경과 목축을 시작하였다. 이것은 인류가 수렵과 채집을 통해 식량을 마련하던 단계에서 식량을 직접 생산하는 단계로 발전하였음을 의미하는데 이를 신석기 혁명이라고 한다.

바로잡기 ①, ②, ③ 신석기 시대에 해당하는 내용이지만, 신석기 혁명의 의미를 정확하게 설명한 것이 아니다. ④ 계급과 사유 재산 제도는 청동기 시대에 등장한다.

048

자료에서 180만 년 전에 등장하였다는 점, 자와와 베이징에서 화석이 발견되었다는 점 등을 통해 ㉠이 호모 에렉투스임을 알 수 있다. 호모 에렉투스는 완전한 직립 보행을 하고 언어와 불을 사용하였다.

바로잡기 ② 호모 네안데르탈렌시스, ③ 호모 사피엔스, ④ 오스트랄로피테쿠스, ⑤ 호모 사피엔스에 해당한다.

049

자료에 제시된 빌렌도르프의 비너스와 알타미라 동굴 벽화는 구석기 시대의 문화유산이다. 구석기 시대에는 주먹도끼 등 뗀석기를 사용해 사냥을 하거나 채집 생활을 하였다.

바로잡기 ① 청동기 시대, ②, ③ 신석기 시대 이후, ④ 신석기 시대와 청동기 시대 등에 해당한다.

050

자료의 토기, 갈돌과 갈판 등이 처음 제작된 시대는 신석기 시대이다. 신석기 시대에는 농경과 목축으로 식량을 생산하기 시작하였다.

바로잡기 ①, ③, ④ 청동기 시대에 해당한다. ⑤ 구석기 시대에 해당한다.

051

신석기 시대에는 애니미즘, 샤머니즘, 토테미즘, 영혼 숭배 등 원시적 종교 의식이 생겨났다. 애니미즘은 물, 나무 등에 정령이 있다고 믿는 것이다.

바로잡기 ② 토테미즘은 특정 동식물을 숭배하는 것을 말한다. ③ 샤머니즘은 무당을 숭배하는 것이다. ④ 영혼 숭배는 영혼이 사람의 길흉화복을 좌우한다고 믿고 숭배하는 것이다. ⑤ 조상 숭배는 죽은 조상의 영혼에 종교적 의미를 부여하여 숭배하는 것을 말한다.

052

자료는 영국의 스톤헨지 사진과 그에 대한 설명이다. 스톤헨지는 신석기 시대 후기에 만들어진 대표적인 거석 문화 유적으로, 태양 숭배나 천문 관측과 관련이 있는 것으로 추정된다. 한편 신석기 시대에는 농경과 목축이 시작되었고 토기를 제작하여 식량을 저장하였다.

바로잡기 ㄷ. 철제 무기는 철기 시대 이후 제작되었다. ㄹ. 문자는 4대 문명의 경우 청동기 시대부터 사용되었다.

053

지도는 4대 문명의 중심지를 나타낸 것으로 (가)는 이집트 문명, (나)는 메소포타미아 문명, (다)는 인도 문명, (라)는 중국 문명에 해당한다. 4대 문명은 청동기 사용, 문자 사용, 계급 발생, 도시와 국가의 형성 등의 공통점을 갖고 있다.

바로잡기 ④ 동굴 벽화는 구석기 시대부터 그려졌는데, 라스코 동굴 벽화 등이 대표적이다.

054

자료에서 수메르인이 최초의 도시 국가를 세워 문명을 일으켰다는 점을 통해 ㉠은 메소포타미아 문명, 드라비다인이 인더스강 상류의 펀자브 지방에서 도시 문명을 세웠다는 점을 통해 ㉡은 인도 문명에 해당함을 알 수 있다.

055

지도의 (라) 문명은 황허강 유역에서 탄생한 중국 문명이다. 이곳에서는 기원전 2500년경 청동기와 문자를 사용한 초기 국가가 나타났다. 기원전 1600년경 상 왕조에서 국가의 중요한 일은 점술가가 점을 쳐서 신의 뜻을 물어 결정하였으며, 이때 점의 내용과 결과는 갑골에 새겨 기록하였다.

바로잡기 ① 이집트 문명의 피라미드, ② 메소포타미아 문명의 지구라트, ④ 인더스 문명의 인장, ⑤ 이집트 문명의 투탕카멘의 황금 마스크에 해당한다.

056

자료에서 바빌로니아 왕국의 전성기를 맞았다는 점, 수메르의 옛 법을 집대성하였다는 점 등을 통해 밑줄 친 '이 국왕'이 함무라비왕임을 알 수 있다. 함무라비왕은 기원전 18세기에 메소포타미아 전역을 통일하고 함무라비 법전을 편찬하였다.

바로잡기 ② 중국의 주 왕조, ③ 이집트의 국왕, ④ 중국의 주 왕조, ⑤ 인도의 아리아인에 해당한다.

057

자료에서 지구라트라는 신전을 세웠으며 태음력과 60진법을 고안하였다는 사실을 통해 밑줄 친 '이들'이 메소포타미아 문명을 일으킨 수메르인임을 알 수 있다. 수메르인은 잦은 홍수와 외침을 겪으며 내세보다는 현세의 문제를 중시하였는데, 이러한 내세관은 「길가메시 서사시」에 잘 나타나 있다.

바로잡기 ① 사후 세계에 대한 안내서인 「사자의 서」는 이집트에서 만들어졌다. ③ 모헨조다로 유적은 인더스 문명을 일으킨 드라비다인이 건설하였다. ④ 이집트 문명에서는 파피루스에 상형 문자로 기록을 남겼다. ⑤ 기원전 12세기경 페니키아인은 지중해와 흑해를 무대로 해상 무역을 주도하면서 카르타고 등 많은 식민 도시를 세웠다.

058

제시된 자료에서 기원전 11세기에 이스라엘 왕국을 세웠으며, 그 왕국이 솔로몬왕 때 전성기를 맞았다는 점 등을 통해 밑줄 친 '이들'이 헤브라이인임을 알 수 있다. 헤브라이인은 여호와를 유일신으로 믿는 유대교를 창시하였는데, 유대교는 크리스트교와 이슬람교의 성립에 큰 영향을 주었다.

바로잡기 ①, ② 메소포타미아 지역의 수메르인, ③ 메소포타미아 지역의 아카드인, ④ 인더스강 유역에 이주해 온 아리아인에 해당한다.

059

제시된 자료는 로마자 알파벳의 변천 과정을 나타낸 것으로 ㉠ 문자는 페니키아 문자에 해당한다. 페니키아인이 고안한 표음 문자는 그리스에 전해져 알파벳의 기원이 되었다. 한편 페니키아인은 지중해와 흑해를 무대로 해상 무역을 주도하면서 카르타고 등 많은 식민 도시를 세웠다.

바로잡기 ① 이집트, ② 바빌로니아 왕국, ③ 히타이트, ④ 아리아인 이동 이후의 인도 문명에 대한 설명이다.

060

이 나라는 아시리아에 정복될 때까지 이민족의 침입을 거의 받지 않았다는 점, 사람들은 사후 세계에 관심을 두게 되었고 영혼 불멸 사상을 갖고 있다는 점 등을 통해 이집트에 대한 설명임을 알 수 있다. 이집트인은 영혼 불멸과 사후 세계를 믿어 시신을 미라로 처리하고 죽은 사람을 위한 안내서인 「사자의 서」를 제작하였다.

바로잡기 ① 메소포타미아 문명의 지구라트, ③ 인더스 문명의 모헨조다로로 출토 인장, ④ 중국 상 왕조의 청동 세 발 솥, ⑤ 신석기 시대의 갈돌과 갈판이다.

061

자료는 모헨조다로에서 출토된 인장으로 인더스 문명임을 알 수 있다. 드라비다인이 건설한 것으로 추정되는 모헨조다로는 벽돌로 쌓은 성벽을 두르고 포장도로와 배수 시설, 공중목욕탕, 창고 등을 갖춘 계획도시였으며, 인장을 비롯한 다양한 유물이 발견되었다. 한편 인더스 문명은 메소포타미아 지방과 교역하였다.

바로잡기 ① 이집트 문명, ② 중국 문명, ③ 메소포타미아 문명, ④ 히타이트에 해당한다.

062

제시된 표는 아리아인이 선주민을 지배하기 위해 만든 카스트제에 대한 것이다. 기원전 1500년경 중앙아시아에서 북인도 지역으로 이주해 온 아리아인은 선주민을 지배하기 위해 엄격한 신분 제도인 카스트 제도를 만들었다. 카스트 제도의 브라만은 자연 현상을 찬미하는 노래인 베다를 만들고, 이를 경전으로 하는 브라만교를 성립시켰다.

바로잡기 ① 페니키아인, ② 중국의 주 왕조, ③ 이스라엘 왕국에서 갈라져 나온 유대, ⑤ 이집트 문명에 대한 설명이다.

063

제시된 자료는 황허강 유역에서 발견된 청동 세 발 솥으로 중국 상 왕조에서 제작한 제기로 알려져 있다. 상은 은허를 중심으로 황허강 일대를 통치하였는데, 국가의 중요한 일은 정인이라는 점술가가 점을 쳐서 신의 뜻을 물어 결정하는 제정일치의 신정 국가였다.

바로잡기 ① 인더스 문명, ② 페니키아 등, ④ 중국의 주 왕조, ⑤ 메소포타미아 지역의 바빌로니아 왕국에 해당한다.

064

지도의 영역과 호경에서 낙읍(뤄양)으로 천도한 사실을 통해 ㉠ 왕조가 주임을 알 수 있다. 상을 멸망시킨 주는 하늘이 덕 있는 자를 선택하여 권력을 맡긴다는 천명사상으로 왕조 교체를 정당화하였고 덕으로 백성을 다스린다는 덕치주의를 내세웠다.

바로잡기 ① 이집트, ② 중국 하 왕조, ③ 히타이트, ④ 인도의 아리아인에 해당한다.

065

은허를 중심으로 황허강 유역을 통치하였던 상은 제정일치의 신정 국가로 국가의 중요한 일은 점을 쳐서 결정하였는데, 점의 내용과 결과를 갑골에 새겨 기록하였다.

066

채점 기준	수준
제정일치, 신정 국가, 국가의 중요한 일을 점을 쳐서 결정 등의 내용을 모두 정확하게 서술한 경우	상
위의 내용 중 두 가지만 포함하여 서술한 경우	중
위의 내용 중 한 가지만 포함하여 서술한 경우	하

Ⅱ 동아시아 지역의 역사

02 동아시아 세계의 형성

분석 기출 문제

19~23쪽

[핵심 개념 문제]

067 춘추 전국	068 한화 정책	069 ○	070 ○	071 ×
072 ㉢	073 ㉡	074 ㉠	075 ㉠	076 ㉡	077 ㉡	078 ㄱ
079 ㄴ				

080 ①	081 ⑤	082 ②	083 ④	084 ①	085 ④	086 ②
087 ④	088 ③	089 ①	090 ⑤	091 ②	092 ③	093 ②
094 ⑤	095 ⑤	096 ④	097 ⑤	098 ①	099 ④	

[1등급을 향한 서답형 문제]

100 9품중정제 **101** 예시답안 9품중정제의 실시 결과 유력 호족이 고위 관직을 독점하면서 문벌 귀족으로 성장하였다. 문벌 귀족은 대토지를 소유하고 막강한 권력을 누렸다. **102** 수 **103** 예시답안 수는 대규모 토목 공사에 동원된 백성들의 불만이 커졌고, 고구려 원정 실패로 쇠퇴하다가 각지의 반란으로 멸망하였다.

080

지도는 춘추 전국 시대의 형세를 나타내고 있다. 기원전 8세기 견융족의 침입으로 주가 수도를 호경에서 낙읍으로 옮긴 이후(동주), 제후들이 각지에서 득세하면서 춘추 전국 시대가 시작되었다. 전국 시대 군주들은 부국강병을 추진하는 구체적인 방법으로 변법을 실시하였다. 그중 진의 상앙은 군현제를 실시하고 호적제와 조세 제도를 확립하여 재정을 확보하였다.

바로잡기 ② 수의 문제 때 중앙 관제를 3성 6부제로 정비하였다. ③ 위진 남북조 시대에 관리 선발 제도로 9품중정제가 시행되었다. ④ 한의 무제는 흉노를 공략하는 과정에서 장건을 대월지에 파견하였다. ⑤ 한의 무제는 대외 원정을 진행하는 과정에서 재정이 악화되자 균수법과 평준법을 시행하였다.

081

춘추 전국 시대의 제후국들은 부국강병을 위해 개인의 국적과 신분에 관계없이 유능한 인재를 관료로 등용하였다. 이러한 배경에서 혼란한 세상을 바로잡기 위한 다양한 사상가와 학파가 등장하였는데, 이를 제자백가라고 한다. 공자·맹자의 유가는 인과 예를 중심으로 도덕 정치를, 노자의 도가는 무위자연을 주장하였다. 한편 경제적으로 춘추 전국 시대에 철제 농기구가 사용되고 우경이 시작되면서 농업 생산량이 크게 늘었다.

바로잡기 ① 당 대 균전제가 붕괴되면서 양세법이 시행되었다. ② 한 대에 오수전이 주조되어 전국에 유통되었다. ③ 선비족이 세운 북위에서 균전제가 처음 시행되었다. ④ 장건에 의해 비단길이 개척되어 비단길을 통한 동서 교류가 활발히 전개되었다.

082

춘추 전국 시대에 철제 농기구가 사용되고 우경이 시작되면서 농업 생산량이 크게 늘어났다. 정치적으로 진의 상앙은 군현제를 실시하

고 호적제와 조세 제도를 확립하여 재정을 확충하였다. 또한 부국강병을 위해 능력에 따른 인재 등용이 이루어지면서 제자백가가 출현하였다.

바로잡기 ① 진(晉)이 내분으로 혼란하자 북방의 5호가 남하하였다. ② 한의 고조는 군현제와 봉건제를 절충한 군국제를 시행하였다. ③ 당 대에 변경의 방어를 책임지는 절도사가 등장하였다. ⑤ 위진 남북조 시대에 9품중정제의 영향으로 문벌 귀족 사회가 형성되었다.

083

제시된 문화유산은 진 시황제 때 만들어진 병마용 갱으로, 중국 최초의 황제인 진 시황제가 자신의 무덤을 지키기 위해 만든 것이다. 또한 그는 오랜 분열기를 거친 사회를 통합하기 위해 화폐·도량형·문자를 통일하였으며, 분서갱유를 단행하여 법가 이외의 사상을 탄압하고 사상의 통일을 추구하였다.

바로잡기 ① 송 태조는 과거에 전시를 도입하였다. ② 한 무제는 동중서의 건의를 받아들여 유교를 통치 이념으로 삼았다. ③ 주는 종법에 근거한 봉건제를 시행하였다. ⑤ 수 양제는 강남과 화북을 잇는 대운하를 완성하였다.

084

진의 시황제는 오랜 분열기를 거친 사회를 통합하기 위해 화폐·도량형·문자를 통일하였다. 국가 체제를 정비한 진은 북쪽으로 흉노를 밀어내고 만리장성을 쌓았으며, 활발한 정복 활동을 전개하였다.

바로잡기 ② 당의 절도사인 안녹산과 그의 부하 사사명이 일으킨 반란(안사의 난, 755)은 당을 큰 혼란에 빠뜨렸다. ③ 후한 말 호족의 대토지 소유로 생활이 어려워진 농민들이 각지에서 반란을 일으켰고 결국 황건적의 난을 계기로 후한이 멸망하였다(220). ④ 한의 무제는 동중서의 건의를 수용하여 유교를 통치 이념으로 삼았다. ⑤ 남북조 시대에 국가적으로 불교를 지원한 북조에서는 원강, 룽먼 등지에 거대한 석굴 사원을 만들었다.

085

밑줄 친 '황제'는 한 무제이다. 한 무제는 대외 정책에 힘써 대규모 군대를 파견하여 남월과 고조선을 멸망시켰다. 북으로는 흉노를 공격하고 서역의 대월지에 장건을 파견하여 흉노를 저지할 동맹군을 얻으려 하였다. 하지만 잦은 대외 원정으로 재정이 어려워지자 소금과 철의 전매제를 시행하여 재정을 확충하고, 균수법과 평준법을 실시하여 물가를 조절하였다.

바로잡기 ① 당 대에 대외 무역을 관리하기 위해 시박사가 설치되었다. ② 진 시황제는 각 제후국에서 사용하던 도전, 포전, 의비전 등의 화폐를 반량전으로 통일하였다. ③ 수와 당은 조세 제도로 조용조 제도를 운영하였다. ⑤ 절도사는 당 현종 때 변경의 방어와 지방 통치를 위해 마련한 직책으로, 군사·재정·행정을 장악하면서 그 세력이 급격히 커졌다.

086

(가)는 군현제, (나)는 군국제에 대한 도표이다. 군현제는 전국을 군과 현으로 나누고 관리를 파견하여 다스리는 제도로, 춘추 전국 시대에 처음 시행되었다. 군국제는 군현제와 봉건제를 절충하여 수도와 그 근처 지역은 군현제로, 나머지 지역은 왕족이나 공신을 제후로 봉하여 봉건제로 다스리게 한 제도이다.

바로잡기 ㄴ. 주는 혈연과 종법에 기반하여 봉건제를 운영하였다. ㄹ. 한의 무제는 제후 세력을 제압하고 군현제를 확대 시행하였다.

087

지도는 한의 최대 영역을 나타내고 있다. 장안은 전한의 수도, 뤄양은 후한의 수도이다. 한의 무제는 잦은 대외 원정으로 재정이 어려워지자, 소금과 철의 전매제를 시행하여 재정을 확충하고 균수법과 평준법을 실시하여 물가를 조절하였다.

바로잡기 ① 진 시황제 사후 진승·오광의 난을 비롯한 반란이 각지에서 일어나 진은 결국 멸망하였다. ② 한 무제는 동중서의 건의를 수용하여 유교를 통치 이념으로 삼았다. ③ 주는 종법에 기초한 봉건제를 시행하였다. ⑤ 수와 당은 균전제에 기반한 부병제를 시행하였다. 균전을 받은 성인 남자는 국가에 조용조의 의무를 지고 군대에 동원되었다(부병제).

088

자료에서 밑줄 친 '우리나라'는 한이다. 한의 무제는 대외 정벌에 힘써 대규모 군대를 파견하여 남월과 고조선을 멸망시켰으며 북으로는 흉노를 공격하였다. 하지만 잦은 대외 원정으로 재정이 어려워지자 소금과 철의 전매제를 시행하여 재정을 확충하고, 균수법과 평준법을 실시하여 물가를 조절하였다. 한편 서역의 대월지에 장건을 파견하여 흉노를 저지할 동맹군을 얻으려 하였다. 소기의 목적은 달성하지 못하였지만, 사막길(비단길)이 개척되어 교통로로 자리 잡는 계기가 되었다.

바로잡기 ① 원, ② 명, ④ 주, ⑤ 당 대에 있었던 사실이다.

089

사마천은 한 무제 때 활동한 인물로, 중국의 신화 시대부터 한 무제 때까지의 역사를 다룬 『사기』를 편찬하였다. 사마천은 흉노와 싸우다 투항한 이릉을 변호하였다가 궁형을 겪었지만, 이를 극복하고 130권의 『사기』를 완성하였다. 후한 초 환관 채륜이 제지술을 개량하였으며, 사막길을 통해 불교가 중국에 전래되었다.

바로잡기 ㄷ. 당 대에 당삼채가 유행하였다. ㄹ. 당 대에 공영달이 훈고학을 집대성한 『오경정의』를 편찬하였다.

090

제시된 문화유산은 북위 때 조성된 윈강 석굴의 대불로, ㉠은 남북조 시대이다. 남북조 시대 북위에서는 부처의 힘을 빌려 황제의 권위를 높이기 위한 대규모 석굴과 불상 조성이 활발하였다. 국가적으로 불교를 지원한 북조에서는 불경을 한자로 번역하였으며 윈강, 룽먼 등지에 거대한 석굴 사원을 만들었다. 한편 이 시기 남조에서는 노장사상과 청담이 유행하였다.

바로잡기 ① 당, ② 송, ③ 청, ④ 명 대의 문화에 대한 설명이다.

091

밑줄 친 '황제'는 북위의 효문제이다. 북위는 초기에 선비족의 기풍을 중시하였으나 효문제 때 수도를 북쪽의 평성(다퉁)에서 한족의 기반이었던 뤄양으로 옮기고, 중국식 통치 제도와 문화를 받아들여 제도를 정비하는 한화 정책을 시행하였다.

바로잡기 ① 광무제는 호족의 지원으로 신을 무너뜨리고 후한을 건국하였다. ③ 당 고종은 신라와 연합해 고구려를 공격하여 멸망시켰다. ④ 한 무제는 관리 추천 방식으로 향거리선제를 마련하였다. ⑤ 수를 건국한 문제는 남북조 시대의 혼란을 수습하였다.

092

(가)는 위·촉·오로 분열되기 이전인 후한, (나)는 5호 16국의 혼란을 수습한 북위, (다)는 남조 왕조 중 하나인 송이다. 국가적으로 불교를 지원한 북조에서는 윈강, 룽먼 등지에 거대한 석굴 사원을 만들었다. 윈강 석굴의 불상은 높이가 14m 정도 되는 큰 규모의 불상으로, 북위 황제의 모습을 본떠 만들었다고 알려져 있다.

바로잡기 ① 위진 남북조 시대 9품중정제의 실시로 대부분 유력한 호족과 중앙의 고위 관리가 높은 관직을 세습하는 문벌 귀족 사회가 형성되었다. ② 수는 9품중정제를 폐지하고 시험으로 관리를 선발하는 과거제를 시행하였다. ④ 거란의 요, 여진의 금, 몽골의 원 등은 고유 문자를 제작하여 사용하였다. ⑤ 북위가 실시한 균전제는 수, 당으로 이어졌다.

093

위진 남북조 시대에는 9품중정제가 시행되었다. 9품중정제는 각 주현에 중정관을 두어 재덕과 명망에 따라 인재를 9품으로 나누어 중앙에 추천하는 제도이다. 원래 향촌의 인재를 선발하기 위한 것이었으나, 점차 중앙의 고위 관리나 지방 유력 호족이 자신의 일족을 추천하면서 능력보다 가문이 중요해졌다. 그 결과 유력한 호족과 고위 관리가 높은 관직을 세습하는 문벌 귀족 사회가 형성되었다.

바로잡기 ① 춘추 전국 시대에 능력에 따른 인재 등용이 이루어지면서 제자백가가 출현하였다. ③ 당 대 공영달이 편찬한 『오경정의』가 과거 시험의 교재로 사용되었다. ④ 광무제는 호족의 지원으로 신을 멸망시키고 후한을 건국하였다. ⑤ 후한 말 호족의 대토지 소유로 생활이 어려워진 농민들이 각지에서 반란을 일으켰고 결국 황건적의 난을 계기로 멸망하였다(220). 이후 중국은 위·촉·오의 삼국으로 분열되었다.

094

북주의 승상이었던 양견(수 문제)은 북주를 무너뜨리고 수를 세운 후, 남조의 진을 멸망시키고 중국을 재통일하였다(589). 그는 9품중정제를 폐지하고 시험으로 관리를 선발하는 과거제를 시행하였다. 또 균전제, 조용조, 부병제를 새롭게 정비하여 국가 재정과 군사력을 강화하였다. 문제의 뒤를 이은 양제는 남과 북을 수로로 연결하는 대운하를 완성하였다. 대운하는 남북 간 경제 통합을 촉진하였다.

바로잡기 ① 진 시황제는 각 제후국에서 사용하던 도전, 포전, 의비전 등의 화폐를 반량전으로 통일하였다. ② 한 무제는 잦은 대외 원정으로 재정이 어려워지자, 소금과 철의 전매제를 시행하여 재정을 확충하고 균수법과 평준법을 실시하여 물가를 조절하였다. ③ 당 대에 공영달은 황제의 명으로 훈고학을 집대성한 『오경정의』를 편찬하였다. ④ 한에서는 향거리선제를 시행하여 관리를 충원하였다. 향거리선제는 지방관과 지방의 유력자가 관내의 인재를 중앙에 추천하여 관료로 선발하는 제도이다.

095

수는 대운하 건설 등 무리한 토목 공사로 인한 백성들의 불만과 대규모 군사를 동원한 고구려 공격이 실패하면서 점차 쇠퇴하였다. 이후 각지에서 반란이 일어나 건국된 지 37년 만에 멸망하였다(618).

바로잡기 ① 황소의 난(875)을 계기로 급격히 쇠퇴한 당은 결국 절도사 주전충에 의해 멸망하였다(907). ② 진은 법가 사상에 따른 가혹한 형벌 집행과 만리장성, 아방궁 등의 대규모 토목 공사로 백성의 불만을 샀다. 진 시황제 사후 진승·오광의 난을 비롯한 반란이 각지에서 일어나 진은 결국 멸망하였다. ③ 후한 말기 환관과 외척의 발호에 정치가 문란해지고 호족의 대토지(장원) 소유가 확대되었다. ④ 당 현종 말년에 절도사인 안녹산과 그의 부하 사사명이 일으킨 반란(안사의 난, 755)은 당을 큰 혼란에 빠뜨렸다. 반란을 진압하면서 중앙 정부가 약화되었고, 지방에서는 절도사가 지배권을 행사하였다.

096

(가)는 조용조, (나)는 양세법에 대한 설명이다. 당은 초기에 농민에게 일정량의 토지를 나누어 주는 균전제를 시행하였다. 균전을 지급받은 성인 남자는 국가에 조용조의 의무를 지고 군대에 동원되었다(부병제). 하지만 안사의 난을 전후하여 균전제가 붕괴되면서 장원제로 바뀌었고 부병제는 모병제로 전환되었다. 위기 극복을 위해 정부는 조용조를 대신하여 양세법을 시행하였다. 양세법은 각종 세금을 재산의 많고 적음에 따라 여름과 가을에 내도록 한 제도이다.

바로잡기 ㄱ. 재산 정도에 따라 세금을 거둔 것은 양세법에 해당한다. ㄷ. 북위에서 처음 시행된 제도는 균전제이다.

097

제시된 자료는 당의 수도 장안의 평면도이다. 당은 외국인에게 개방 정책을 펼쳤기 때문에 수도 장안에는 세계 각지의 상인, 유학생, 유학승이 모여들었다. 또한 조로아스터교(배화교), 마니교, 네스토리우스교(경교) 등 외래 종교가 들어오기도 하였다. 당에서는 755년 절도사인 안녹산과 그의 부하 사사명이 일으킨 안사의 난으로 큰 혼란에 빠졌다.

바로잡기 ① 위진 남북조 시대, ②, ④ 한, ③ 명 대에 있었던 사실이다.

098

일본은 8세기 초 나라 지역에 당의 장안성을 모방한 헤이조쿄(나라)를 세워 수도로 삼았다. 이때부터를 나라 시대라 한다. 이 시기에는 율령제를 토대로 중앙 집권 체제가 강화되면서 도다이사와 같은 대규모 사찰이 건립되었다.

바로잡기 ② 헤이안 시대에 견당사의 폐지와 당과 발해, 신라의 멸망이라는 정세 변화는 대륙과의 교류를 단절시켰다. 이에 일본 고유의 풍토와 기호를 반영한 국풍 문화가 발달하였다. ③ 헤이안 시대에 견당사 파견이 중지되었다. ④ 나라 시대 이전인 7세기 말 '일본'이라는 국호와 '천황'이라는 칭호가 사용되기 시작하였다. ⑤ 헤이안 시대에 한자를 간략하게 고쳐서 만든 가나가 사용되었다.

099

8세기 말 수도를 헤이안쿄(교토)로 옮기면서 약 400년간 헤이안 시대가 지속되었다. 한자를 간략하게 고쳐서 만든 가나가 사용되고 일본 고유의 시인 와카가 발달하였으며, 주택이나 관복 등에도 일본 고유의 특색이 나타났다.

바로잡기 ① 7세기 중반 당에 파견된 견당사를 통해 중국 문물이 수용되면서 다이카 개신이 일어났다. ② 6세기 한반도부터 불교가 전래되었으며, 이후 쇼토쿠 태자의 주도로 일본 최초의 불교문화인 아스카 문화가 발전하였다. ③ 나라 시대 이전인 7세기 말 '일본'이라는 국호와 '천황'이라는 칭호가 사용되기 시작하였다. ⑤ 나라 시대에 역사서인 『고사기』와 『일본서기』, 일본의 고전 시가를 엮은 『만엽집』이 편찬되었다.

100

제시된 자료는 위진 남북조 시대에 시행된 9품중정제와 관련된 것이다. 9품중정제는 각 주현에 중정관을 두어 재덕과 명망에 따라 인재를 9품으로 나누어 중앙에 추천하는 제도이다.

101

위진 남북조 시대의 문벌 귀족은 대토지를 소유하고 중앙 고위 관직을 독점하며 풍요로운 삶을 누렸다.

채점 기준	수준
9품 중정제의 실시로 나타난 사회 변화와 문제점을 모두 서술한 경우	상
9품 중정제의 실시로 나타난 사회 변화만 서술한 경우	중

102

분열된 남북조를 통일한 수는 서쪽에서 동쪽으로 흐르는 중국의 강을 남북으로 잇는 대운하를 건설하고자 하였다. 584년 문제가 광통거를 개통하고, 이어 양제가 대운하를 완성하였다.

103

토목 공사에 동원된 백성들의 불만이 커졌고, 대규모 군사를 동원한 고구려 공격이 실패하면서 수는 점차 쇠퇴하였다. 이후 각지에서 반란이 일어나 건국된 지 37년 만에 수는 멸망하였다(618).

채점 기준	수준
토목 공사, 고구려 원정 실패, 반란을 모두 포함하여 서술한 경우	상
토목 공사, 고구려 원정 실패, 반란 중 두 가지만 포함하여 서술한 경우	중
토목 공사, 고구려 원정 실패, 반란 중 한 가지만 포함하여 서술한 경우	하

적중 1등급 문제

24~25쪽

| 104 ③ | 105 ④ | 106 ⑤ | 107 ③ | 108 ① |
| 109 ② | 110 ① | 111 ① | | |

104 춘추 전국 시대

1등급 자료 분석 춘추 전국 시대의 사회 변화

주나라가 낙읍(뤄양)으로 수도를 옮긴 후 패자들은 주 왕실을 받들고 오랑캐를 물리친다는 명분으로 주변의 제후들과 모임을 자주 가
└ 존왕양이를 명분으로 각축을 벌임
졌다. 이 시기의 중요한 정치 의례였던 이런 모임에서는 노인을 공경하고, 양곡 수입을 막지 말자는 등의 합의가 이루어졌다.

제시문은 춘추 전국 시대의 상황이다. 기원전 8세기 견융족의 침입으로 주가 수도를 낙읍(뤄양)으로 옮긴 이후(동주), 제후들이 득세하는 춘추 전국 시대가 시작되었다. 춘추 시대에는 5패가 존왕양이를 명분으로 각축을 벌였다. 경제적으로는 농업 생산력이 증가하고 상공업과 도시가 발달하면서 도전·포전 등의 화폐가 유통되었다. 또한 관료제가 등장하고 사(士) 계층이 성장하였다.

바로잡기 ㄱ, ㄹ. 한에 대한 설명이다.

105 진의 멸망

> 엄격한 법치를 내세운 진이 시황제 사망 후 얼마 안 되어 멸망한 이유는 무엇인가요?
>
> 법가 사상에 따른 가혹한 형벌 집행, 대규모 토목 공사로 백성의 반발
>
> 진의 가혹한 통치는 ㉠ 농민의 반발을 가져왔고, 결국 진의 멸망을 초래하게 되었습니다.
>
> 통일한 지 15년 만에 멸망(기원전 206)

자료는 진의 중국 통일과 멸망에 대해 토론하는 장면이다. 중국을 최초로 통일한 진의 왕 정은 왕의 칭호를 '황제'로 바꾸고 자신을 스스로 시황제라고 칭하였다. 진 시황제는 군현제를 실시하고, 수도와 지방을 잇는 도로망을 건설하는 등 중앙 집권 체제를 강화하였다. 그러나 진은 법가 사상에 따른 가혹한 형벌 집행과 만리장성, 아방궁 등의 대규모 토목 공사로 백성의 불만을 샀다. 진 시황제의 사후 진승·오광의 난을 비롯한 반란들이 각지에서 일어나 진은 멸망하였다.

바로잡기 ① 875년에 일어난 황소의 난으로 당이 급격히 쇠퇴하였다. ② 184년에 일어난 황건적의 난을 계기로 후한이 멸망하였다. ③ 외척이었던 왕망은 전한을 멸망시키고 신을 건국하였다. ⑤ 755년 당 현종 말년에 절도사인 안녹산과 그의 부하 사사명이 반란을 일으켜(안사의 난) 당은 큰 혼란에 빠지게 되었다.

106 한 무제의 정책

> 두태후(竇太后)가 사망한 이후, 노자와 한비자 등의 주장은 내쳐지고, 수백 명의 유학자와 문인들이 초빙되었다. 이때 황제가 동중서의 건의를 받아들여 유학을 더욱 중시하자, 천하의 많은 학자가 유한 무제는 동중서의 건의를 수용하여 유교를 통치 이념으로 채택하고 유교를 보급하기 위해 오경박사 설치
>
> 학에 쏠리게 되었다. 그 가운데 공손홍은 춘추에 정통하다는 이유로 일약 삼공(三公)의 자리에 올라 평진후로 봉해지기도 하였다.

자료에서 동중서의 건의를 받아들여 유학을 더욱 중시하였다는 점을 통해 밑줄 친 '황제'가 유교 통치 이념을 채택한 한 무제임을 알 수 있다. 한 무제는 대외 정책에 힘써 대규모 군대를 파견하여 남월과 고조선을 멸망시켰다. 북으로는 흉노를 공격하고 서역의 대월지에 장건을 파견하여 흉노를 저지할 동맹군을 얻으려 하였다. 장건의 서역 파견은 소기의 목적은 달성하지 못하였지만, 사막길(비단길)이 개척되어 교통로로 자리 잡는 계기가 되었다.

바로잡기 ① 변경의 방어와 지방 통치를 위해 절도사를 처음 설치한 것은 당 현종이다. ② 수 문제는 9품중정제를 폐지하고 과거제를 통해 관리를 선발하였다. ③ 전한을 무너뜨리고 신을 세운 왕망은 대토지 소유 제한, 노비 매매 금지 등 급진적인 개혁을 추진하였으나 실패하였다. ④ 진 시황제는 분서갱유를 단행하여 법가 이외의 사상을 탄압하고 사상을 통일하려고 하였다.

107 후한 시기의 사실

> (가) 왕실의 외척이 왕위를 찬탈하여 신이라는 왕조를 세우고, 『주례』 왕망 를 모범으로 삼아 토지, 노비, 화폐 등 각종 제도를 개혁하여 유교적 이상 국가를 지향하였다.
>
> (나) 장각 등은 일이 이미 발각된 것을 알고 여러 지역에 명령을 내려 일시에 함께 봉기하도록 하였다. 이들이 모두 황건을 써서 표와 기치로 삼았기 때문에 당시 사람들은 이들을 황건적이라 불렀다. 후한 말 황건적의 난

(가)는 전한의 멸망, (나)는 후한의 멸망 시기를 다루고 있다. 한 무제 사후 외척과 환관의 권력 다툼으로 쇠퇴한 한(전한)은 외척 왕망에 의해 멸망하였다. 왕망은 신 왕조를 세우고 대토지 소유 제한, 노비 매매 금지 등 개혁을 실시하였으나 실패하였다. 곧이어 광무제가 호족의 지원으로 신을 멸망시키고 후한을 세웠지만, 후한 말기 환관과 외척의 발호가 원인이 되어 일어난 황건적으로 난으로 멸망하였다. 반고의 『한서』 편찬은 후한 초의 상황으로 (가), (나) 사이 시기에 해당한다.

바로잡기 ① 위진 남북조 시대에 문벌 귀족들 사이에 청담이 유행하였다. ② 북위 효문제에 대한 설명이다. 효문제는 수도를 북쪽의 평성에서 한족의 기반이었던 뤄양으로 옮기고 한족 성씨 사용과 한족과의 결혼을 장려하였으며 선비족의 복장과 언어 사용을 금지하였다. ④ 전한 무제 시기에 동중서의 건의를 수용하여 유교를 통치 이념으로 채택하였다. ⑤ 진 시황제는 분서갱유를 단행하여 법가 이외의 사상을 탄압하고 사상의 통일을 꾀하였다.

108 수 왕조 시기의 사실

문제가 광통거를 개통하고 양제가 뤄양을 중심으로 남쪽의 여항과 북쪽의 탁군을 연결하여 대운하를 완성

지도의 광통거, 통제거 등을 통해 수가 건설한 대운하임을 알 수 있다. 수는 중국의 강을 남북으로 잇는 대운하를 건설하여 남북 간 경제 통합을 도모하였다. 한편 수 문제는 지방의 인사권을 중앙으로 흡수하여 9품중정제를 폐지하고 시험으로 관리를 선발하는 과거제를 시행하였다.

바로잡기 ② 한, ③, ⑤ 당, ④ 위진 남북조 시대에 해당한다.

109 위진 남북조 시대의 상황

1등급 자료 분석 위진 남북조 시대의 형세

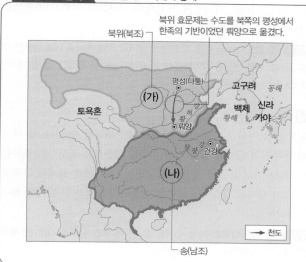

북위 효문제는 수도를 북쪽의 평성에서 한족의 기반이었던 뤄양으로 옮겼다.

북위(북조)

평성(다퉁)

(가)

토욕혼

뤄양

고구려 동해

백제 신라
황해 가야

건강

(나)

→ 천도

송(남조)

중국이 북조와 남조로 분열되어 있고 평성에서 뤄양으로 수도를 천도하였다는 사실을 통해 (가)는 북위임을 알 수 있다. (나)는 같은 시대 존재하였던 남조의 송이다. 북위는 초기에 선비족의 기풍을 중시하였으나 효문제 때 중국식 통치 제도와 문화를 받아들여 제도를 정비하는 한화 정책을 시행하였다. 또한 귀족 사회가 발달한 남조에서는 노장사상과 청담이 유행하였다.

바로잡기 ㄴ. 한 대에 장건이 대월지에 파견되면서 사막길이 교통로로 개척되었다. ㄹ. 당은 외국인에게 개방 정책을 펼쳤기 때문에 수도 장안에는 세계 각지의 상인, 유학생, 유학승이 모여들었다. 또한 조로아스터교, 마니교, 네스토리우스교 등의 외래 종교가 들어오기도 하여 조로아스터교 사원 등도 세워졌다.

110 당 대의 사회 모습

1등급 자료 분석 황소의 난

소금 밀매 상인인 황소와 왕선지가 반란을 일으켰다. 그들은 세력이 강한 절도사와의 대결을 피해 남쪽으로 내려와 광저우를 함락하였고, 광저우에 있던 무슬림, 경교도를 비롯한 수많은 외국인을 살해하고 재물을 약탈하였다. 그리고 수십만 명에 이르는 병력을 이끌고 뤄양과 장안 등을 함락할 정도로 위세를 떨쳤다. 하지만 반란은 정부가 보낸 토벌군에 의해 진압되었다.
└─9세기 후반 황소와 왕선지가 주도하여 일으킨 반란.
황소의 난을 계기로 당은 크게 쇠퇴함

자료는 9세기 후반(875~884)에 일어난 황소의 난에 대한 것이다. 황소의 난은 당 말기에 일어난 대표적인 농민 봉기로 당이 급격히 쇠퇴하여 멸망하는 계기가 되었다. 한편 당에서는 공영달이 『오경정의』를 편찬하여 훈고학을 집대성하였고 현장과 의정 등 불교 승려들이 서역과 인도를 여행하고 견문을 남겼으며, 불교 경전을 들여오기도 하였다. 또한 당 대에는 경교를 비롯한 다양한 외래 종교가 유입되었으며, 이국적 특색의 당삼채가 유행하였다.

바로잡기 ① 태학은 한 무제 때 설립된 교육 기관이다.

111 당 대의 문화 발전

1등급 자료 분석 당 대 국제적 성격의 문화

7세기 이연에 의해 세워진 ○ 왕조는 초기부터 적극적인 대외 정책을 실시하여 동서 교역로를 확보하였다. 사막길, 바닷길 등 교통로를 중심으로 서역 상인들의 왕래가 활발하였고, 중국의 견직물, 도자기, 금은 세공품이 세계로 수출되었다. 또한 수도 장안에는 세계 각지의 상인, 유학생, 유학승이 모여들었다.
└─국제적 성격

당 대에는 국제적 성격의 문화가 발달하였다. 수도 장안에는 불교와 도교뿐 아니라 조로아스터교, 마니교, 네스토리우스교(경교) 등 다양한 종교 사원이 세워졌다. 공예 역시 이러한 경향을 반영하여 화려하고 이국적 특색을 지닌 당삼채가 유행하였다.

바로잡기 ② 아방궁은 진 시황제 때 건설한 궁궐이다. ③ 진 시황제는 문자를 전서체로 통일하였다. ④ 선비족은 5호 16국 시대를 통일하고 북위를 건국하였다. ⑤ 오수전은 한 대에 발행된 화폐이다.

분석 기출 문제

27~31쪽

[핵심 개념 문제]

112 문치주의	113 성리학	114 ○	115 ×	116 ○
117 ○	118 ㉢	119 ㉠	120 ㉡	121 ㉢ 122 ㉡ 123 ㉠
124 ㄴ	125 ㄱ			

126 ③	127 ⑤	128 ③	129 ②	130 ④	131 ④	132 ⑤
133 ①	134 ③	135 ④	136 ①	137 ①	138 ③	139 ③
140 ③	141 ①	142 ②	143 ④	144 ④		

1등급을 향한 서답형 문제

145 사대부 **146** 예시답안 황제가 직접 과거의 최종 시험을 주관하는 전시 제도를 도입하였다. **147** 몽골 제일주의 **148** 예시답안 원은 소수의 몽골인이 정부 고위직을 독점하였으며, 주로 재정 업무를 담당한 서방계의 색목인을 우대하였다. 한편 금의 지배를 받았던 한족이나 기타 민족을 한인, 남송의 지배 아래 있던 한족을 남인으로 분류하여 지배하였다.

126
밑줄 친 '분열기'는 5대 10국 시대이다. 주전충이 당을 멸망시키고 후량을 건국하였다. 이후 화북 지방에 차례로 5개의 왕조가 세워지고 주변에 10여 국의 나라가 난립하는 5대 10국 시대가 전개되었다. 절도사 출신의 무인 조광윤(태조)은 송을 건국하고 5대 10국의 혼란을 수습하였다.
바로잡기 ① 전국 시대, ② 5호 16국 시대, ④ 북위 효문제의 한화 정책, ⑤ 춘추 전국 시대에 대한 설명이다.

127
밑줄 친 '그'는 조광윤이다. 5대 10국의 혼란을 수습한 조광윤(송 태조)은 절도사의 권한을 회수하고 황제 중심의 중앙 집권 체제를 강화하였다. 문치주의 정책을 실시하여 문인의 정치적 권한을 확대하고 중앙군인 금군의 통수권을 황제가 장악하였다.
바로잡기 ① 한 고조는 군현제와 봉건제를 절충한 군국제를 시행하였다. ② 한 무제는 오수전을 주조하여 전국에 유통시켰다. ③ 진 시황제는 분서갱유를 일으켜 사상의 통일을 추구하였다. ④ 수 문제는 9품중정제를 폐지하고 능력에 따라 관리를 선발하는 과거제를 시행하였다.

128
송에서 실시한 문치주의 정책은 국방력의 약화를 초래하였다. 그 결과 북방 민족이 세운 요, 서하, 금 등의 침입을 막기 위해 은과 비단 등을 세폐로 바쳤다.
바로잡기 ① 교초는 원 대에 발행된 지폐이다. ② 균수법은 물가 조절을 위해 한에서 시행한 정책이다. ④ 안사의 난 이후 균전제가 붕괴되고 장원이 확대되었다. 이에 따라 균전제를 기반으로 운영하던 조용조와 부병제를 대신하여 양세법과 모병제를 시행하였다. ⑤ 수·당은 균전제에 기반하여 부병제를 운영하였다.

129
송 태조는 문치주의 정책을 실시하여 문인의 정치적 권한을 확대하

고 중앙군인 금군의 통수권을 장악하였다. 아울러 황제가 직접 과거를 주관하는 전시 제도를 시행하여 관리의 임용에도 황제의 권한을 강화하였다. 이러한 과거제의 개편으로 가문보다 능력을 기반으로 한 사대부 계층이 성장하였다.
바로잡기 ① 절도사는 당 현종 때 변경의 방어와 지방 통치를 위해 마련한 직책으로, 군사·재정·행정을 장악하면서 그 세력이 급격히 커졌다. ③ 명 대, ④ 한 대, ⑤ 원 대의 상황이다.

130
거란(요)과 고려의 존재를 통해 ㉠은 송임을 파악할 수 있다. 송 태조는 황제 중심의 강력한 중앙 집권 체제를 바탕으로 절도사의 권한을 대폭 약화시키고 문인이 국정을 담당하는 문신 관료 체계를 구축하였다. 또한 황제에 직속되는 금군을 강화하여 황제가 군에 대한 통수권을 장악하였다.
바로잡기 ① 위진 남북조 시대, 수, 당, ② 수, ③ 위진 남북조 시대, ⑤ 북위 효문제에 대한 설명이다.

131
제시된 지폐는 남송 시기에 발행된 회자이다. 송 대에 이앙법이 보급되고 참파 벼가 도입되는 등 농업 생산력이 증대되면서 상업이 발달하였고 화폐 사용이 증가하였다. 동전의 주조량이 늘어났으며, 교자와 회자 등의 지폐도 만들어 유통하였다. 화폐의 보급은 상업을 더욱 발전시켰으며 농촌에서도 화폐가 사용되어 농산물이 상품화되는 데 이바지하였다.
바로잡기 ① 청, ② 명, ③ 한, ⑤ 명·청 대의 경제 상황이다.

132
㉠은 사대부이다. 송 태조는 문치주의 정책을 실시하여 문인의 정치적 권한을 확대하였다. 아울러 황제가 직접 과거를 주관하는 전시 제도를 시행하여 관리의 임용에도 황제의 권한을 강화하였다. 이러한 과거제의 개편으로 가문보다 능력을 기반으로 한 사대부 계층이 성장하였다.
바로잡기 ① 문벌 귀족, ② 원 대 색목인에 대한 설명이다. ③ 송, 원, 명, 청에서는 경제가 성장하여 도시 인구가 늘어났으며 경제력을 갖춘 서민 계층이 문화의 주 소비층으로 성장하였다. ④ 한 대 호족에 대한 설명이다.

133
밑줄 친 '신유학'은 성리학이다. 남송 대 주희가 집대성한 성리학은 우주의 원리와 인간의 심성 탐구에 집중하였으며 유교 윤리를 바탕으로 군신, 부자 간에 지켜야 할 도리와 대의명분을 중시하였다. 또한 북방 민족과 대치하는 과정에서 한족의 우월성을 내세우는 화이론을 강조하였다.
바로잡기 ② 북위 효문제의 한화 정책에 대한 설명이다. ③ 귀족 사회가 발달한 남조에서는 노장사상과 청담이 유행하였다. 이에 영향을 받아 속세에서 벗어나 자연과 더불어 살기를 원하는 죽림칠현이 등장하였다. ④ 위진 남북조 시대, 수, 당 대 귀족 문화에 대한 설명이다. ⑤ 위진 남북조 시대 이후 문벌 귀족 중심의 사회가 형성되면서 귀족 문화가 발달하였다.

134
밑줄 친 '그'는 왕안석이다. 송은 요, 서하 등의 침입을 막기 위해 막

대한 전쟁 비용이 들었고, 이들에게 은과 비단 등을 세폐로 바쳐 재정이 악화되었다. 이에 신종은 왕안석을 등용하여 국방력 강화와 재정 수입 확대를 위한 개혁(신법)을 추진하였다. 신법에는 소상인들에게 싼 이자로 자금을 빌려주는 시역법, 농가에서 사육하는 말을 전쟁에 동원하는 보마법 등이 포함되었다.

바로잡기 ㄱ. 회자는 남송 시기에 발행된 지폐이다. 왕안석은 북송 시기에 신법을 추진하였던 인물이다. ㄹ. 한의 외척이었던 왕망은 신 왕조를 세우고 대토지소유 제한, 노비 매매 금지 등 급진적인 개혁을 실시하였으나 실패하였다.

135

서하의 존재와 연운 16주 등을 통해 (가)는 요, (나)는 송임을 알 수 있다. 만리장성 이남의 연운 16주를 차지한 요는 송과 전연의 맹약을 체결하고 송으로부터 막대한 세폐를 받았다. 이로 인해 재정이 부족해진 송에서는 왕안석의 신법이 추진되었다.

바로잡기 ① 서하, ② 금(여진), ③ 청, ⑤ 명에 대한 설명이다.

136

제시된 자료는 금에서 시행한 맹안 모극제와 주현제이다. 12세기 아구다는 여진족을 통합하여 금을 건국하였다. 금은 송과 연합하여 요를 멸망시킨 후 송의 수도 카이펑을 함락하여 화북 지방을 통치하였다. 이에 송은 임안으로 수도를 옮기고, 금에 세폐를 제공하는 조건으로 화친을 맺었다.

바로잡기 ②, ③ 원, ④ 북위에 대한 설명이다. ⑤ 누르하치가 여진족을 통일하고 후금을 세웠다.

137

서하와 고려의 존재, 화북 지방을 차지하고 있는 (가)의 영역 등을 통해 (가)는 금, (나)는 남송임을 알 수 있다. 금은 부족의 전통을 보호하기 위해 여진 문자를 사용하였고, 여진족은 맹안 모극제, 한족은 주현제를 통해 다스렸다.

바로잡기 ② 원은 몽골 제일주의에 따라 여러 민족을 구분하여 통치하였다. 한족은 한인과 남인으로 구분되어 피지배층을 형성하였으며, 그중 남인은 가장 심한 차별을 받았다. ③ 금은 부족민에 대해 맹안 모극제를 실시하였다. ④ 북송 때 신종은 왕안석을 등용하여 국방력 강화와 재정 수입 확대를 위한 개혁(신법)을 추진하였다. ⑤ 원에서는 색목인들이 상업과 회계 등 재정 관리 분야에서 주로 활약하였다.

138

정복 왕조란 유목 국가가 중국의 일부나 전체를 정복하고 세운 요, 금, 원, 청 왕조를 가리킨다. 이들은 중국 문화에 동화되는 것을 방지하기 위해 민족적 정체성을 유지하려고 노력하였다. 이러한 노력의 하나로 거란, 금, 서하 모두 고유 문자를 제작하였다.

바로잡기 ① 절도사 주전충은 당을 멸망시키고 후량을 건국하였다. ② 원 대에는 바닷길을 통해 인도양을 거쳐 아라비아반도, 아프리카 동부에 이르는 교역이 이루어졌다. 바닷길을 통한 교역이 활발해지면서 항저우, 취안저우 등에 설치된 시박사가 대외 무역 사무를 담당하였다. ④ 북위는 효문제 때 수도를 북쪽의 평성(다퉁)에서 한족의 기반이었던 뤄양으로 옮기고, 중국식 통치 제도와 문화를 받아들여 제도를 정비하는 한화 정책을 시행하였다. ⑤ 당은 광대한 영역을 통치하기 위해 직접 지배하기 어려운 주변 민족을 간접적으로 통치하는 기미 정책을 실시하였다.

139

(가)는 색목인이다. 원은 몽골 제일주의에 따라 여러 민족을 구분하여 통치하였다. 몽골인은 최상층으로 국가의 중요 정책과 행정을 담당하였으며, 색목인은 대부분 상업과 회계 등 재정 관리 분야에서 활약하였다. 한인과 남인은 피지배층을 형성하였으며, 그중 남인은 가장 심한 차별을 받았다.

바로잡기 ① 몽골 제일주의에서는 몽골인이 최고 고위직을 독점하였다. ② 금 지배하의 한족, 여진족, 거란족, 고려인이 한인으로 구성되었다. ④, ⑤ 송 대 사대부에 대한 설명이다.

140

동아시아에서 서아시아 일대까지 포함된 최대 영역을 통해 (가) 제국은 몽골 제국임을 알 수 있다. 원에서는 서민 문화가 발달하였다. 도시민들이 연극 공연을 즐겨 『비파기』, 『서상기』 등의 원곡(희곡)이 인기를 끌었는데, 그 내용은 서민들의 이야기를 담은 것이 많았다.

바로잡기 ① 후한 말 혼란한 상황 속에서 태평도와 오두미도가 출현하였다. ② 송 대에 사마광의 『자치통감』이 편찬되었다. ④ 당 대에 외국인을 대상으로 빈공과가 시행되었다. ⑤ 송 대에 주희가 성리학을 집대성하였다.

141

이탈리아 베네치아 출신의 상인 마르코 폴로는 쿠빌라이 칸의 환대 속에서 17년 동안 중국 각지를 여행하였다. 그가 몽골 제국과 인도 등을 여행하며 보고 들은 풍습, 문화 등의 내용이 『동방견문록』으로 출판되었다.

바로잡기 ② 당 대에 동서 교역로의 발달에 힘입어 현장, 의정과 같은 불교 승려들이 서역과 인도를 여행하고 견문록을 남겼으며, 불교 경전을 들여오기도 하였다. ③ 당의 수도 장안에는 조로아스터교(배화교), 네스토리우스교(경교) 등 외래 종교의 사원이 있었다. ④ 대진 경교 유행 중국비는 대진사에서 발굴된 비석으로, 당 대 네스토리우스교(경교)의 전파 상황을 알 수 있다. ⑤ 일본 나라 시대에 당의 수도 장안을 모방한 헤이조쿄가 건설되었다.

142

모로코 출신의 여행가 이븐 바투타는 25년 동안 알렉산드리아, 예루살렘, 바그다드, 델리, 취안저우 등을 여행하고 이를 기록하여 『여행기』로 남겼다. 이 시기 라마교 승려 파스파는 몽골 문자(파스파 문자)를 제작하였다.

바로잡기 ① 오수전은 한 무제 때 주조되어 전국에 유통되었고 당 초기에 폐지되었다. ③ 위진 남북조 시대에 시행된 9품중정제와 관련된 모습이다. ④ 진시황제 사후 진승·오광의 난을 비롯한 반란이 각지에서 일어나 진은 결국 멸망하였다. ⑤ 당 대 동서 교역로의 발달에 힘입어 현장은 인도를 방문하고 『대당서역기』를 남겼다.

143

12세기 말, 미나모토노 요리토모가 가마쿠라 막부를 세웠다. 천황에게서 쇼군으로 임명된 그는 무사의 토지 지배권을 보장하고 충성을 약속받음으로써 주군과 가신의 관계를 맺어 봉건제를 성립시켰다. 쇼군은 치안 유지와 장원 관리 등 그 지방의 실질적인 지배를 가신인 무사에게 맡겼다.

바로잡기 ① 쇼토쿠 태자는 야마토 정권 시기의 인물이다. 쇼토쿠 태자의 주도로 일본 최초의 불교문화인 아스카 문화가 발전하였다. ② 7세기 말에 '일본'이라는 국호가 처음 사용되기 시작하였다. ③ 3세기 말에서 4세기 초에 일본 최초의 통일 세력인 야마토 정권이 성립되었다. ⑤ 나라 시대에 역사서인 『고사기』와 『일본서기』 일본의 고전 시가를 엮은 『만엽집』이 편찬되었다.

144

몽골, 고려 연합군의 일본 침략과 무로마치 막부 성립 직후 전개된 남북조 시대 사이의 상황을 고르는 문제이다. 두 차례의 전란과 전시 체제가 장기간 이어지면서 무사들의 경제적 부담이 커졌다. 이에 따라 이들을 기반으로 유지된 가마쿠라 막부는 약화되었고 결국 막부 타도를 내건 천황과 유력 무사들의 봉기로 가마쿠라 막부는 붕괴되었다. 이후 친정을 실현하려는 천황과 무사 세력의 중심으로 성장한 아시카가 다카우지가 내세운 천황이 대립하는 남북조 시대가 전개되었다.

바로잡기 ① 나라 시대와 헤이안 시대 중엽까지 견당사가 파견되었다. ② 나라 시대에 중앙 집권 체제가 강화되면서 도다이사와 같은 대규모 사찰이 건립되었으며, 견당사와 견신라사를 통해 대륙의 문물이 활발하게 유입되었다. ③ 645년 군주 중심의 정치 체제를 지향하는 다이카 개신이 단행되었다. ⑤ 8세기 말 수도를 헤이안쿄(교토)로 옮기면서 약 400년간 헤이안 시대가 지속되었다.

145

송은 문치주의 정책을 실시하여 문인의 정치적 권한을 확대하였다. 전시 제도의 도입과 과거제의 개편으로 가문보다 능력을 기반으로 한 사대부 계층이 성장하였다. 이에 따라 송 대에는 유교적 소양을 바탕으로 관료가 된 사대부 계층을 중심으로 학문과 사상이 발전하였다.

146

송 태조는 황제가 직접 과거를 주관하는 전시 제도를 시행하여 관리의 임용에도 황제의 권한을 강화하였다. 전시 결과에 따라 관직이 주어졌고 이후 승진에도 많은 영향을 끼쳤기 때문에 전시는 관료 지망생들로부터 황제에 대한 충성을 유도하는 기능을 하였다.

채점 기준	수준
황제가 직접 전시를 주관하였다는 내용을 포함하여 서술한 경우	상
과거제에 전시 제도를 도입하였다는 내용만 서술한 경우	중

147

원은 몽골 제일주의의 원칙에 따라 민족 차별 정책을 실시하여 몽골인과 색목인을 우대하고 한인과 남인은 차별하였다.

148

원에서는 몽골인이 최상층으로 국가의 중요 정책과 행정을 담당하였으며, 색목인은 대부분 상업과 회계 등 재정 관리 분야에서 활약하였다. 한인과 남인은 피지배층을 형성하였으며, 그중 남인은 가장 심한 차별을 받았다.

채점 기준	수준
몽골인, 색목인, 한인과 남인의 역할을 포함하여 원의 중국 지배 정책을 서술한 경우	상
몽골 제일주의에 따라 차별하였다고만 서술한 경우	중

149 ④	150 ④	151 ①	152 ③	153 ④
154 ⑤	155 ①	156 ④		

149 송 왕조의 정치

1등급 자료 분석   송의 영토

송의 국방력이 약화된 틈을 타 거란, 탕구트, 여진 등 북방 민족이 송을 압박함

지도에서 (가)의 주변국에 서하, 거란(요), 고려 등이 존재하고 있는 것을 통해 (가) 왕조가 송임을 알 수 있다. 송을 건국한 태조는 황제 중심의 중앙 집권 체제를 강화하였다. 문치주의 정책을 실시하여 문인의 정치적 권한을 확대하고 중앙군인 금군의 통수권을 황제가 장악하였다. 아울러 황제가 직접 과거를 주관하는 전시 제도를 시행하여 관리의 임용에도 황제의 권한을 강화하였다.

바로잡기 ① 탕구트족은 1038년에 서하를 세우고 송을 압박하였다. ② 원 대에 라마교 승려 파스파는 몽골 문자(파스파 문자)를 만들었다. ③ 여진족이 세운 금은 맹안 모극제를 시행하였다. ⑤ 화폐를 반량전으로 통일한 것은 진시황제이다.

150 송 대 주변 국가들의 상황

1등급 자료 분석   송 대 문치주의 정책

> 황제 : 수십 년 동안 왕조가 대략 10번 정도 바뀌었다. 나는 천하의
>   └5대 10국 시대   └송 태조 조광윤
>   병란을 수습하고 국가를 오래 이끌고 갈 계획을 세우고 싶은
>   데 그 방법은 무엇인가?
> 조보 : 그동안 전쟁이 그치지 않고 나라가 불안정한 이유는 절도사
>   의 힘이 커서 군주가 약하고 신하가 강하기 때문입니다. 따
>   라서 절도사의 권력을 빼앗고 재산을 제어하고, 병력을 거두
>   어들이면 천하는 저절로 안정될 것입니다.

송 태조는 문치주의 정책을 실시하여 문인의 정치적 권한을 확대하고, 절도사의 권한을 회수하였다. 당시 북방에는 거란이 요를 건국하고 연운 16주를 차지하고 있었다. 연운 16주는 5대 10국 시대에 거란이 후진의 석경당을 도운 대가로 차지한 지역이다.

바로잡기 ①, ③ 원, ② 위진 남북조 시대, ⑤ 수·당 대에 볼 수 있었던 모습이다.

151 거란(요)의 활동

1등급 자료 분석 **북면관제·남면관제**

> 이 왕조는 중국의 일부를 다스리게 되어 관제를 남과 북으로 나누
> └ 연운 16주를 차지한 거란(요)은 북면관제와 남면관제를 통해
>   유목민과 한족을 나누어 통치
> 었다. 유목 민족은 고유의 제도로 다스리고, 한인에게는 중국의 제
> 도를 적용하였다. …… 북면관은 궁장(宮帳)·부족·속국의 일을, 남
> 면관은 한인의 주현·조세·군마의 일을 관장하였다.

자료에서 중국의 일부를 차지하였다는 점, 북면관과 남면관을 두고 있는 점 등을 통해 밑줄 친 '이 왕조'가 거란(요)임을 알 수 있다. 야율아보기는 거란족을 통합하여 요를 세우고, 926년 발해를 멸망시켜 세력을 확장하였다. 만리장성 이남의 연운 16주를 차지한 요는 송과 전연의 맹약을 체결하고, 송으로부터 막대한 세폐를 받았다. 요는 이중 지배 체제인 북면관제·남면관제를 시행하여 북방 민족과 한족을 나누어 다스렸다.

바로잡기 ② 당, ③ 송, ④ 여진(금), ⑤ 몽골(원)에 해당한다.

152 왕안석의 개혁

1등급 자료 분석 **왕안석의 개혁 정치 실시 배경**

- 문치주의 정책으로 국방력이 약화된 송은
  평화를 위해 요, 서하 등에게 세폐를 줌

요, 서하 등과의 전쟁으로 군사력이 약화되고 재정이 어려워졌으니, 이를 해결할 좋은 방도가 없겠소?

폐하, 농민을 민병으로 양성하는 보갑법과 농가에서 병마를 기르게 하는 보마법 등 신법을 시행하십시오.

송의 문치주의 정책은 국방력의 약화를 초래하였다. 북방 민족이 세운 요, 서하 등의 침입을 막기 위해 막대한 전쟁 비용이 들었고, 이들에게 은과 비단 등을 세폐로 바쳐 재정이 악화되었다. 이에 신종은 왕안석을 등용하여 국방력 강화와 재정 수입 확대를 위한 개혁(신법)을 추진하였다.

바로잡기 ① 당, ② 춘추 전국 시대, ④ 요(거란), ⑤ 원 대의 사실이다.

153 쿠빌라이의 업적

1등급 자료 분석 **쿠빌라이의 대도 천도**

> 그는 자신의 세력 근거지인 금련천 일대에 새로운 성을 쌓고, 황제
> 로 즉위한 후 이곳을 상도(上都)로 승격시켰다. 이후 황제는 옛 왕
> 조의 수도였던 중도(中都) 부근에 새로운 도성을 쌓고 이를 대도(大
> 都)라고 불렀다. 대도에는 종묘와 궁전을 마련하여 명실공히 왕조
> └ 쿠빌라이 칸은 즉위 후 대도를 새로운 수도로 삼고 국호를 '원'으로 정함
> 의 중심지가 되었고, 상도는 역대 군주들이 피서를 겸하여 정무를
> 돌보는 역할을 하였다.

자료에서 중도 인근에 도성을 쌓고 대도라고 부르게 했다는 점 등을 통해 밑줄 친 '황제'가 몽골 제국의 쿠빌라이 칸임을 알 수 있다. 쿠빌라이 칸은 대도를 수도로 삼고 국호를 '원'으로 정하였으며 남송의 수도 임안(항저우)을 점령하여 중국 전역을 장악하였다.

바로잡기 ① 한 무제, ② 북위 효문제, ③ 금의 아구다(태조), ⑤ 신의 왕망에 해당한다.

154 몽골 제국 시기의 경제

1등급 자료 분석 **몽골 제국 시기의 상황**

> 1모둠 : 정치 – 대도를 수도로 정한 배경을 살펴본다.
> └ 쿠빌라이 칸은 카라코룸에서 대도로 천도
> 2모둠 : 경제 – _____(가)_____
> 3모둠 : 사회 – 색목인과 남인의 사회적 지위를 비교한다.
> └ 주로 서역인으로 상업과 회계 등 재정 관리 분야에서 활약
> 4모둠 : 문화 – 수시력이 제작된 과정을 조사한다.
> └ 이슬람의 영향을 받아 제작

제시된 내용은 원에 대한 것이다. 원의 쿠빌라이 칸은 수도를 대도(베이징)로 옮긴 후 남송을 멸망시키고 중국의 전역을 장악하였다. 몽골 제일주의에 따라 한족에 대한 차별 정책을 전개하였으며, 이슬람의 영향을 받아 『수시력』을 편찬하였다. 경제적으로 지폐인 교초를 만들어 전국에 유통하였다.

바로잡기 ① 북송, ② 진, ③ 안사의 난 이후의 당과 관련된 탐구 활동이다. ④ 수 대에 균전제, 조용조, 부병제가 정비되었고, 이를 당이 이어받았다.

155 몽골 제국

1등급 자료 분석 **몽골 제국의 동서 교류**

> 랍반 사우마는 이 제국에서 활동한 네스토리우스교 사제였다. 그는
> └ 몽골 웅구트 부족민이자 네스토리우스파 크리스트교도로
>   13세기 후반에 대도를 떠나 유럽을 여행
> 대원 울루스의 대도를 출발하여 이듬해 훌라구 울루스에 도착하였
> 다. 맘루크 왕조를 견제하기 위해 유럽과 동맹을 추진하던 훌라구
> 울루스의 칸은 그를 로마, 파리 등지에 파견하였다. 랍반 사우마의
> 유럽 여행은 울루스들의 느슨한 연합체인 이 제국의 유라시아 연결
> 망이 있었기 때문에 가능하였다.

자료에서 대도를 출발하여 훌라구 울루스에 도착하였다는 점, 울루스들의 느슨한 연합체라는 점 등을 통해 밑줄 친 '이 제국'이 몽골 제국임을 알 수 있다. 몽골 제국에서는 교초가 통용되었고 제국 전역에 역참이 설치되었다.

바로잡기 ② 금, ③ 한, ④ 송, ⑤ 거란(요)에 해당한다.

156 가마쿠라 막부의 특징

1등급 자료 분석 **몽골군의 일본 침략**

> 11월 20일에 몽골군은 배에서 내려 말을 타고 깃발을 높이 내걸고
> 쳐들어왔다. …… 몽골군의 화살은 짧으나 화살촉에 독이 발라져
> └ 가마쿠라 막부 때 몽골군은 고려군과 함께 일본을 침략
> 있어 맞으면 모두 독에 당하지 않은 자가 없었다. 막부의 무사들이
> 전열을 가다듬어 쳐들어가면 그 가운데를 물려 양쪽 끝에서 포위하
> 여 남김없이 도륙하였다.

밑줄 친 '막부'는 13세기 후반 두 차례에 걸쳐 몽골의 침입을 받은 가마쿠라 막부이다. 가마쿠라 막부는 12세기 말, 미나모토노 요리토모가 세운 최초의 막부이다. 천황에게서 쇼군으로 임명된 미나모토노 요리토모는 무사의 토지 지배권을 보장하고 충성을 약속받음으로써 주군과 가신의 관계를 맺어 봉건제를 성립시켰다.

바로잡기 ① 가마쿠라 막부 붕괴 이후의 상황이다. 가마쿠라 막부 이후 친정을 실현하려는 천황과 무사 세력의 중심으로 성장한 아시카가 다카우지가 내세운 천황이 대립하는 남북조 시대가 전개되었다. ② 헤이안 시대 때 견당사 파견이 중지되었다. ③ 헤이조쿄를 수도로 삼았던 시대는 8세기 나라 시대이다. ⑤ 7세기 말에는 '일본'이라는 국호와 '천황'이라는 칭호가 사용되기 시작하였다.

분석 기출 문제

35~39쪽

[핵심 개념 문제]

157 홍무제	158 만한 병용제		159 ×	160 ◯	161 ◯
162 ㉠	163 ㉢	164 ㉡	165 ㉣	166 ㉡	167 ㉠	168 ㉠
169 ㄴ	170 ㄱ					

171 ①	172 ⑤	173 ④	174 ②	175 ④	176 ③	177 ⑤
178 ⑤	179 ①	180 ②	181 ⑤	182 ②	183 ④	184 ②
185 ①	186 ③	187 ②	188 ④	189 ③	190 ⑤	191 ⑤

1등급을 향한 서답형 문제

192 ㉠ 어린도책, ㉡ 부역황책   **193** 예시답안 홍무제는 한족 문화 부흥을 위해 학교를 세우고 과거제를 정비하였으며, 육유를 반포하여 백성을 교화하고자 하였다.   **194** 산킨코타이제   **195** 예시답안 산킨코타이제에 따른 다이묘의 정기적인 에도 왕래는 전국적인 도로망의 발달과 문화 교류를 활성화시켜 상업 발달에 영향을 주었다.

171

밑줄 친 '그'는 명을 건국한 홍무제이다. 홍건적의 난을 계기로 주원장(태조 홍무제)은 난징을 중심으로 명을 건국하였다(1368). 이어 몽골 세력을 초원 지역으로 내쫓아 한족 왕조를 부활시켰다. 홍무제는 유교 중심의 한족 문화 부흥을 추진하여 육유를 반포하고 과거제를 정비하였다. 한편 홍무제는 원 말 황폐해진 농촌을 재건하기 위해 지방의 농민을 이갑제로 편제하였다.

바로잡기 ② 일조편법은 명 말기에 시행된 조세 제도이다. ③ 수는 중앙 관제로 3성 6부제를 두었고, 이를 당이 이어받았다. ④ 한 대에 오수전이라는 표준화된 화폐가 주조되어 전국에 유통되었다. ⑤ 송의 태조는 과거에 최종 시험으로 전시를 도입하였다.

172

명의 홍무제는 원 말 황폐해진 농촌을 재건하기 위해 지방의 농민을 이갑제로 편제하였으며, 토지 대장(어린도책)과 호적(부역황책)을 정비하여 조세와 역을 관리하였다. 또한 유교 중심의 한족 문화 부흥을 추진하여 호복과 변발을 금지하는 한편, 학교를 세우고 과거제를 정비하였다.

바로잡기 ① 한 고조는 봉건제와 군현제를 절충한 군국제를 시행하였다. ② 명의 장수였다가 청에 항복한 뒤 번왕에 봉해진 삼번의 세력이 강해지자, 강희제는 번을 취소하는 명을 내렸고 이에 반발한 오삼계 등이 삼번의 난을 일으켰다. ③ 수는 9품중정제를 폐지하고 과거제를 실시하였다. ④ 문치주의로 국방력이 약해진 송은 북방 민족의 침입을 막기 위해 막대한 전쟁 비용이 들었고, 이들에게 은과 비단 등을 세폐로 바쳐 재정이 악화되었다. 이에 신종은 왕안석을 등용하여 국방력 강화와 재정 수입 확대를 위한 개혁(신법)을 추진하였다.

173

명의 영락제는 자금성을 건설하고 수도를 베이징으로 옮겨 명의 전성기를 이룩하였다. 자금성은 영락제가 건설한 세계 최대 규모의 궁궐로 명·청 왕조의 권위를 상징하고 있다. 베이징은 천도 이후 명·청

대 중심 도시로 자리매김하였다.

바로잡기 ① 난징은 명의 건국 당시 수도이다. ②, ⑤ 항저우와 취안저우는 원 대 시박사가 설치된 지역이다. ③ 카이펑은 송의 수도로, 인구 100만 명이 넘는 대도시였다.

174

㉠은 명의 영락제이다. 영락제는 환관 정화에게 대규모 항해를 명하여 조공 체제의 확대를 시도하였다. 내부적으로는 재상제 폐지를 보완하기 위해 황제를 보좌하는 내각 대학사를 설치하였다.

바로잡기 ① 진 시황제, ③ 원, ④ 원 쿠빌라이 칸, ⑤ 명 홍무제와 관련된 설명이다.

175

명의 영락제는 환관 정화에게 대규모 항해를 명하여 조공 체제의 확대를 시도하였다. 정화는 1405년 첫 항해를 시작으로 총 7차례의 대항해를 실시하였다. 난징을 출발한 정화는 인도양을 넘어 아프리카까지 항해하였다. 그 결과 명은 30여 개의 국가로부터 새롭게 조공을 받고, 많은 나라와 교류하게 되었다. 명의 위세를 주변 국가에 과시하기 위해 시작된 이 항해는 명을 중심으로 한 책봉·조공 체제 확립에 기여하였다.

바로잡기 ① 몽골의 침입 이후 일본의 상황이다. 두 차례의 전란과 전시 체제가 장기간 이어지면서 무사들의 경제적 부담이 커졌다. 이들을 기반으로 유지되던 가마쿠라 막부는 약화되었고 결국 천황과 유력 무사들의 봉기로 가마쿠라 막부는 붕괴되었다. ② 청은 타이완의 반청 세력을 평정한 후 해금 정책을 해제하였다. 상인의 해외 진출을 허용하는 한편, 유럽 상인에게는 광저우에 설치된 공행을 통해서만 교역을 허용하였다. ③ 당은 외국인에게 개방 정책을 펼쳤기 때문에 수도 장안에는 세계 각지의 상인, 유학생, 유학승이 모여들었다. 또한 조로아스터교(배화교), 마니교, 네스토리우스교(경교) 등 외래 종교가 들어오기도 하였다. ⑤ 명·청 시기에 신대륙에서 고구마·감자 등의 새로운 작물이 들어와 식량 생산에 크게 이바지하였다.

176

영락제 사후 명의 북쪽에서는 몽골이, 남쪽에서는 왜구가 자주 침입하였고(북로남왜), 환관이 득세하면서 명은 쇠퇴하였다. 명 말기 이갑제가 무너지면서 내각 대학사 장거정은 일조편법을 전국적으로 확대하는 등 개혁을 추진하였으나 국력은 회복되지 못하였다.

바로잡기 ① 송은 요, 서하 등의 침입을 막기 위해 막대한 전쟁 비용이 들었고, 이들에게 은과 비단 등을 세폐로 바쳐 재정이 악화되었다. 이에 신종은 왕안석을 등용하여 국방력 강화와 재정 수입 확대를 위한 개혁(신법)을 추진하였다. ③ 한의 무제는 북으로는 흉노를 공격하고 서역의 대월지에 장건을 파견하여 흉노를 저지할 동맹군을 얻으려 하였다. ④ 원의 쿠빌라이 칸은 수도를 대도(베이징)로 옮긴 후 남송을 멸망시키고 중국의 전역을 장악하였다. ⑤ 북위는 효문제 때 중국식 통치 제도와 문화를 받아들여 제도를 정비하는 한화 정책을 시행하였다. 그 결과 호한 융합이 이루어졌다.

177

밑줄 친 '우리 왕조'는 청이다. 청의 강희제 때에는 시베리아에 진출한 러시아와 네르친스크 조약을 체결하여 국경을 확정하였다. 당시 러시아는 표트르 대제 통치 시대였다. 이 시기 상인들은 동업 조합(공소), 동향 조합(회관)을 세워 자신의 이익을 지키기 위해 노력하였다.

바로잡기 ① 원, ② 춘추 전국 시대, ③ 수, 당, ④ 송 대에 대한 설명이다.

178

티베트, 신장 등이 포함되어 있고, 네르친스크 조약의 국경이라는 표현을 통해 (가)는 청임을 알 수 있다. 건륭제는 주변 지역을 정복하고 최대 영토를 확보하여 오늘날 중국 영토의 윤곽을 형성하였다. 청은 티베트·몽골·신장 등 주변부와 소수 민족은 토착 지배자를 이용하는 간접 지배를 시행하였다. 또한 유교 문화를 존중하여 과거제를 그대로 시행하고, 중요 관직에 만주족과 한족을 함께 임명(만한 병용제)하였다.

바로잡기 ㄱ. 원 제국은 파스파 문자를 제작하여 고유문화를 지키려 하였다. ㄴ. 금은 유목민은 맹안 모극제로, 농경민은 주현제로 통치하였다.

179

제시된 자료는 청에서 실시한 변발에 대한 내용이다. 청은 중국을 통치하며 한족에게 강압책과 회유책을 함께 썼다. 만주족의 변발과 호복을 강요하고, 만주족을 비난하거나 오랑캐로 여기는 서적을 모두 금서로 지정하는 등 가혹한 탄압(문자의 옥)을 하였다.

바로잡기 ① 곽수경이 이슬람 역법의 영향을 받아 『수시력』을 제작한 것은 원 대의 상황이다.

180

제시된 자료는 고위 관직에 한족과 만주족을 함께 임명하는 만한 병용제에 대한 것이다. 청은 중국을 통치하며 한족에게 강압책과 회유책을 함께 썼다. 만주족의 변발과 호복을 강요하고, 만주족을 비난하거나 오랑캐로 여기는 서적을 모두 금서로 지정하는 등 가혹한 탄압(문자의 옥)을 하였다. 동시에 유교 문화를 존중하여 과거제를 그대로 시행하고, 중요 관직에 만주족과 한족을 함께 임명하였다(만한 병용제). 또한 지배층이었던 신사층의 특권을 인정하여 사회의 안정을 꾀하였다.

바로잡기 ① 금은 부족의 전통을 보호하기 위해 여진 문자를 사용하였고, 여진족은 맹안 모극제, 한족은 주현제를 통해 다스렸다. ③ 진 시황제는 흉노를 북방으로 밀어내고 만리장성을 축조하였다. ④ 당은 초기에 정복 지역의 우두머리를 도독에 임명하여 자치를 맡기고 중앙에서 도호부를 설치하여 감독하도록 하였다가 당 현종 때 절도사를 설치하였다. ⑤ 쿠릴타이는 몽골인의 부족장 회의 제도로 '칸'을 추대하고 국가의 주요 사항을 만장일치로 결정하였다.

181

제시문은 청 건륭제에 대한 설명이다. 건륭제는 영국의 매카트니 사절단이 요청한 무역 확대를 거부하였다. 한편 몽골, 신장, 티베트 등 주변 지역을 정복하고 최대 영토를 확보하여 오늘날 중국 영토의 윤곽을 형성하였다.

바로잡기 ① 청 옹정제, ② 청 강희제, ③ 후금 누르하치, ④ 명 홍무제에 대한 설명이다.

182

밑줄 친 '이들'은 신사이다. 명·청 시대에는 신사가 지배층을 형성하였다. 신사는 전·현직 관리를 포함하여 주·부·현의 공립학교 학생과 졸업생 등 관직에 나갈 수 있는 자격을 갖춘 계층이었다. 그러나 과거 응시 자격자가 증가하고 경쟁이 치열해지자 관직 진출을 포기하고 향촌 사회에서 백성 교화, 치안 유지, 공공사업, 세금 징수 등에 참여하는 신사가 늘어났다. 신사는 요역 면제, 조세 감면, 가벼운 범죄에 대한 처벌 면제 등의 특권을 가졌다.

(바로잡기) ① 원의 색목인에 대한 설명이다. ③ 위진 남북조 시대 지방 세력들은 9품중정제를 이용하여 중앙 관리가 되었다. ④ 향거리선제는 한에서 시행한 관리 추천 제도이다. ⑤ 전국 시대의 혼란을 배경으로 제자백가가 출현하였다.

183

제시된 자료는 청 대에 시행된 지정은제에 대한 설명이다. 청 대에는 세제를 단순화하여 정세를 지세에 통합하여 은으로 한꺼번에 징수하는 지정은제가 시행되었다. 그 결과 세제가 안정되고 인구가 비약적으로 증가하였다.

(바로잡기) ㄱ. 수, 당에서는 균전제를 기반으로 조용조와 부병제가 운영되었다. ㄹ. 명 말기 이갑제가 무너지면서 내각 대학사 장거정이 일조편법을 전국적으로 확대하는 등 개혁을 추진하였다.

184

명·청 시대에 농업과 상공업 등의 경제 발전으로 부유한 서민층이 등장하였고 지위가 향상되었다. 이들은 자신의 지위를 보장받기 위해 소작료 납부 거부 운동(항조)을 일으키거나, 과도한 세금 요구에 반발하여 투쟁(직용의 변)을 벌이기도 하였다. 또한 같은 시기 상인들은 동업 조합(공소), 동향 조합(회관)을 세워 자신의 이익을 지키기 위해 노력하였다.

(바로잡기) ①, ④, ⑤ 송, ③ 후한에 대한 설명이다.

185

명에서는 16 ~ 17세기에 상공업 발달을 배경으로 실용과 국가 경영에 관심을 기울일 것을 주장하는 실학(경세치용학)이 발전하면서 『천공개물』, 『본초강목』 등이 편찬되었다.

(바로잡기) ② 왕수인은 형식화된 주자학을 비판하며 양명학을 제창하였다. ③ 훈고학은 한 대에 분서갱유로 없어진 유교 경전을 복원하는 과정에서 발달하였다. ④ 청 대 전례 문제의 발생으로 예수회 선교사들이 추방되고 크리스트교 포교가 금지되었다. ⑤ 청은 한족을 회유하기 위해 대규모 편찬 사업을 벌여 『사고전서』 등을 편찬하였다.

186

㉠은 명·청 대이다. 명·청 대에는 다양한 서민 문화가 발전하였다. 나관중의 『삼국지연의』를 비롯하여 『수호전』, 『홍루몽』 등의 소설이 유행하였고, 청 대에는 베이징을 중심으로 경극이 성행하였다.

(바로잡기) ① 위진 남북조 시대, ② 당, ④ 송, ⑤ 원에 대한 설명이다.

187

㉠은 양명학이다. 명 중기 이후 왕수인은 형식화된 주자학을 비판하며 양명학을 제창하였다. 양명학은 마음이 곧 하늘이 부여한 이치(심즉리)라 주장하며 실천을 강조하는 지행합일을 내세웠다.

(바로잡기) ① 훈고학, ③ 성리학, ④ 도교, ⑤ 공양학에 대한 설명이다.

188

『곤여만국전도』를 제작한 인물은 명 말 활동하였던 예수회 선교사인 마테오 리치이다. 마테오 리치를 비롯하여 예수회 선교사들은 선교 활동을 목적으로 역법·지리·천문 등 서양의 학문 및 과학 기술을 중국에 적극적으로 소개하였다.

(바로잡기) ① 원의 곽수경은 이슬람 역법을 참고하여 『수시력』을 제작하였다. ② 청의 건륭제는 이전에 편찬된 책을 경(유학)·사(역사)·자(사상)·집(문학)으로 분류하여 『사고전서』를 간행하였다. ③ 이탈리아 출신 카스틸리오네는 청 대 궁중 화가로 음영법을 사용하여 『백준도』를 그리는 등 중국 미술계에 큰 영향을 끼쳤다. ⑤ 이탈리아의 상인 마르코 폴로는 원을 방문한 후 『동방견문록』을 남겼다.

189

밑줄 친 '막부'는 무로마치 막부이다. 15세기 후반에 쇼군의 후계자를 둘러싼 분쟁(오닌의 난)이 일어나 무로마치 막부의 세력이 약화되면서 100여 년에 걸친 전국(센고쿠) 시대가 전개되었다.

(바로잡기) ① 나라·헤이안 시대 당시의 상황이다. ② 가마쿠라 막부는 두 차례에 걸친 몽골의 침략을 물리쳤다. ④ 전국(센고쿠) 시대를 통일한 도요토미 히데요시가 조선을 침략하였다. ⑤ 에도 막부 시기에 네덜란드 상인을 통해 서양의 의학, 천문학, 조선술 등이 들어와 퍼졌는데, 이를 토대로 발전한 서양 학문을 난학이라고 한다.

190

밑줄 친 '막부'는 에도 막부이다. 서양 상인들과 함께 선교사들이 들어와 크리스트교를 전파하자 에도 막부는 통치의 기초를 다지기 위해 크리스트교를 금지하고 대외 무역을 통제하는 쇄국 정책을 취하였다. 다만 서양 국가 중 유일하게 네덜란드에만 나가사키의 데지마를 통해 무역을 허용하였다. 네덜란드는 선교보다는 무역에 따른 실리만 추구하였기 때문이었다. 데지마는 나가사키의 앞바다를 메워 만든 인공 섬으로, 네덜란드는 이를 임차하여 무역 기지로 사용하였다.

(바로잡기) ① 헤이안 시대에 한자를 변형해 만든 '가나'가 사용되었다. ② 가마쿠라 막부는 두 차례에 걸친 몽골의 침략을 물리쳤다. ③ 무로마치 막부는 명과 감합 무역을 전개하였다. ④ 야마토 정권은 645년 천황 중심의 다이카 개신을 추진하였다.

191

에도 막부는 크리스트교를 금지하고 대외 무역을 통제하는 쇄국 정책을 취하였다. 다만 네덜란드에만 나가사키를 개방하여 무역을 허용하였다.

(바로잡기) ⑤ 가마쿠라 막부 시기 송의 동전을 수입하여 사용하였다.

192

명의 홍무제는 토지 대장인 어린도책과 호적인 부역황책을 정비하여 조세와 역을 관리하였다.

193

홍무제는 유교 중심의 한족 문화 부흥을 위해 호복과 변발을 금지하는 한편, 학교를 세우고 과거제를 정비하였으며, 육유를 반포하였다.

채점 기준	수준
유교 중심의 한족 문화 부흥 정책을 세 가지 이상 서술한 경우	상
유교 중심의 한족 문화 부흥 정책을 두 가지만 서술한 경우	중
유교 중심의 한족 문화 부흥 정책을 한 가지만 서술한 경우	하

194

에도 막부의 쇼군은 중앙과 자신의 직할지를 다스렸고, 다이묘(영주)

에게는 번이라고 불리는 영지를 주어 독립적인 지위를 인정하였다. 그러나 산킨코타이제로 다이묘를 통제하는 한편, 국왕의 정치 간여를 금지하여 막부의 통제력을 강화하였다.

195
산킨코타이제는 에도 막부에서 다이묘들이 자신의 영지와 에도에 1년마다 교대로 거주하게 한 제도이다. 이 과정에서 비용이 많이 들었기 때문에 산킨코타이제는 다이묘들에게 경제적으로 부담이 되었다. 또한 산킨코타이제에 따른 다이묘의 정기적인 에도 왕래는 전국적인 도로망의 발달과 문물 교류를 활성화시켜 상업 발달에 영향을 주었다.

채점 기준	수준
도로망 발달, 문물 교류 활성화, 상업 발달 등의 내용을 모두 포함하여 서술한 경우	상
상업이 발달하였다고만 서술한 경우	중

적중1등급문제

40~41쪽

40~41쪽

196 ①	197 ⑤	198 ④	199 ②	200 ②
201 ⑤	202 ⑤	203 ⑤		

196 명 태조 홍무제의 정책

1등급 자료 분석 홍무제의 재상제 폐지

짐이 중서성과 재상제를 폐지하고 천하의 사무를 오부, 육부, 도찰원 등 여러 관청이 나누어 관장하게 하였으니, 앞으로 내 뒤를 이을 황제들도 재상을 다시 세우지 말도록 하라.

명 건국 초 홍무제는 승상(재상)제를 폐지하고, 6부를 직속에 두어 국정을 직접 총괄함

자료에서 중서성과 재상제를 폐지하였다는 점을 통해 자료의 명령을 내린 황제가 명을 세운 홍무제임을 알 수 있다. 홍무제는 6부를 황제에 직속시켜 행정·군사·사법·감찰 등 모든 권한이 황제에게 집중되게 만들어 황제권을 강화하였다. 또한 원 말 황폐해진 농촌을 재건하기 위해 지방의 농민을 이갑제로 편제하였으며, 토지 대장(어린도책)과 호적(부역황책)을 정비하여 조세와 역을 관리하였다.

바로잡기 ② 한 고조는 군현제와 봉건제를 절충한 군국제를 시행하였다. ③ 송 태조는 지방에서 실권을 행사하던 절도사의 권한을 회수하였다. ④ 청의 강희제, ⑤ 명의 영락제에 해당한다.

197 명 영락제의 정책

1등급 자료 분석 영락제의 자금성 건설

자금성 건설 후 난징에서 베이징으로 천도

이 궁궐은 자금성입니다. 명의 (㉠) 이(가) 즉위한 지 4년째 되던 해 베이징에 이 궁궐을 짓기 시작하여 14년 동안 100만여 명을 동원하여 완성했다고 합니다. 이때 대운하도 정비하여 강남의 물자를 원활하게 공급받을 수 있도록 하였습니다.

㉠은 명의 영락제이다. 명의 영락제는 베이징에 자금성을 건설하여 그곳으로 수도를 옮겼다. 대외적으로는 적극적인 팽창 정책을 시행하여 수차례에 걸쳐 몽골을 공격하였고, 왜구를 토벌하였으며 베트남을 점령하였다. 또한 정화에게 대규모 항해를 명하여 조공 체제의 확대를 시도하였다.

바로잡기 ① 16세기 만력제 때 명은 조선을 도와 임진왜란에 참전하였다. ② 송 태조 조광윤은 문치주의 정책을 채택하고 절도사의 권한을 중앙으로 회수하였다. ③ 진 시황제는 아방궁, 병마용 갱 등 대규모 토목 공사를 벌였다. ④ 원 쿠빌라이 칸은 수도를 대도로 옮기고 남송을 멸망시켰다.

198 명 말의 상황

1등급 자료 분석 일조편법의 시행

16세기 북로남왜의 화

내가 대학사님! 외적의 침입으로 재정 고갈이 심하니 걱정입니다.

게다가 세금의 종류도 너무 많고 복잡하여 징수하는 데 어려움이 많습니다.

일조편법

걱정 마시오. 토지 측량도 하고, 잡다한 세금을 지세와 정세로 정리하여 은으로 걷는 방식을 전국적으로 확대 실시하기로 했소.

영락제 사후 명의 북쪽에서는 몽골이, 남쪽에서는 왜구가 자주 침입하면서(북로남왜) 명은 쇠퇴하였다. 명 말기 이갑제가 무너지면서 내각 대학사 장거정이 일조편법을 전국적으로 확대하는 등 개혁을 추진하였으나 성공하지 못하였다. 한편 명은 어린도책과 부역황책에 기반하여 조세를 수취하였다.

바로잡기 ① 이자성의 농민군이 베이징을 점령하면서 명은 멸망하였다. ② 맹안 모극제는 금의 통치 제도이다. ③ 후금의 누르하치가 정비한 팔기병은 이후 청의 군사 제도가 되었다. ⑤ 5대 10국 시기에 거란은 연운 16주를 차지하였다.

199 청의 군사 제도

1등급 자료 분석 팔기병의 특징

> 각 부족을 8개의 기로 구분하고 각 기에 소속된 성인 남자들을 전쟁
> └ 청의 팔기군
> 시에 군인으로 징집하였다. 정부는 이들을 군사 조직이자 지배 집
> 단으로 삼고 봉급과 토지를 지급하였다. 하지만 이들은 한족과 분
> 리하여 거주하였고 호적도 한족과 별도로 관리하였기 때문에 만주
> 족 고유의 모습을 한동안 유지할 수 있었다.

임진왜란 이후 명과 조선이 쇠퇴한 틈을 이용하여 누르하치는 팔기제를 바탕으로 여진족(만주족)을 통일하고 후금을 세웠다(1616). 팔기제는 누르하치가 만주족 사회를 군사적으로 재편하여 만든 조직으로, 초기 씨족 단위의 조직에서 점차 군사·행정 조직으로 발전하였다. 한편 청은 지배층이었던 신사층의 특권을 인정하여 사회의 안정을 추구하였다.

바로잡기 ① 송, ③ 원, ④ 위진 남북조 시대와 수, 당, ⑤ 위진 남북조 시대에 대한 설명이다.

200 청 왕조 시기의 사실

1등급 자료 분석 지정은제 실시

> 천하가 평정된 지 오래되어 호구가 날로 번창하니 인정(人丁)을 헤
> 아려 정세를 부과하는 일이 어렵다. 인정은 늘더라도 토지는 늘지
> 않으니 현재의 세역 장부에 등재된 인정 수를 늘리거나 줄이지 말
> 고 영구히 고정하라. 그리고 지금 이후 태어나는 인정은 꼭 정세를
> 거둘 필요가 없다. – 강희제가 1711년의 성년 남자 수를 기준으로 이후 늘어나
> 는 인구에 관해서는 인두세를 징수하지 않기로 함. 이후 인
> 두세를 토지세에 합하여 은으로 징수하는 지정은제가 점
> 차 자리 잡게 됨

자료에서 인정 수를 고정하게 한 점, 정세를 꼭 거둘 필요가 없다고 한 점 등을 통해 청의 강희제가 시행한 정책임을 알 수 있다. 강희제가 시행한 것을 계기로 지정은제가 점차 자리를 잡아가다가 옹정제의 치세 기간 전국적으로 실시되었다. 한편 청은 팔기제를 기반으로 군사력을 키워 중국을 장악하였다.

바로잡기 ① 명, ③ 당, ④ 한, ⑤ 명에 해당한다.

201 청 건륭제의 업적

1등급 자료 분석 청 건륭제의 대규모 편찬 사업

> 그림은 카스틸리오네가 그린 (㉠)의 초상화이다. 그는 유교적
> └ 이탈리아 출신으로 건륭제 때 활동한 인물
> 질서를 부흥시킨다는 명분으로 대규모 편찬 사업을 진행하였지만,
> 이 과정에서 엄격한 검열을 통해 사상을 통제하였다.

㉠은 청의 건륭제이다. 건륭제는 유교 질서 부흥과 한족 지식인 포섭

을 위해 대규모 편찬 사업을 전개하였다. 『사고전서』는 그의 재위 당시 역대 중국 왕조의 중요 전적 수만 권을 경·사·자·집의 4부로 분류해 편찬한 최대 규모의 총서이다.

바로잡기 ① 강희제는 타이완의 반청 세력을 제압하였다. ② 누르하치는 팔기제를 바탕으로 여진족을 통일하고 후금을 세웠다. ③ 순치제 때 베이징을 점령하고 중국 전역을 장악하였다. ④ 옹정제는 군기처를 설치하여 모든 정책의 결정권을 황제에게 집중시켰다.

202 마테오 리치의 활동

1등급 자료 분석 마테오 리치의 크리스트교 전파

> **인물 카드**
>
>
>
> 예수회 선교사였던 그는 크리스트교를 거부감 없이 전파하기 위해 중국식 복장을 하고 중국어를 구사하였다. 그는 『천주실의』라는 교리서를 출간하였으며, 중국인의 조상 숭배를 그들의 전통으로 간주하여 유교 문화와 충돌 없이 크리스트교를 전파할 수 있었다.

└ 마테오 리치, 중국 문화에 대한 이해와 존중, 다양한 서양 과학 지식으로 중국인들에게 다가가 선교의 기초 확립

자료에서 예수회 선교사로 『천주실의』를 출간하였다는 사실을 통해 자료의 인물이 마테오 리치임을 알 수 있다. 마테오 리치는 「곤여만국전도」를 제작하여 중국인을 포함한 동아시아인의 세계관을 넓혀 주었고, 명의 학자 서광계와 함께 유클리드의 저서를 번역하여 『기하원본』을 간행하였다.

바로잡기 ① 곽수경, ② 공영달, ④ 왕안석에 해당한다. ③ 『동방견문록』은 마르코 폴로의 구술에 따라 저술되었다.

203 에도 막부 시기의 모습

1등급 자료 분석 17세기 이후의 모습

> 나는 동인도 회사의 상관장과 함께 쇼군을 접견하는 여행에 동행하
> 였다. 여행의 목적은 쇼군에게 감사의 선물을 바치고 서양의 사정
> 을 알리는 것이었다. 우리 일행은 쇼군 쓰나요시를 만났고, 그는 나
> └ 에도 막부는 1641년 데지마에 네덜란드 상관을 이전시켜 무역을 허용.
>   네덜란드 상관장이 제출하는 보고서를 통해 서양에 대한 정보를 파악함
> 에게 국제 정세 등 여러 의문 사항을 질문하였다. 쇼군과의 만남 이
> 후 우리 일행은 융숭한 대접을 받았으나, 구경꾼들의 호기심 어린 시
> 선을 견뎌야 했다. 공식 일정을 마친 우리 일행은 귀로에 나서 데지
> 마로 돌아왔다.

자료에서 동인도 회사의 상관장, 데지마 등을 통해 에도 막부 시기의 사실임을 알 수 있다. 에도 막부 시기에는 경제력을 갖춘 대도시의 조닌(상인·수공업자 등)이 성장하였고, 이들이 즐기는 가부키, 우키요에 등 조닌 문화가 발전하였다.

바로잡기 ① 무로마치 막부, ② 야마토 정권에서 헤이안 시대, ③ 가마쿠라 막부, ④ 나라 시대 말에 해당한다.

02 동아시아 세계의 형성

204 ⑤ **205** ⑤ **206** ③ **207** ④ **208** ② **209** ② **210** ③

211 ③ **212** ⑤ **213** ㉠ 부병제, ㉡ 조용조   **214** **예시답안** 균전
제가 붕괴되어 장원제로 바뀌면서 농민을 부병제로 징집하기 어려워지자 당은
모병제를 시행하였다. 또한 조용조를 대신하여 각종 세금을 재산에 따라 차등
을 두어 여름과 가을에 징수한 양세법을 시행하였다.

03 동아시아 세계의 발전

215 ③ **216** ④ **217** ④ **218** ② **219** ⑤ **220** ⑤ **221** ④

222 왕안석   **223** **예시답안** 군사력을 강화하고 군사비 부담을 줄이
기 위해 시행한 민병 양성 제도인 보갑법과 농가에서 말을 사육하여 병마를 확
보하고 이를 전쟁에 이용하는 제도인 보마법을 추진하였다.

04 동아시아 세계의 변동

224 ⑤ **225** ⑤ **226** ④ **227** ② **228** ③ **229** ① **230** ②

231 홍무제(명 태조)   **232** **예시답안** 호복과 변발을 금지하였으며, 학교를 세
우고 과거제를 정비하였다. 또한 육유를 반포하여 백성을 교화하고자 하였다.

204

지도에서 5패와 7웅을 통해 춘추 전국 시대의 상황을 나타낸 것임을
알 수 있다. 춘추 전국 시대에는 부국강병을 추구하는 제후국들이 능
력을 중심으로 인재를 등용하면서 제자백가가 출현하였다. 또한 이
시기에는 철제 농기구와 우경이 보급되었다.

바로잡기 ㄱ. 한 대에 훈고학이 발달하였다. ㄴ. 균전제는 북위 때 처음 시행
되었다.

205

자료에서 중국을 최초로 통일, 황제 칭호, 군현제 실시, 화폐·도량
형·문자 통일 등의 내용을 통해 진 시황제에 대한 것임을 알 수 있
다. 진 시황제는 북쪽으로 흉노를 밀어내고 만리장성을 쌓았다.

바로잡기 ① 당의 공영달, ② 한 무제, ③ 위진 남북조 시대, ④ 몽골 제국에
해당한다.

206

자료에서 소금, 철의 전매제, 균수법과 평준법의 실시 등을 통해 한
무제 때에 추진된 정책임을 알 수 있다. 잦은 대외 원정으로 국가 재
정이 어려워지자, 한 무제는 경제 안정을 위해 소금과 철을 국가에서
전매하고, 균수법과 평준법을 실시하여 재정을 확보하였다.

바로잡기 ① 진에서 일어난 반란, ② 원, ④ 송, ⑤ 명에 해당한다.

207

제시된 표에서 황제가 수도와 그 주변 지역에는 군현제를 실시하고,
수도에서 멀리 떨어진 지역에는 제후를 봉하여 봉건제로 다스리는
것을 통해 한 고조가 도입한 군국제임을 알 수 있다. 한 고조는 진 멸
망 이후 항우를 물리치고 한을 건국하였으며, 북방의 흉노에게 물자

를 제공하고 평화를 유지하였다.

바로잡기 ① 명 영락제, ② 수 양제, ③ 송 태조, ⑤ 한 무제에 해당한다.

208

자료에서 호족이 등장하였고, 향거리선제가 시행되었다는 점 등을
통해 밑줄 친 '이 왕조'가 한임을 알 수 있다. 전한 시기에 사마천은
중국의 신화시대부터 한 무제 때까지의 역사를 기전체로 정리한 『사
기』를 편찬하였다.

바로잡기 ①, ③ 위진 남북조, ④, ⑤ 당에 해당한다.

209

지도에서 중국 남쪽에 송이 있고 한반도에 고구려, 백제, 신라, 가
야 등이 존재하고 있는 점 등을 통해 5세기 동아시아의 정세를 나타
낸 것임을 알 수 있다. 따라서 (가)는 선비족이 세운 북위에 해당한다.
북위는 효문제 때 중국식 통치 제도와 문화를 받아들여 제도를 정비
하는 한화 정책을 시행하였으며 농민에게 토지를 분배하는 균전제를
시행하였다.

바로잡기 ㄴ. 춘추 전국 시대, ㄹ. 몽골 제국(원)에 해당한다.

210

자료에서 양견이 세운 왕조라는 점, 남조의 진을 멸망시켜 중국을 통
일하였다는 점 등을 통해 ㉠이 수임을 알 수 있다. 수 문제는 9품중
정제를 폐지하고 시험으로 관리를 선발하는 과거제를 시행하여 중앙
집권 체제를 강화하였다.

바로잡기 ① 진, ② 한, ④ 당, ⑤ 한에 해당한다.

211

자료에서 7세기 전반에 재위하였다는 점, 율령 체제를 정비하고 '천
가한'이란 칭호를 받았다는 점 등을 통해 자료의 황제가 당 태종임을
알 수 있다. 당 태종은 각종 제도를 정비하여 당 제국의 기반을 공고
히 하고, 대외 팽창에 나서 '정관의 치'라고 일컫는 태평성세를 이룩
하였다.

바로잡기 ① 한 무제, ② 북위 효문제, ④ 수 양제, ⑤ 당 현종에 해당한다.

212

자료에서 헤이조궁 주작문, 도다이사 등의 표현을 통해 일본 나라 시
대의 수도인 헤이조쿄임을 알 수 있다. 일본은 8세기 초 나라 지역
에 당의 장안성을 모방한 헤이조쿄를 세워 수도로 삼았다. 나라 시대
에는 『고사기』와 『일본서기』 등의 역사서와 일본의 고전 시가를 엮은
『만엽집』이 편찬되었다.

바로잡기 ①, ② 헤이안 시대, ③ 야마토 정권 시대, ④ 가마쿠라 막부 시대
에 해당한다.

213

당은 균전제, 조용조, 부병제의 시행으로 군사력과 재정을 강화하였
으나 안사의 난 전후로 균전제가 붕괴되어 부병제 운영과 조용조 징
수가 어려워지자 모병제와 양세법을 시행하였다.

214

채점 기준	수준
부병제에서 모병제로의 변화, 조용조에서 양세법으로의 변화와 그 배경을 모두 정확하게 서술한 경우	상
모병제와 양세법 중 한 가지와 그 배경을 정확하게 서술한 경우	중
모병제, 양세법, 변화 배경 중 한 가지만을 서술한 경우	하

215

자료에서 황제가 최종 합격자를 결정하는 것이 관례가 되었다는 표현을 통해 밑줄 친 황제가 과거에 전시 제도를 도입한 송 태조임을 알 수 있다. 송 태조는 문치주의 정책을 펼쳐 절도사의 권한을 회수하고 중앙군인 금군의 통수권을 장악하는 등 황제권을 강화하였다.

바로잡기 ① 명 영락제, ② 후한 광무제, ④ 송 신종, ⑤ 청의 강희제에 해당한다.

216

지도에서 남쪽에 송과 남송이 있으므로 (가)는 요(거란), (나)는 금임을 알 수 있다. 요와 금은 고유한 전통문화를 유지하기 위해 각각 거란 문자와 여진 문자 등 고유 문자를 사용하였다. 또한 요는 북면관제·남면관제를 시행하여 북방 민족과 한족을 나누어 다스렸고, 금은 맹안 모극제로 여진족을, 주현제로 한족을 다스리는 이중 지배 체제를 운영하였다.

바로잡기 ㄱ. 명, ㄷ. 청에 해당한다.

217

자료에서 교자, 회자 등 지폐 사용, 동업 조합인 행·작 결성, 석탄 사용 확대, 주요 항구에 시박사 설치 등을 통해 송의 경제 발전을 나타낸 것임을 알 수 있다. 송 대에는 새로운 농기구인 용골차의 보급, 모내기법의 보편화, 참파 벼 도입 등으로 농업 생산력이 증대되었다.

바로잡기 ㄱ. 철제 농기구와 우경이 보급되기 시작한 것은 춘추 전국 시대이다. ㄷ. 옥수수와 고구마 등 외래 작물이 전래되어 경작되기 시작한 것은 명·청 대에 해당한다.

218

(가)는 1004년 송과 거란이 체결한 전연의 맹약, (나)는 1126년~1127년에 금이 송의 황제를 포로로 붙잡아 간 정강의 변에 해당한다. 문치주의 정책으로 국방력이 약화된 송은 요, 서하 등의 침입을 막기 위해 막대한 전쟁 비용이 들었고, 이들에게 은과 비단 등을 세폐로 바쳐 재정이 악화되었다. 이에 신종은 왕안석을 등용하여 국방력 강화와 재정 수입 확대를 위한 개혁(신법)을 추진하였다.

바로잡기 ① 926년, ③ 936년, ④ 1127년, ⑤ 1405년~1433년의 사실이다.

219

자료에서 『사서집주』를 저술하고 성리학을 집대성하였다는 점을 통해 퀴즈의 정답에 해당하는 인물이 주희임을 알 수 있다. 주희는 남송 시기에 성리학을 집대성하였다. 송 대에는 상업이 발달하면서 동전 부족 문제를 해결하고 원거리 교역의 편의를 위해 교자, 회자 등의 지폐를 발행하여 사용하였는데, 특히 회자는 남송 시기에 널리 유통되었다.

바로잡기 ① 수, ② 진, ③, ④ 한에 해당한다.

220

자료에서 남송을 정복하였다는 점, 고려와 연합하여 일본 정벌에 나섰다는 점 등을 통해 ㉠ 인물이 쿠빌라이 칸(원 세조)임을 알 수 있다. 쿠빌라이 칸은 수도를 카라코룸에서 대도(베이징)로 옮기고 국호를 원으로 바꾸었다.

바로잡기 ① 명 태조, ② 청 강희제, ③ 여진(금), ④ 명에 해당한다.

221

자료에서 쿠빌라이 칸이 남송을 고립시키기 위해 일본에 조공을 요구하였다는 점, 몽골이 고려와 함께 일본을 침입하였다는 점 등을 통해 몽골의 1차 일본 침입에 대한 것임을 알 수 있다. 몽골의 1차 일본 침입은 1274년에 있었던 사건으로, 가마쿠라 막부 시기에 해당한다.

222

송은 요와 서하 등의 침입을 막기 위해 막대한 전쟁 비용이 들었고, 이들에게 은과 비단 등을 세폐로 바쳐 재정이 악화되었다. 이에 신종은 왕안석을 등용하여 국방력 강화와 재정 수입 확대를 위한 개혁(신법)을 추진하였다.

223

채점 기준	수준
보갑법과 보마법을 제시하고 그 내용을 모두 정확하게 서술한 경우	상
보갑법과 보마법 중 한 가지만을 제시하고 그 내용을 정확하게 서술한 경우	중
보갑법과 보마법 용어만을 제시하여 서술한 경우	하

224

자료에서 자금성을 건설하였다는 사실을 통해 ㉠ 황제가 명의 영락제임을 알 수 있다. 영락제는 자금성을 건설한 후 수도를 베이징으로 옮기고 대외 팽창 정책을 추진하였다. 또한 재상제 폐지를 보완하기 위해 황제를 보좌하는 내각 대학사를 설치하였다.

바로잡기 ① 몽골(원) 쿠빌라이 칸, ② 송 태조, ③ 명 홍무제, ④ 청 건륭제에 해당한다.

225

자료에서 삼번의 난을 평정하였다는 점, 러시아와 네르친스크 조약을 체결하여 국경선을 확정하였다는 점 등을 통해 밑줄 친 '황제'가 청의 강희제임을 알 수 있다. 강희제는 삼번의 난을 진압하고 타이완의 반청 세력을 제압하였다. 또한 시베리아에 진출한 러시아와 네르친스크 조약을 맺어 국경을 안정시켰으며 외몽골과 티베트를 복속시켰다.

바로잡기 ① 누르하치, ② 청 옹정제, ③ 명 영락제와 선덕제, ④ 청 순치제 시기에 해당한다.

226

자료는 청의 강희제가 1711년의 성년 남자 수를 기준으로, 늘어나는 인구에 관해서는 인두세를 거두지 않기로 결정한 내용이다. 이후 인두세를 토지세에 합하여 은으로 한꺼번에 내는 지정은제가 점차 자리를 잡아갔다. 한편 청은 이전에 편찬된 책을 경(유학)·사(역사)·자(사상)·집(문학)으로 분류하여 『사고전서』를 간행하는 대규모 편찬 사업을 벌여 한족 문화를 보존하고 청 왕조 비판을 통제하려 하였다.

바로잡기 ① 명, ② 당, ③ 명, ⑤ 원에 해당한다.

227
자료에서 왕수인이 제창하였다는 점, 심즉리를 주장하였다는 점 등을 통해 양명학에 대한 묻고 답하기 내용임을 알 수 있다. 명 대에 왕수인은 관학인 성리학을 비판하며 경전의 이해보다는 개인적인 깨달음과 지행합일의 실천을 중시하는 양명학을 제창하였다.

바로잡기 ① 훈고학, ③ 공양학, ④ 고증학, ⑤ 도교에 해당한다.

228
자료는 명 말에 그려진 세계 지도인 「곤여만국전도」이다. 「곤여만국전도」는 선교사였던 마테오 리치와 명의 학자 이지조가 제작하였다. 마테오 리치는 『천주실의』, 『기하원본』 등을 간행하였다.

바로잡기 ① 송응성, ② 카스틸리오네, ④ 아담 샬, ⑤ 마르코 폴로에 해당한다.

229
명이 무역 통제를 위해 일본 막부에 발급한 무역 허가증인 감합을 통해 밑줄 친 '막부'가 무로마치 막부임을 알 수 있다. 아시카가 다카우지가 교토에 개창한 무로마치 막부는 3대 쇼군 아시카가 요시미쓰 때 남북조를 통일하고 전국적인 지배권을 확립하였다.

바로잡기 ② 나라 시대, ③ 야마토 정권 시대, ④ 헤이안 시대, ⑤ 에도 막부 시기에 해당한다.

230
제시된 그림은 에도 막부 시기 가부키 공연 장면이다. 에도 막부 시대에는 대도시를 중심으로 경제력을 갖춘 조닌층이 성장하여 가부키, 우키요에 등을 즐기는 조닌 문화가 발달하였다. 또한 에도 막부 시기에는 데지마를 통해 네덜란드 상인과의 교역이 허용되었고, 이들을 통해 들어온 서양 학문인 난학이 발전하였다.

바로잡기 ② 일본의 고전 시가집인 『만엽집』은 나라 시대에 편찬되었다.

231
홍건적의 난을 계기로 명을 건국한 태조 홍무제는 몽골 세력을 초원 지역으로 내쫓고 유교 중심의 한족 문화 부흥을 추진하였다. 또한 황폐해진 농촌을 재건하기 위해 지방의 농민을 이갑제로 편제하였다.

232

채점 기준	수준
호복과 변발 금지, 과거제 정비(학교 설립), 육유 반포 등의 내용을 모두 정확하게 서술한 경우	상
위의 내용 중 두 가지만 포함하여 서술한 경우	중
위의 내용 중 한 가지만 포함하여 서술한 경우	하

Ⅲ 서아시아·인도 지역의 역사

05 서아시아의 여러 제국과 이슬람의 형성

분석 기출 문제
49~53쪽

[핵심 개념 문제]

233 아시리아		234 우마이야		235 ○	236 ×	237 ○
238 ⓒ	239 ⓛ	240 ⑤	241 ⓛ	242 ⑤	243 ㄴ	244 ㄱ

245 ③	246 ①	247 ③	248 ①	249 ④	250 ③	251 ①
252 ①	253 ②	254 ①	255 ③	256 ②	257 ②	258 ①
259 ⑤	260 ④	261 ②				

1등급을 향한 서답형 문제

262 **예시답안** 아바스 왕조가 동서 교역로(사막길)의 주도권을 장악하여 경제적으로 번영하였다. **263** 아라베스크 무늬 **264** **예시답안** 우상 숭배를 금지한 이슬람교의 영향 때문이다. **265** 데브시르메
266 **예시답안** 다양한 민족과 종교가 공존하며 번영을 누릴 수 있었다.

245
밑줄 친 '나'는 아케메네스 왕조 페르시아의 전성기를 이끈 다리우스 1세이다. 다리우스 1세는 대제국을 효율적으로 통치하기 위해 전국을 20여 개의 속주로 나누어 총독을 파견하고, '왕의 눈', '왕의 귀'로 불린 감찰관을 보내 감시하였다.

바로잡기 ① 페니키아는 아시리아에 멸망하였다. ② 메소포타미아 문명 시기에 해당한다. ④ 아시리아가 서아시아 대부분을 통일하기 이전 시기에 해당한다. ⑤ 파르티아에 해당한다.

246
(가) 왕조는 아케메네스 왕조 페르시아이다. 아시리아의 멸망 이후 분열된 서아시아 세계는 아케메네스 왕조 페르시아에 의해 다시 통일되었다.

바로잡기 ② 아바스 왕조, ③, ④ 사산 왕조 페르시아, ⑤ 아시리아에 대한 설명이다.

247
㉠ 왕조는 알렉산드로스 제국의 분열 이후 등장하여 사산 왕조 페르시아에 멸망한 파르티아이다. 파르티아는 로마와 중국의 한, 인도의 쿠샨 왕조를 연결하는 동서 무역로를 장악하여 중계 무역으로 경제적 번영을 누렸다.

바로잡기 ① 사산 왕조 페르시아, ② 아시리아, ④, ⑤ 아케메네스 왕조 페르시아에 대한 설명이다.

248
(가) 왕조는 크테시폰을 수도로 삼은 사산 왕조 페르시아이다. 사산 왕조 페르시아에서는 조로아스터교를 국교로 삼았으며, 조로아스터교와 불교, 크리스트교 등 외래 종교를 융합한 마니교도 나타났다.

바로잡기 ②, ③, ⑤ 아케메네스 왕조 페르시아에 해당한다. ④ 이집트 문명에 해당한다.

249

밑줄 친 '이 종교'는 마니교이다. 마니교는 사산 왕조 페르시아 때 조로아스터교와 불교, 크리스트교 등 외래 종교가 융합되어 나타난 종교이다.

바로잡기 ①, ②, ③ 이슬람교, ⑤ 조로아스터교에 대한 설명이다.

250

밑줄 친 ⊙의 상황은 기존의 동서 교역로를 대신하여 아라비아해와 홍해를 지나는 새로운 동서 교역로가 만들어져 이용되었음을 말한다. 이는 6세기경 사산 왕조 페르시아와 비잔티움 제국의 대립이 격화되면서 나타난 변화이다.

바로잡기 ① 정통 칼리프 시대 이슬람 세력의 침공, ② 아케메네스 왕조 페르시아의 멸망, ④ 이슬람교 성립 이후 정통 칼리프 시대의 전개 등, ⑤ 아케메네스 왕조 페르시아의 패배 등과 관련이 있는 탐구 활동이다.

251

헤지라 이전 무함마드의 이슬람교 창시와 632년 무함마드의 메카 탈환 사이 시기의 사실을 묻는 문제이다. 무함마드는 메카를 지배하던 세력으로부터 박해를 받고 메디나로 피신하였는데, 이를 '헤지라'라고 한다(622).

바로잡기 ② 우마이야 왕조 수립 이후, ③, ④ 아바스 왕조 시기, ⑤ 정통 칼리프 시대에 해당한다.

252

밑줄 친 '이들'은 『쿠란』이 일상생활을 지배한 이슬람교도들이다. 이슬람교도들은 돼지고기를 금기시하였으며, 우상 숭배를 철저히 배격하였다.

바로잡기 ㄷ. 조로아스터교에 해당한다. ㄹ. 이슬람 사회는 상업을 중시하고 이윤 추구를 인정하였다.

253

제시된 대화는 수니파와 시아파의 대립을 보여 주고 있다. 칼리프 선출을 둘러싼 대립과 갈등으로 혼란한 상황에서 제4대 칼리프 알리가 살해되고 우마이야 왕조가 성립되었으며, 이를 배경으로 이슬람 세력은 수니파와 시아파로 나뉘어 대립하였다.

바로잡기 ①, ③ 무함마드 시대, ④ 후우마이야 왕조 수립, ⑤ 아바스 왕조의 통치와 관련이 있다.

254

(가) 왕조는 아랍인 우월주의를 내세운 우마이야 왕조이다. 우마이야 왕조 시기에는 시리아 지역 아랍인이 중용되었는데, 이들이 중심이 된 아랍인 우월주의는 다른 아랍 세력과 비아랍인의 불만을 샀다.

바로잡기 ② 셀주크 튀르크, ③, ④, ⑤ 아바스 왕조 시기에 해당한다.

255

밑줄 친 '상인'은 육로(사막길)와 해로(바닷길)를 통해 동서 교역을 주도한 이슬람 상인이다. 이슬람 상인은 사막길과 바닷길을 이용하여 대상 무역과 해상 무역을 통해 동서 교역을 주도하였다.

바로잡기 ㄱ. 이슬람 사회에서는 상업을 중시하였다. ㄹ. 파르티아에 대한 설명이다.

256

⊙ 왕조는 이베리아반도의 코르도바를 수도로 한 후우마이야 왕조이다. 후우마이야 왕조는 11세기에 들어서면서 국력이 쇠퇴하고 각지에서 반란이 일어나 무너졌다.

바로잡기 ① 오스만 제국에 대한 설명이다. ③ 셀주크 튀르크부터이다. ④ 티무르 왕조에 대한 설명이다. ⑤ 파티마 왕조, 사파비 왕조 등에 대한 설명이다.

257

밑줄 친 '이 도시'는 아바스 왕조의 제2대 칼리프 알 만수르 때 새로운 수도로 건설된 바그다드이다. 아바스 왕조는 새로운 수도로 바그다드를 건설하였으며, 오늘날 이라크 지역을 중심으로 이슬람 제국을 건설하였다.

바로잡기 ① 콘스탄티노폴리스, ③ 페르세폴리스, ④ 이스파한, ⑤ 탈라스에 대한 설명이다.

258

제시된 건축물은 예루살렘에 있는 '바위의 돔'으로 이슬람교 사원이다. 둥근 지붕(돔)과 아치, 뾰족한 탑을 특징으로 하는 이슬람의 사원에는 우상 숭배를 금지한 이슬람교의 영향으로 식물의 줄기와 잎을 기하학적 무늬로 배합한 아라베스크 무늬가 많이 사용되었다.

바로잡기 ㄷ. 정통 칼리프 시대에 이슬람 세력에 정복당한 사산 왕조 페르시아에서는 조로아스터교가 국교였다. ㄹ. 타지마할에 대한 설명이다.

259

(가)는 튀르크족의 일파가 세운 셀주크 튀르크이다. 셀주크 튀르크는 11세기 중엽 바그다드에 입성하여 아바스 왕조의 칼리프로부터 술탄이라는 칭호를 받고 정치적 실권을 위임받았다.

바로잡기 ① 우마이야 왕조, ② 정통 칼리프 시대, ③ 아바스 왕조, ④ 사파비 왕조에 대한 설명이다.

260

⊙ 왕조는 페르시아의 군주 칭호인 '샤'를 사용한 사파비 왕조이다. 시아파 이슬람교를 국교로 삼은 사파비 왕조는 아바스 1세 때 수도를 이스파한으로 옮겼다.

바로잡기 ㄱ. 오스만 제국, ㄷ. 티무르 왕조에 대한 설명이다.

261

(가) 제국은 아시아, 유럽, 아프리카의 세 대륙에 걸친 대제국으로 발전한 오스만 제국이다. 오스만 제국은 술탄의 친위 부대인 예니체리를 창설하였으며, 메흐메트 2세 때 콘스탄티노폴리스를 점령하였다.

바로잡기 ㄴ. 티무르 왕조, ㄹ. 사파비 왕조에 대한 설명이다.

262

탈라스 전투는 아바스 왕조와 중국의 당 사이에 벌어진 전투로, 이 전투에서 승리한 아바스 왕조가 사막길의 주도권을 장악하였다.

채점 기준	수준
아바스 왕조가 동서 교역로(사막길)의 주도권을 장악하여 경제적으로 번영하였다고 서술한 경우	상
아바스 왕조가 경제적 번영을 누렸다고만 서술한 경우	중

263

밑줄 친 '무늬'는 모스크를 장식한 아라베스크 무늬이다.

264

이슬람 세계에서는 우상 숭배를 금지한 이슬람교의 영향으로 식물의 줄기와 잎을 기하학적 무늬로 배합한 아라베스크 무늬가 많이 사용되었다.

채점 기준	수준
우상 숭배를 금지한 이슬람교의 영향 때문이라고 서술한 경우	상
이슬람교의 영향 때문이라고만 서술한 경우	중

265

'크리스트교도 청소년을 징집하여 예니체리로 활용'하였다는 것을 통해 ㉠ 제도는 데브시르메 제도임을 알 수 있다.

266

밀레트는 같은 종교 구성원들로 이루어진 오스만 제국의 종교·정치적 공동체로, 오스만 제국은 인두세만 납부하면 밀레트를 허용하였다. 이로 인해 오스만 제국에서 다양한 민족과 종교가 공존하며 번영을 누릴 수 있었다.

채점 기준	수준
오스만 제국에서 다양한 민족과 종교가 공존하며 번영을 누릴 수 있었다고 서술한 경우	상
오스만 제국에 다양한 민족과 종교가 공존하였다고만 하거나 번영을 누릴 수 있었다고만 서술한 경우	중

적중 1등급 문제

54~55쪽

267 ③	268 ②	269 ①	270 ④	271 ⑤
272 ②	273 ④	274 ①		

267 아케메네스 왕조 페르시아

1등급 자료 분석 페르세폴리스

이곳은 (㉠)의 다리우스 1세가 건설한 페르세폴리스이다. 이곳
└ 다리우스 1세 때 아케메네스 왕조 페르시아의 수도로 건설된 도시 ┘
의 알현실 유적에는 박트리아, 리디아 등 당시 주변국의 사신들이 공물을 바치는 모습의 부조가 남아 있다.

자료에서 다리우스 1세가 건설한 페르세폴리스라는 것을 통해 ㉠ 왕조가 아케메네스 왕조 페르시아임을 알 수 있다. 아케메네스 왕조 페

르시아는 그리스 세계와 벌인 페르시아 전쟁에서 패하고 총독들의 반란이 일어나 점차 쇠약해지다가 기원전 4세기 말 알렉산드로스의 침공을 받아 멸망하였다.

바로잡기 ① 아바스 왕조는 탈라스 전투에서 서쪽으로 진출하려는 당을 격퇴하였다. ② 바빌로니아 왕국의 함무라비왕 때 함무라비 법전을 편찬하였다. ④ 페니키아는 해상 무역을 전개하면서 카르타고를 비롯한 식민 도시를 건설하였다. ⑤ 페니키아인이 사용한 표음 문자는 알파벳의 기원이 되었다.

268 아시리아의 특징

1등급 자료 분석 아시리아의 영역

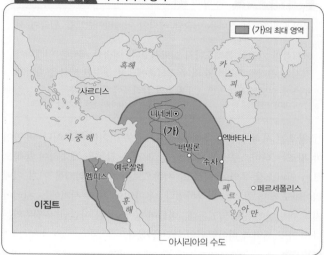

㉮는 서아시아 지역의 대부분을 통일한 아시리아이다. 아시리아는 기원전 7세기 전반에 철제 무기와 우수한 기마병을 이용하여 서아시아 지역의 대부분을 통일하였으며, 한때 이집트까지 정복하였다. 아시리아는 직할지에 총독을 파견하고 도로를 정비하는 등 중앙 집권을 강화하였으나, 강압적인 통치에 대한 피정복 민족의 반발로 멸망하였다.

바로잡기 ㄴ, ㄹ. 아케메네스 왕조 페르시아 때 '왕의 길'로 불리는 도로를 건설하고 역참을 정비하였다. 이후 기원전 4세기 말 알렉산드로스의 침공을 받아 멸망하였다.

269 사산 왕조 페르시아

1등급 자료 분석 6세기 후반의 서아시아

6세기 후반 서아시아에서는 비잔티움 제국과 사산 왕조 페르시아가 충돌하는 가운데 아라비아를 우회하는 교역로가 발달

지도는 6세기 후반의 서아시아를 나타낸 것으로, ㈎ 제국은 사산 왕조 페르시아에 해당한다. 사산 왕조 페르시아는 파르티아를 정복하

고 메소포타미아에서 인더스강에 이르는 대제국을 건설하였다. 6세기경 사산 왕조 페르시아와 비잔티움 제국의 대립이 격화되면서 기존의 교역로를 대신하여 아라비아해와 홍해를 지나는 새로운 교역로가 주목을 받게 되었다. 이에 아라비아반도의 메카, 메디나 등의 도시가 번성하였다.

바로잡기 ② 아바스 왕조, ③ 사파비 왕조, ④ 아케메네스 왕조 페르시아, ⑤ 아시리아에 해당한다.

270 우마이야 왕조 시기의 정책

1등급 자료 분석 우마이야 왕조

> 북아프리카에서 건너온 이슬람 세력이 이베리아반도를 휩쓸며 서
> └ 우마이야 왕조
> 고트족의 거점인 톨레도마저 함락시켰다. 이슬람 세력은 이베리아
> 각지에 관리를 파견하였고, 서고트족에게서 징수한 세금을 다마스
> 쿠스에 수도를 둔 (㉠) 왕조의 칼리프에게 바쳤다.
> └ 우마이야 왕조의 수도   └ 우마이야 왕조의 세습 칼리프

㉠ 왕조는 시리아 총독 무아위야가 세운 우마이야 왕조이다. 우마이야 왕조는 다마스쿠스를 수도로 삼고 정복 활동을 계속하여 동쪽으로는 인더스강 유역에 이르고, 서쪽으로는 북아프리카를 거쳐 이베리아반도까지 영토를 확장하였다. 우마이야 왕조 시기에는 시리아지역 아랍인이 중용되었는데, 이들이 중심이 된 아랍인 우월주의는 다른 아랍 세력과 비아랍인의 불만을 샀다.

바로잡기 ①, ⑤ 정통 칼리프 시대, ② 파티마 왕조, 사파비 왕조 등, ③ 아바스 왕조에 해당한다.

271 바그다드의 역사

1등급 자료 분석 바그다드

> • 시아파의 지원을 받은 가문이 비아랍인을 차별하던 왕조를 타도
> 한 후 새 왕조를 개창하고 (㉠)(으)로 천도하였다. 이 도시
>   └ 아바스 왕조
> 는 동서 무역의 중심지로 성장하여 '세계의 시장'으로 불렸다.
> • 만수르가 원형으로 건설한 (㉠)에는 중앙에 칼리프의 궁전
>   └ 아바스 왕조의 2대 칼리프
> 이 있었고, 외부로 통하는 4개의 문에서 방사형으로 뻗은 도로를
> 따라 군 주둔지, 여러 종류의 상점, 서민들의 거주지가 발달하였
> 다. 4개의 문은 외부 교역로와 연결되어 유럽, 지중해, 아시아에
> 서 온 온갖 국적의 사람들이 드나들었다.
>   └ 아바스 왕조의 수도인 바그다드는 칼리프 만수르가 원형으로 건설한
>   도시로 세계 무역의 중심지였음

자료에서 시아파의 지원을 받은 가문이 세운 새 왕조, 즉 아바스 왕조의 수도였다는 점, 칼리프 만수르가 건설한 원형 도시라는 점 등을 통해 ㉠ 도시가 바그다드임을 알 수 있다. 아바스 왕조의 수도로 건설된 바그다드는 원형 요새의 성벽에 네 개의 문을 둔 계획도시였다. 바그다드는 유럽과 지중해, 아시아를 잇는 교역로의 중심에 위치하여 '세계의 시장'으로 불렸으며 유라시아 교역의 중심 도시가 되었다. 11세기 중엽에는 셀주크 튀르크가 부와이 왕조를 무너뜨리고 바그다드에 입성하였다. 그리고 아바스 왕조의 칼리프로부터 술탄이라는 칭호를 수여받고 정치적 실권을 위임받았다.

바로잡기 ① 사파비 왕조는 이스파한을 수도로 삼았다. ② 십자군이 예루살

렘, 콘스탄티노폴리스 등을 점령하였지만, 바그다드 쪽까지 진출하지는 못하였다. ③ 우마이야 왕조의 일족이 이베리아반도의 코르도바를 수도로 후우마이야 왕조를 세웠다. ④ 아케메네스 왕조 페르시아의 다리우스 1세는 페르세폴리스를 건설하였다.

272 이슬람 세계 문화

1등급 자료 분석 이슬람 세계의 자연 과학 발달

밑줄 친 '이들'은 천문학, 화학 등에서 커다란 업적을 남긴 이슬람 사람들이다. 이슬람의 천문학자들은 다양한 천체 관측 기구를 사용하여 경도와 위도, 자오선의 길이 등을 정밀하게 측정하였으며, 지구 구형설을 증명하고 정밀한 태양력을 제작하였다. 또한 연금술에 많은 관심을 기울여 이를 연구하는 과정에서 화학 작용의 원리를 발견하였다. 의학에서는 예방 의학과 외과 수술이 성행하였고, 인체 해부도가 그려졌다. 이슬람 세계에서는 수학이 발달하여 아라비아 숫자를 완성하였다. 또 아리스토텔레스의 철학과 모스크 건축이 발달하였다.

바로잡기 ② 이슬람 세계는 중국의 제지술, 화약, 나침반 등을 받아들여 유럽에 전하는 역할을 하였다.

273 오스만 제국

1등급 자료 분석 오스만 제국의 동유럽 진출

> 우리는 그동안 교황과 황제 및 제후들과 함께 이교도에 맞서 잘 싸
> 워 왔습니다. 그러나 크리스트교 세계에 위기가 다가오고 있습니
> 다. 작년에 (㉠)은/는 베오그라드를 점령하였고, 이제는 우
> 리 헝가리를 정복할 준비를 하고 있습니다. 제국 의회는 크리스트
> 교 세계를 위해 싸워 온 헝가리를 배신해서는 안 됩니다. 헝가리가
> (㉠)에 의해 정복된 콘스탄티노폴리스처럼 되도록 해서는 안
> 됩니다.
>   └ 술레이만 1세 때 전성기를 맞은 오스만 제국은 헝가리를 정복하고 오스트리아의
>   빈을 포위 공격하였으며, 유럽의 연합 함대를 무찔러 지중해 해상권을 장악

제시된 자료에서 콘스탄티노폴리스를 정복했다는 점을 통해 ㉠ 제국이 오스만 제국임을 알 수 있다. 오스만 제국은 콘스탄티노폴리스를 점령한 이후 헝가리를 정복하고 유럽의 연합 함대를 격파하여 지중해 해상권을 장악하였다. 오스만 제국은 술탄의 친위 부대인 예니체리를 창설하였고 일종의 군사적 봉건제인 티마르제를 실시하였다. 또한 종교 공동체인 밀레트를 인정하였고, 이집트의 맘루크 왕조를 정복하였다.

바로잡기 ④ 사마르칸트는 티무르 왕조의 수도였다. 오스만 제국은 콘스탄티노폴리스(이스탄불)를 수도로 삼았다.

274 티무르 왕조의 특징

1등급 자료 분석 　티무르 왕조의 영역

티무르 왕조의 수도

주치 울루스

아랄해

오트라르

카스피해

사마르칸트

타브리즈

(가)

지중해

바그다드

이스파한

인더스강

호르무즈

델리 술탄 왕조

(가)의 최대 영역

인도의 이슬람 왕조, 티무르의 침공을 받음

(가) 왕조는 사마르칸트를 수도로 대제국을 수립한 티무르 왕조이다. 14세기 후반에 티무르 왕조를 세운 티무르는 남쪽으로 아프간 지방과 이란 방면으로 진출하고 인도의 델리 술탄 왕조를 침공하였으며, 서쪽으로는 오스만 제국을 앙카라 전투에서 제압하여 중앙아시아에서 서아시아에 이르는 대제국을 건설하였다.

바로잡기 ②, ③ 사파비 왕조, ④ 셀주크 튀르크, ⑤ 아바스 왕조에 대한 설명이다.

---

06 인도의 역사와 종교·문화

분석 기출 문제

57~61쪽

[핵심 개념 문제]

275 불교, 자이나교	276 아라비아 숫자	277 우르두어	278 ○
279 ×	280 ×	281 ㉢	282 ㉡　283 ㉠　284 ㉡　285 ㉡
286 ㄴ	287 ㄱ		

288 ①	289 ①	290 ④	291 ⑤	292 ①	293 ②	294 ②
295 ①	296 ①	297 ④	298 ②	299 ④	300 ①	301 ②
302 ①	303 ④	304 ②	305 ①	306 ④		

1등급을 향한 서답형 문제

307 ㉠ 불교, ㉡ 자이나교 　308 예시답안 브라만교의 제사 의식. 특히 동물 희생에 반대하였다. 　309 예시답안 왕이 자신을 힌두교의 신 비슈누에 비유하여 왕의 권위를 높이려고 하였다. 　310 예시답안 전통적인 인도 양식과 페르시아의 세밀화가 조화를 이루었다.

288

(가) 왕조는 파탈리푸트라를 수도로 한 마우리아 왕조이다. 마우리아 왕조는 아소카왕 때 남부를 제외한 인도 대부분 지역을 통일하여 전성기를 맞았고, 이때에 상좌부 불교가 발전하였다.

바로잡기 ② 굽타 왕조, ③, ④, ⑤ 쿠샨 왕조에 대한 설명이다.

289

㉠은 마우리아 왕조의 아소카왕이다. 마우리아 왕조의 전성기를 이끌었으며, 전국 곳곳에 석주를 세운 것을 통해 파악할 수 있다. 아소카왕은 불교에 귀의하여 불경을 정리하고 산치 대탑과 같은 스투파(탑)를 세우는 등 불교를 장려하였다.

바로잡기 ② 굽타 왕조의 왕들, ③ 무굴 제국의 아크바르 황제, ④ 마우리아 왕조 수립 이전, ⑤ 쿠샨 왕조의 카니슈카왕에 대한 설명이다.

290

제시된 자료는 중계 무역으로 번영하였으며 대승 불교가 발전한 쿠샨 왕조에 대해 정리한 것이다. 쿠샨 왕조 시기에 간다라 지방에서는 헬레니즘 문화의 영향으로 간다라 미술이 발달하였다.

바로잡기 ①, ② 무굴 제국, ③, ⑤ 굽타 왕조와 관련된 내용이다.

291

(가)는 초기 불교도들이 부처를 상징적으로 표현한 것이고, (나)는 쿠샨 왕조 때 발달한 간다라 양식의 불상이다. 쿠샨 왕조 시기에 간다라 지방에서는 헬레니즘 문화의 영향으로 간다라 미술이 발달하였다.

바로잡기 ①, ②, ④ 굽타 왕조 시기의 사실이다. ③ 8세기경부터이다.

292

지도의 전파 경로를 따라 쿠샨 왕조에서 동아시아와 동남아시아로 전파된 종교는 대승 불교이다. 중생의 구제를 강조한 대승 불교는 쿠샨 왕조 때 발전하였다.

바로잡기 ㄷ, ㄹ. 힌두교에 대한 설명이다.

293

밑줄 친 '이 왕조'는 4세기 초 찬드라굽타 1세가 세운 굽타 왕조이다. 굽타 왕조는 에프탈의 침입과 왕위 계승을 둘러싼 내분으로 쇠퇴하다가 6세기 중엽에 멸망하였다. 굽타 시대에 수학, 천문학 등 자연 과학이 발달하여 수학자이자 천문학자인 아리아바타는 원주율을 계산하고 이를 바탕으로 지구의 둘레를 추산하기도 하였다.

(바로잡기) ㄴ. 델리 술탄 왕조 시대부터 지즈야(인두세)를 거두었다. ㄹ. 델리 술탄 왕조에 해당한다.

294

제시된 자료는 『마누 법전』이다. 카스트제의 의무를 강조한 『마누 법전』은 힌두교도의 일상생활에 큰 영향을 끼쳤다.

(바로잡기) ① 『마누 법전』은 힌두교의 경전 역할을 하였다. ③ 카스트제의 성립은 고대 인도 문명 시기에 이루어졌다. 힌두교의 발전은 카스트제가 인도 사회에 정착하는 계기를 마련하였다. ④ 무굴 제국은 이슬람 국가이다. ⑤ 마우리아 왕조 이후에 편찬되었다.

295

밑줄 친 '이것'은 『라마야나』이다. 굽타 시대에는 산스크리트 문학이 발달하였는데, 인도의 전설과 설화를 담은 서사시인 『마하바라타』와 『라마야나』가 오늘날의 형태로 정리되었다.

(바로잡기) ② 『샤쿤탈라』에 대한 설명이다. ③ 기원전 6세기경 인도 사상계의 변화. ④ 대승 불교의 발전과 관련이 있다. ⑤ 마우리아 왕조는 찬드라굽타 마우리아가 세웠다.

296

밑줄 친 '이 양식'은 인도 고유의 특색을 강조한 굽타 양식이다. 굽타 양식은 아잔타 석굴과 엘로라 석굴의 불상 및 조각 등에 잘 반영되어 있다.

(바로잡기) ㄷ. 헬레니즘 문화 형성이 굽타 양식 등장보다 먼저 이루어졌다. ㄹ. 인도·이슬람 양식에 대한 설명이다.

297

제시문은 중앙아시아 지역의 이슬람 왕조인 가즈니 왕조와 구르 왕조의 인도 침입을 설명한 것이다. 두 왕조의 인도 침입은 이후 이슬람 세력이 인도에 본격적으로 진출하는 계기가 되었다.

(바로잡기) ① 6세기 중엽, ② 기원전 4세기경, ③ 기원전 7세기경의 사실이다. ⑤ 굽타 왕조 시기에 힌두교가 발전하면서 카스트제의 의무를 강조한 『마누 법전』이 인도인의 일상생활에 영향을 끼쳤다.

298

제시된 문화유산은 델리 술탄 왕조 시대 초기의 것으로, 아이바크의 델리 정복 등을 통해 파악할 수 있다. 델리 술탄 왕조는 힌두교도를 탄압하고 힌두교 사원과 신상을 부수기도 하였으나 인도인에게 이슬람교를 강요하지는 않았다. 힌두교도는 지즈야(인두세)만 부담하면 자신의 종교를 믿을 수 있었다.

(바로잡기) ① 쿠샨 왕조, ③ 델리 술탄 왕조 성립 이전인 10세기 말, ④ 16세기, ⑤ 굽타 왕조에 해당한다.

299

㉠ 왕조는 9세기에서 13세기까지 남인도의 정치와 문화를 주도한 촐라 왕조이다. 촐라 왕조는 강력한 해군력을 바탕으로 동남아시아, 서아시아 지역과 교역을 하였다. 이 왕조에서는 힌두교가 유행하였으며 타밀 문학과 예술이 발전하였다.

300

제시된 인물은 16세기 초 델리를 중심으로 무굴 제국을 수립한 바부르이다. 무굴 제국은 이슬람 왕조이다.

(바로잡기) ② 굽타 왕조, ③, ⑤ 마우리아 왕조, ④ 쿠샨 왕조에 대한 설명이다.

301

(가)는 데칸고원 이남까지 영토를 확장한 아우랑제브 황제이다. 아우랑제브 황제는 이슬람 제일주의를 바탕으로 지즈야를 부활시키고 힌두교 사원을 파괴하는 등 이교도 탄압을 강화하여 시크교도와 마라타족의 반란을 초래하였다.

(바로잡기) ① 샤자한, ③ 바부르, ④ 아크바르 황제에 해당한다. ⑤ 가즈니 왕조의 침입은 델리 술탄 왕조 성립 이전인 10세기 말에 해당한다.

302

제시된 자료는 아크바르 황제의 관용적 종교 정책을 잘 보여 주는 『아크바르나마』이다. 아크바르 황제는 힌두교에게 관직을 개방하고 비이슬람교도에 대한 지즈야(인두세)를 폐지하는 등 관용적 종교 정책을 펼쳤다.

(바로잡기) ② 아우랑제브 황제 즉위 이전에 나온 주장이다. ③ 상좌부 불교에 해당한다. ④ 델리 술탄 왕조는 무굴 제국 이전이다. ⑤ 쿠샨 왕조의 카니슈카 왕은 대승 불교의 발전과 관련이 있다.

303

㉠ 황제는 무굴 제국의 아우랑제브 황제이다. 아우랑제브 황제는 이슬람 제일주의를 바탕으로 이교도를 탄압하여 시크교도와 마라타족의 반란을 초래하였다.

(바로잡기) ① 쿠샨 왕조, ② 마우리아 왕조, ③ 굽타 왕조, ⑤ 델리 술탄 왕조 성립 이전(12세기)에 해당한다.

304

밑줄 친 '이 시기'는 델리, 아그라 등 대도시가 번영하고 인도양 무역으로 부를 쌓았던 무굴 제국 시기이다. 무굴 제국 시기에는 인도 문화와 이슬람 문화가 융합된 인도·이슬람 문화가 발전하였는데, 이러한 특징은 종교, 언어, 예술 등에서 잘 나타난다. 미술에서는 무굴 회화가 발달하였으며 언어로는 우르두어가 널리 사용되었다.

(바로잡기) ㄴ, ㄹ. 굽타 왕조 시기에 해당한다.

305

제시된 자료는 인도 문화와 이슬람 문화가 융합된 무굴 제국의 문화를 정리한 것이다. ① 인도와 이슬람 문화의 융합을 보여 주는 왕궁과 성, 모스크 등이 많이 만들어졌는데, 아그라성과 델리의 붉은성, 타지마할 등이 유명하다.

(바로잡기) ② 이슬람 제국 문화와 관련된 예루살렘의 바위의 돔. ③ 마우리아 왕조의 산치 대탑. ④ 메소포타미아 문명의 지구라트. ⑤ 이집트 문명의 스핑크스와 피라미드이다.

306

㉠ 종교는 나나크가 힌두교와 이슬람교의 장점을 모아 창시한 시크교이다. 시크교는 우상 숭배와 카스트제의 신분 차별을 반대하며 유일신에 대한 믿음과 인간 평등을 주장하였다.

바로잡기 ①, ⑤ 힌두교, ② 상좌부 불교, ③ 대승 불교에 대한 설명이다.

307

창시자와 브라만의 횡포를 비판하였다는 내용 등을 통해 ㉠은 불교, ㉡은 자이나교임을 알 수 있다.

308

불교와 자이나교가 살생 금지를 강조한 것은 브라만교의 제사 의식, 특히 동물 희생에 반대한 것과 관련이 있다.

채점 기준	수준
브라만교의 제사 의식, 특히 동물 희생에 반대하였다고 서술한 경우	상
브라만교의 제사 의식에 반대한 것과 관련이 있다고만 서술한 경우	중
동물 희생에 반대한 것과 관련이 있다고만 서술한 경우	하

309

힌두교가 굽타 왕조 시대 왕들의 후원을 받은 것은 당시 왕들이 자신을 힌두교의 신 비슈누에 비유하여 왕의 권위를 높이려고 하였기 때문이다.

채점 기준	수준
굽타 왕조의 왕들이 자신을 힌두교의 신 비슈누에 비유하여 왕권을 높이려고 하였다고 서술한 경우	상
굽타 왕조의 왕들이 자신을 힌두교의 신 비슈누에 비유하였다고만 서술한 경우	중
굽타 왕조의 왕들이 왕권을 높이려고 하였다고만 서술한 경우	하

310

무굴 회화는 전통적인 인도 양식과 페르시아의 세밀화가 조화를 이룬 미술 경향을 띠었다.

채점 기준	수준
전통적인 인도 양식과 페르시아의 세밀화가 조화를 이루었다고 서술한 경우	상
인도 양식과 이슬람 양식이 조화를 이루었다고만 서술한 경우	중
인도 양식과 외래 문화가 조화를 이루었다고만 서술한 경우	하

62~63쪽

311 ②	312 ②	313 ④	314 ③	315 ③
316 ④	317 ②	318 ②		

311 아소카왕의 업적

1등급 자료 분석 아소카왕의 불교 장려

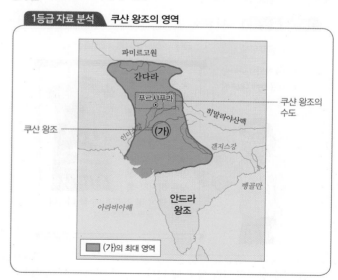

이 불상은 (㉠) 왕을 모델로 중국 남북조 시대에 제작된 것입니다. 마우리아 왕조의 전성기를 이끈 이 왕은 부처의 가르침에 따를 것을 강조한 조칙을 새긴 석주를 만들어 각지에 세웠습니다.

↳ 중국에서 아소카왕을 모델로 만들어졌다는 불상

자료에서 마우리아 왕조의 전성기를 이끌었다는 점, 부처의 가르침에 따를 것을 강조한 조칙을 새긴 석주를 각지에 세웠다는 점 등을 통해 ㉠ 왕이 아소카왕임을 알 수 있다. 아소카왕은 불교를 통한 제국의 통합에 힘쓰면서 불경을 정리하게 하고 산치 대탑을 세우는 등 불교의 보호에 힘썼다.

바로잡기 ① 무굴 제국의 샤자한 황제, ③ 굽타 왕조 시기, ④ 델리 술탄 왕조를 연 아이바크, ⑤ 굽타 왕조 시기에 해당한다.

312 쿠샨 왕조 시기의 사실

1등급 자료 분석 쿠샨 왕조의 영역

파미르고원
간다라
푸르샤푸라
히말라야산맥
쿠샨 왕조 → 쿠샨 왕조의 수도
쿠샨 왕조
인더스강
(가)
갠지스강
벵골만
아라비아해
안드라 왕조

■ (가)의 최대 영역

(가) 왕조는 1세기 중엽 서북 인도에 들어선 이란 계통의 쿠샨 왕조로, 수도는 푸르샤푸라이다. 쿠샨 왕조는 카니슈카왕 때 간다라 지방을 포함한 최대 영토를 이루었다. 쿠샨 왕조의 카니슈카왕 때 중생의 구제를 강조하는 대승 불교가 발전하여 중앙아시아 지역을 거쳐 동아

시아 지역까지 전파되었다.

바로잡기 ㄴ. 굽타 왕조 때 엘로라 석굴이 조성되었다. ㄹ. 마우리아 왕조에 대한 설명이다.

313 굽타 왕조 시기의 사실

1등급 자료 분석 굽타 왕조의 영역

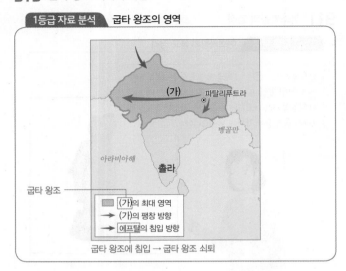

(가)의 최대 영역
→ (가)의 팽창 방향
→ 에프탈의 침입 방향

굽타 왕조에 침입 → 굽타 왕조 쇠퇴

(가) 왕조는 에프탈의 침입을 받은 굽타 왕조이다. 굽타 왕조 시대에는 브라만교를 바탕으로 불교 및 다양한 민간 신앙이 융합된 힌두교가 발전하였다. 힌두교도는 지역에 따라 창조의 신 브라흐마, 유지의 신 비슈누, 파괴의 신 시바 등 다양한 신들을 숭배의 대상으로 삼았다. 굽타 시대의 왕들은 권위를 높이기 위해 자신을 비슈누에 비유하여 힌두교를 후원하였다.

바로잡기 ① 마우리아 왕조, ② 델리 술탄 왕조에 해당한다. ③ 마우리아 왕조 이전인 기원전 6세기경에 자이나교를 창시하였다. ⑤ 굽타 왕조 멸망 이후인 12세기에 해당한다.

314 굽타 왕조 문화의 특징

1등급 자료 분석 굽타 양식

굽타 양식

이 미술 양식이 나타난 왕조의 문화에 대해 발표해 볼까요?

굽타 시대의 사르나트 초전법륜상

옷 주름의 선을 생략하고 인체의 윤곽을 그대로 드러내어 인도 고유의 색채를 볼 수 있다. 이러한 미술 양식은 아잔타 석굴의 불상 및 조각 등에 잘 나타나 있다.

굽타 양식의 특징

굽타 시대에 조성

제시된 미술 양식은 굽타 왕조 때 나타난 굽타 양식으로, 아잔타 석굴, 엘로라 석굴 등의 불상과 벽화 등에 잘 나타나 있다. 굽타 시대에는 『마하바라타』와 『라마야나』 등 산스크리트 문학이 발달하였다. 또한 굽타 시대에는 수학, 천문학 등 자연 과학도 발달하였다. 당시 인도인들은 10진법과 함께 숫자 영(0)의 개념을 사용하여 아라비아 숫

자의 형성에 기여하였다.

바로잡기 ㄱ, ㄹ. 마우리아 왕조의 아소카왕 때 산치 대탑과 같은 탑을 세우는 등 불교를 장려하였다. 또한 불교 포교에 힘써 개인의 해탈을 강조하는 상좌부 불교가 동남아시아에 전파되었다.

315 델리 술탄 왕조의 문화유산

1등급 자료 분석 이슬람 세력의 인도 진출

구르 왕조의 맘루크였던 아이바크는 델리를 정복하고 이슬람 왕조를 세웠다. 이후 300여 년 동안 북인도 지역에는 힌두 세력의 끈질긴 저항 속에서도 델리를 수도로 이슬람 계통의 다섯 왕조가 이어졌는데, 이를 (㉠)(이)라고 한다. 이 시기 인도인에게 이슬람교를 강요하지는 않아서 지즈야(인두세)만 부담하면 힌두교를 믿을 수 있게 해 주었다.

10세기 말부터 아프가니스탄의 가즈니 왕조는 여러 차례 인도에 침입하여 펀자브 지역을 차지하였고, 12세기에는 구르 왕조가 인도를 침입하여 한때 북인도 지역의 대부분을 차지함

자료에서 구르 왕조의 맘루크 출신인 아이바크가 델리를 정복하고 이슬람 왕조를 세웠다는 점, 이후 델리를 수도로 300여 년 동안 이슬람 계통의 다섯 왕조가 이어졌다는 점 등을 통해 ㉠이 델리 술탄 왕조임을 알 수 있다. 델리 술탄 왕조 시대를 연 아이바크는 델리를 정복하고 이를 기념하여 『쿠란』의 구절이 새겨져 있는 쿠트브 미나르를 세웠다.

바로잡기 ① 마우리아 왕조의 산치 대탑이다. ② 앙코르 왕조의 앙코르 와트이다. ④ 촐라 왕조의 힌두교 사원이다. ⑤ 굽타 왕조의 아잔타 석굴 사원에 해당한다.

316 힌두교의 특징

1등급 자료 분석 힌두교의 춤추는 시바

힌두교

(㉠)의 춤추는 시바입니다. 시바는 파괴의 신으로 죽음을 관장한다고 합니다.

시바가 춤을 출 때 세상이 파괴되고 다음 세상이 온다고 전한다.

㉠은 굽타 왕조 시대에 브라만교를 바탕으로 불교 및 다양한 민간 신앙이 융합되어 발전한 힌두교이다. 힌두교도들은 지역에 따라 창조의 신 브라흐마, 유지의 신 비슈누, 파괴의 신 시바 등 다양한 신들을 숭배의 대상으로 삼았다. 토착적 성격이 강한 힌두교는 백성들에게 쉽게 수용되어 인도의 민족 종교로 발전함으로써 지역적·문학적 차이를 극복하는 데 이바지하였다.

바로잡기 ① 불교와 자이나교 등에 대한 설명이다. 힌두교의 발전은 카스트제가 인도 사회에 정착하는 계기를 마련하였다. ② 상좌부 불교, ③ 대승 불교, ⑤ 시크교에 대한 설명이다.

317 아크바르 황제와 아우랑제브 황제

1등급 자료 분석 무굴 제국의 변천

아크바르 황제는 데칸고원 이남을 제외한 인도 대부분을 통일, 아우랑제브 황제는 데칸고원을 넘어 인도 남부의 대부분을 차지함

지도에서 사파비 왕조와 국경을 접하고 있는 점, 데칸고원 이남이 영역에서 제외된 점 등을 통해 (가)가 무굴 제국의 아크바르 황제, (나)가 무굴 제국의 최대 영역을 차지하였던 아우랑제브 황제 시기임을 알 수 있다. 아크바르는 다른 종교에 관용적인 정책을 펴 지즈야를 폐지하였으나 아우랑제브 황제는 이슬람 제일주의를 바탕으로 지즈야를 부활시키고 이교도 탄압을 강화하였다.

바로잡기 ㄴ. 무굴 제국의 샤자한 황제, ㄹ. 무굴 제국을 세운 바부르에 해당한다.

318 무굴 제국 시기의 문화

1등급 자료 분석 무굴 제국

자료에서 티무르의 후손이 세운 나라이고, 델리 술탄 시대의 마지막 왕조를 멸망시켰다는 점에서 ㉠ 제국이 바부르가 세운 무굴 제국임을 알 수 있다. 무굴 제국 시기에 공식 문서나 외교에서는 페르시아어가 사용되었지만, 그밖에는 아랍어와 인도 고유의 언어 등이 더해진 우르두어가 널리 사용되었다.

바로잡기 ① 기원전 6세기경, ③ 굽타 왕조, ④ 쿠샨 왕조, ⑤ 마우리아 왕조 시기에 해당한다.

---

05 서아시아의 여러 제국과 이슬람의 형성

319 ②	320 ②	321 ⑤	322 ③	323 ④	324 ⑤	325 ①
326 ②	327 ③	328 ①	329 ①	330 ④	331 ①	332 ②
333 ①	334 ②	335 데브시르메 제도				

336 예시 답안 오스만 제국은 술탄의 직할지를 제외한 영토를 총독이나 현지의 지배자에게 위임하고, 이들에게 토지의 징세권을 부여하는 티마르제를 실시하였다. 또한 비이슬람교도라도 인두세만 납부하면 그들 고유의 신앙을 유지할 수 있는 일종의 종교 자치 공동체, 즉 밀레트 제도를 허용하였다.

06 인도의 역사와 종교·문화

337 ①	338 ④	339 ④	340 ④	341 ①	342 ③

343 힌두교 **344 예시 답안** 힌두교는 브라만교를 바탕으로 불교 및 다양한 민간 신앙이 융합된 종교이다. 토착적 성격이 강해 백성들에게도 쉽게 수용되어 인도의 민족 종교로 발전하였다. 힌두교에서는 카스트에 따른 의무 수행을 중시하여 직업 세습에 따른 카스트제가 인도 사회에 정착되는 데 기여하였다.

319
지도의 영역과 기원전 7세기 전반에 철제 무기와 기마 전술로 서아시아 지역의 대부분을 통일하였다는 점 등을 통해 ㉠이 아시리아임을 알 수 있다. 아시리아는 도로와 역참을 정비하고 지방에 총독을 파견하는 등 중앙 집권 체제를 강화하였으며, 수도 니네베에 왕립 도서관을 세워 학문 발전을 촉진하였다.

바로잡기 ① 바빌로니아 왕국, ③ 미케네 문명, ④, ⑤ 페니키아에 해당한다.

320
제시된 표에서 아시리아 이후 분열된 서아시아 세계를 통일한 것을 통해 (가)가 아케메네스 왕조 페르시아임을 알 수 있다. 아케메네스 왕조 페르시아는 기원전 6세기 중엽에 키루스왕에 의해 수립되었고, 기원전 525년에 서아시아 세계를 다시 통일하였다.

바로잡기 ① 인도에 진출한 아리아인, ③ 크레타 문명, ④ 사산 왕조 페르시아, ⑤ 고대 이집트에 해당한다.

321
자료는 아케메네스 왕조 페르시아를 건국한 키루스가 바빌로니아를 정복한 후 발표한 선언의 일부이다. 이 선언에서 키루스는 피정복민의 전통과 종교를 존중한다고 밝혀 아케메네스 왕조 페르시아의 관용 정책을 확인할 수 있다.

바로잡기 ① 우마이야 왕조는 아랍인을 우대하고 비아랍인을 차별하였다. ② 사산 왕조 페르시아는 아케메네스 왕조 페르시아의 부흥을 내걸고 건국되었다. ③ 아시리아는 피정복민을 강압적으로 통치하였다. ④ 이슬람 세계의 아바스 왕조에 해당한다.

322
제시된 상징인 파라바하르와 빛과 선의 신 아후라 마즈다 등을 통해 밑줄 친 '이 종교'가 조로아스터교임을 알 수 있다. 조로아스터가 창시한 종교인 조로아스터교는 최후의 심판, 천국과 지옥, 죽은 자의 부활 등의 교리를 갖고 있었는데, 이는 유대교, 크리스트교, 이슬람교 등에 영향을 주었다.

바로잡기 ① 이슬람교, ② 불교, ④ 힌두교에 해당한다. ⑤ 조로아스터교를 국교로 삼은 것은 사산 왕조 페르시아이다.

323

자료에서 알렉산드로스 제국 분열 후 이란 계통의 민족이 세운 나라라는 점, 로마와 인도, 중국 한나라를 연결하는 중계 무역으로 번영하였다는 점 등을 통해 파르티아에 대한 묻고 답하기 내용임을 알 수 있다. 파르티아는 로마와의 대립으로 쇠퇴하다가 사산 왕조 페르시아에 의해 멸망하였다.

바로잡기 ① 아케메네스 왕조 페르시아, ② 바빌로니아 왕국, ③ 우마이야 왕조, ⑤ 아케메네스 왕조 페르시아에 해당한다.

324

자료에서 조로아스터교를 국교로 삼았다는 점, 아케메네스 왕조 페르시아의 부흥을 내세웠다는 점 등을 통해 ㉠ 왕조가 사산 왕조 페르시아임을 알 수 있다. 사산 왕조 페르시아는 샤푸르 1세 때 로마 제국과 경쟁하였는데, 260년 로마와의 에데사 전투에서 승리하며 로마 황제 발레리아누스를 포로로 잡기도 하였다.

바로잡기 ① 우마이야 왕조와 파티마 왕조 등, ② 아바스 왕조, ③, ④ 아케메네스 왕조 페르시아에 해당한다.

325

제시된 자료를 통해 이슬람교도의 주요 의무 다섯 가지인 '오행'의 일부임을 알 수 있다. 이슬람교도는 무함마드가 알라로부터 받은 계시를 모아 놓은 『쿠란』과 무함마드의 말과 행동을 기록한 『하디스』에 근거해 생활하였다. 이슬람교는 메카의 상인 무함마드가 창시하였다.

바로잡기 ② 상좌부 불교, ③ 헬레니즘 문화, ④ 조로아스터교, ⑤ 힌두교에 해당한다.

326

자료의 (가)는 무함마드가 메카를 지배하던 세력으로부터 박해를 받고 메디나로 이주한 헤지라에 대한 설명으로, 622년의 사실이다. (나)는 시리아 총독 무아위야가 칼리프가 된 이후 그의 아들이 칼리프를 계승하게 된 우마이야 왕조의 성립에 대한 것으로, 661년의 사실이다. 메디나로 이주한 무함마드는 교세를 확장하여 메카를 장악하고 아라비아반도 대부분을 통일하였다. 무함마드가 죽은 이후에 이슬람 공동체는 칼리프를 선출하여 정치·종교의 대권을 맡겼는데, 이를 정통 칼리프 시대라고 한다(632~661). 정통 칼리프 시대 이슬람 세력은 교세를 확장하여 이집트, 사산 왕조 페르시아 등을 정복하고 대제국을 건설하였다.

바로잡기 ㄴ. 751년, ㄹ. 1055년의 사실이다.

327

자료에서 무아위야 후손의 칼리프 세습, 수니파와 시아파의 분열 등을 통해 우마이야 왕조를 묻는 퀴즈임을 알 수 있다. 제4대 칼리프 알리가 살해된 이후 시리아 총독 무아위야가 칼리프가 되었으며 그의 아들이 칼리프를 계승하였다. 이로써 우마이야 가문이 칼리프를 세습하는 우마이야 왕조가 성립되었다. 우마이야 왕조는 다마스쿠스를 수도로 삼고 동쪽으로 인더스강 유역, 서쪽으로 이베리아반도까지 진출하였다.

바로잡기 ① 아케메네스 왕조 페르시아 등, ② 아바스 왕조, ④ 파르티아, ⑤ 아시리아에 해당한다.

328

자료는 정통 칼리프 시대가 끝나고 우마이야 왕조가 성립되면서 이슬람교도가 시아파와 수니파로 나뉘게 된 사실을 설명하고 있다. 칼리프는 무함마드를 잇는 계승자라는 의미로, 이슬람 공동체의 종교 지도자이면서 정치 지배자의 역할을 담당하였다. 또한 이슬람 공동체가 칼리프를 선출하여 정치·종교의 대권을 맡겼던 시대를 정통 칼리프 시대라고 한다.

바로잡기 ㄷ. 시아파에 해당한다. 수니파는 누구나 칼리프가 될 수 있다는 입장으로 이슬람 세계의 다수를 차지하고 있다. ㄹ. 수니파에 해당한다. 시아파는 알리와 그 후손만을 무함마드의 정통한 후계자로 여기는 세력이다.

329

지도는 이슬람 제국의 발전 과정을 나타낸 것으로, (가)는 무함마드 시대(622~632)의 영역, (나)는 우마이야 왕조 시대(661~750)의 영역을 나타낸 것이다. 무함마드 사후 이슬람 공동체의 지도자로 칼리프를 선출하였던 정통 칼리프 시대(632~661)에 이슬람 세력은 이집트와 사산 왕조 페르시아 등을 정복하여 대제국을 건설하였다.

바로잡기 ② 아바스 왕조 시기, ③ 14세기 후반, ④ 셀주크 튀르크, ⑤ 오스만 제국 시대에 있었던 사실들이다.

330

자료에서 원형 도시 바그다드를 건설하고 새로운 수도로 삼았다는 점을 통해 밑줄 친 '이 왕조'가 아바스 왕조임을 알 수 있다. 아바스 왕조는 아바스 가문이 시아파의 도움을 받아 우마이야 왕조를 무너뜨리고 세웠다. 아바스 왕조는 비아랍인을 군인이나 관료로 등용하고 세금 제도에서도 차별을 없앰으로써 민족과 인종을 초월한 범이슬람 제국으로 발전하였다.

바로잡기 ① 우마이야 왕조 등, ② 셀주크 튀르크, ③ 티무르 왕조, ⑤ 오스만 제국에 해당한다.

331

자료의 ㉠ 왕조는 후우마이야 왕조이다. 아바스 가문을 피해 이베리아반도로 탈출한 우마이야 가문의 왕자가 756년 지지 세력을 모아 코르도바를 수도로 한 후우마이야 왕조를 건설하였다.

바로잡기 ② 오스만 제국, ③ 셀주크 튀르크, ④ 아바스 왕조, ⑤ 쿠샨 왕조에 해당한다.

332

㉠은 파티마 왕조, ㉡은 셀주크 튀르크에 해당한다. 셀주크 튀르크는 바그다드에 입성하여 아바스 왕조의 칼리프로부터 술탄이라는 칭호를 수여받고 정치적 실권을 위임받았다. 10세기 초에 세워진 파티마 왕조는 아바스 왕조의 권위를 부정하고 칼리프 칭호를 사용하였다.

바로잡기 ㄴ. 우마이야 왕조, ㄹ. 파티마 왕조에 해당한다.

333

자료의 밑줄 친 '제국'은 티무르 왕조에 해당한다. 14세기 후반에 칭기즈 칸의 계승자를 자처하는 티무르가 중앙아시아의 여러 유목 집단을 통합하여 사마르칸트를 수도로 하는 티무르 왕조를 세웠다.

바로잡기 ② 우마이야 왕조, ③ 오스만 제국, ④ 파르티아, ⑤ 아바스 왕조에 해당한다.

334

자료에 등장하는 메흐메트 2세, 술레이만 1세 등을 통해 ○○○ 제국이 오스만 제국임을 알 수 있다. 오스만 제국은 셀림 1세 때 이집트의 맘루크 왕조를 정복하여 이슬람교의 성지 메카와 메디나의 보호권을 장악함으로써 수니파 이슬람 세계의 지배자로 군림하게 되었다.

바로잡기 ① 티무르 왕조, ③ 정통 칼리프 시대, ④ 사파비 왕조, ⑤ 파티마 왕조에 해당한다.

335

자료는 오스만 제국의 데브시르메 제도에 대한 설명이다. 오스만 제국은 아시아, 유럽, 아프리카의 세 대륙에 걸친 광대한 영역을 통치하기 위해 다양한 종교와 풍습을 가진 여러 민족에게 관용적인 정책을 펼쳤다.

336

채점 기준	수준
티마르제, 밀레트 제도를 제시하고 그 내용을 모두 정확하게 서술한 경우	상
티마르제, 밀레트 제도 중에서 한 가지만 정확하게 서술한 경우	중
티마르제와 밀레트 제도의 명칭만 서술한 경우	하

337

자료의 석주 모습, 석주 비문의 내용 등을 통해 ㉠ 왕이 아소카왕임을 알 수 있다. 마우리아 왕조의 아소카왕은 칙령을 새긴 석주를 세우는 등 중앙 집권을 강화하였으며 불경을 정리하고 산치 대탑과 같은 스투파(탑)를 세우는 등 불교를 장려하였다.

바로잡기 ② 카니슈카왕, ③ 사산 왕조 페르시아, ④ 무굴 제국의 샤자한, ⑤ 아케메네스 왕조 페르시아의 다리우스 1세에 해당한다.

338

지도는 쿠샨 왕조의 전성기 영역을 나타낸 것이다. 쿠샨 왕조는 카니슈카왕 때 간다라 지방을 포함한 최대 영토를 확보하여 전성기를 이룩하였다. 쿠샨 왕조의 카니슈카왕의 노력으로 중생의 구제를 목표로 하는 대승 불교가 발전하여 중앙아시아를 거쳐 동아시아 지역으로 전파되었다.

바로잡기 ① 무굴 제국, ② 굽타 왕조, ③ 델리 술탄 왕조, ⑤ 굽타 왕조에 해당한다.

339

제시된 자료에서 국왕들이 자신을 비슈누에 비유하며 힌두교를 후원하였다는 점 등을 통해 밑줄 친 '이 왕조'가 굽타 왕조임을 알 수 있다. 굽타 왕조 시기에는 간다라 양식과 인도 고유의 특색이 융합된 굽타 양식의 불상과 벽화가 많이 만들어졌는데, 아잔타 석굴 등이 대표적이다.

바로잡기 ① 델리 술탄 왕조 시기 등, ② 오스만 제국 시기, ③ 무굴 제국 시

기, ⑤ 아케메네스 왕조 페르시아 등에 해당한다.

340

제시된 자료는 이슬람 세력의 인도 진출과 관련된 내용이다. 서아시아에서 일어난 이슬람 세력은 8세기경부터 인도에 진출하였는데, 가즈니 왕조와 구르 왕조의 인도 침입은 이슬람 세력이 인도에 본격적으로 진출하는 계기를 마련하였다. 그리고 아이바크가 델리를 수도로 이슬람 왕조를 세우고, 이후 300여 년 동안 북인도 지역에는 델리를 수도로 이슬람 계통의 다섯 왕조가 이어지면서 인도에 이슬람 문화가 확산되었다.

바로잡기 ① 중앙아시아에서 이주해 온 아리아인이 선주민을 지배하기 위해 카스트제를 만들었다. ② 제4대 칼리프 알리가 살해되고, 무아위야가 우마이야 가문에서 칼리프를 세습하게 하는 과정에서 이슬람 세계는 시아파와 수니파로 나뉘었다. ③ 쿠샨 왕조 시기 인도 문화와 헬레니즘 문화가 융합된 간다라 양식이 발달하였다. ⑤ 마우리아 왕조의 아소카왕 때 상좌부 불교가 발달하여 동남아시아에 전파되었다.

341

제시된 자료에서 무굴 제국의 황제라는 점, 다른 종교에 관용적인 정책을 폈다는 점, 힌두 세력 출신 여성과 결혼했다는 점 등을 통해 밑줄 친 황제가 아크바르 황제임을 알 수 있다. 아크바르 황제는 데칸 고원 이남을 제외한 인도 대부분을 통일하였고, 비이슬람교도에 대한 지즈야를 폐지하였다.

바로잡기 ② 샤자한, ③ 바부르, ④ 티무르, ⑤ 아우랑제브 황제에 해당한다.

342

자료에서 힌두·이슬람 문화의 발전 사례를 발표하고 있는 것을 통해 무굴 제국의 문화에 대한 수업 장면임을 알 수 있다. 무굴 제국 시기에 인도에는 이슬람 문화가 널리 확산되면서 전통적인 인도 문화와 이슬람 문화가 융합된 인도·이슬람 문화가 발전하였다. 회화에서는 무굴 회화가 발달하였고, 건축에서는 타지마할과 같이 인도와 이슬람 문화가 융합된 건축물이 세워졌다.

바로잡기 ㄱ. 굽타 왕조 시기의 문학, ㄹ. 굽타 양식에 해당한다.

343

굽타 왕조 시대에는 브라만교를 바탕으로 불교 및 다양한 민간 신앙이 융합된 힌두교가 발전하였다. 힌두교의 확산에 따라 카스트제가 인도 사회에 정착되었다.

344

채점 기준	수준
힌두교의 특징과 힌두교가 인도 사회에 끼친 영향을 모두 정확하게 서술한 경우	상
힌두교가 인도 사회에 끼친 영향만 정확하게 서술한 경우	중
힌두교의 특징만 정확하게 서술한 경우	하

IV 유럽·아메리카 지역의 역사

07 고대 지중해 세계

분석 기출 문제

71~75쪽

[핵심 개념 문제]

345 아테네, 스파르타		346 알렉산드리아			347 라티푼디움	
348 밀라노 칙령	349 ×	350 ○	351 ○	352 ㄴ	353 ㄹ	
354 ㄱ	355 ㄷ	356 ⓒ	357 ⓐ	358 ⓑ		

359 ⑤	360 ②	361 ③	362 ①	363 ④	364 ①	365 ⑤
366 ④	367 ①	368 ①	369 ②	370 ⑤	371 ③	372 ④
373 ⑤	374 ①	375 ④	376 ③	377 ③		

1등급을 향한 서답형 문제

378 솔론 **379** 예시답안 도편 추방제를 실시하였다. 혈연 중심의 부족제를 거주지 중심의 부족제로 개편하고 500인 평의회를 설치하였다. **380** 군인
381 예시답안 로마 제국을 4분할하여 통치하였다.

359
제시문은 그리스인의 강한 동족 의식을 보여 준다. 그리스는 해안선의 굴곡이 심하고 산지가 많아 오랫동안 통일 국가를 이루지 못하고 해안가의 평야 지대에 촌락을 이루고 살았는데, 이것이 폴리스로 발전하였다. 그리스인은 폴리스 단위로 나뉘어 살았지만, 같은 언어와 종교를 공유한다는 동족 의식이 강하였다.

바로잡기 ① 유일신 신앙은 헤브라이인이 믿었던 유대교의 특징이다. ② 농경 생활은 폴리스 형성과 직접적인 연관이 없다. ③ 그리스는 통일 국가를 이루지 못하였다. ④ 이민족의 침입과 폴리스의 형성은 관련이 없다.

360
제시문은 아테네 솔론의 개혁 내용이다. 솔론은 재산 정도에 따라 시민을 4등급으로 구분하고 참정권을 차등 분배하는 금권정을 실시하였다. 그의 개혁은 중장 보병의 주역인 평민층의 권리 확대 요구로 인한 귀족과 평민의 대립을 극복하기 위해 추진되었다. 그러나 솔론의 금권정은 귀족과 평민 모두의 불만을 샀고, 이후 정치적 혼란을 틈타 참주가 등장하였다.

바로잡기 ㄴ. 솔론의 개혁은 페르시아 전쟁 이전인 기원전 6세기 초에 추진되었다. ㄹ. 솔론의 개혁은 귀족과 평민 모두의 지지를 받지 못하였다.

361
클레이스테네스는 참주의 출현을 방지하기 위해 도편 추방제를 마련하였고 혈연 중심의 부족제를 거주지 중심의 부족제로 개편하였다. 이를 바탕으로 500인 평의회를 설치하여 행정을 담당하게 하였다.

바로잡기 ① 클레이스테네스는 페르시아 전쟁 이전에 활동하였다. ② 페이시스트라토스는 솔론의 개혁으로 시작된 금권 정치를 배경으로 등장하였던 참주이다. ④ 델로스 동맹은 페리클레스에 의해 결성되었고, 펠로폰네소스 동맹은 이에 대항하기 위해 스파르타가 결성하였다. ⑤ 중장 보병이 군대의 주력이 되면서 아테네에서 평민의 발언권이 강해졌다.

362
지도는 페르시아 전쟁을 나타내고 있다. 아테네를 중심으로 한 그리스의 해군은 살라미스 해전에서 승리하였고, 육전에서는 마라톤 전투에서 승리하였다. 이 전쟁을 승리로 이끈 페리클레스는 델로스 동맹을 결성하여 그리스 세계를 주도하였으며, 아테네의 직접 민주 정치를 꽃피웠다. 이 시기를 페리클레스 시대라고 부른다.

바로잡기 ㄷ. 페르시아 전쟁 이후 아테네는 델로스 동맹의 맹주가 되었고, 펠로폰네소스 동맹은 아테네에 대항하기 위해 스파르타가 결성하였다. ㄹ. 펠로폰네소스 전쟁에서 스파르타가 승리하였으나 얼마 지나지 않아 테베가 스파르타를 무너뜨렸으며, 그리스 세계는 결국 마케도니아에 정복되었다.

363
지도는 알렉산드로스의 동방 원정 경로를 표시한 것이다. 알렉산드로스는 이 원정을 통해 아케메네스 왕조 페르시아와 이집트를 정복하고 중앙아시아와 인더스강 유역까지 진출하였다. 알렉산드로스는 피정복민의 전통과 관습을 존중하였다.

바로잡기 ① 필리포스 2세에 대한 설명이다. ② 포에니 전쟁은 로마와 카르타고의 전쟁이다. ③ 스파르타에 대한 설명이다. ⑤ 페르시아의 전제 군주제를 확립하였다.

364
제시문은 알렉산드로스의 혼인 장려 정책을 보여 주고 있다. 알렉산드로스는 알렉산드리아를 여러 곳에 건설하고 그리스인을 이주시켰으며, 그리스인과 페르시아인의 혼인을 장려하여 동서 문화의 융합에 힘썼다.

바로잡기 ② 혼인 장려는 전제 왕권 강화와는 관련이 없다. ③ 헬레니즘 문화는 그리스 문화와 페르시아 문화의 융합으로 발달하였지만 그리스 문화가 주를 이루었다. ④ 알렉산드로스 제국은 동서 교역로를 확대시켜 중계 무역이 발달하였으나 제시된 자료와는 관련이 없다. ⑤ 아케메네스 왕조 페르시아의 '왕의 길' 건설, 역참제 시행 등이 이에 해당한다.

365
밑줄 친 '이 시대'는 헬레니즘 시대이다. 알렉산드로스 제국은 그리스 세계를 정복한 이후 수립되었다. 라오콘상은 헬레니즘 시대의 대표적 조각품이고, 스토아학파와 에피쿠로스학파는 이 시대의 대표적 철학이며, 아르키메데스는 이 시대의 과학자이다. 한편 알렉산드로스는 각지에 알렉산드리아를 건설하였다.

바로잡기 ⑤ 헬레니즘 시대 이전의 사실이다.

366
제시된 문화유산은 헬레니즘 시대의 대표적 조각품인 밀로의 비너스상이다. 밀로의 비너스상은 인간의 관능적인 아름다움을 보여 준다. 헬레니즘 시대에 자연 과학이 발달하여 여러 과학자들이 활약하였는데, 에라토스테네스는 지구의 자오선을 측정하였다.

바로잡기 ①, ⑤ 그리스 시대의 사실이다. ②, ③ 로마 시대의 사실이다.

367
밑줄 친 '그'는 에피쿠로스이다. 에피쿠로스는 개인의 행복을 위해서는 마음의 안정과 평정심을 찾는 것이 중요하다고 주장하였다. 에피쿠로스는 개인주의와 세계 시민주의적인 성향을 띠었던 헬레니즘 시

대의 대표적인 철학자로, 흔히 쾌락주의로 불리지만 그의 쾌락은 정신적 쾌락이었다.

바로잡기 ㄷ. 헬레니즘 시대에는 폴리스 중심의 배타적인 성격에서 벗어나 개방적이고 세계 시민주의적인 성향이 나타났다. ㄹ. 스토아학파에 대한 설명이다.

368
제시된 도표는 로마 공화정의 구조를 보여 주고 있다. 로마의 공화정은 행정과 군사를 담당하는 2인의 집정관, 자문 기관인 원로원, 그리고 시민이 모여 국가의 중요한 일을 결정하는 민회가 서로 견제하며 균형을 이루었다. 로마의 원로원은 자문 기관으로 법률을 제정하였다.

369
제시된 자료는 로마의 평민권 신장과 관련된 법률의 발달 과정이다. 로마는 공화정 초기에 귀족들이 권력을 독점하였으나 상공업의 발달로 부유해진 평민들이 중장 보병으로 군대의 주력이 되면서 정치적 권리를 요구하였다. 이를 로마의 신분 투쟁이라 부르는데, 이탈리아 통일 과정에서 전개되었다.

바로잡기 ① 아테네 민주 정치는 솔론의 개혁으로 시작되어 페리클레스 시대에 전성기를 맞이하였다. ③ 펠로폰네소스 전쟁은 스파르타가 아테네를 격파한 전쟁이다. ④ 포에니 전쟁은 로마가 지중해 해상권을 두고 카르타고와 치른 전쟁이다. ⑤ '로마의 평화 시대'는 옥타비아누스부터 3세기 전반까지의 약 200년간이다.

370
(가)에는 호르텐시우스법의 내용이 들어가야 한다. 호르텐시우스법은 평민회의 의결 사항이 원로원의 동의 없이도 법적 효력을 발휘하도록 규정하였다. 이로 인해 로마에서 평민은 귀족과 법적으로 동등권을 차지하게 되었다.

바로잡기 ① 아테네의 도편 추방제에 해당한다. ② 로마에서 귀족들이 사병을 소유한 것은 포에니 전쟁 이후에 나타났다. ③ 리키니우스법의 내용에 해당한다. ④ 콜로누스의 거주 이전을 제한하는 법률은 콘스탄티누스 황제 때 제정되었다.

371
지도는 포에니 전쟁을 보여 주고 있다. 로마가 서지중해로 세력을 확장하면서 카르타고와 충돌하여 세 차례에 걸친 포에니 전쟁이 일어났다. 포에니 전쟁 결과 자영농이 몰락하고 라티푼디움이 성행하자 그라쿠스 형제는 자영농 육성을 위한 개혁을 추진하였으나 실패하였다.

바로잡기 ㄱ, ㄹ. 공화정 초기의 사실이다.

372
제시된 자료는 그라쿠스 형제의 개혁을 보여 주는 것으로 형인 티베리우스 그라쿠스의 연설문이다. 티베리우스 그라쿠스는 이 연설 이후 귀족들의 대토지 소유를 제한하는 농지법을 제정하였다. 티베리우스 그라쿠스가 죽은 후 동생인 가이우스 그라쿠스는 곡물법을 제정하였다. 그라쿠스 형제의 개혁은 자영농의 육성에 목적이 있었다.

바로잡기 ㄱ. 호민관과 평민회의 설치는 공화정 초기 평민들의 신분 투쟁 결

과로 이루어졌다. ㄷ. 12표법은 평민권 신장을 초래한 법률로 신분 투쟁 과정에서 제정되었다.

373
제시문은 포에니 전쟁 직후 로마의 혼란을 설명하고 있다. 그라쿠스 형제의 개혁이 실패로 돌아간 후 로마는 귀족파와 평민파의 권력 투쟁으로 사회 불안이 심화되었고, 스파르타쿠스의 난과 같은 노예 반란이 일어났다. 스파르타쿠스의 난은 기원전 73년에 일어났는데 난을 진압한 후 카이사르, 폼페이우스, 크라수스가 삼두 정치를 실시하였다. 이 시기는 군인 정치가들이 권력을 독점하고 있었다.

바로잡기 ① 이 시기는 아직 공화정이 유지되고 있었다. ② 악티움 해전 승리 이후 실질적인 제정이 시작되었다. ③ 공화정 초기 평민들의 지위 향상을 위해 설치되었다. ④ 이 시기는 그라쿠스 형제의 개혁 실패 이후에 해당한다.

374
제시된 자료는 타키투스가 기록한 옥타비아누스 시대의 상황으로, 여기서 프린켑스는 옥타비아누스가 스스로 사용하였던 호칭이다. 악티움 해전에서 승리한 옥타비아누스는 원로원으로부터 아우구스투스라는 칭호를 받아 사실상의 황제가 되었으나 본인 스스로는 로마 제1의 시민이라는 의미의 프린켑스라는 칭호를 사용하였다. 옥타비아누스의 정권 장악으로 로마에서는 사실상의 제정이 시작되었다.

바로잡기 ② 호민관직은 공화정 초기에 설치되었다. ③ 콜로나투스는 군인 황제 시대에 나타났다. ④ '로마의 평화 시대'는 오현제 시대까지이다. ⑤ 그라쿠스 형제의 개혁은 공화정 말기에 나타났다.

375
제시문은 군인 황제 시대의 혼란을 설명하고 있다. 로마는 3세기에 들어서 동쪽의 사산 왕조 페르시아 등 이민족의 침략에 시달렸으며, 농촌에서는 부자유 소작인인 콜로누스에 의해 경작되는 콜로나투스 제도가 나타났다.

바로잡기 ① 라티푼디움은 포에니 전쟁 이후 시작되었다. ② 우마이야 왕조는 프랑크 왕국을 침입하였으나 투르·푸아티에 전투에서 패배하였다. ⑤ 아케메네스 왕조 페르시아는 알렉산드로스의 동방 원정으로 멸망하였고, 둔전병제는 비잔티움 제국에서 국방력 강화를 목적으로 시행되었다.

376
제시된 문화유산은 콜로세움과 수도교로, 로마의 대표적인 건축물이다. 로마는 정복지를 도로로 연결하여 사람과 물자의 이동을 쉽게 하였으며, 각지에 건설된 도시에 개선문, 콜로세움과 같은 원형 경기장, 수도교 등을 세웠다. 이 과정에서 로마는 토목, 건축 기술이 발달하였고, 실용적인 분야에서 뛰어난 업적을 남겼다.

바로잡기 ① 제시된 건축물은 종교와는 연관이 없다. ② 그리스 문화, ④ 중세 유럽에서 고딕 양식이 출현하기 이전까지, ⑤ 헬레니즘 문화에 대한 설명이다.

377
제시된 자료는 콘스탄티누스 황제가 발표한 밀라노 칙령이다. 밀라노 칙령을 발표하여 크리스트교를 공인하였던 콘스탄티누스 황제는 콘스탄티노폴리스로 천도하는 등 제국의 부흥에 힘썼다.

바로잡기 ① 테오도시우스 황제 때. ② 테오도시우스 황제 사후의 사실이다. ④ 콘스탄티누스 황제 이전의 사실이다. ⑤ 아우구스투스 칭호는 옥타비아누스 때부터 사용되었다.

378

제시문은 아테네에서 평민들의 정치적 권리 요구로 인해 솔론의 개혁과 클레이스테네스의 개혁이 추진되었다는 내용이다. 솔론의 개혁은 귀족과 평민 모두의 불만을 샀고, 혼란을 틈타 참주가 나타나 정권을 장악하였다.

379

클레이스테네스는 혈연 중심의 부족제를 거주지 중심의 부족제로 개편하고 이 부족제를 바탕으로 500인 평의회를 설치하였다. 또한 도편 추방제를 도입하여 참주를 추방하고 민주 정치의 기틀을 마련하였다.

채점 기준	수준
부족제 개편, 500인 평의회 설치, 도편 추방제 실시 중 한 가지 이상 서술한 경우	상
세 가지 중 한 가지를 서술하였으나 정확하지 못한 경우	중

380

제시문은 로마 제국 말기의 상황이다. 군인 황제 시대에는 군인들이 정치에 개입하여 황제를 마음대로 폐위하고 옹립하였다. 이 시기에 상공업과 도시가 쇠퇴하고 이민족의 침입이 잦았으며, 농촌에서는 콜로나투스가 등장하였다.

381

디오클레티아누스 황제는 제국을 넷으로 나누어 두 명의 황제와 두 명의 부황제가 다스리는 4분할 통치를 시행하였다.

채점 기준	수준
제국을 4분할하여 통치하였다고 정확하게 서술한 경우	상
제국을 나누어 다스렸다고만 서술한 경우	중

적중 1등급 문제

76~77쪽

382 ②	**383** ④	**384** ⑤	**385** ③	**386** ②
387 ⑤	**388** ④	**389** ④		

382 아테네의 민주 정치

1등급 자료 분석 클레이스테네스와 페리클레스

- (㉠)은/는 혈연 중심의 부족제를 거주지 중심의 부족제로 개편하고, 이를 바탕으로 행정을 담당하는 500인 평의회를 설치하였다.
  - 아테네는 기원전 6세기 말 클레이스테네스의 부족제 개편, 도편 추방제 실시 등으로 민주 정치의 기초를 닦음
- (㉡)은/는 가난한 시민도 정치에 참여할 수 있도록 공무 수당을 지급하였고 장군과 같은 특수직을 제외한 나머지 관직과 배심원직은 추첨으로 뽑힌 시민이 공무를 담당하게 하였다.
  - 기원전 5세기 중엽 페리클레스 시대에 민회의 권한을 강화하고 추첨제와 수당제를 실시해 민주 정치의 전성기를 맞이함

자료의 ㉠은 부족제를 개편하고 500인 평의회를 구성했다는 점을 통해 클레이스테네스임을 알 수 있고, ㉡은 공무 수당을 지급하고 주요 관직 등을 추첨으로 선발했다는 점을 통해 페리클레스임을 알 수 있다. 클레이스테네스는 참주의 출현을 막기 위해 도편 추방제를 마련하였다.

바로잡기 ① 스파르타쿠스의 난은 폼페이우스 등에 의해 진압되었다. ③ 로마의 1차 삼두 정치는 카이사르, 2차 삼두 정치는 옥타비아누스가 주도하였다. ④ 테오도시우스 황제 때 크리스트교가 로마의 국교가 되었다. ⑤ 펠로폰네소스 전쟁은 스파르타 중심의 펠로폰네소스 동맹이 승리하였다.

383 펠로폰네소스 전쟁의 결과

1등급 자료 분석 펠로폰네소스 전쟁

페리클레스가 델로스 동맹의 기금 금고를 아테네로 이전하고, 이 기금을 이용하여 파르테논 신전을 건축하였다. 또한 아테네 민회 참여자에게 지급하는 수당도 여기에서 지출되었다. 이렇게 아테네 위주로 델로스 동맹을 운영하자 동맹국 내부의 반발이 일어났다. 또한 경쟁국인 스파르타와의 대립도 격화되었다. 이 때문에 델로스 동맹과 스파르타 중심의 펠로폰네소스 동맹 사이에 전쟁이 일어났다.
- 페르시아 전쟁 승리 이후 아테네가 강력한 해상 국가로 발전하였고, 그 과정에서 아테네 중심의 델로스 동맹과 스파르타 중심의 펠로폰네소스 동맹 간에 분열

자료에서 델로스 동맹과 스파르타를 중심으로 한 펠로폰네소스 동맹 사이에서 전쟁이 일어났다는 사실을 통해 밑줄 친 '전쟁'이 기원전 431년에 일어난 펠로폰네소스 전쟁임을 알 수 있다. 이 전쟁은 펠로폰네소스 동맹의 승리로 끝나면서 스파르타가 그리스 세계의 패권을 장악하였다.

바로잡기 ① 포에니 전쟁, ② 도리스인의 침입, ③ 알렉산드로스의 동방 원정, ⑤ 페르시아 전쟁에 해당한다.

384 알렉산드로스 제국

1등급 자료 분석 알렉산드로스의 동방 원정

알렉산드로스는 기병대와 중장 보병 밀집대를 앞세우고 기원전 334년에 동방 원정에 나서 페르시아 제국과 이집트를 정복하고 인더스강 유역까지 진출

지도는 알렉산드로스의 동방 원정로를 나타낸 것이다. 알렉산드로스는 기원전 334년에 동방 원정에 나서 페르시아 제국과 이집트를 정복하고 인더스강 유역까지 영역을 확대하였다. 알렉산드로스는 정복지 곳곳에 '알렉산드리아'라는 도시를 건설하고 그리스인을 이주시켰다.

바로잡기 ① 로마의 옥타비아누스는 악티움 해전에서 승리하여 로마의 지배권을 장악하였다. ② 기원전 5세기에 아테네인들은 파르테논 신전을 세웠다.

③ 스파르타가 펠로폰네소스 동맹을 주도하였다. ④ 페니키아인이 카르타고를 비롯한 식민 도시를 건설하였다.

385 헬레니즘 시대 철학

1등급 자료 분석　헬레니즘 시대의 철학의 특징

이 시대 문화의 특색은 세계 시민주의와 개인주의였는데, 당시에 유
└ 인간은 모두 세계는 국가의 시민이며　└ 국가보다 개인의 권리와 자유를
　전 세계를 자신의 고국으로 생각하는 사상　　더 소중하게 생각하는 사상
행하였던 철학에서 이러한 특징이 두드러지게 나타났다. 이는 고립된 폴리스를 뛰어넘어 좀 더 큰 세계를 지향하는 것이고, 폴리스라는 공동체 중심의 사고로부터 개인 중심의 사고로 바뀌기 시작하였음을 의미하는 것이었다.

헬레니즘 시대에 유행하였던 철학에는 스토아학파와 에피쿠로스학파가 있다. 스토아학파는 금욕을 강조하였고, 에피쿠로스학파는 정신적 쾌락을 중시하였다.

바로잡기　ㄱ. 아테네의 민주 정치 발달을 배경으로 등장하였던 소피스트 가운데 프로타고라스의 주장이다. ㄹ. 경험주의 철학의 주장으로 17세기 영국을 중심으로 베이컨, 로크 등에 의해 제기되었다.

386 로마 제국의 변화

1등급 자료 분석　로마의 평화 시대와 크리스트교 국교화

(가) 황제는 군대와 조세 개편 등 내정을 정비하고 변방의 수비를 견고히 하여 제국 번영의 기틀을 다졌다. 이후 유능한 다섯 황제(5현제)가 연달아 집권하여 정치적·경제적 안정과 번영을 누렸다.
└ 옥타비아누스 황제 이후 5현제가 집권하면서 로마의 평화 시대를 맞았으나
　3세기경 군인 황제의 등장으로 쇠퇴함
(나) 황제는 자신의 통치를 받는 모든 로마인과 속주민들에게 사도 베드로가 전파한 종교를 믿을 것을 명령하였다. 다른 종교를 믿
└ 392년 테오도시우스 황제 때 크리스트교가 로마의 국교가 됨
는 것을 금지하고 이를 어기면 법에 따라 처벌될 것이라고 공포하였다.

자료의 (가)는 로마의 평화 시대(기원 무렵~2세기), (나)는 392년 테오도시우스 황제가 크리스트교를 국교로 선포한 것이다. 3세기에 군인 황제의 잇따른 등장으로 국정이 문란해지자 3세기 말 디오클레티아누스 황제는 제국을 4분하여 통치하였고, 콘스탄티누스 황제는 313년 밀라노 칙령을 공포하여 크리스트교를 공인하였다.

바로잡기　ㄴ. 테오도시우스 황제 사후 로마 제국은 동·서로 분열되었다(395). ㄹ. 로마는 기원전 264년에서 기원전 146에 걸친 포에니 전쟁에서 카르타고에 승리하였다.

387 옥타비아누스의 활동

1등급 자료 분석　옥타비아누스

사실 여왕의 배후에는 안토니우스가 있었다. 만일 안토니우스가 권좌를 차지하였다면, 우리의 도시들은 여왕의 수중에 떨어지고 모든
└ 악티움 해전에서 안토니우스와 클레오파트라의 연합군이 승리하였다면
권력은 이집트로 넘어갔을 것이다.

제시된 자료는 로마의 역사가였던 카시우스 디오의 글로, 악티움 해전을 평가하고 있다. 밑줄 친 '자유의 수호자'는 옥타비아누스이다.

옥타비아누스는 악티움 해전에서 안토니우스와 클레오파트라의 연합 함대를 격파하고 원로원으로부터 아우구스투스라는 칭호를 받아 사실상의 제정을 확립하였다.

바로잡기　① 알렉산드로스, ② 콘스탄티누스 황제, ③ 디오클레티아누스 황제의 업적에 해당한다. ④ 스파르타쿠스의 난은 크라수스와 폼페이우스에 의해 진압되었다.

388 로마의 변천

1등급 자료 분석　포에니 전쟁 이후와 디오클레티아누스 황제의 개혁

• 로마는 이 전쟁에서 승리하여 서지중해 일대의 패권을 장악하였으나 장기간의 전쟁으로 사회 내부에 큰 변화가 일어나 몹시 혼란하였다.
　└ 포에니 전쟁으로 인한 사회 변화로 자영농의 몰락
• 변경에 나가 있던 군대가 황제를 옹립하면서 내분도 심해졌다. 이러한 위기를 극복하기 위한 노력이 나타났다.
　└ 군인 황제 시대 황제권의 약화를 극복하기 위한 노력

제시문은 로마의 포에니 전쟁 이후 나타난 변화와 군인 황제 시대의 혼란을 극복하기 위한 디오클레티아누스 황제의 노력에 대한 것이다. 포에니 전쟁 이후 로마에서는 라티푼디움이 성행하였고 디오클레티아누스 황제는 군인 황제 시대의 혼란을 극복하기 위해 제국의 4분할 통치를 실시하였다.

바로잡기　ㄱ. 콜로나투스는 군인 황제 시대 사회 혼란을 배경으로 등장한 제도이다. ㄷ. 그라쿠스 형제의 개혁은 포에니 전쟁 이후 자영농의 몰락과 라티푼디움이 성행하는 상황에서 자영농 육성을 위해 추진되었다.

389 디오클레티아누스 황제의 업적

1등급 자료 분석　로마의 4분할 통치

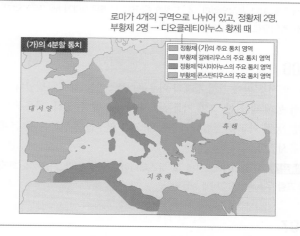

로마가 4개의 구역으로 나뉘어 있고, 정황제 2명, 부황제 2명 → 디오클레티아누스 황제 때

(가)의 4분할 통치
　정황제 (가)의 주요 통치 영역
　부황제 갈레리우스의 주요 통치 영역
　정황제 막시미아누스의 주요 통치 영역
　부황제 콘스탄티누스의 주요 통치 영역

지도는 로마의 영토를 4분할하여 두 명의 정황제와 두 명의 부황제가 지배하던 시기의 로마를 보여 주고 있다. 여기서 (가)는 디오클레티아누스 황제이다. 디오클레티아누스 황제는 군인 황제 시대의 혼란을 극복하기 위해 로마를 4분할 통치하였으며 전제 군주제를 통해 황제권을 강화하였다.

바로잡기　① '로마의 평화 시대'는 옥타비아누스부터이다. ② 테오도시우스 황제, ③ 비잔티움 제국의 유스티니아누스 황제, ⑤ 콘스탄티누스 황제에 대한 설명이다.

분석 기출문제

79~83쪽

[핵심 개념 문제]

390 카롤루스 마르텔	**391** 성상 파괴령	**392** 백년	**393** 유토피아

394 ○	**395** ○	**396** ○	**397** ×	**398** ⓒ	**399** ⓛ	**400** ㉠
401 ㄱ	**402** ㄴ	**403** ㄷ	**404** ㄹ			

405 ⑤	**406** ④	**407** ①	**408** ⑤	**409** ①	**410** ③	**411** ④
412 ③	**413** ②	**414** ①	**415** ①	**416** ⑤	**417** ④	**418** ④
419 ③	**420** ④	**421** ②	**422** ②	**423** ③	**424** ①	

[1등급을 향한 서답형 문제]

425 (가) 주종제, (나) 장원제 **426** 예시답안 주군은 봉신에게 봉토를 수여하고 봉신을 보호할 의무가 있었으며, 봉신은 주군에게 충성을 맹세하고 군사적 봉사와 경제적 의무를 졌다. **427** 예시답안 농노는 영주의 허락 없이 장원을 떠날 수 없었고, 영주의 법정에서 재판을 받아야 했다. **428** 아우크스부르크 화의 **429** 예시답안 아우크스부르크 화의는 칼뱅파를 인정하지 않았으며, 개인의 신앙의 자유를 인정하지 않고 도시와 영주의 신앙의 자유만 인정하였다. 이로 인해 후일 신성 로마 제국에서는 30년 전쟁이 발발하였다.

405

원래 발트해 연안 지역에 살면서 농경과 목축, 수렵 생활을 하던 게르만족은 4세기 후반 유목민인 훈족이 동부 유럽으로 이동해 오자, 대규모로 로마 영역 안으로 이동하였다. 게르만족의 이동 결과로 서로마 제국이 멸망하였다.

바로잡기 ① 봉건제는 노르만족, 마자르족, 이슬람 세력의 침입을 배경으로 성립되었다. ② 르네상스는 14세기 무렵 이탈리아에서 시작되었다. ③ 십자군 전쟁은 1096년 시작되었다. ④ 프랑크 왕국의 분열은 9세기 베르됭 조약과 메르센 조약으로 이루어졌다.

406

자료에서 로마에 가서 황제와 아우구스투스라는 칭호를 받았다는 사실을 통해 밑줄 친 '그'가 카롤루스 대제임을 알 수 있다. 카롤루스 대제는 궁정 학교를 설립하고 학문과 고전 연구를 후원하는 등 문예를 부흥시켰다.

바로잡기 ① 엘리자베스 1세, ② 유스티니아누스 황제, ③ 카롤루스 마르텔, ⑤ 교황 우르바누스 2세에 해당한다.

407

지도는 노르만족의 이동을 나타내고 있다. 노르만족은 덴마크, 스칸디나비아반도를 원주지로 하였는데 프랑크 왕국이 분열된 9세기 말 서유럽 전역을 침입하였다. 노르만족의 침입은 유럽 사회에 혼란을 일으켰고, 이를 배경으로 유력한 세력에게 자신의 생명과 재산의 보호를 맡기는 봉건제가 성립되었다.

바로잡기 ② 게르만족의 이동 결과이다. ③ 노르만족 이동의 배경이다. ④ 십자군 전쟁 이후의 상황이다. ⑤ 프랑크 왕국의 전성기인 카롤루스 대제 때의 일이다.

408

제시된 자료는 아일린 파워가 쓴 『중세의 사람들』 가운데 일부로, 밑줄 친 '그'는 농노이다. 장원에서 일하는 대부분의 농민은 농노였는데, 농노는 영주의 직영지에서 강제적 노동을 하고, 공납을 영주에게 바쳤다. 또한 농노는 방앗소, 제빵소 등 장원의 시설물을 이용하고 그 사용료를 영주에게 지불해야 했다.

바로잡기 ① 농노는 영주의 허가 없이는 장원을 떠날 수 없었다. ② 농노는 고대 노예와 달리 집과 그에 딸린 텃밭 등 자신의 재산을 소유할 수 있었다. ③ 농노는 군사적 의무를 지지 않았다. ④ 주종 관계는 자유민인 기사 상호 간에 체결되었다.

409

제시된 구조도는 중세 유럽의 전형적인 장원의 모습이다. 장원의 높은 곳에는 대개 영주의 성이나 영주관이 있었고, 그 아래에는 교회를 중심으로 농민의 일상생활에 필요한 시설들이 있었다. 중세 유럽의 장원에서는 아직 비료가 발달하지 않아서 경작지를 삼포제로 경작하였다.

바로잡기 ② 장원의 농민들은 자신의 재산을 소유하고 결혼할 수 있었다. ③ 영주 직영지는 농노의 부역에 의해 경작되었다. ④ 농노는 대장간, 방앗간 등 장원의 시설물을 사용하고 사용료를 내야 했다. ⑤ 길드는 중세 말 도시에서 상인과 수공업자들이 조직하였다.

410

제시문은 동서 교회의 분열을 설명하고 있다. 중세에는 크리스트교의 5대 교구 가운데 3개는 이슬람의 지배에 들어가고 로마와 콘스탄티노폴리스만 남았는데 로마 교구는 교황이, 콘스탄티노폴리스 교구는 비잔티움 제국 황제가 직접 관할하였다. 이 둘의 대립으로 로마 가톨릭 교회와 그리스 정교회로 분리되었는데, 그 계기는 726년 비잔티움 제국 황제 레오 3세가 내린 성상 파괴령이었다.

바로잡기 ① 수도원 운동은 교회의 타락과 부패를 시정하기 위해 6세기 베네딕트 수도원에서 시작되었다. ② 로마 제국의 분열은 395년에 이루어졌다. ④ 교황 그레고리우스 7세는 교회의 개혁을 추진하여 카노사의 굴욕을 일으켰다. ⑤ 중세에는 예루살렘, 안티오크, 알렉산드리아의 3교구가 이슬람의 지배에 들어갔다.

411

제시된 자료는 교황 그레고리우스 7세의 회고록으로, 신성 로마 제국 황제 하인리히 4세와의 카노사의 굴욕에 대한 내용이다. 그레고리우스 7세는 교회 개혁 운동을 전개하여 성직자의 결혼 금지 및 성직 매매 금지를 단행하고, 성직자의 서임권을 교황이 행사해야 한다고 주장하였다. 그레고리우스 7세는 카노사의 굴욕을 통해 이에 반발하는 신성 로마 제국 황제 하인리히 4세를 굴복시키고 서임권 투쟁에서 승리하였다.

바로잡기 ① 보름스 협약은 카노사의 굴욕 이후 교황과 신성 로마 제국 황제 사이에 체결되었다. ② 십자군 전쟁은 클레르몽 공의회를 개최한 우르바누스 2세에 의해 시작되었다. ③ 교황 보니파키우스 8세가 프랑스 왕 필리프 4세와의 대립에서 패한 이후 교황청이 아비뇽으로 옮겨졌다. ⑤ 밀라노 칙령은 로마의 콘스탄티누스 황제가 발표하였다.

412

제시문은 중세 서유럽에서 발전한 스콜라 철학에 대한 설명이다. 토마스 아퀴나스는 『신학대전』에서 신앙과 이성의 조화를 꾀하여 스콜라 철학을 집대성하였다.

413

제시된 건축물은 비잔티움 제국의 대표적인 건축물인 성 소피아 성당이다. 비잔티움 제국의 전성기는 6세기 유스티니아누스 황제 때이고, 이때 로마의 법을 집대성한 『유스티니아누스 법전』이 편찬되었다. 비잔티움 제국은 동서 중계 무역으로 경제적 번영을 누렸으며, 외침에 대비하고 국방력 강화를 위해 군관구제와 둔전병제를 실시하였다.

바로잡기 ② 비잔티움 제국에서는 황제 교황주의로 황제가 교회를 지배하는 제정일치 사회를 이루었다.

414

제시문은 비잔티움 제국의 황제 레오 3세가 내린 성상 파괴령에 대한 내용으로, 밑줄 친 '이 제국'은 비잔티움 제국이다. 비잔티움 제국은 그리스 정교를 바탕으로 그리스·로마 문화와 헬레니즘 문화를 융합하여 독자적인 문화를 발전시켰다. 비잔티움 문화는 슬라브족에게 전해져 러시아와 동유럽 문화의 발전에 큰 영향을 주었으며, 러시아의 키예프 공국은 그리스 정교를 국교로 받아들였다.

바로잡기 ②, ③ 프랑크 왕국과 관련된 탐구 활동, ④ 서로마 제국의 멸망과 관련된 탐구 활동, ⑤ 에스파냐와 관련된 탐구 활동이다.

415

제1차 십자군 전쟁 직후 나눌 수 있는 가상 대화이다. 제1차 십자군 전쟁은 성공을 거두어 예루살렘 왕국을 건설하였고, 전쟁의 지도자였던 고드프루아가 지배자가 되었다. 십자군 전쟁 결과 지중해를 이용한 유럽과 동방의 무역이 활성화되었으며 이를 통해 이탈리아 상인이 많은 이익을 얻었다.

바로잡기 ② 30년 전쟁의 결과이다. ③ 위그노 전쟁, ④ 백년 전쟁, ⑤ 아비뇽 유수에 대한 설명이다.

416

13~15세기 영국의 농민 임금 상승과 곡물 가격의 변화를 표시한 그래프이다. (가) 시기에는 농민의 임금이 큰 폭으로 상승하고 있음을 알 수 있다. 이 시기 농민의 임금 상승은 농민의 인구 감소에 기인한 것으로 그 원인은 흑사병의 유행이었다. 십자군 전쟁 이후 상공업이 발달하고 도시가 성장하면서 장원에서는 지대의 금납화가 이루어졌다. 이를 배경으로 농민의 지위가 높아지고 장원이 해체되어 갔다. 그러나 일부 지역에서는 영주들이 직영지를 늘리고 농노를 더욱 속박하기도 하였다. 이에 반발하여 와트 타일러의 난과 같은 농민 반란이 일어났다.

바로잡기 ⑤ 11세기 영국 노르만 왕조에 대한 설명이다.

417

제시된 자료는 수공업자 길드의 규정이다. 길드는 처음에는 상인 중심으로 조직되었는데, 점차 대상인이 길드의 운영과 도시 행정을 독점하자 수공업자도 길드를 만들어 대항하였다. 수공업자 길드는 장인들로 구성되었고, 각 장인은 직인과 도제를 거느렸다. 수공업자 길드는 동일 업종끼리 조직되어 동업 조합으로 불렸으며, 직인이 장인이 되기 위한 시험을 주관하기도 하였다.

바로잡기 ④ 수공업자 길드는 회원 간의 과도한 경쟁을 배제하여 상호 협조하기 위해 조직되었다.

418

제시된 전쟁은 중세 말기에 일어났던 장기간에 걸친 전쟁이다. 십자군 전쟁 이후 프랑스 안의 영국령과 모직물 공업의 중심지인 플랑드르 지방에 대한 지배권을 놓고 영국과 프랑스가 대립하던 상황에서 영국 왕이 프랑스 왕위 계승을 주장하면서 백년 전쟁이 시작되었다. 백년 전쟁에서 패전한 영국에서는 다시 귀족 가문 간의 대립으로 장미 전쟁이 일어났다. 이러한 오랜 전쟁으로 인하여 전쟁에 직접 참여하였던 봉건 영주 세력이 몰락하고 점차 왕권이 강화되면서 중앙 집권 국가가 성립되었다.

바로잡기 ① 한자 동맹은 12세기에 결성되었다. ② 신분제 의회는 중앙 집권 국가에서 왕권 견제를 목적으로 성립되었다. ③ 오랜 전쟁으로 봉건 영주 세력은 몰락하였다. ⑤ 농민 반란은 14세기 영주의 봉건적 반동화로 인해 일어났다.

419

제시된 자료는 중세 말 교황권의 쇠퇴 과정을 정리한 도표이다. 교회의 대분열은 로마 교황청과 아비뇽 교황청에서 각각 교황이 선출되었던 시기이고, 이를 배경으로 위클리프, 후스 등이 성서에 기반을 둔 신앙을 강조하며 교회를 비판하였다. 결국 로마 가톨릭 교회에서는 콘스탄츠 공의회를 개최하여 새로운 단일 교황을 선출하고, 후스를 이단으로 결정하여 화형에 처하였다.

바로잡기 ① 1517년, ② 726년, ④ 교회의 대분열 이전, ⑤ 10세기의 사실이다.

420

제시된 자료는 에라스뮈스의 『우신예찬』으로, 에라스뮈스는 네덜란드 출신의 인문주의자이다. 『우신예찬』은 교회의 허식과 성직자의 타락상을 풍자하여 종교 개혁에 영향을 주었다. 알프스 이북의 르네상스는 초기 크리스트교에 관심을 갖고 현실 사회와 교회의 권위를 비판하는 사회 개혁적 경향을 띠었고, 또 다른 특징으로 자국어를 사용하는 국민 문학이 발달하였다.

바로잡기 ㄱ. 18세기에 등장한 사상이다. ㄷ. 아우구스티누스에 의해 집대성된 중세 초기의 철학이다.

421

제시문은 알프스 이북의 르네상스가 이탈리아의 르네상스와 다른 점을 설명하고 있다. 이탈리아의 르네상스가 문예 중심으로 진행되었는 데 반해 알프스 이북의 르네상스는 사회 비판적 성격이 강하였다. 특히 알프스 이북의 르네상스는 교회와 성직자의 부패와 타락을 비판하여 종교 개혁에 영향을 끼쳤다.

바로잡기 ② 『군주론』은 이탈리아의 통일을 바라는 마키아벨리가 저술한 서적이다.

422

제시문은 르네상스 시대 과학의 발전을 언급하고 있다. 화약은 총포의 발달을 가져와 봉건 영주 세력의 몰락에 영향을 미쳤고, 인쇄술은 새로운 지식 보급을 촉진시켰다. 특히 루터의 종교 개혁 확산에 인쇄술이 큰 영향을 끼쳤다. 나침반은 원거리 항해를 가능하게 하여 신항로 개척에 영향을 끼쳤다.

(바로잡기) ② 기계론적 우주관은 17세기 뉴턴 등에 의해 확립되었다.

423

(가)는 루터의 「95개조 반박문」, (나)는 칼뱅의 예정설에 대한 설명이다. 루터는 「95개조 반박문」을 통해 인간의 구원은 오직 성서에 기초한 신앙과 신의 은총에 의해 가능하다고 하였고, 칼뱅은 예정설에서 현재 직분을 다하는 것이 신의 선택에 부응하는 길이라고 하였다. 칼뱅의 주장은 신흥 상공업자들의 지지를 받았다.

(바로잡기) ① 영국의 헨리 8세, ② 로마 가톨릭 교회, ④ 로마 가톨릭 교회의 트리엔트 공의회 결정 사항, ⑤ 루터파에 대한 설명이다.

424

제시문은 신성 로마 제국에서 일어난 30년 전쟁의 원인과 경과를 설명하고 있다. 30년 전쟁은 신교도와 구교도 간의 종교 전쟁이었지만 유럽의 열강들이 자신들의 이익에 따라 참전하여 국제적 전쟁으로 변모하였다. 30년 전쟁의 결과 베스트팔렌 조약이 체결되었으며, 이를 통해 칼뱅파에게 신앙의 자유가 허용되었다.

(바로잡기) ② 영국 엘리자베스 1세의 활동이다. ③ 로마 가톨릭 교회는 트리엔트 공의회를 열어 종교 재판소 설치를 결정하였다. ④ 프랑스 앙리 4세의 활동이다. ⑤ 신성 로마 제국에서 발생한 루터파와 황제파의 전쟁 결과 아우크스부르크 화의가 열렸고 여기서 루터파가 인정받았다.

425

제시된 도표는 중세 유럽의 봉건제를 보여 주고 있다. (가)는 주종제, (나)는 장원제를 나타낸다.

426

주종 관계는 어느 한쪽이 의무를 지키지 않을 경우 깨지는 쌍무적 계약 관계로 주군은 봉신에게 봉토를 수여하고 봉신을 보호할 의무가 있었으며, 봉신은 주군에게 충성을 맹세하고 군사적 봉사와 경제적 의무를 졌다.

채점 기준	수준
주군과 봉신의 의무를 모두 정확하게 서술한 경우	상
주군과 봉신의 의무 중 한 가지만 서술한 경우	중

427

중세 장원에서 농노는 영주의 경제 외적 강제에 의해 신분적으로 예속되어 있었다. 거주 이전의 자유가 없어 영주의 허락 없이는 장원을 떠날 수 없었고, 부역과 공납, 시설물 사용료 등 각종 세금을 부담하였으며, 영주의 법정에서 재판을 받아야 했다.

채점 기준	수준
영주의 경제 외적 강제에 해당하는 내용 두 가지를 정확하게 서술한 경우	상
영주의 경제 외적 강제에 해당하는 내용을 한 가지만 정확하게 서술한 경우	중

428

제시된 자료는 신성 로마 제국에서 일어난 종교 전쟁을 종결지은 아

우크스부르크 화의의 일부이다.

429

루터의 종교 개혁 이후 루터를 지지하는 제후들이 동맹을 맺고 황제에 대항하여 전쟁이 발발하였고, 1555년 아우크스부르크 화의로 타협하게 되었다. 아우크스부르크 화의로 루터파가 공식적으로 인정받게 되었다. 그러나 아우크스부르크 화의는 칼뱅파를 인정하지 않았으며, 개인의 신앙의 자유를 인정하지 않고 도시와 영주의 신앙의 자유만 인정하였다. 이로 인해 후일 신성 로마 제국에서는 30년 전쟁이 발발하였다.

채점 기준	수준
아우크스부르크 화의의 한계와 30년 전쟁을 모두 서술한 경우	상
아우크스부르크 화의의 한계와 30년 전쟁 중 한 가지만 서술한 경우	중

🎯 적중 1등급 문제

84~85쪽

| 430 ⑤ | 431 ① | 432 ① | 433 ④ | 434 ④ |
| 435 ② | 436 ② | 437 ② | | |

430 카롤루스 대제의 활동

(1등급 자료 분석) 카롤루스 대제

> 로마인들에 의해 많은 부당한 일을 당한 …… 교황 레오 3세가 왕의 신임을 간청하지 않을 수 없었기 때문이다. 이 때문에 그는 로마에 와서는 큰 혼란에 빠진 교회의 지위를 회복하기 위해 겨우내 여기에서 체류를 연장하였다. 이때 <u>그는 황제요, 아우구스투스라는 호칭을 받아들였다.</u> …… 그럼에도 그 호칭을 받아들인 것을 로마인들의 황제들은 어울리지 않는다고 여겼으므로, 큰 인내를 가지고 그런 반감을 견뎌 냈다.

카롤루스 대제는 옛 서로마 제국 영토의 대부분을 차지하였고 크리스트교를 널리 전파하였으며, 이에 로마 교황은 카롤루스 대제를 서로마 황제로 대관함

자료에서 교황 레오 3세가 왕의 신임을 간청하였다는 점, 교황으로부터 아우구스투스라는 호칭을 받았다는 점 등을 통해 밑줄 친 '그'가 카롤루스 대제임을 알 수 있다. 카롤루스 대제는 궁정 학교를 설립하고 수도원에서 고전을 필사하게 하는 등 학문과 고전 연구에 힘써 카롤루스 르네상스를 일으켰다.

(바로잡기) ① 카롤루스 대제 사후의 사실, ② 클로비스, ③ 피핀, ④ 카롤루스 마르텔에 해당한다.

431 교황과 황제의 대립

1등급 자료 분석 카노사의 굴욕

┌─ 클뤼니 수도원의 수도사 출신으로 교회 개혁 운동 전개

그레고리우스 7세이여, 당신은 세속 권력에 맞서 교회의 권위를 바로 세우신 진정한 사도입니다.

┌─ 카노사의 굴욕

특히 성직자 서임권 문제로 당신께 도전한 신성 로마 제국의 황제를 파문하신 일은 오래 기억될 것입니다.

카노사의 굴욕은 성직자 서임권을 둘러싸고 벌어진 교황 그레고리우스 7세와 신성 로마 제국 황제 하인리히 4세의 대립을 말한다. 이 사건의 결과 교황이 황제를 굴복시켜 교황권이 우위임을 입증하였다.

바로잡기 ② 콘스탄츠 공의회는 교회의 대분열을 배경으로 소집되어 교황을 단일화하고, 교회를 비판하던 후스를 처형하였다. ③ 예수회는 루터의 종교 개혁에 맞서 결성되었다. ④ 아비뇽 유수는 14세기(1309~1377)에 일어났다. ⑤ 교회의 대분열은 아비뇽 유수 직후(1378~1417) 일어났다.

432 성상 파괴령 발표 시기

1등급 자료 분석 성상 파괴령

황제 레오 3세는 아래와 같이 칙령을 발표한다
- 불멸의 신을 형상화하는 것은 신을 인간의 수준으로 전락시키는 행위이다.
- 성화(聖畫)를 그리는 행위를 신성 모독으로 규정한다.
- 희생 제의(祭儀)를 포함한 모든 이교적 행위를 금지한다.

비잔티움 제국의 황제 레오 3세가 성상 파괴령을 내리자, 게르만족에게 포교하기 위해 성상이 필요하였던 로마 교회가 이를 거부함

자료는 비잔티움 제국의 황제 레오 3세가 726년에 발표한 성상 파괴령이다. 성상 파괴령으로 동서 교회의 대립이 심화되었고, 결국 1054년에 로마 가톨릭 교회와 그리스 정교회로 분리되었다.
니케아 공의회는 325년, 동서 교회의 분열은 1054년, 카노사의 굴욕은 1077년, 제1차 십자군 원정은 1096년~1099년, 보름스 협약은 1122년, 교회의 대분열은 1378년~1417년에 해당한다.

433 비잔티움 제국의 발전 과정

1등급 자료 분석 비잔티움 제국의 문화

(㉠) 제국은 그리스어를 공용어로 삼고 로마 제국의 법통을 계승하여 그리스 문화와 로마 문화를 융합하였습니다. 특히 제국의 황제 유스티니아누스가 세운 성 소피아 성당은 다양한 문화 요소를
└『유스티니아누스 법전』편찬, 성 소피아 성당 건립, 영토 확장
합친 새로운 양식의 결정체입니다. 이번 특별전에서 제국의 위대한 숨결을 느껴 보시기 바랍니다.

㉠은 비잔티움 제국이다. 비잔티움 제국에서는 군관구제와 둔전병제를 실시하였는데, 이는 자영농을 육성하고 국방력을 강화하기 위한 것이었다. 군관구에는 사령관을 파견하여 행정과 군사를 동시에 관할하게 하였다. 비잔티움 제국의 수도는 콘스탄티노폴리스였다.

바로잡기 ㄱ. 1571년 그리스의 레판토 항구 앞바다에서 에스파냐, 베네치아, 로마 교황의 연합 함대가 오스만 제국의 함대와 싸워서 크게 이긴 전투이다. ㄷ. 이탈리아 북부 볼로냐에 있는 대학으로 서유럽에서 가장 오래된 대학이다.

434 아비뇽 유수 시기의 사실

1등급 자료 분석 아비뇽 유수

십자군 전쟁의 실패로 종교적 열기가 식으면서 교황의 권위는 약화되었다. 이런 상황에서 교회와 성직자에 대한 과세 문제로 프랑스의 왕과 교황이 대립하였으나 의회의 지지를 얻은 왕이 교황을 굴복시켰다. 충격과 굴욕감으로 교황이 사망하고 새로운 인물이 프랑스 왕의 지원으로 교황의 자리에 올랐다. 새 교황은 이에 대한 보답으로 교황청을 이곳으로 옮겼다. ㉠이때부터 약 70년 간 교황은 프랑스
십자군 전쟁 실패 이후 교회의 권위가 하락하자 프랑스 왕은 교황을 굴복시켰고, 이후 교황청이 로마에서 아비뇽으로 이전함
왕의 통제 아래 놓이게 되었다.

자료의 밑줄 친 ㉠은 아비뇽 유수(1309~1377) 시기에 해당한다. 교회와 성직자에 대한 과세 문제로 프랑스 왕 필리프 4세는 교황 보니파키우스 8세와 대립하여 교황을 굴복시켰다. 이후 교황청을 아비뇽으로 옮기는 아비뇽 유수가 단행되었다. 아비뇽 유수 시기에 영국과 프랑스는 플랑드르 지방과 프랑스 내 영국령의 지배권 문제, 프랑스 왕위 계승권 문제 등을 둘러싸고 백년 전쟁(1337~1453)을 벌였다.

바로잡기 ① 라틴 제국 수립은 1204년, ② 보름스 협약은 1122년, ③ 콘스탄츠 공의회는 1414년~1418년, ⑤ 카노사의 굴욕은 1077년의 사실이다.

435 중세 장원의 해체 과정

1등급 자료 분석 장원의 해체

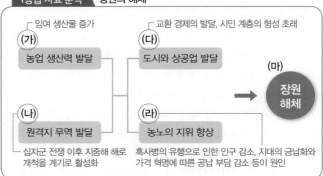

┌─ 잉여 생산물 증가   ┌─ 교환 경제의 발달, 시민 계층의 형성 초래

(가) 농업 생산력 발달 (다) 도시와 상공업 발달   (마) 장원 해체

(나) 원격지 무역 발달 (라) 농노의 지위 향상

십자군 전쟁 이후 지중해 해로 개척을 계기로 활성화   흑사병의 유행으로 인한 인구 감소, 지대의 금납화와 가격 혁명에 따른 공납 부담 감소 등이 원인

장원의 농업 생산력 향상을 배경으로 시장이 형성되고 도시와 상공업이 발달하였다. 도시에서는 길드가 조직되어 자치권을 행사하였는데, 초기의 도시는 왕이나 영주의 지배를 받았으나 자치권을 획득하면서 자치 도시가 되었다. 도시의 자치를 담당하였던 것이 바로 길드이다. 이 시기 농노의 지위 향상에는 14세기 중엽 유럽의 인구를 격감시켰던 흑사병의 유행이 영향을 끼쳤다.

바로잡기 ② 십자군 전쟁 이후 지중해 항로를 이용한 동방과의 원거리 무역이 이루어졌는데, 이를 레반트 무역이라고 부른다.

436 루터의 종교 개혁

제2조   회개의 의미를 교회의 절차, 즉 사제의 지도에 의한 고해나 단식, 기부, 순례와 같은 속죄 행위로 이해해서는 안 된다.

제6조   교황은 신의 용서를 확증하는 이외에 어떠한 죄도 용서할 수 없다.

제21조   설교자가 교황의 면벌부에 의해 모든 형벌에서 벗어날 수 있다고 하는 것은 잘못이다.

제36조   진실로 회개한 크리스트교도는 면벌부 없이도 벌이나 죄에서 완전히 해방될 수 있다.

제20조 교황이 모든 벌을 면제한다고 선언한다면 그것은 진정한 의미에서의 모든 벌이 아니라, 단지 교황 자신이 내린 벌을 면제한다는 것뿐이다.

자료에서 교황의 면벌부 판매를 비판하는 내용을 통해 루터의 「95개조 반박문」의 일부임을 알 수 있다. 교황 레오 10세가 성 베드로 성당의 증축 비용을 마련하기 위해 면벌부를 판매하자, 루터는 「95개조 반박문」을 발표하여 이를 비판하였다. 또한 루터는 인간의 구원은 오직 신앙과 신의 은총에 의해 이루어지며, 신앙의 근거는 성서라고 주장하였다.

바로잡기 ① 에스파냐의 로욜라가 예수회를 설립하였다. ③ 칼뱅은 「크리스트교 강요」에서 예정설을 주장하였다. ④ 에라스뮈스는 「우신예찬」에서 교회를 비판하였다. ⑤ 토마스 아퀴나스는 「신학대전」에서 신앙과 이성의 조화를 꾀하여 스콜라 철학을 집대성하였다.

437 30년 전쟁 기간 중의 상황

독일 지역에서 일어난 이 전쟁은 신성 로마 제국을 중심으로 한 구교와 신교 세력의 충돌로 시작하였으나, 나중에는 유럽의 주요 왕가들이 신앙보다 자신들의 이해관계에 따라 가담함으로써 국제 전쟁으로
└ 30년 전쟁 때 프랑스는 구교 국가이지만 신교측에 가담하여 전쟁을 승리로 이끌었음
확대되었다. 전쟁이 끝난 후 베스트팔렌 조약이 체결되어, 유럽에 종교적 평화가 찾아오고 새로운 국제 관계가 나타났다.
└ 베스트팔렌 조약 체결로 종교 전쟁이 마무리

밑줄 친 '이 전쟁'은 30년 전쟁이다. 30년 전쟁은 종교 개혁 이후 구교와 신교가 대립한 종교 전쟁을 마무리 짓는 전쟁으로 17세기 전반(1618~1648)에 일어났다. 30년 전쟁은 아우크스부르크 화의에서 칼뱅파를 인정하지 않고 개인의 신앙의 자유가 아닌 제후와 도시의 신앙의 자유만을 인정한 한계로 인해 발발하였다. 30년 전쟁이 진행되던 당시 영국에서는 의회의 전통을 무시하려는 스튜어트 왕조 찰스 1세의 전제 정치에 대항하여 1642년 청교도 혁명이 일어났다.

바로잡기 ① 18세기, ③ 1453년, ④ 16세기 초, ⑤ 1517년의 사실이다.

---

09 유럽 세계의 변화

분석 기출 문제

[핵심 개념 문제]

438 동방견문록	**439** 가격 혁명	**440** 상업 혁명	**441** ⓒ
442 ⓛ	**443** ㉠	**444** ×	**445** ○	**446** ○	**447** ×	**448** ㄷ
449 ㄱ	**450** ㄹ	**451** ㄴ				

452 ②	**453** ②	**454** ②	**455** ②	**456** ③	**457** ④	**458** ⑤
459 ⑤	**460** ①	**461** ④	**462** ④	**463** ③	**464** ②	**465** ①
466 ③	**467** ①	**468** ②				

1등급을 향한 서답형 문제

469 ㉠ 「동방견문록」 ⓛ 나침반   **470** 예시 답안 이전의 지중해 항로를 대신하는 대서양 항로가 개척되었다.   **471** (가) 왕권신수설, (나) 관료제   **472** 예시 답안 중상주의는 금·은의 보유를 국부의 원천으로 삼아 국내 산업 보호를 위해 관세를 부과하여 수입을 억제하고, 해외 시장 확대를 위해 수출을 장려하였다.

452

㉠은 포르투갈, ⓛ은 에스파냐이다. 마젤란은 포르투갈의 귀족 출신으로 에스파냐의 지원을 받아 태평양을 횡단하여 세계 일주에 성공하였다. 마젤란은 필리핀에서 원주민과의 전투 도중 사망하였는데, 후일 이로 인해 필리핀은 에스파냐의 식민지가 되었다. 포르투갈은 펠리페 2세 시기에 에스파냐에 합병되었다. 에스파냐는 무적함대가 영국에 패하면서 국력이 급격히 쇠퇴하였다.

바로잡기 ㄴ. 네덜란드, ㄹ. 프랑스에 대한 설명이다.

453

(가)는 콜럼버스, (나)는 바스쿠 다 가마이다. 바스쿠 다 가마는 이슬람 상인의 도움을 받아 인도의 캘리컷에 도착함으로써 인도 항로를 개척하였다. 에스파냐의 후원을 받은 콜럼버스는 대서양 항로를 개척하여 아메리카 대륙의 서인도 제도에 도착하였다.

바로잡기 ㄴ. 코르테스, ㄹ. 마젤란에 대한 설명이다.

454

지도는 신항로 개척에 나섰던 여러 인물의 항로를 표시한 것이다. 신항로 개척 이후 아메리카에서 채굴한 많은 양의 금과 은이 유럽에 들어오면서 물가가 폭등하는 현상이 일어났다(가격 혁명). 또한 신항로 개척으로 인해 무역의 중심지가 지중해에서 대서양 지역으로 이동하면서 에스파냐, 포르투갈, 프랑스, 영국 등 대서양 연안 국가들이 번성하였다.

바로잡기 ㄴ. 한자 동맹은 신항로 개척 이전에 결성되었다. ㄹ. 이탈리아의 르네상스는 신항로 개척 이전인 14세기에 일어났다.

455

신항로 개척 이후 유럽에서는 상업 혁명이 일어나 어음, 보험 등 금융 제도가 발달하였고 아메리카에서는 전염병의 전파로 인구가 급감하였다.

바로잡기 ㄴ. 당시 유럽에는 인도와 중국의 물품에 견줄만 한 상품이 없었기

때문에 아메리카에서 약탈한 은을 주고 아시아의 상품을 구매하였다. ㄹ. 플랜테이션 작물 재배가 발달한 곳은 아메리카이다.

456

신항로 개척 이후 아메리카로부터 유입된 금, 은으로 인해 유럽에서는 가격 혁명이 일어났다. 이로 인해 봉건 영주들의 수입은 줄어들고 상공업자들은 부를 늘려갔다.

바로잡기 ① 시민 혁명은 절대 왕정의 전제 정치가 주요 원인이 되었다. ② 동방 무역은 십자군 전쟁 이후 지중해 항로를 이용한 무역으로 이탈리아가 주도하였다. ④, ⑤ 산업 혁명 시기의 모습이다.

457

제시된 자료는 가격 혁명 당시 유럽의 상황을 보여 주는 그래프이다. 특히 16세기 후반부터 유럽으로 대량의 금과 은이 수입되면서 밀가루 가격이 폭등하였음을 알 수 있다. 아메리카에서 은이 대량 유입되면서 유럽의 은 가치는 하락하였고, 지대의 금납화로 인해 영주의 수입은 줄고 농노의 공납 부담은 가벼워졌다.

바로잡기 ㄱ. 가격 혁명으로 유럽에서 화폐로 사용되던 은의 가치가 하락하였다. ㄷ. 가격 혁명으로 물가는 폭등하였으나 이로 인해 상업 혁명이 일어나는 등 상공업이 발달하였다.

458

제시된 자료는 아메리카의 독자적인 문명을 표시한 지도이다. (가)는 멕시코고원에서 발달하였던 아스테카 문명, (나)는 안데스고원에서 발달하였던 잉카 문명이다. 아스테카 문명과 잉카 문명은 모두 16세기 이후 에스파냐인에게 정복되어 멸망하였다.

바로잡기 ① 아프리카 말리 왕국, ② 잉카 문명, ③ 마야 문명, ④ 아스테카 문명과 관련된 내용이다.

459

제시된 자료는 아메리카 원주민의 인구가 16세기 전반기부터 17세기 전반기까지 약 100여 년의 기간 동안 대략 95% 정도 감소하였음을 보여 주고 있다. 아메리카의 원주민들은 유럽인들이 전파한 천연두, 홍역, 발진티푸스 등의 전염병과 가혹한 착취에 의해 인구가 급감하였다. 이에 유럽인들은 아메리카의 노동력 부족을 보충하기 위해 아프리카에서 흑인 노예를 데려왔다.

바로잡기 ㄱ. 흑사병은 14세기 중엽 유럽에서 유행하여 당시 유럽 인구를 대략 3분의 1정도 감소시켰던 질병이다. ㄴ. 아메리카 원주민의 인구 급감에도 불구하고 유럽인들의 원주민 착취는 줄어들지 않았다.

460

제시된 자료는 절대 왕정의 구조를 보여 주는 도표이다. 국왕이 절대적인 권력을 행사하였던 절대 왕정은 16세기에서 18세기에 유지되었다. 절대 왕정 시기에 귀족들은 세력이 약화되어 관료로서 왕권에 의존하였고, 시민들은 상공업에 종사하며 경제적으로 지원하였다. 절대 왕정 시기에는 왕권신수설이 절대 왕권을 사상적으로 뒷받침하였다.

바로잡기 ① 절대 왕정 시기에는 중앙 집권 체제가 강화되었다.

461

제시된 자료는 왕의 권한은 신으로부터 받은 것으로 신성불가침하다

는 왕권신수설을 설명하고 있다. 왕권신수설은 절대 왕정을 뒷받침하는 정치사상으로 보댕, 보쉬에 등에 의해 제기되었다.

바로잡기 ① 사회 계약설에 대한 설명이다. ② 절대 왕정에서는 중상주의 경제 정책을 시행하여 국내 상공업을 육성하였다. ③ 교황권의 전성기는 13세기로, 당시 인노켄티우스 3세는 '교황은 해, 황제는 달'이라는 말로 이 시기 상황을 비유하였다. ⑤ 루소에 대한 설명이다.

462

제시문은 절대 왕정의 특징을 설명하고 있다. 16세기에서 18세기경 존속하였던 절대 왕정은 관료제와 상비군 제도를 기반으로 삼았다. 신분제 의회는 여전히 존재하여 과세 승인 권한이 있었으나 강력한 왕권을 견제하는 데 한계가 있었다. 정치 이론으로는 왕권신수설을 기반으로 하였다. 절대 왕정은 봉건 국가와 근대 국가의 과도기에 등장한 국가로, 봉건적 신분제가 존속하고 있었다는 한계를 지니고 있다.

바로잡기 ④ 절대 왕정은 중상주의 정책을 추진하였다.

463

제시된 자료는 프랑스의 위그노 전쟁을 마무리하였던 낭트 칙령으로 앙리 4세가 1598년 발표하였다. 위그노는 프랑스의 칼뱅파를 지칭하는데, 프랑스에서 신교도와 구교도 간에 위그노 전쟁이 일어났다. 이 전쟁은 낭트 칙령으로 종결되었는데, 그 내용은 프랑스에서 개인의 신앙의 자유를 인정한 것이다. 낭트 칙령을 발표하여 종교 전쟁을 수습하였던 앙리 4세는 부르봉 왕조를 개창하였다.

바로잡기 ① 루이 14세, ② 루이 13세에 대한 설명이다. ④ 백년 전쟁은 앙리 4세 즉위 이전인 1453년에 종결되었다. ⑤ 필리프 4세가 교황과의 대립을 앞두고 1302년 최초로 삼부회를 소집하였다.

464

영국은 엘리자베스 1세 때 영국 국교회를 확립하였으며, 화폐를 통일하고 중상주의 정책을 펼쳤다. 또한 빈민 구제법을 제정하는 한편, 에스파냐의 무적함대를 격파하여 유럽의 강국으로 부상하였다.

바로잡기 ① 프랑스 루이 14세, ③ 에스파냐 펠리페 2세, ④ 프로이센 프리드리히 2세, ⑤ 러시아 표트르 대제에 대한 설명이다.

465

제시된 자료는 루이 14세의 말로 알려져 있다. 루이 14세는 귀족을 자신의 왕권 아래로 끌어들이는 한편, 시민 계급을 행정 관료로 편입시켜 절대 왕정을 확립하였다. 태양왕을 자처하였던 프랑스의 루이 14세는 베르사유 궁전을 증축하였다.

바로잡기 ② 계몽 전제 군주는 프로이센, 오스트리아, 러시아 등 동유럽의 국가에서 등장하였다. ③ 에스파냐의 펠리페 2세, ④ 영국의 엘리자베스 1세, ⑤ 프랑스의 앙리 4세에 대한 설명이다.

466

제시문은 표트르 대제가 건설한 상트페테르부르크를 소개하고 있다. 표트르 대제는 서구화 정책을 실시하였는데, 서구 문물 수입에 편리한 발트해 연안에 상트페테르부르크를 건설하고 이를 수도로 삼았다. 또한 시베리아를 개척하고 청과 네르친스크 조약을 체결하여 국경선을 결정하였다.

ㄱ. 알렉산드르 2세, ㄹ. 예카테리나 2세에 대한 설명이다.

467
동유럽은 농노제가 존속되어 귀족 세력이 막강하였고 도시와 상공업의 부진으로 시민 세력이 충분히 성장하지 못하였다. 이로 인해 군주가 직접 개혁에 나서는 계몽 전제 정치가 나타났다.

② 중상주의에 반대한 것은 아니다. ③ 절대 군주정이었다. ④ 서유럽보다 늦었다. ⑤ 다른 나라와 전쟁을 하였다.

468
제시된 자료는 러시아의 예카테리나 2세와 프로이센의 프리드리히 2세의 군주에 대한 정의이다. 프로이센, 오스트리아, 러시아 등 동유럽 국가에서는 계몽 전제 군주가 등장하여 군주가 직접 개혁을 주도하였다. 이는 도시와 상공업의 발달이 부진하고 시민 세력이 성장하지 못하였기 때문이다. 계몽 전제 군주들은 전제 군주로서 절대 권력을 행사하였지만 이들은 계몽사상의 영향을 받아 국가의 발전을 위해 적극적인 개혁을 추진하였다는 공통점을 지니고 있다.

계몽 전제 군주들은 ① 군주 주권을 신봉하였고, ③ 적극적인 대외 팽창을 추구하였으며, ④ 상공업 발전을 적극적으로 후원하였다. 또한 ⑤ 중상주의에 입각한 보호 무역 정책을 추진하였다.

469
마르코 폴로가 쓴 『동방견문록』 등으로 동양에 관한 호기심이 증가하고 천문학, 지리학, 조선술의 발달과 나침반 사용 등으로 원양 항해가 가능해지자 유럽인은 신항로 개척에 나섰다.

470
신항로 개척이란 말 그대로 새로운 항로를 개척한 것이다. 따라서 이를 설득력 있게 설명하려면 기존의 항로를 밝히고 이와 다른 새로운 항로가 어떤 것인지 밝혀야 한다. 16세기 이후 유럽인은 기존의 지중해 항로 대신 대서양 항로를 이용하여 교역에 나섰다.

채점 기준	수준
지중해 항로에서 대서양 항로로 바뀐 사실을 정확하게 서술한 경우	상
신항로가 대서양 항로임을 밝혔으나 기존 항로를 서술하지 못한 경우	하

471
제시된 자료는 절대 왕정의 구조도이다. 절대 왕정은 왕권신수설을 정치사상으로, 중상주의를 경제 정책으로 받아들였다.

472
중상주의는 금·은의 보유를 국부의 원천으로 삼아 국내 산업 보호를 위해 관세를 부과하여 수입을 억제하고, 해외 시장 확대를 위해 수출을 장려하였다.

채점 기준	수준
국부의 원천, 정책의 목적, 목적 달성을 위한 수단을 모두 정확하게 서술한 경우	상
세 가지 중 두 가지만 서술한 경우	중
세 가지 중 한 가지만 서술한 경우	하

473 ②	474 ⑤	475 ③	476 ②	477 ④
478 ①	479 ③	480 ⑤		

473 신항로 개척

1등급 자료 분석 바스쿠 다 가마

이 건물은 제로니무스 수도원입니다. 이곳은 바스쿠 다 가마가 인도를 향한 첫 항해에 나서며 기도를 올렸다는 일화가 전하는 곳입니다.

새로운 항로 개척을 선도하였던 포르투갈은 바스쿠 다 가마를 지원, 아프리카 남단 희망봉을 돌아 인도의 캘리컷에 도달하는 인도 항로 개척

자료에서 바스쿠 다 가마가 인도를 향해 첫 항해에 나섰다는 것을 통해 밑줄 친 '항해'를 지원한 국가가 포르투갈임을 알 수 있다. 12세기에 카스티야로부터 독립한 포르투갈은 15세기 후반 통일 국가로 성장하였고, 인도 항로를 개척하는 등 적극적인 국외 진출을 추진하였다.

① 에스파냐가 잉카 문명을 정복하였다. ③ 러시아의 표트르 대제는 상트페테르부르크를 건설하여 수도로 삼았다. ④ 프랑스 루이 14세는 콜베르를 등용하여 중상주의 정책을 펼쳤다. ⑤ 영국의 엘리자베스 1세는 에스파냐의 무적함대를 격파하였다.

474 포르투갈의 노예 무역

1등급 자료 분석 노예 무역의 배경

흑인을 유럽 시장에 팔아 이윤을 챙길 수 있음을 깨달은 포르투갈인┌ 아프리카에서 노예 무역에 최초로 나섰던 국가
은 노예 공수를 위해 더 많은 선박을 아프리카에 보내게 된다. 그러나 이들은 아프리카 노예를 직접 생포하지 않고 물물 교환을 통해 사들이는 방식을 선호하였는데, 여기에는 그럴만한 이유가 있었다.
┌ 유럽과 아프리카, 아메리카를 잇는 삼각 무역을 중심으로 대서양 교역이 이루어짐
우선 흑인 노예를 잡기 위해 내륙으로 들어가는 것은 너무나도 위험하였다. 말라리아나 황열병과 같은 열대병은 공포 그 자체였다. 대신 노예를 사는 것이 훨씬 안전하고 또 경제적이었다. 아프리카에는 이미 노예 제도가 보편적이어서 사하라 이남 투아레그족 사회는 노예의 비중이 70%를 넘을 정도였다. 현지의 왕 또는 부족장으로부터 그들을 사들이는 것은 어렵지 않았다.

신항로 개척 이후 유럽인은 유럽, 아메리카, 아프리카를 잇는 삼각 무역을 행하였는데, 아메리카 원주민의 인구가 급속히 감소하자 아프리카에서 노예를 수입하여 플랜테이션 농장을 경영하였다.

① 지중해 무역은 십자군 전쟁 이후 발달하였다. ② 미국의 노예 해

방령은 남북 전쟁 기간 중 링컨 대통령에 의해 발표되었는데, 이는 미국에 온 흑인 노예를 해방시킨 것으로 노예 무역의 배경이 아니라 영향에 해당한다. ③ 길드는 중세 자치 도시의 행정을 담당하였던 상인과 수공업자의 조합이다. ④ 십자군 전쟁 이후 유럽에서는 장원이 해체되고 봉건 세력이 몰락하여 중앙 집권 국가가 성립되었다. 노예 무역의 배경과는 관련이 없다.

475 아메리카 문명의 파괴와 변화

1등급 자료 분석 유럽의 아메리카 진출 영향

유럽인은 아메리카에서 막대한 금과 은을 채굴하고 원주민과 흑인 노예를 동원하여 플랜테이션 농업을 전개함

자료에서 유럽인의 침략으로 전염병이 유입되어 원주민의 수가 크게 감소하였다는 점, 포토시 은광에서 막대한 은을 수탈하였다는 점, 아프리카 노예를 동원하여 대농장을 경영하였다는 점 등을 통해 유럽인의 아메리카 침략과 그에 따른 변화에 대한 대화임을 알 수 있다. 에스파냐의 코르테스와 피사로는 화포로 무장한 병력을 이끌고 각각 아스테카와 잉카 제국을 정복한 이후 막대한 양의 금과 은을 수탈하고 원주민을 동원하여 사탕수수, 담배 등 플랜테이션 농장을 건설하였다.

바로잡기 ① 북부 독일의 함부르크, 뤼베크 등의 도시들이 한자 동맹을 결성하여 발트해와 북해의 무역을 주도하였다. ② 산업 혁명 이후 노동 문제 등이 심각해졌다. ④ 로마에서는 포에니 전쟁으로 노예 노동을 이용한 라티푼디움이 확산되었다. ⑤ 러시아에서 19세기 후반 지식인들은 농촌 계몽 운동인 브나로드 운동을 전개하였다.

476 갈레온 무역의 영향

1등급 자료 분석 갈레온 무역의 전개

갈레온 무역은 15~16세기 에스파냐가 갈레온선이라는 대형 선박을 이용하여 전개한 태평양 무역을 말함

에스파냐의 갈레온 무역으로 아메리카의 은이 전세계로 유통되었고, 이로 인해 중국 명 대에는 아메리카산 은이 대량으로 유입되어 세금을 은으로 징수하는 일조편법이 시행되었다. 한편 이 시기 유럽에서는 상업 혁명이 전개되었다.

바로잡기 ② 아프리카의 식민지화는 산업 혁명 이후 등장한 제국주의 시대에 주로 이루어졌다.

477 서유럽의 절대 왕정

1등급 자료 분석 에스파냐의 펠리페 2세

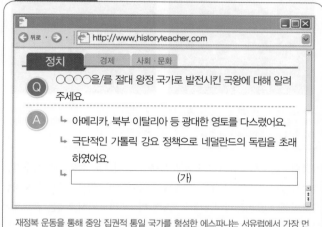

재정복 운동을 통해 중앙 집권적 통일 국가를 형성한 에스파냐는 서유럽에서 가장 먼저 절대 왕정 국가를 형성함

자료에서 아메리카와 네덜란드, 북부 이탈리아 등 광대한 영토를 다스렸다는 점, 극단적 가톨릭 강요 정책으로 네덜란드의 독립을 초래하였다는 점 등을 통해 에스파냐의 펠리페 2세에 대한 묻고 답하기 내용임을 알 수 있다. 펠리페 2세는 레판토 해전에서 오스만 제국을 격파하였다.

바로잡기 ① 영국의 엘리자베스 1세, ② 프랑스의 나폴레옹, ③ 프랑스의 루이 14세, ⑤ 러시아의 표트르 대제에 해당한다.

478 에스파냐의 해외 진출

1등급 자료 분석 프랑스와 에스파냐의 대립

프랑수아 1세 폐하
└16세기 전반 신성 로마 제국 황제, 에스파냐 왕이었던 카를 5세와 여러 차례 전쟁
저 나라는 일찍이 콜럼버스를 앞세워서 새로운 항로 개척을 주도하며 위세를 크게 떨쳐 왔습니다. 그런데 최근에 제가 카리브해를 통과하던 저 나라의 선박 세 척을 나포하였습니다. 두 척에는 금과 은이, 나머지 한 척에는 사탕수수가 가득하였습니다.
　　　　　　폐하의 충직한 신하 조반니 다 베라차노 올림
이탈리아 탐험가, 프랑수아 1세의 의뢰로 북아메리카 대서양 연안 탐험┘

밑줄 친 '저 나라'는 에스파냐이다. 콜럼버스를 지원하였던 에스파냐는 레판토 해전에서 오스만 제국을 격파하고 지중해 무역권을 장악하였다. 그러나 극단적인 가톨릭 강요 정책으로 네덜란드가 독립하면서 국력이 쇠퇴하였다.

바로잡기 ㄷ. 영국, ㄹ. 영국의 노르만 왕조에 대한 설명이다.

1등급 자료 분석 표트르 대제와 프리드리히 2세

(가)	(나)
네덜란드의 선박 건조 기술을 배우고 영국의 교육과 의회 제도를 살펴 서구화를 추진해야 한다.	군주는 단지 자신의 명망을 좇는 자가 아니라 국가 제일의 공복에 지나지 않는다.

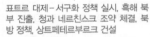

표트르 대제 – 서구화 정책 실시, 흑해 북부 진출, 청과 네르친스크 조약 체결, 북방 정책, 상트페테르부르크 건설

프리드리히 2세 – 슐레지엔 확보, 폴란드 분할 참여, 내정 개혁과 산업 장려, 계몽 전제 군주 자처

자료의 (가)는 서유럽의 기술과 문물을 적극적으로 수용하여 서구화를 추진하였던 러시아의 표트르 대제, (나)는 국가 제일의 공복을 자처한 프로이센의 프리드리히 2세에 해당한다. 프리드리히 2세는 관료제와 상비군을 마련하고 절대 왕정을 확립하였고, 계몽사상의 영향을 받아 계몽 전제 군주를 자처하였다.

바로잡기 ① 루이 14세, ② 프리드리히 2세, ④ 표트르 대제, ⑤ 프리드리히 2세에 해당한다.

480 절대 왕정 시기 유럽 각국의 상황

1등급 자료 분석 절대 왕정 시기 유럽의 상황

지도에서 오스만 제국이 비잔티움 제국을 멸망시킨 이후이므로 15세기부터, 신성 로마 제국이 존속하므로 19세기까지의 시기임을 알 수 있음

영국은 엘리자베스 1세 때 에스파냐의 무적함대를 격파하고 강대국으로 성장하였고, 프랑스의 루이 14세는 콜베르를 등용하여 중상주의 정책을 추진하였다. 에스파냐는 레판토 해전에서 오스만 제국을 격파하고 해상권을 장악하였으며, 러시아, 프로이센이 폴란드 분할에 참여하였다.

바로잡기 ⑤ 7년 전쟁은 프로이센과 오스트리아가 중심이 된 전쟁으로, 프로이센이 승리하여 슐레지엔 지방을 차지하였다.

---

10 시민 혁명

분석 기출 문제 95~98쪽

[핵심 개념 문제]

481 기계론적	482 사회 계약설	483 크롬웰	484 하노버
485 ○	486 ○	487 ×	488 ㉡	489 ㉠	490 ㉢	491 ㉣
492 ㄱ	493 ㄹ	494 ㄷ	495 ㄴ			

| 496 ④ | 497 ① | 498 ② | 499 ③ | 500 ③ | 501 ⑤ | 502 ② |
| 503 ④ | 504 ④ | 505 ⑤ | 506 ⑤ | 507 ⑤ | | |

1등급을 향한 서답형 문제

508 ㉠ 천부 인권설, ㉡ 혁명권 사상 **509 예시 답안** 미국 혁명 당시 발표된 독립 선언문으로 천부 인권, 주권 재민, 혁명권 등 민주주의 원리가 담겨 있다.
510 자코뱅파 **511 예시 답안** 로베스피에르는 공안 위원회를 설치하고 혁명 재판소를 운영하여 반혁명 세력을 처형하였다.

496
자료는 르네상스 이후 16~17세기에 일어난 과학 혁명에 대한 설명이다. 이 시기 유럽에서는 이슬람의 과학 기술을 수용하며 자연 과학을 발전시키고 세계관의 변화를 가져왔는데, 특히 천문학과 물리학, 의학 분야에서 발전을 이루었다.

바로잡기 ④ 15세기에 활동했던 구텐베르크는 활판 인쇄술을 고안하여 르네상스와 종교 개혁의 확산에 기여하였다.

497
제시된 자료는 로크의 사회 계약설이다. 사회 계약설은 개인들의 계약을 통해 국가가 출현하였다는 주장으로, 로크는 사회 계약으로 수립된 정부가 자연권을 지켜 주지 못할 때는 정부를 교체할 수 있다고 주장하였다. 이러한 로크의 사회 계약설은 자연법사상을 담고 있으며, 계몽사상의 성립에 영향을 끼쳤다.

바로잡기 ㄷ. 프랑스 혁명 이전인 17세기에 대두되었다. ㄹ. 애덤 스미스는 자유방임주의를 주장하였다.

498
18세기 유럽에 확산되었고, 볼테르, 몽테스키외 등을 통해 계몽사상에 대한 묻고 답하기 내용임을 알 수 있다. 계몽사상가인 루소는 사회 계약설을 바탕으로 전체 인민의 결집된 의사, 즉 인민 주권을 바탕으로 한 민주주의를 강조하였다.

바로잡기 ①, ③ 칼뱅과 루터는 16세기에 활동한 종교 개혁가이다. ④ 소크라테스는 그리스 철학자이다. ⑤ 토마스 아퀴나스는 중세 스콜라 철학자에 해당한다.

499
(가)는 영국의 심사법, (나)는 영국 의회가 미국에 적용하기 위해 제정한 인지세법이다. 심사법은 찰스 2세 때인 1673년에 제정되었는데, 이는 권리 청원과 권리 장전의 사이에 해당한다. 인지세법은 영국이 7년 전쟁 이후 재정 확보를 위한 통제 경제 정책의 일환으로 제정하였다.

바로잡기 ㄱ. 심사법은 찰스 2세를 견제하기 위해 1673년 의회에서 제정하였다. ㄹ. 인지세법은 식민지인들의 강력한 반발을 받자 곧 폐지하였다. 그러나 차세를 그대로 유지하여 미국 혁명이 일어나는 불씨가 되었다.

500

제시된 자료는 1689년 승인된 권리 장전이다. 권리 장전은 명예혁명으로 즉위한 메리와 윌리엄이 승인하였다. 권리 장전은 제임스 2세의 불법 행위를 열거한 뒤 의회의 동의 없는 법률의 제정이나 금전의 징수 및 상비군의 유지 금지, 선거 및 언론의 자유, 의원의 면책 특권 등을 규정하고 있다. 이로 인해 의회 중심의 입헌 군주제가 확립되었다.

바로잡기 ㄱ. 휘그당과 토리당의 분열은 제임스 2세의 왕위 계승 문제가 원인이 되었다. ㄹ. 찰스 2세 때 의회가 제정한 심사법에 대한 설명이다.

501

제시문은 보스턴 차 사건을 소재로 작성된 가상의 신문 기사이다. 보스턴 차 사건은 인디언으로 분장한 식민지인들이 보스턴 항구에 정박해 있던 영국 동인도 회사의 배에 침입하여 실려 있던 차를 바다에 던진 사건이다. 보스턴 차 사건은 영국의 중상주의적 통제 정책에 대한 불만으로 일어난 사건으로, 미국 혁명이 일어나는 직접적인 계기가 되었다.

바로잡기 ① 독립 선언문은 독립 전쟁 시작 이후에 발표되었다. ② 순례 시조는 영국에서 종교의 자유를 찾아 아메리카로 이주한 사람들로, 미국의 13개 주 식민지를 개척하였다. ③ 서부 개척은 미국 독립 전쟁 이후 이루어졌다. ④ 대륙 회의는 13개 주 식민지 대표들이 모인 회의이다.

502

제시된 자료는 미국 혁명을 정당화하는 토마스 페인의 『상식』의 일부 내용이다. 미국 독립 전쟁 결과 1783년 파리 조약이 체결되어 13개 주 식민지가 미합중국으로 독립하게 되었다.

바로잡기 ① 노예 해방은 남북 전쟁 중에 이루어졌다. ③ 보스턴 차 사건은 미국 혁명의 배경이 되었다. ④ 유럽에서 벌어진 7년 전쟁은 영국의 재정을 악화시켜 아메리카 식민지에 대한 통제를 강화함으로써 미국 혁명을 촉발시켰다. ⑤ 영국에서 권리 장전이 승인되고, 하노버 왕조가 개창되면서 의회 중심의 내각 책임제가 확립되었다.

503

제시된 자료는 프랑스의 앙시앵 레짐이라 불리는 구제도의 모순을 풍자한 그림이다. 제3 신분의 등에 올라탄 제1 신분인 성직자, 제2 신분인 귀족은 모두 특권층으로 면세권을 지니고 있었고, 세금 부담은 제3 신분이 떠안고 있었다. 이는 봉건적 신분제가 그대로 존속하고 있었기 때문에 나타난 현상이다.

바로잡기 ① 낭트 칙령은 신교도에게 신앙의 자유를 허용한 조치로 앙리 4세가 발표하였다. ② 루이 14세는 왕권을 과시하기 위해 베르사유 궁전을 축조하였다. ③ 부르봉 왕조는 위그노 전쟁을 종결지은 앙리 4세에 의해 개창되었다. ⑤ 제1 제정은 1804년 나폴레옹에 의해, 제2 제정은 1852년 나폴레옹 3세에 의해 수립되었다.

504

ㄱ은 국민 공회, ㄴ은 국민 의회, ㄷ은 총재 정부, ㄹ은 입법 의회 때의 사실이다. 이를 시기 순으로 나열하면 국민 의회(ㄴ) – 입법 의회(ㄹ) – 국민 공회(ㄱ) – 총재 정부(ㄷ)가 된다.

505

제시된 자료는 프랑스 인권 선언이다. 삼부회의 결과에 불만을 품은 제3 신분은 국민 의회를 구성하였다. 이후 농민을 달래기 위해 봉건제 폐지를 선언하고 곧이어 혁명의 이념을 담은 인권 선언을 발표하였다. 국민 의회는 1791년 헌법을 제정하고 해산하였다. 한편 루이 16세가 국민 의회를 무력으로 해산시키려 하자 파리 민중은 전제 정치의 상징이었던 바스티유 감옥을 습격하였다. 이후 민중의 저항이 지방 도시와 농촌 등 전국으로 퍼져 나갔다.

바로잡기 ① 총재 정부는 국민 공회 해산 이후 수립된 정부이다. ② 국민 공회에서 공화정을 선포하고 루이 16세를 처형하였다. ③ 공안 위원회는 로베스피에르의 공포 정치 시기에 설치되었다. ④ 삼부회는 국민 의회 구성 이전에 소집되었다.

506

(가)는 국민 공회 때의 루이 16세 처형, (나)는 로베스피에르가 실각한 테르미도르의 반동이다. 로베스피에르의 공포 정치 기간에 공안 위원회와 혁명 재판소가 설치되었다.

바로잡기 ① 총재 정부는 테르미도르의 반동 직후 수립되었다. ② 혁명 전쟁은 루이 16세 처형 이전에 발발하였다. ③ 『나폴레옹 법전』은 통령 정부 때 편찬되었다. ④ 인간과 시민의 권리선언은 국민 의회에서 선포하였다.

507

제시된 자료는 헤겔과 피히테가 나폴레옹에 대한 평가를 내린 글로, ㉠은 나폴레옹이다. 헤겔은 나폴레옹을 프랑스 혁명의 이념인 자유주의를 전파하는 영웅으로 묘사한 반면, 피히테는 나폴레옹을 조국인 독일을 침략한 침략자로 평가 절하하고 있다. 나폴레옹은 쿠데타를 통해 총재 정부를 무너뜨리고 정권을 장악하였으며, 『나폴레옹 법전』을 편찬하였다.

바로잡기 ㄱ. 국민 공회, ㄴ. 로베스피에르에 대한 설명이다.

508

제시된 자료는 미국 혁명 당시 발표된 독립 선언문이다.

509

미국 혁명 당시 발표되었음을 파악한 후, 제시된 자료에서 천부 인권, 주권 재민, 혁명권 등 민주주의의 원리를 찾아내야 한다.

채점 기준	수준
미국 혁명을 쓰고 민주주의의 원리를 찾아 서술한 경우	상
민주주의의 원리만 서술한 경우	중
미국 혁명만 쓴 경우	하

510

국민 공회의 자코뱅파는 소수 급진파로, 가난한 하층민인 상퀼로트의 입장을 대변하였다. 자코뱅파의 주도로 루이 16세의 처형이 이루어지자 영국, 러시아 등 유럽 각국이 대프랑스 동맹을 결성하였다.

511

과격파인 자코뱅파의 지도자인 로베스피에르는 공안 위원회를 설치하고 혁명 재판소 활동을 통해 반혁명 세력을 처형하는 공포 정치를 주도하였다.

채점 기준	수준
공안 위원회와 혁명 재판소를 포함하여 공포 정치의 내용을 서술한 경우	상
공안 위원회와 혁명 재판소 가운데 한 가지만 언급하여 공포 정치 내용을 서술한 경우	중
단순히 공포 정치를 실시하였다는 내용만 서술한 경우	하

적중 1등급 문제

99쪽

512 ⑤　　513 ③　　514 ⑤　　515 ④

512 미국 혁명의 결과

1등급 자료 분석　요크타운 전투

이 그림은 혁명 시기 요크타운 전투에서 승리한 식민지군이 영국군의 항복을 받고 있는 모습입니다.

식민지군은 요크타운 전투에서 영국군을 물리치고 파리 조약을 통해 독립을 인정받음

요크타운 전투에서 영국군의 항복을 받는 식민지군의 모습을 통해 밑줄 친 '혁명'이 미국 혁명임을 알 수 있다. 미국 혁명의 결과 독립을 달성한 13개 주는 연방주의, 삼권 분립, 공화주의에 입각한 연방 헌법 제정하고 공화국을 수립하였다.

바로잡기 ① 영국 청교도 혁명의 결과. ② 프랑스 2월 혁명의 영향. ③ 미국 혁명의 배경. ④ 프랑스 혁명 과정에서 자코뱅파의 독재 정치 결과에 해당한다.

513 영국 혁명

1등급 자료 분석　영국의 혁명 진행 과정

찰스 1세는 의회파와의 내전에서 패배한 후 크롬웰에 의해 처형

제임스 2세의 딸 메리와 사위 윌리엄 3세가 공동 왕으로 즉위하여 권리 장전 승인

▲ 처형당하는 찰스 1세

▲ 권리 장전을 승인하는 메리와 윌리엄

찰스 1세 처형 이후 영국은 공화정을 수립하였고, 크롬웰은 호국경에 취임하여 독재 정치를 펼쳤다. 그의 사후 찰스 2세가 즉위하여 왕정

복고가 이루어졌다. 찰스 2세를 견제하기 위해 의회는 심사법, 인신 보호법을 제정하였다. 찰스 2세의 뒤를 이어 제임스 2세가 즉위하는 과정에서 토리당과 휘그당이 대립하였다.

바로잡기 ㄱ. (나) 이후, ㄹ. (가) 이전의 상황이다.

514 프랑스 혁명의 전개 과정

1등급 자료 분석　국민 의회와 국민 공회

(가) 봉건제를 완전히 폐지한다. …… 인신 예속에 관한 권리와 의무는 무상으로 폐지된다. 그 밖의 모든 권리와 의무는 유상 폐지의 대상이다. …… 이 법령으로 폐지되지 않는 권리와 의무는 그에 상응하는 금액을 지불할 때까지 지속된다.
└ 프랑스 혁명 당시 국민 의회의 봉건제 폐지 선언　－「8월 법령」제1조 －

(나) 열흘 전 왕정이 폐지되었다. 성직자도 귀족도 사라지고 평등의 시대가 시작되었다. 자기들만을 위한 공화국을 세워 부자와 관리의 이익을 위해 통치하려는 사이비 애국자와 국민 전체의 이익과 평등을 위하여 공화국을 건설하려고 애쓰는 진짜 애국자를 구별하라.　－ 로베스피에르, 『유권자들에게 보내는 편지』 －
└ 국민 공회의 공화정 선포

자료의 (가)는 1789년 국민 의회의 봉건제 폐지 선언과 관련된 법령, (나)는 1792년 국민 공회가 왕정을 폐지하고 공화정을 선포한 것과 관련된 것이다. 1791년 입법 의회가 소집되었는데, 입법 의회는 오스트리아·프로이센의 군사적 위협에 맞서 선전 포고를 하고 혁명 전쟁을 시작하였다.

바로잡기 ① 공화정 수립 이후인 1795년의 사실. ②, ③은 국민 공회가 공화정을 선포한 직후의 사실들이다. ④ 1789년 국민 의회의 봉건제 폐지 선언 이전의 사실이다.

515 나폴레옹의 활동

1등급 자료 분석　나폴레옹의 유럽 제패

원정로의 출발이 파리이므로 프랑스가 유럽 전역으로 원정을 떠났음을 알 수 있음

나폴레옹은 영국을 견제하기 위해 대륙 봉쇄령을 발표하였으며, 프랑스 혁명의 이념인 자유주의와 민족주의를 유럽에 전파하였다.

바로잡기 ㄱ. 빈 체제는 나폴레옹 몰락 이후 수립되었다. ㄷ. 테르미도르의 반동은 공포 정치를 했던 자코뱅파의 지도자 로베스피에르가 실각하여 처형된 사건이다.

분석 기출 문제

101~104쪽

[핵심 개념 문제]

516 빈 회의		**517** 루이 필리프		**518** 남북		**519** 인클로저
520 ○	**521** ×	**522** ×	**523** ○	**524** ㉢	**525** ㉡	**526** ㉠
527 ㄹ	**528** ㄴ	**529** ㄱ	**530** ㄷ			

531 ④	**532** ⑤	**533** ②	**534** ②	**535** ①	**536** ④	**537** ④
538 ①	**539** ②	**540** ④	**541** ⑤	**542** ③	**543** ①	**544** ⑤

1등급을 향한 서답형 문제

545 인민헌장 **546** 예시답안 제1차 선거법 개정에서 신흥 상공업자에게 선거권이 부여되었지만 노동자들은 선거권을 부여받지 못하였다. 이에 노동자들은 인민헌장을 발표하고 참정권을 요구하는 차티스트 운동을 전개하였다.

547 러다이트 운동 **548** 예시답안 협동조합을 결성하거나 노동조합을 만들었다. **549** 예시답안 마르크스는 노동자들이 단결하여 자본가 계급을 타도하고 권력을 쟁취함으로써 사회주의 사회를 건설할 것을 주장하였다.

531

제시된 그림은 빈 회의를 풍자하였고, ㉠은 빈 체제이다. 나폴레옹 몰락 이후 유럽 각국은 전후 처리를 위해 오스트리아의 재상 메테르니히의 주도로 빈 회의를 개최하였다. 빈 회의에서는 정통주의를 표방하고 유럽 각국의 지배권과 영토를 프랑스 혁명 이전 상태로 되돌리기로 함으로써 빈 체제가 성립되었다.

바로잡기 ④ 빈 체제는 자유주의와 민족주의를 탄압하였다.

532

지도는 빈 체제에 저항하는 각국의 자유주의와 민족주의 운동을 표시한 것이다. 부르셴샤프트는 독일의 자유주의 운동을 전개하던 학생 조합이고, 러시아의 데카브리스트의 봉기는 자유주의를 실현하기 위한 것이었다. 이탈리아 카르보나리당의 통일 운동이나 그리스의 독립운동은 민족주의 운동에 해당한다. 빈 체제는 정통주의를 표방하고 각국의 자유주의와 민족주의 운동을 억압하였는데, 지도에 표시된 운동들은 이에 저항한 움직임이다.

바로잡기 ① 계몽사상은 18세기에 대두되어 시민 혁명의 사상적 기반이 되었다. ② 나폴레옹의 유럽 제패 시기가 끝나고 빈 체제가 형성되었다. ③ 유럽 대륙의 산업 혁명은 가장 빠른 프랑스, 벨기에가 1830년대, 독일이 1850년대, 가장 늦은 러시아는 1890년대에 완수되었다. ④ 독일과 이탈리아의 통일은 빈 체제의 붕괴 이후 완성되었다.

533

제시된 그림은 들라크루아의 '민중을 이끄는 자유의 여신'이며, 시대적 배경은 프랑스 7월 혁명이다. 7월 혁명은 빈 체제가 동요하는 결과를 초래하였고, 유럽 각국의 자유주의 운동을 자극하였다.

바로잡기 ㄴ, ㄹ. 2월 혁명에 대한 설명이다.

534

밑줄 친 '혁명'은 2월 혁명으로, 제시문은 프랑스 2월 혁명의 전개 과

정을 보여 주고 있다. 1830년 7월 혁명으로 부르봉 왕조가 무너지고 루이 필리프가 왕위에 올라 7월 왕정이 시작되었다. 그러나 루이 필리프는 전제 정치를 행하여 1848년 2월 혁명으로 축출되었다. 루이 필리프가 망명하고 새로운 헌법이 제정되어 제2 공화정이 수립되었으며, 루이 나폴레옹이 대통령으로 선출되었다.

바로잡기 ① 샤를 10세는 7월 혁명으로 축출된 부르봉 왕조의 마지막 왕이다. ③ 파리 코뮌은 프로이센·프랑스 전쟁 패전 직후 파리의 노동자와 사회주의자들이 중심이 되어 수립한 자치 정부이다. ④ 2월 혁명 직후 제정된 헌법은 공화정과 남성 보통 선거를 규정하였다. 부유한 시민과 대지주는 2월 혁명 이전에 이미 선거권을 소유하고 있었다. ⑤ 프랑스의 제3 공화정은 파리 코뮌을 진압한 이후 1875년에 수립되었다.

535

지도는 이탈리아의 통일 과정을 나타낸 것이다. 사르데냐 왕국의 재상 카보우르는 프랑스의 나폴레옹 3세와 동맹을 맺고 프랑스의 지원을 받아 오스트리아와 통일 전쟁을 일으켰다. 가리발디는 의용군을 조직하여 시칠리아와 나폴리를 점령하고 이를 사르데냐 왕국에 헌납하여 이탈리아 통일에 기여하였다.

바로잡기 ② 독일의 통일을 주도한 프로이센의 재상, ③ 빈 체제를 주도한 오스트리아의 재상, ④ 미국 초대 대통령, ⑤ 러시아의 개혁을 추진한 차르(황제)이다.

536

제시된 자료는 프로이센의 재상인 비스마르크가 의회에서 한 연설의 일부분이다. 여기서 '1848년과 1849년의 오류'는 프랑크푸르트 국민 의회를 가리킨다. 비스마르크는 프로이센의 재상이 되어 철혈 정책을 추진하였다. 철혈 정책에 따라 군비를 강화한 비스마르크는 오스트리아를 격파하고 북독일 연방을 결성하였다.

바로잡기 ① 관세 동맹은 1834년 프로이센이 주도하여 체결되었다. 이 시기에 비스마르크는 활동하지 않았다. ② 프랑크푸르트 국민 의회는 자유주의자들이 주도하였고 비스마르크는 참여하지 않았다. ③ 1871년 수립된 독일 제국의 황제는 빌헬름 1세이고 비스마르크는 초대 수상이 되었다. ⑤ 프랑스의 나폴레옹 3세에 대한 설명이다.

537

(가)는 미국 독립 전쟁, (나)는 남북 전쟁이다. 미국 독립 전쟁은 프랑스, 네덜란드, 에스파냐 등 유럽 여러 나라의 지원을 받아 성공하였고, 남북 전쟁은 북부와 남부의 경제 구조 차이에 따른 대립 격화를 배경으로 일어났다.

바로잡기 ㄱ. 독립 선언문은 독립 전쟁 발발 이후에 제2차 대륙 회의에서 발표되었다. ㄷ. 미국의 대륙 횡단 철도는 남북 전쟁 종결 이후에 건설되어 서부 개척을 촉진시켰다.

538

제시된 자료는 러시아에서 브나로드 운동에 가담하였던 인물의 회고록 가운데 일부이다. 브나로드 운동은 도시의 지식인들이 농촌에 들어가 농민을 계몽하여 혁명의 전사로 만들려고 한 운동이었지만 결국 실패하였다.

바로잡기 ② 빈 체제 붕괴 이후인 1870년대에 브나로드 운동이 일어났다. ③ 브나로드 운동은 정부의 탄압과 계몽의 대상으로 삼았던 농민의 무관심으로

실패하였다. ④ 데카브리스트의 봉기는 1825년 러시아에서 일어난 자유주의 운동이다. ⑤ 브나로드 운동은 알렉산드르 2세의 개혁에 실망한 도시의 지식인들이 주도하였다.

539

제시문은 자본주의적 생산 방식의 변화 단계 중 매뉴팩처 단계를 설명하고 있다. 매뉴팩처는 공장제 수공업 단계로, 선대제에서 공장제 기계 공업으로 이행하는 중간 단계에 해당한다.

바로잡기 ① 선대제는 상인 자본가가 수공업자에게 원료와 자본을 미리 대여하고 물품을 납품받는 형태이다. ③ 길드 경영은 수공업자 길드에서 생산, 판매 등에 엄격한 통제를 가하는 방식이다. ④ 가내 수공업은 가정에서 행해지는 수공업이다. ⑤ 공장제 기계 공업은 공장을 설립하고 기계를 도입하여 대량 생산을 하는 방식으로, 산업 혁명 이후 확립되었다.

540

영국은 일찍부터 의회 정치를 이루었고, 인클로저 운동을 통해 토지에서 밀려난 농민들이 임금 노동자가 되어 노동력이 풍부하였다. 또한 석탄과 철광석 등 지하자원이 풍부하였다. 이를 바탕으로 산업 혁명이 영국에서 가장 먼저 시작되었다.

바로잡기 ㄷ. 차티스트 운동은 영국 노동자들이 투표권을 주장하며 전개한 자유주의 운동이다.

541

제시문은 산업 혁명의 전개 과정과 그 영향을 정리한 것이다. 급속한 도시화로 환경 오염, 주택 부족, 교통 혼잡, 상하수도 미비, 불결한 위생, 범죄 등 많은 문제가 발생하였다.

바로잡기 ① 길드는 도시의 발전 과정에서 해체되었다. ② 인클로저 운동은 영국의 농민들이 도시의 노동자로 전환되는 계기가 되었다. ③ 농업 혁명은 2차 인클로저 운동 전개 과정에서 나타난 농업 기술 및 생산력 발전을 가리킨다. ④ 한자 동맹은 13세기에 결성된 도시 동맹이다.

542

밑줄 친 '새로운 계층'은 노동자 계층이다. 영국에서는 공장법이 제정되어 노동자의 장시간 노동을 제한하고 아동과 여성 노동자를 보호하였다.

바로잡기 ① 곡물법은 지주의 이익을 보호하기 위한 법이다. ② 인클로저 운동은 대토지를 소유한 지주 계층이 전개하였다. ④ 심사법은 비국교도의 공직 취임을 금지한 것으로, 심사법 폐지로 신교도와 가톨릭교도의 공직 취임이 허용되었다. ⑤ 1832년의 제1차 선거법 개정으로 도시 신흥 상공업자가 선거권을 얻었다.

543

제시문은 산업 혁명 이후 노동자들이 비참한 생활 모습을 정리한 것이다. 이러한 상황을 배경으로 노동자들의 노동 운동이 전개되었으며, 일부 지식인들 사이에서 사회주의 사상이 등장하였다. 또 직업을 잃은 노동자들은 기계 파괴 운동인 러다이트 운동을 전개하기도 하였다.

바로잡기 ㄷ. 기계론적 우주관은 17세기 과학 혁명을 배경으로 등장하였다. ㄹ. 상업 혁명은 신항로 개척 이후 전세계적인 교역망이 성립됨으로써 발생하였다.

544

제시문은 사회주의 사상 중 과학적 공산주의에 대한 내용이다. 과학적 공산주의를 제창한 마르크스는 노동자들이 단결하여 자본가 계급을 타도하고 사회주의 사회를 만들 것을 주장하였다.

바로잡기 ① 산업 혁명 이후 노동자와 정부의 노력이다. ② 대공황 이후 미국의 뉴딜 정책에 대한 내용이다. ③ 절대 왕정 시기 중상주의 정책에 대한 내용이다. ④ 영국의 애덤 스미스에 의해 집대성된 고전 경제학에서 추구하는 정책 방향에 해당한다.

545

제시된 자료는 영국의 차티스트 운동 전개 과정에서 등장한 인민헌장이다.

546

인민헌장은 1832년 제1차 선거법 개정에서 신흥 상공업자에게 참정권을 부여하고 노동자에게는 부여하지 않은 것이 계기가 되어 발표되었다.

채점 기준	수준
요구 사항과 배경을 모두 서술한 경우	상
요구 사항과 배경 중 한 가지만 서술한 경우	중

547

제시문은 산업 혁명으로 인한 노동자 문제를 해결하기 위해 전개된 노동 운동과 사회주의에 대한 설명이다.

548

문제의 핵심은 산업 혁명 이후 노동자들이 스스로의 지위 향상을 위해 기울인 노력이다. 노동자들은 협동조합을 결성하거나 노동조합을 만들었다.

채점 기준	수준
노동자들의 노력을 정확하게 서술한 경우	상
노동자들의 노력을 서술하였으나 미흡한 경우	중

549

마르크스가 제시한 과학적 사회주의는 공산주의 사상에 해당한다. 마르크스는 노동자의 단결로 자본가 계급을 타도하고 권력을 쟁취하여 사회주의 사회를 건설할 것을 주장하였다.

채점 기준	수준
노동자 단결, 자본가 타도를 정확하게 서술한 경우	상
두 가지 내용 중 한 가지만 서술한 경우	중

적중 **1등급** 문제

105쪽

| 550 ③ | 551 ④ | 552 ② | 553 ③ |

550 빈 체제의 특징

1등급 자료 분석 빈 체제에 대한 저항

독일의 학생 조합(부르셴샤프트)이 민족주의와 자유주의 운동을 전
개하였다. 이에 (㉠)을/를 주도한 오스트리아 재상은 독일 군
주들에게 학생 조합의 해산을 요청하였다.
└─ 메테르니히

빈 체제는 자유주의 운동과 민족주의 운동을 탄압하였는데, 미국이
먼로 선언을 발표하여 라틴아메리카의 독립을 지원하자 타격을 받았
다. 빈 체제는 신성 동맹과 4국 동맹의 무력에 의해 유지되었다.

바로잡기 ㄱ. 네덜란드는 1648년 베스트팔렌 조약으로 독립을 승인받았다.
ㄹ. 빈 회의 이후 프랑스에서는 부르봉 왕조가 부활하였다.

551 7월 혁명과 2월 혁명의 결과

1등급 자료 분석 7월 혁명과 2월 혁명

(가) 파리 시민들의 봉기로 부르봉 왕실의 샤를 10세가 추방되었고 의
└─ 유산 시민의 주도
회에 의해 루이 필리프가 왕으로 추대되어 입헌 군주정이 수립
되었다.

(나) 선거권 확대를 요구하는 시민 대회를 정부가 탄압하자 혁명이
일어났다. 3일간의 시가전 끝에 루이 필리프가 망명하고 새 정
부가 수립되었다.
└─ 루이 나폴레옹을 대통령으로 하는 제2 공화정 수립

7월 혁명 결과 입헌 군주정과 제한 선거를 규정한 헌법이 제정되었
고, 2월 혁명 결과 제2 공화정이 수립되었다.

바로잡기 ㄱ. 삼부회는 루이 16세에 의해 소집되어 프랑스 혁명의 계기가 되
었다. ㄷ. 파리 코뮌은 프로이센과의 전쟁 과정에서 등장하였다.

552 독일의 통일

1등급 자료 분석 독일 통일 과정

▲ ○○의 통일 과정
빈 체제에서 35개 영방 국가와 4개 자유시로 분열되었던 독일은 프로이센이 오스트리
아와의 전쟁에서 승리하고 북독일 연방을 결성함

(가)는 프로이센·오스트리아 전쟁이 발발한 1866년의 상황이고, (나)는
독일 제국이 수립된 1871년의 상황이다. 재상 비스마르크의 철혈 정
책을 바탕으로 프로이센은 오스트리아와의 전쟁에서 승리하고 1867
년 북독일 연방을 결성하였다. 이후 프로이센·프랑스 전쟁의 승리를
계기로 1871년에 독일 제국을 수립하였다.

바로잡기 ① 1882년, ③ 1861년, ④ 1863년, ⑤ 1861년의 사실이다.

553 산업 혁명

1등급 자료 분석 18세기 후반의 상황

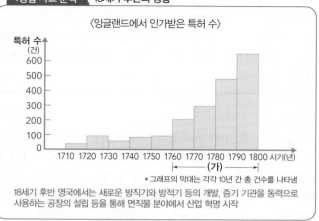

〈잉글랜드에서 인가받은 특허 수〉

* 그래프의 막대는 각각 10년 간 총 건수를 나타냄
18세기 후반 영국에서는 새로운 방직기와 방적기 등의 개발, 증기 기관을 동력으로
사용하는 공장의 설립 등을 통해 면직물 분야에서 산업 혁명 시작

그래프의 (가) 시기는 1760년부터 1800년까지로 18세기 후반에 해당
한다. 영국에서는 18세기 후반에 새로운 방직기와 방적기의 개발, 그
리고 증기 기관을 동력으로 사용하여 상품을 대량 생산하는 산업 혁
명이 시작되었다. 와트는 1765년에 증기 기관 개량에 성공하였다.

바로잡기 ① 1839년 이후, ② 19세기, ④ 19세기 중엽, ⑤ 19세기 전반에 볼 수
있는 모습이다.

단원 마무리 문제

106~111쪽

07 고대 지중해 세계

554 ① **555** ⑤ **556** ④ **557** 알렉산드로스 **558** [예시 답안] 알렉
산드로스는 동방의 전제 군주제를 도입하는 등 페르시아의 통치 체제를 수용
하고 피정복민의 문화를 존중하였으며, 그리스인과 페르시아인의 결혼을 장려
하는 동서 융합 정책을 추진하였다.

08 유럽 세계의 형성과 동요

559 ④ **560** ④ **561** ⑤ **562** ③ **563** ⑤ **564** 흑사병
565 [예시 답안] 흑사병의 유행으로 유럽 인구가 급격히 줄어 노동력이 부족해지
자 영주들은 농민의 처우를 개선해 주었으며, 농노 신분에서 해방되는 사람이
늘어나 장원이 해체되어 갔다.

09 유럽 세계의 변화

566 ④ **567** ③ **568** ① **569** 대서양 **570** [예시 답안] 아메
리카에서 채굴한 많은 양의 금과 은이 유럽에 들어오면서 물가가 폭등하는 현
상(가격 혁명)이 나타났다.

10 시민 혁명

571 ⑤ **572** ④ **573** ② **574** ② **575** ② **576** 나폴레옹
577 [예시 답안] 나폴레옹 전쟁으로 자유주의 이념이 확산되면서 유럽 각국에서
는 전제 정치를 폐지하고 시민의 자유와 권리를 보장하려는 움직임이 일어났
다. 또한 나폴레옹 군대의 침략과 지배에 맞서 싸우는 과정에서 민족주의가 일
어나 유럽 각국의 독립과 통일 운동이 전개되었다.

578 ⑤　　**579** ②　　**580** ⑤　　**581** ④　　**582** 농노 해방령

583 [예시 답안] 농노 해방령으로 러시아 농민은 신체의 자유를 얻을 수 있었다. 그러나 토지를 무상으로 얻지 못하여 토지 상환금과 고율의 지대를 부담해야 했으며, 농민에게 부여된 토지의 질도 좋지 않아 경제적 어려움이 크게 나아지지 않았다.

554

자료는 아테네의 클레이스테네스가 처음 도입한 도편 추방제와 관련된 것이다. 기원전 6세기 후반 아테네의 클레이스테네스는 참주의 출현을 막기 위해 도편 추방제를 실시하였다. 또한 혈연 중심의 부족제를 거주지 중심의 부족제로 개편하고, 500인 평의회를 설치하였다.

(바로잡기) ② 로마의 옥타비아누스, ③ 알렉산드로스, ④ 아테네의 페리클레스, ⑤ 아테네의 솔론에 해당한다.

555

자료에서 아테나에게 바친 신전이라는 점 등을 통해 아테네의 파르테논 신전에 대한 설명임을 알 수 있다. 아테네는 세 차례에 걸친 그리스와 페르시아의 전쟁을 승리로 이끌었다.

(바로잡기) ①, ② 로마, ③ 인도의 굽타 왕조, ④ 알렉산드로스 제국 등에 해당한다.

556

자료는 티베리우스 그라쿠스의 연설문 중 일부이다. 로마는 대외 팽창 과정에서 유력자들이 넓은 땅을 차지하고 노예 노동을 이용한 대농장(라티푼디움)을 경영하여 자영농의 몰락을 가져왔다. 이에 기원전 2세기 후반 호민관이 된 티베리우스 그라쿠스는 농지법을 통해 유력자의 대토지 소유를 제한하고 농민에게 토지를 재분배하고자 하였다. 로마 건국은 기원전 8세기 중엽, 로마 공화정 수립은 기원전 6세기 말, 12표법 제정은 기원전 450년, 포에니 전쟁 발발은 기원전 264년, 스파르타쿠스의 난은 기원전 73년, 로마 제정 성립은 기원전 27년의 사실이다.

557

알렉산드로스는 동방 원정을 단행하여 유럽, 아시아, 아프리카에 걸친 대제국을 건설하였다. 그는 자신이 정복한 지역을 강압적으로 지배하기보다는 포용하는 정책을 펼쳤다.

558

채점 기준	수준
페르시아 통치 체제 수용, 피정복민 문화 존중, 페르시아인과의 혼인 장려 중에서 두 가지 이상을 제시하여 동서 융합 정책 추진을 서술한 경우	상
페르시아 통치 체제 수용, 피정복민 문화 존중, 페르시아인과의 혼인 장려 중에서 한 가지 이상을 제시하여 동서 융합 정책 추진을 서술한 경우	중
동서 융합 정책의 추진만을 서술한 경우	하

559

제시문은 프랑크 왕국 카롤루스 왕조의 초기 상황을 보여 주는 것으로, 밑줄 친 '왕조'는 카롤루스 왕조이다. 카롤루스 왕조의 카롤루스 대제는 라틴어 문법, 논리학 등을 가르치는 궁정 학교를 수립하고 수도원을 후원하면서 문화 발전에 힘써 '카롤루스 르네상스'를 열었다.

(바로잡기) ① 비잔티움 제국, ② 신성 로마 제국, ③ 영국, ⑤ 슬라브족에 대한 설명이다.

560

자료에서 주교와 수도원장 등 성직자 서임권을 로마 가톨릭 교회에 바친다고 한 것을 통해 교황이 성직자의 서임권을 갖게 된 보름스 협약의 내용임을 알 수 있다. 교황과 황제 간의 서임권 투쟁의 결과 1122년 보름스 협약이 체결되었다.

성상 파괴령은 726년, 동서 교회의 분열은 1054년, 카노사의 굴욕은 1077년, 클레르몽 공의회 개최는 1095년, 아비뇽 유수 단행은 1309년, 콘스탄츠 공의회 개최는 1414년의 사실이다.

561

자료에서 비잔티움 황제의 요청으로 교황 우르바누스 2세가 성지 회복을 위한 전쟁을 호소하였다는 점을 통해 밑줄 친 '전쟁'이 십자군 전쟁임을 알 수 있다. 8차에 걸친 십자군 전쟁이 실패로 끝나면서 교황의 권위가 실추되고 왕권이 강화되었다.

(바로잡기) ① 서로마 제국은 게르만족의 침입 등으로 5세기 후반에 멸망하였다. ② 알렉산드로스의 동방 원정으로 그리스 문화를 바탕으로 오리엔트 문화가 융합한 헬레니즘 문화가 발달하였다. ③ 게르만족의 이동은 인구 증가에 따른 새로운 농경지의 필요, 훈족의 이동 등을 배경으로 일어났다. ④ 포에니 전쟁으로 로마에서 라티푼디움이 확산되었다.

562

자료에서 대분열의 종식, 신의 교회를 머리에서 지체까지 개혁하는 것과 관련된 문제 등의 표현을 통해 밑줄 친 '공의회'가 아비뇽 유수 이후 교회의 대분열 상황을 수습하고자 개최된 콘스탄츠 공의회(1414~1418)임을 알 수 있다. 콘스탄츠 공의회에서는 위클리프를 이단으로 규정하고 후스를 화형에 처하였으며, 로마와 아비뇽의 교황을 폐위하고 새로운 단일 교황을 선출하여 교회의 대분열을 수습하였다.

(바로잡기) ㄱ. 트리엔트 공의회, ㄹ. 니케아 공의회에 해당한다.

563

자료는 미켈란젤로의 「다비드상」과 레오나르도 다 빈치의 「모나리자」이다. 레오나르도 다 빈치, 미켈란젤로 등은 14~16세기 이탈리아의 르네상스가 전개되던 시기 미술 분야에서 두각을 나타내었다. 르네상스 시기에는 그리스·로마의 고전 문화 연구가 활발하였다.

(바로잡기) ① 십자군 전쟁은 11세기 말에서 13세기 후반에 일어났다. ② 「신학대전」은 13세기에 토마스 아퀴나스가 집필하였다. ③ 「종의 기원」은 19세기 다윈이 집필하였다. ④ 콜로세움 건설은 로마 시대에 해당한다.

564

유럽에서는 14세기 중엽 흑사병이 유행하면서 인구가 줄어 노동력이 부족해졌다. 이로 인해 농노 신분에서 해방되는 사람이 늘어나 장원이 점차 해체되었다.

565

채점 기준	수준
농민의 처우 개선, 농노 해방, 장원제 해체 등의 내용을 모두 포함하여 서술한 경우	상
농민의 처우 개선, 농노 해방, 장원제 해체 등의 내용 중 두 가지를 포함하여 서술한 경우	중
위 내용 중 한 가지를 포함하여 서술한 경우	하

566

지도는 16세기 에스파냐의 코르테스와 피사로가 각각 아스테카 제국과 잉카 제국을 침입한 사실을 나타낸 것이다. 이후 이들은 막대한 양의 금과 은을 수탈하고 원주민을 동원하여 사탕수수, 담배 등 플랜테이션 농장을 건설하였다.

바로잡기 ① 14세기 흑사병의 유행 등으로 장원제가 붕괴되었다. ② 13세기 북부 유럽의 도시들이 한자 동맹을 맺고 북해와 발트해 연안의 무역을 독점하였다. ③ 자크리의 난은 14세기 프랑스에서 일어난 농민 봉기이다. ⑤ 바스쿠 다 가마는 15세기 말 인도 항로를 개척하였다.

567

자료에서 태양왕을 자처하였다는 점, 콜베르를 등용하였다는 점, 베르사유 궁전을 지었다는 점 등을 통해 ㉠ 국왕이 프랑스의 루이 14세임을 알 수 있다. 루이 14세는 1685년에 위그노(칼뱅파 신교도)에게 신앙의 자유를 부분적으로 허용하였던 낭트 칙령을 폐지하여 상공업에 종사하던 많은 위그노가 프랑스를 떠나게 하였다.

바로잡기 ① 영국 존왕, ② 영국 엘리자베스 1세, ④ 에스파냐 펠리페 2세, ⑤ 러시아 표트르 대제에 해당한다.

568

자료에서 로코코 양식을 대표하는 건축물, '국가 제일의 심부름꾼'을 자처했던 프로이센의 국왕에 의해 건립 등을 통해 상수시 궁전에 대한 설명임을 알 수 있다. 프로이센의 프리드리히 2세는 베르사유 궁전을 모방하여 포츠담에 상수시 궁전을 세웠다.

569

신항로 개척은 무역의 중심지를 지중해에서 대서양으로 이동시켰으며, 아메리카 대륙에서 유럽으로 유입된 금, 은은 유럽에 물가 폭등을 가져왔다.

570

채점 기준	수준
아메리카 금, 은의 유입에 따른 물가 폭등(가격 혁명)을 정확하게 서술한 경우	상
가격 혁명이라고만 서술한 경우	하

571

㈎는 코페르니쿠스, ㈏는 뉴턴이다. 코페르니쿠스는 중세의 우주관이었던 천동설에 의문을 품고 지동설을 주장하였으며, 뉴턴은 만유인력의 법칙을 발견하고 이를 바탕으로 기계론적 우주관을 확립하였다. 코페르니쿠스와 뉴턴은 17세기를 전후한 시기에 일어난 과학 혁명의 토대를 마련하였다.

바로잡기 ① 뉴턴, ② 갈릴레이에 대한 설명이다. ③ 다윈의 진화론은 19세기에 등장하였다. ④ 케플러에 대한 설명이다.

572

제시된 자료는 계몽사상을 설명하고 있다. 계몽사상은 인간의 이성에 기초하여 불합리한 제도나 관습, 무지를 타파하면 인류는 끊임없이 진보할 수 있다는 사상이다. 계몽사상은 자연 과학의 발달을 배경으로 등장한 기계론적 우주관과 함께 이성을 중시하는 합리주의 철학, 로크의 정치사상인 혁명권 사상을 배경으로 등장하였다.

바로잡기 ㄹ. 디드로와 달랑베르가 편찬한 『백과전서』는 계몽사상의 보급에 영향을 끼쳤다.

573

자료는 영국의 명예혁명 시기에 발표된 권리 장전의 일부이다. 제임스 2세가 전제 정치를 강화하자 의회는 제임스 2세를 폐위하고 제임스 2세의 딸인 메리 공주와 그녀의 남편인 윌리엄을 공동 왕으로 추대하였다. 이듬해 의회가 제정한 권리 장전이 승인되었다.

바로잡기 ① 명예혁명 이후, ③ 프랑스 혁명 시기, ④ 미국 혁명 시기, ⑤ 청교도 혁명 시기인 1649년의 사실이다.

574

자료는 미국 혁명의 전개 과정을 나타낸 것으로, 독립 선언문 발표는 1776년, 파리 조약 체결은 1783년의 사실이다. 독립 전쟁 초기에 영국군에게 고전을 면치 못하던 식민지군은 유럽 여러 나라의 도움을 받아 1781년 요크타운 전투에서 영국군을 물리치고 파리 조약을 통해 독립을 인정받았다.

바로잡기 ① 1775년, ③ 1773년, ④ 1787년, ⑤ 1774년의 사실이다.

575

자료에서 입법 의회를 대신해 들어섰다는 점 등을 통해 ㉠이 국민 공회임을 알 수 있다. 혁명 전쟁이 발발한 가운데 파리 민중이 왕궁을 습격하여 왕권을 정지시키면서 국민 공회가 설치되었다. 국민 공회는 공화정을 선포하고 루이 16세를 처형하였다.

바로잡기 ① 입법 의회 시기, ③ 나폴레옹 시대(제1 제정), ④, ⑤ 국민 의회 시기에 해당한다.

576

프랑스 혁명 이후 집권한 나폴레옹은 정복 전쟁을 통하여 전 유럽에 프랑스 혁명의 이념을 확산시켰으며, 정복 지역에서는 프랑스에 저항하는 과정에서 민족주의가 발전하였다.

577

채점 기준	수준
나폴레옹 전쟁이 자유주의와 민족주의를 유럽 사회에 확산시켰음을 구체적으로 정확하게 서술한 경우	상
자유주의와 민족주의 중 한 가지만을 유럽 사회에 확산시켰다고 구체적으로 서술한 경우	중
단순히 민족주의, 자유주의 확산이라고만 서술한 경우	하

578

자료에서 메테르니히가 주도하였다는 점, 유럽 각국의 지배권과 영토를 프랑스 혁명 이전으로 되돌릴 것을 결정하였다는 점 등을 통해 밑줄 친 '이 회의'가 1814~1815년에 개최된 빈 회의임을 알 수 있다. 빈 회의에 따라 빈 체제가 등장하였으며, 빈 체제를 유지하기 위해 러시아, 오스트리아, 프로이센의 신성 동맹과 오스트리아, 영국, 러시아, 프로이센의 4국 동맹이 결성되었다.

바로잡기 ① 프랑스 혁명 당시 국민 의회는 농민을 달래기 위해 봉건제 폐지를 선언하였다. ② 트리엔트 공의회에서 종교 재판소 설치를 결정하였다. ③ 러시아 데카브리스트의 봉기는 빈 체제에 대한 반발로 일어났다. ④ 보스턴 차 사건은 영국과 북아메리카 식민지의 대립과 갈등을 심화시킨 사건이다.

579

자료는 비스마르크의 의회 연설 내용의 일부로, ㉠은 프로이센에 해당한다. 프로이센은 독일의 경제 통합을 위해 독일 안에서 거래되는 상품에는 관세를 물지 않기로 한 관세 동맹 체결을 주도하였다.

바로잡기 ① 영국, ③ 프랑스, ④ 에스파냐, ⑤ 러시아에 해당한다.

580

자료에서 전쟁 중 노예 해방령이 발표되어 전세가 바뀌었다는 점 등을 통해 밑줄 친 '이 전쟁'이 미국의 남북 전쟁임을 알 수 있다. 흑인 노예를 고용하여 면화를 재배하는 대농장이 발달한 남부와 자유로운 임금 노동자를 바탕으로 상공업이 발달한 북부는 노예제를 둘러싸고 대립이 격화되어 남북 전쟁이 일어났다.

바로잡기 ① 프랑스 2월 혁명의 영향으로 오스트리아에서 혁명이 발생해 메테르니히가 실각하면서 빈 체제가 붕괴되었다. ② 나폴레옹은 프로이센과의 전쟁에서 패하여 몰락하였다. ③ 영국과의 전쟁을 통해 독립을 이룬 미국 혁명은 프랑스 혁명에 영향을 주었다. ④ 영국의 찰스 1세가 에스파냐와의 전쟁 비용 마련을 위해 의회의 동의 없이 과세한 것에 반발하여 의회가 권리 청원을 제출하였다.

581

자료는 19세기 전반 영국 의회에 제출된 새들러 위원회 보고서의 일부로, 산업 혁명 이후 노동자들의 열악한 노동 환경이 드러나 있다. 이에 영국에서는 유럽 최초로 공장법을 제정하여 12시간 이상의 노동과 심야 작업을 금지하고 여성과 아동을 보호하였다.

바로잡기 ① 미국의 링컨은 남북 전쟁 중에 노예 해방령을 발표하여 전쟁을 승리로 이끌었다. ② 영국은 지주의 이익을 옹호하고 상공업자의 이익을 침해하는 곡물법을 폐지하였다. ③ 빈 체제는 유럽 각국의 지배권과 영토를 프랑스 혁명 이전으로 되돌리기 위한 것이었다. ⑤ 제2차 인클로저 운동은 18세기 곡물 수요가 증가하자 대지주들이 더 많은 이윤을 추구하기 위해 소농민의 토지를 매입, 병합하여 사유지로 만든 운동이다.

582

러시아의 위기 상황에서 개혁의 필요성을 절감한 알렉산드르 2세는 1861년 농노 해방령을 선포하고 내정 개혁에 나섰으나 농노 해방은 농민들에게 실질적 혜택을 주지 못하였다.

583

채점 기준	수준
농노 해방령의 의의와 한계를 모두 정확하게 서술한 경우	상
농노 해방령의 한계를 정확하게 서술한 경우	중
농노 해방령의 의미만을 서술한 경우	하

Ⅴ 제국주의와 두 차례 세계 대전

12 제국주의와 민족 운동

분석 기출 문제

113~117쪽

[핵심 개념 문제]

584 ㄴ	585 ㄱ	586 플라시 전투	587 메이지 유신

588 ×	589 ○	590 ㉢	591 ㉣	592 ㉠	593 ㉡	594 ㉠

595 ㉠	596 ㉡

597 ③	598 ②	599 ③	600 ④	601 ①	602 ④	603 ③
604 ①	605 ②	606 ④	607 ③	608 ④	609 ②	610 ③
611 ②	612 ③	613 ⑤	614 ①			

1등급을 향한 서답형 문제

615 (가) 양무운동, (나) 변법자강 운동 **616** 예시답안 (가) 운동은 중국의 전통적 체제를 유지한 채 서양의 기술만을 수용하자는 중체서용론에 입각한 운동이고, (나) 운동은 일본의 메이지 유신을 본떠 정치 체제의 근본적인 개혁을 주장한 변법 운동이다. **617** 인도 통치 개선법 **618** 예시답안 인도 통치 개선법 제정 이후 인도는 영국 왕이 인도 황제를 겸하는 인도 제국이 되면서 영국의 완전한 식민지가 되었다.

597

'19세기 후반 독점자본주의, 값싼 원료 공급지, 국내 잉여 자본을 투자할 새로운 시장, 대외 팽창 정책' 등을 통해 ㉠이 제국주의임을 알 수 있다. 사회 진화론은 인간 사회에도 자연 세계와 같이 생존 경쟁과 적자생존의 원칙이 작용한다는 이론이다. 백인종이 유색 인종보다 문화적·생물학적으로 우월하다는 믿음에 기초하였다. 제국주의 정책을 펼친 국가들은 사회 진화론 및 인종주의 등을 내세워 자신들의 식민지 획득 정책을 합리화하였다.

바로잡기 ① 왕권신수설, ② 전체주의, ④ 봉건제, ⑤ 사회주의 세력은 제국주의에 비판적이었다.

598

(가) 사건은 영국과 프랑스의 충돌을 의미하는 파쇼다 사건이다. 이집트의 카이로에서 아프리카 최남단의 케이프타운을 잇는 아프리카 종단 정책을 실시한 영국과 아프리카의 서부 알제리, 모로코 등을 기점으로 동쪽으로 진출하는 횡단 정책을 실시한 프랑스가 충돌한 곳은 파쇼다이다. 1898년 프랑스 군대가 이집트령 수단의 파쇼다를 점령하였는데, 영국도 남하 정책을 펴 파쇼다에 군대를 파견하였다. 이 때문에 영국과 프랑스 간의 관계는 악화되었으나, 이듬해 외교적으로 타협이 이루어졌다.

바로잡기 ① 플라시 전투는 인도 벵골의 지배권을 둘러싸고 1757년에 영국과 프랑스가 충돌한 사건이다. ③ 나폴레옹 몰락 이후 유럽 각국은 전후 혼란을 수습하기 위해 오스트리아의 재상 메테르니히의 주도로 빈에 모여 회의를 개최하였다. ④ 네르친스크 조약은 1689년 청의 강희제 때 청과 러시아 사이에 국경선 확정과 관련하여 체결된 조약이다. ⑤ 영국의 크롬웰은 항해법을 발표하여 네덜란드의 무역 활동을 견제하고자 하였다.

599

'중국으로부터 6만~7만 리나 떨어진 국가, 흠차 대신 흠칙서가 광저우에 파견되어 이를 비판하고 있다는 점, 독물을 가지고 중국인에게 해를 끼치는 것' 등을 통해 제시된 자료는 영국의 아편 수출에 대한 청 왕조의 단속과 관련된 내용임을 알 수 있다. 청은 18세기 광저우에 공행을 설치하고, 공행을 통해서 서양 상인과의 무역을 통제하였다. 청의 공행 무역으로 국가 재정의 압박을 받던 영국은 인도의 아편을 청에 밀수출하는 삼각 무역을 전개하였다. 이러한 상황을 배경으로 일어난 제1차 아편 전쟁에서 패한 청은 난징 조약을 맺고 영국에 홍콩을 할양하였으며, 상하이 등 5개 항구를 개항하였다. 또한 영국의 요구대로 공행을 폐지하였다.

바로잡기 ㄱ. 의화단 운동은 1899~1901년에 전개되었다. ㄹ. 1915년 일본은 산둥반도에서 독일이 갖고 있던 이권을 차지하고 중국에서 권익을 보장받기 위해 중국에 21개조 요구를 강요하였다.

600

제시된 자료는 토지 균등 분배를 주장한 태평천국 운동의 천조전무 제도에 관한 것이다. 천조전무 제도는 철저한 평균주의와 자급자족 경제 등을 지향하였다. 태평천국 운동은 청 말기 홍수전이 조직한 상제회라는 비밀 결사를 토대로 청 왕조 타도와 한족 왕조 건설(멸만흥한)을 목표로 일어난 민족 운동이다.

바로잡기 ① 신해혁명, ② 의화단 운동, ③ 양무운동, ⑤ 변법자강 운동과 관련된 내용이다.

601

제시된 자료는 양무운동을 이끌었던 이홍장이 서양의 근대적 기술을 받아들이자고 주장하였던 상소문의 일부이다. 양무운동은 중체서용을 바탕으로 전개되었다. 군수 공장을 건설하고 근대적 육군과 해군을 창설하였으며, 근대 회사를 설립하고 광산 개발을 추진하였다. 또한 신식 학교를 세우고 유학생을 외국에 파견하였다. 하지만 양무운동은 의식이나 제도 개혁 없이 서양의 기술만을 도입하려 하였다.

바로잡기 ① 입헌 군주제의 도입은 양무운동 이후 변법파의 변법자강 운동 당시 제기되었던 움직임이다.

602

'캉유웨이, 헌법을 제정하자는 상소, 과거제를 비롯하여 여러 분야의 개혁' 등을 통해 변법자강 운동에 대한 대화임을 알 수 있다. 청일 전쟁의 패배로 한계를 드러낸 양무운동에 대한 반성 속에서 캉유웨이와 량치차오 등 개혁적 성향의 지식인들이 일본의 메이지 유신을 모방하여 입헌 군주제를 도입하는 등 정치 제도 개혁을 주장하였다(변법자강 운동, 1898). 1901년 신축 조약이 체결되었다.

603

의화단은 '청을 도와 서양 세력을 멸하자(부청멸양).'라는 구호를 내걸고 반크리스트교, 반제국주의 운동을 전개하였다.

바로잡기 ① 일본의 막부 타도 운동을 주도한 세력의 주장, ② 태평천국 운동 당시의 주장, ④ 양무운동 당시의 주장, ⑤ 신해혁명을 주도한 쑨원의 주장이다.

604

민족, 민권, 민생의 삼민주의를 주장한 사람은 쑨원이다. 삼민주의는 신해혁명과 중화민국 건국의 기본 이념이 되었다.

바로잡기 ② 이홍장은 양무운동을 주도하였다. ③ 홍수전은 태평천국 운동을 일으켰다. ④ 캉유웨이는 변법자강 운동을 주도하였다. ⑤ 위안스카이는 중화민국의 대총통이 되었다.

605

밑줄 친 '이 운동'은 신문화 운동이다. 신해혁명 이후 천두슈와 후스 등의 지식인과 학생들이 신문화 운동을 전개하였고, 이들은 잡지 『신청년』에서 유교 문화 비판, 서양 민주주의와 과학 수용 등을 통해 중국의 변화를 모색하였다.

바로잡기 ①, ⑤ 신해혁명, ② 태평천국 운동, ④ 양무운동에 대한 설명이다.

606

(가)는 천황의 통치권, 입법권, 군 통수권을 규정한 내용을 통해 1889년에 제정된 일본 제국 헌법, (나)는 러시아가 일본의 한국 지배권을 인정하는 내용을 통해 러일 전쟁의 결과 1905년 러시아와 일본 사이에 체결된 포츠머스 조약임을 알 수 있다. (다)는 '왕정복고의 대호령'으로, 도쿠가와 쇼군이 사퇴하고 왕정복고를 한다는 내용을 통해 1868년 메이지 정부 수립과 관련하여 발표된 것임을 알 수 있다.

607

(나) 조약은 러일 전쟁의 결과 체결된 포츠머스 조약이다. 러일 전쟁 중 국제 정세가 유리해지자 일본은 미국과 가쓰라·태프트 밀약, 영국과 제2차 영일 동맹을 연달아 체결하여 이들로부터 한반도에서의 독점적 지위를 보장받았다. 러일 전쟁에서 승리한 일본은 포츠머스 조약으로 우위를 인정받은 대한 제국에서의 권익을 구체화하기 위해 을사조약을 강요하여 외교권을 강탈하였다.

바로잡기 ① 왕정복고 이후 일본은 타이완을 침공하고 류큐를 합병하여 오키나와현으로 삼았다. ② 새로 수립된 메이지 정부가 조선에 국서를 보내 수교를 요구하였는데, 조선이 국서의 표현을 문제삼아 수용하지 않았다. 이에 일본 내부에서 정한론이 제기되었다. ④ 메이지 정부가 1871년에 폐번치현을 단행하였다. ⑤ 청일 전쟁으로 일본이 랴오둥반도를 차지하자 삼국 간섭이 일어났다.

608

1894~1895년의 청일 전쟁에서 승리한 일본은 청과 시모노세키 조약을 체결하였다. 시모노세키 조약에는 청이 조선에 대한 종주권을 포기하고 랴오둥반도와 타이완을 일본에 할양한다는 내용이 포함되었다. 그러나 독일과 프랑스를 끌어들인 러시아가 개입하면서 일본은 랴오둥반도를 청에 반환하였다(삼국 간섭).

바로잡기 ㄱ. 제2차 아편 전쟁의 결과 체결된 톈진 조약, ㄷ. 의화단 운동의 결과 체결된 신축 조약의 내용이다.

609

'조슈번과 사쓰마번, 에도 막부, 막부 타도, 국가 통치권을 천황에게 반환' 등을 통해 밑줄 친 '새로운 정부'는 메이지 정부임을 알 수 있다. 메이지 정부는 부국강병을 목표로 서양 문물을 적극적으로 수용하는 근대화 정책을 추진하였다. 에도를 도쿄로 고쳐 수도로 삼았으며, 폐번치현을 단행하였고 그 결과 봉건제가 폐지되고 중앙 집권 체제가 수립되었다. 또한 신분제를 폐지하고 징병제를 실시하였으며 근대적 토지 세제를 확립하고 이와쿠라 사절단을 유럽과 미국에 파견하였다.

(바로잡기) ㄴ. 무로마치 막부 시기에 일본은 중국의 명과 감합 무역을 실시하였다. ㄹ. 1858년 에도 막부 시기의 일이다.

610

'인도군, 병사의 반란, 백인 장교, 이슬람교도와 힌두교도, 공통의 주인에 맞서 단결, 영국 지배에 대한 불만' 등을 통해 밑줄 친 '이번 반란'은 세포이의 항쟁임을 알 수 있다. 영국은 세포이의 항쟁을 진압하는 과정에서 인도 무굴 제국의 황제를 폐위시켰다. 무굴 황제를 폐위시킨 후 영국은 인도를 직접 통치하기 위하여 인도 통치 개선법을 제정하였다. 이후 영국 왕이 인도 황제를 겸하는 인도 제국을 성립시킴으로써 인도는 영국의 완전한 식민지가 되었다.

(바로잡기) ① 무굴 제국의 아크바르 황제 때 지즈야(인두세)를 폐지하였다. ② 마라타족은 무굴 제국에 맞서 마라타 왕국을 수립하였고, 아우랑제브 사후 18세기에 마라타 동맹을 결성하여 인도 중북부로 세력을 키우기도 하였다. ④ 플라시 전투의 결과로 영국이 벵골 지역의 통치권을 차지하였다. ⑤ 16세기에 나나크가 시크교를 창시하였다.

611

'1885년 결성, 인도 정부의 내무 장관이었던 영국인, 인도 근대화와 민족 운동을 이끈 주요 단체' 등을 통해 밑줄 친 '이 단체'가 인도 국민 회의임을 알 수 있다. 인도 국민 회의는 브라흐마 사마지 운동 이후 인도인의 민족의식이 고양되자 인도인을 회유하기 위해 영국이 지원하여 만든 단체였다. 초기에는 영국의 식민 통치에 순응하면서 인도인들의 권익 확보에 노력하였지만, 벵골 분할령이 발표되자 반영 운동에 앞장서기 시작하였다. 콜카타 대회에서는 스와라지, 스와데시 등 4대 강령을 발표하였고, 영국이 전 인도 이슬람교도 연맹을 지원하여 종교적 분열을 꾀하자 전 인도 이슬람교도 연맹과 함께 반영 운동에 나서기도 하였다.

(바로잡기) ② 브라흐마 사마지는 '브라만의 모임'이라는 의미를 가지고 있으며, 19세기 전반 람 모한 로이가 처음 주창하였다. 처음에는 힌두교의 순수한 교리로 돌아가자는 종교 운동으로 출발하였으나, 점차 우상 숭배 배격, 카스트제 반대, 사티(과부의 순장 풍습) 폐지 등 사회 개혁을 추구하였다.

612

(가)는 태국, (나)는 베트남, (다)는 필리핀, (라)는 인도네시아이다. 태국의 자끄리 왕조는 과감한 외교 정책을 펼쳐 동진하는 영국과 서진하는 프랑스의 완충 지대로 자리매김하여 동남아시아에서 유일하게 독립을 유지하였다.

(바로잡기) ② 인도네시아, ③ 인도, ④ 청에 대한 설명이다. ⑤ 베트남은 프랑스, 인도네시아는 네덜란드의 지배를 받았다.

613

제시된 자료는 1876년 제정된 오스만 제국 헌법의 일부 내용이다. 헌법 초안자인 미드하트 파샤의 이름을 따 '미드하트 헌법'이라고 불린다. 오스만 제국은 대내외적 위기를 타개하기 위해 서양 문물을 적극적으로 받아들이고 부국강병을 추구하는 탄지마트를 단행하여 근

대적 개혁을 추진하였다. 그러나 탄지마트의 성과가 미흡하자 재상 미드하트 파샤를 중심으로 한 개혁적 관료들이 1876년 근대적 헌법을 제정하였다.

(바로잡기) ① 동유 운동은 판보이쩌우가 베트남 청년들을 일본으로 유학을 보내 근대 문물을 배우도록 한 민족 운동이었다. ② 이란의 카자르 왕조가 영국에 자국의 담배 제조 및 판매에 대한 독점권을 넘겨주자 이란인 사이에 반영 감정이 고조되어 담배 불매 운동이 일어났다. ③ 부티 우토모 운동은 인도네시아의 지식인들을 중심으로 민중을 계몽하며 민족의식을 높이고자 한 운동이었다. ④ 이슬람교 초기의 순수함을 되찾자는 와하브 운동은 사우디아라비아 왕국(와하브 왕국)이 수립되는 배경이 되었다.

614

오랫동안 오스만 제국의 지배를 받았던 아라비아반도에서는 압둘 와하브가 초기 이슬람교 정신으로 돌아가자는 와하브 운동을 일으켰다. 와하브 운동은 아라비아반도를 통합하는 이념적 기반으로 작용하여 사우디아라비아 왕국이 수립되는 배경이 되었다.

(바로잡기) ㄷ. 오스만 제국의 민족 운동에 대한 설명이다. ㄹ. 이란의 민족 운동에 대한 설명이다.

615

(가) 운동은 중체서용에 의한 부국강병을 주장하고 있으므로 양무운동이다. (나) 운동은 중국의 국가 제도와 사회 제도까지 바꾸는 변법 유신을 강조하고 있으므로 변법자강 운동이다.

616

양무운동은 서양의 기술만 수용하려 했고, 변법자강 운동은 서양의 제도까지 받아들이려고 했다.

채점 기준	수준
전통적 체제 유지와 서양 기술 도입을 주장한 양무운동, 정치 체제의 근본적인 개혁을 주장한 변법자강 운동의 특징을 정확하게 비교하여 서술한 경우	상
양무운동은 서양의 기술 도입만 주장하고, 변법자강 운동은 서양식 제도 수용을 주장하였다고 서술한 경우	중
양무운동, 변법자강 운동의 특징을 비교하지 않은 채 한 가지만 서술한 경우	하

617

동인도 회사의 영토와 권력을 영국 왕이 갖는다는 내용을 통해 이 법이 인도 통치 개선법임을 알 수 있다. 세포이의 항쟁을 진압한 영국은 무굴 황제를 폐위시키고 인도를 직접 지배하기 위해 인도 통치 개선법을 제정하였다.

618

인도 통치 개선법에 의해 인도는 영국 왕의 직접적인 지배 아래에 들어갔다.

채점 기준	수준
영국 왕의 직접 지배, 영국의 식민지로의 완전한 편입을 모두 서술한 경우	상
위의 내용 중 한 가지만 서술한 경우	중

619 미국의 제국주의

1등급 자료 분석 미국의 필리핀 점령

1898년 (⊙)은/는 마닐라항에서 에스파냐의 함대를 격퇴하고 항복을 받아냈다. 이후 파리 조약을 통해 에스파냐로부터 필리핀을 2천만 달러에 매수함으로써 필리핀에 대한 통치권을 양도받았다. 이를 통해 아시아로 세력을 확장하는 교두보를 마련하였다.

미국은 1898년에 에스파냐와의 전쟁에서 승리하여 필리핀을 식민지로 삼고, 쿠바를 보호국화함

자료에서 에스파냐와의 전쟁에서 승리하여 필리핀을 식민지로 삼 았다는 점 등을 통해 ⊙ 국가가 미국임을 알 수 있다. 1941년 일본 이 미국의 하와이 진주만 기지를 기습하면서 태평양 전쟁이 발발하 였다.

바로잡기 ① 프랑스, ② 독일, ③ 영국, ④ 포르투갈에 해당한다.

620 제국주의의 등장

1등급 자료 분석 제국주의의 등장 배경

학습 주제 : 19세기 후반 (⊙)의 등장 배경

자국의 특권과 세력을 유지하고 확장하는 것을 중시

국민 국가가 발달하면서 침략적 민족주의가 고조되었기 때문이야.

자본주의가 고도로 발달하면서 값싼 원료 공급지와 상품 판매 시장뿐만 아니라 잉여 자본의 투자 시장이 필요하게 되었지.

그리고 사회 진화론이 유럽 사회에 확산되었던 것도 배경이 되었어.

적자생존 강조, 제국주의 침략을 정당화하는 데 이용

'19세기 후반, 침략적 민족주의, 원료 공급지와 상품 판매 시장, 잉여 자본의 투자 시장 필요, 사회 진화론'을 통해 ⊙이 제국주의임을 알 수 있다. 19세기 후반 열강은 월등한 군사력과 경제력을 앞세워 식민 지를 건설하기 위한 적극적인 대외 팽창 정책을 추진하였는데, 이를 제국주의라고 한다. 사회 진화론은 이러한 제국주의 열강의 대외 팽 창을 정당화하는 데 이용되었다.

바로잡기 ① 왕권신수설은 절대 왕정 시기에 등장하였다. ② 로크는 17세기 에 사회 계약설을 주장하였다. ③ 초기 사회주의를 비판하고 과학적 사회주의 를 주창한 마르크스는 자본가와 노동자 사이의 계급 투쟁을 통해 평등한 공산 주의 사회가 도래할 것이라고 주장하였다. ④ 30년 전쟁은 17세기에 독일에서 일어난 종교 전쟁이다.

621 중국의 민족 운동

1등급 자료 분석 난징의 역사

3단계 힌트까지 모두 보셨습니다. 이 도시는 어디일까요?

세계사 퀴즈

1단계	태평천국군이 수도로 삼은 곳
2단계	일본군이 대학살을 자행한 곳
3단계	주원장이 명을 세운 곳

전국 시대 초가 난징에서 건국한 이래 동진·송·양·진 등의 수도였고 주원장도 이곳에서 명을 세우고 황제에 즉위함

자료에서 태평천국군이 수도로 삼은 곳, 일본군이 대학살을 자행한 곳, 주원장이 명을 세운 곳 등을 통해 퀴즈의 정답에 해당하는 도시 가 난징임을 알 수 있다. 난징에서는 신해혁명을 일으킨 혁명 세력이 쑨원을 임시 대총통으로 추대하여 중화민국을 세웠다.

바로잡기 ② 의화단이 베이징을 점령하자 열강이 8개국 연합군을 결성하고 의화단 진압에 나섰다. ③ 제1차 아편 전쟁으로 체결된 난징 조약에 따라 상하 이 등 5개 항구가 개항되었다. 난징은 제2차 아편 전쟁의 결과로 개항되었다. ④ 장쉐량이 장제스를 감금한 사건은 시안에서 일어났다(시안 사건). ⑤ 1911년 신군이 처음 봉기한 것은 우창이다.

622 제국주의 열강의 아프리카 분할

1등급 자료 분석 영국과 독일의 아프리카 분할

영국은 이집트의 카이로에서 남쪽의 케이프타운까지 잇는 종단 정책을 펼쳤다.

신항로 개척과 더불어 유럽인은 아프리카 해안 지대로 진출하였다. 19세기에 리빙스턴과 스탠리 등의 탐험으로 내륙 아프리카의 실상 이 알려지면서 본격적인 침략이 시작되었다. 영국, 프랑스 등의 제 국주의 열강은 20세기 초 에티오피아와 라이베리아를 제외한 아프리 카 전 지역을 분할 점령하였다. 지도에서 이집트와 수단, 남아프리카 연방 등을 차지하고 있는 것을 통해 (가)는 영국임을 알 수 있고 토고, 카메룬, 동아프리카, 서남아프리카 등을 차지하고 있는 것을 통해 (나) 는 독일임을 알 수 있다. 독일은 모로코를 둘러싸고 프랑스와 두 차

례 대립하였다.

바로잡기 ① 에스파냐, ② 프랑스, ④ 영국, ⑤ 영국과 프랑스에 대한 설명이다.

623 일본의 근대화

1등급 자료 분석　메이지 유신과 대외 팽창

(가)	(나)
천황 중심의 신정부 수립 쇼군 요시노부가 며칠 전 정권을 조정에 반환한다고 하였다. 천황이 이를 받아들이기로 하고 막부를 비롯하여 섭정, 관백 등을 폐지할 것이라고 한다.	**일본군, 청에 대승 거둬** 어제 조선 앞바다에서 전투가 벌어졌다. 이 전투에서 우리 일본군이 청의 군함 한 척을 포획하고 적군 천오백명을 쓰러뜨리는 등 대승을 거두었다.
└ 1868년 천황 중심의 새로운 정권이 수립되는 왕정복고 발생	└ 메이지 정부는 적극적으로 근대화를 추진하여 청일 전쟁에서 승리

자료의 (가)는 에도 막부의 정권 반환에 따라 1868년 왕정복고가 이루어져 천황을 중심으로 메이지 정부가 수립된 사실, (나)는 1894년~1895년에 전개된 청일 전쟁 중의 사실이다. 일본은 1879년 류큐를 완전히 병합하여 오키나와현을 설치하였다.

바로잡기 ② 청일 전쟁의 결과 체결된 시모노세키 조약으로 일본은 타이완을 할양받았다. ③ 러시아는 1860년 베이징 조약을 중재한 대가로 연해주를 획득하였다. ④ 제1차 아편 전쟁 결과 영국과 청이 1842년에 난징 조약을 체결하였다. ⑤ 제1차 세계 대전 이후 개최된 워싱턴 회의(1921~1922)의 결정에 따라 일본은 산둥반도의 이권을 중국에 반환하였다.

624 인도 국민 회의의 활동

1등급 자료 분석　인도 국민 회의의 반영 운동

전보

－ 인도 전신국

날짜	○○○○년 ○○월 ○○일	시간	○○시 ○○분
받는 사람	△△ 신문 기자 ○○○	받는 사람	△△ 신문 편집국

금일 벵골 각지의 대표와 수많은 학생들이 콜카타의 공회당에 모여 채택한 결의문을 전송함
└ 콜카타 대회(1905)
1. 벵골 분할령은 취소되어야 한다.
　└ 인도 국민 회의가 반영 운동에 앞장선 계기
2. _____(가)_____
3. 벵골 분할령이 취소될 때까지 투쟁은 계속될 것이다.

(가)에는 인도 국민 회의의 활동과 관련된 내용이 들어가야 한다. 인도 국민 회의는 영국의 벵골 분할령(1905)을 계기로 반영 운동에 앞장섰고, 콜카타 대회를 개최하여 스와라지(자치), 스와데시(국산품 애용), 영국 상품 불매, 국민 교육 실시의 4대 강령을 내세웠다.

바로잡기 ㄱ. 제1차 세계 대전이 끝난 후 영국은 롤럿법을 제정하여 인도인들을 탄압하였다. 이에 맞서 간디가 비폭력·불복종 운동을 전개하였다. ㄷ. 네루는 인도의 완전한 독립을 요구하며 인도 독립 동맹을 결성하고 영국 식민 지배에 저항하였다.

625 이란의 민족 운동

1등급 자료 분석　러시아와 영국의 침략

 이 그림은 영국과 러시아 사이에서 난감해 하는 (㉠)의 나세르 알 딘 샤를 풍자한 것이다. 카스피해 동쪽으로 남하하던 러시아와 아프가니스탄 지역을 장악하 └ 카스피해 남쪽을 끼고 있던 이란의 카자르 왕조는 특히 영국과 러시아 세력의 압박을 받음
고 있던 영국은 (㉠)을/를 압박하여 영토를 빼앗고 각종 이권을 차지하였다.

자료의 ㉠은 이란의 카자르 왕조에 해당한다. 카자르 왕조가 담배 독점권을 영국에 넘겨주자, 아프가니가 담배 독점권 반환 촉구 운동을 호소하였고 이란의 상인과 이슬람교 지도자를 중심으로 담배 불매 운동이 전개되었다.

바로잡기 ①, ④는 오스만 제국, ②는 베트남, ③은 인도의 민족 운동에 해당한다.

626 필리핀의 민족 운동

1등급 자료 분석　아기날도의 활약

미합중국의 해군과 야전군은 에스파냐 정부를 무너뜨려서 (㉠)
└ 필리핀을 둘러싼 미국과 에스파냐의 전쟁
에 자유를 주려고 왔다는 사실을 명백하게 밝힌 바 있다. 그러므로 미합중국이 (㉠)에 대한 통치권을 주장하는 것에 대해 항의한다. 내가 미합중국과 협력하며 에스파냐와 전쟁을 한 것은, 미합중
└ 아기날도의 미국 지원, 필리핀 공화국 선포
국의 이익을 위해서가 아니라 바로 (㉠)의 자유와 독립을 위해서이다.

㉠은 필리핀이다. 필리핀에서는 호세 리살과 아기날도가 근대 민족 운동을 이끌었다. 호세 리살은 필리핀 연맹을 조직하고 에스파냐인과의 동등한 대우를 요구하였다. 아기날도는 무장 투쟁 조직인 카티푸난을 이끌고 에스파냐에 저항하였다. 그러나 에스파냐와의 전쟁에서 승리한 미국은 필리핀을 지배하려고 하였고, 필리핀인은 완강히 저항하였지만 결국 미국의 식민지가 되고 말았다.

바로잡기 ① 베트남, ③, ④ 인도네시아, ⑤ 태국과 관련된 내용이다.

분석 기출 문제

121~125쪽

[핵심 개념 문제]

627 사라예보	**628** 뉴딜 정책	**629** ○	**630** ×	**631** ㉡
632 ㉢	**633** ㉠	**634** ㉡	**635** ㉠	**636** ㉡
637 ㄹ-ㄱ-ㄷ-ㄴ			**638** ㄴ-ㄱ-ㄹ-ㄷ	

639 ④	**640** ④	**641** ②	**642** ①	**643** ③	**644** ②	**645** ③
646 ④	**647** ③	**648** ②	**649** ③	**650** ①	**651** ⑤	**652** ④
653 ④	**654** ⑤					

1등급을 향한 서답형 문제

655 윌슨 **656** 예시답안 5조 – 아시아, 아프리카 약소국들의 민족 운동에 영향을 끼쳐 3·1 운동, 5·4 운동 등이 일어났다. 14조 – 세계 평화를 위한 연합 체제로서 국제 연맹이 창설되었다. **657** 국제 연합 **658** 예시답안 국제 연맹은 처음 조직될 때 미국이 가입을 거부하고 반대로 독일과 소련 등 일부 국가의 참가는 제한하는 등 주요 국가들의 불참으로 국제기구로서 위상을 지니기 어려웠고, 전쟁과 같은 국제 분쟁에 효과적으로 대응할 수 있는 군사적 제재 수단이 없어 평화를 유지한다는 실효를 거두기 어려웠다. 그러나 국제 연합은 미국, 소련 등 51개국의 결의로 시작하였고, 평화 유지군을 두어 평화를 위협하는 국가나 세력에 대해서 무력행사가 가능하였다.

639

㉠은 독일이다. 19세기 말 독일의 비스마르크는 자국의 안정적인 발전을 위해 오스트리아·헝가리 제국, 이탈리아와 3국 동맹을 결성(1882)하여 프랑스를 외교적으로 고립시키고 유럽 여러 나라의 세력 균형을 유지하고자 노력하였다. 한편 독일에서는 제1차 세계 대전이 끝나갈 즈음에 혁명이 일어났고, 빌헬름 2세가 퇴위하였다. 이후 1919년 독일의 바이마르에서 소집된 의회가 기초한 헌법에 따라 바이마르 공화국이 수립되었다.

바로잡기 ㄱ. 국제 연맹 설립 당시 독일의 가입이 거부되었다. ㄷ. 세르비아는 범슬라브주의 국가로, 독일과 대립하였다.

640

제시된 자료에서 연합국의 해상 봉쇄에 맞서고 있다는 점, '1917년, 영국이나 프랑스 등에 출입하는 선박은 중립국 것까지도 모두 무력으로 방해' 등을 통해 이 선언은 독일의 무제한 잠수함 작전에 관한 것임을 알 수 있다. 독일은 1915년 초부터 잠수함을 이용하여 영국의 군수 물자 보급 함대를 파괴하는 작전을 실시하였다. 이에 영국이 해상을 봉쇄하자 독일 정부는 1917년 2월 1일부터 유럽 대륙과 영국 본토 주변 바다의 선박 항해를 금지하고, 모든 선박에 무차별적인 공격을 감행하였다. 이를 계기로 미국은 연합국 편으로 공식 참전하였다.

바로잡기 ① 독일 황제 빌헬름 2세는 비스마르크를 해임하고 오스만 제국과 철도 부설 조약을 맺어 베를린·비잔티움·바그다드를 잇는 팽창 정책을 추진하였다(3B 정책). ② 메테르니히는 유럽 각국에서 일어난 자유주의와 민족주의 운동을 탄압하다가 프랑스 2월 혁명의 영향으로 오스트리아에서 혁명이 일어나 추방되었다. ③ 제2차 세계 대전 직전 독·소 불가침 조약이 체결되었다. ⑤

독일 황제 빌헬름 2세의 적극적인 팽창 정책에 불안을 느낀 영국·프랑스·러시아는 3국 협상을 체결하였다.

641

'임시 정부, 니콜라이 2세의 차르 체제 타도, 혁명의 제1 단계, 혁명의 제2 단계로 이행' 등을 통해 제시된 자료가 발표된 시기는 1917년 3월 혁명 이후임을 알 수 있다. 1917년 3월에 노동자와 병사의 대표들이 소비에트를 결성하고 혁명을 일으켜 니콜라이 2세가 퇴위함으로써 제정이 붕괴되고 임시 정부가 수립되었다.

642

제시된 발표를 한 인물은 레닌이다. 볼셰비키를 지도하며 11월 혁명을 이끈 레닌은 급격한 공산화에 따른 경제적 혼란을 극복하고자 1921년부터 신경제 정책을 실시하여 농업·소매업·소규모 경공업 분야에서 사적 소유를 허용하였다.

바로잡기 ② 레닌이 사망하고 그 뒤를 이어 스탈린이 집권하였다. ③, ⑤ 스탈린. ④ 케렌스키에 대한 설명이다.

643

독일, 러시아, 오스트리아가 영토를 상실하고 그 지역에 신생 독립 국가가 등장한 상황을 통해 지도는 제1차 세계 대전의 결과임을 알 수 있다. 제1차 세계 대전에서 패전한 동맹국 측인 독일과 오스트리아·헝가리 제국 그리고 제1차 세계 대전 중에 동맹국 측과 단독 강화 조약을 맺고 전선에서 이탈한 러시아는 영토를 상실하게 되었다. 제1차 세계 대전은 사라예보 사건을 계기로 오스트리아·헝가리 제국이 세르비아에 선전 포고를 하면서 시작되었다.

바로잡기 ① 전체주의의 확산은 제2차 세계 대전의 배경이다. ② 제2차 세계 대전 이후 냉전 체제가 성립되었다. ④ 1945년 8월 미국이 일본에 원자 폭탄을 투하하자 일본이 무조건 항복하면서 제2차 세계 대전이 종결되었다. ⑤ 제2차 세계 대전 당시 일본이 미국 하와이의 진주만을 기습 공격하면서 전선이 아시아·태평양 지역까지 확대되었다.

644

총력전으로 전개된 제1차 세계 대전에서 전쟁에 참여한 남성들의 인력을 여성들이 대체하게 되었다. 그 결과 여성의 지위가 향상되어 전후 대부분의 유럽 국가에서 여성들에게 참정권이 부여되었다.

바로잡기 ① 1848년 프랑스의 중소 시민과 노동자들은 선거권 확대를 요구하며 2월 혁명을 일으켰다. ③ 19세기 후반 제국주의가 확산되었다. 제국주의 국가 간 대립으로 제1차 세계 대전이 일어났다. ④ 18세기 후반 영국에서 산업 혁명이 시작되었다. ⑤ 19세기 영국에서 차티스트 운동이 일어났다.

645

'호찌민, 제1차 세계 대전 당시 협력의 대가로 독립을 약속했던 프랑스' 등을 통해 밑줄 친 '이 나라'는 베트남임을 알 수 있다. 호찌민은 1930년 베트남 공산당을 결성하고 프랑스의 식민 통치에 맞서 전쟁을 벌여 독립을 달성하였다.

바로잡기 ① 인도, ② 아라비아반도, ④ 중국, ⑤ 터키 공화국에 대한 설명이다.

646

제1차 세계 대전에서 패배한 오스만 제국에서 연합국의 내정 간섭에 반발하며 터키 공화국을 수립한 사람은 무스타파 케말이다. 제1차 세계 대전에서 패배한 오스만 제국은 영토의 대부분을 연합국에 분할 점령당하고 이스탄불과 아나톨리아반도로 영토가 축소되었다. 이러한 상황을 타개하기 위해 무스타파 케말은 술탄이 지배하는 오스만 제국을 무너뜨리고 터키 공화국을 선포(1923)한 후 정치 개혁을 단행하였다. 또한 남녀 평등권 도입, 터키 문자 제정 등 근대화에 전력을 기울였다.

바로잡기 ① 중국의 마오쩌둥, ② 러시아의 알렉산드르 2세, ③ 영국의 에드워드 1세, ⑤ 수단의 무함마드 아흐마드에 대한 설명이다.

647

제시된 도표에서 1929년부터 1932년 사이 세계 상품 가격 지수가 급락하는 현상을 통해 (가) 시기는 대공황의 시기임을 알 수 있다. 영국에서는 대공황에 따른 경제 위기를 극복하기 위해 아시아와 아프리카의 식민지들을 본국과 긴밀히 연결하는 파운드 블록 경제권을 형성하였다.

바로잡기 ① 19세기 말 프랑스는 아프리카 횡단 정책을 펼쳐 서부의 알제리, 모로코, 세네갈 등을 기점으로 동쪽으로 진출하여 영국과 대립하였다. ② 1915년 일본은 중국 정부에 21개조 요구를 강요하였다. ④ 1882년 3국 동맹이 결성되었다. ⑤ 1992년에 미국·캐나다·멕시코 3국의 북미 자유 무역 협정(NAFTA)이 성립하였다.

648

'농업 조정법, 국가 산업 부흥법, 테네시 계곡 개발 공사, 노동자의 단결권과 단체 교섭권' 등을 통해 (가)에 들어갈 내용은 미국의 뉴딜 정책임을 알 수 있다. 1929년에 시작된 대공황으로 미국의 은행과 기업들이 문을 닫고 농산물 가격이 폭락하였으며 실업자가 급증하였다. 이에 루스벨트 대통령은 자유방임주의 경제 정책을 일부 포기하고 국가가 경제 활동에 적극 개입하는 뉴딜 정책을 추진하였다. 그는 테네시 계곡 개발 공사와 같은 대규모 공공사업을 일으켜 고용 증대를 꾀하였고, 최저 임금제와 사회 보장제의 실시 등 사회 복지 정책을 적극 추진하였다. 그 결과 미국 경제는 점차 회복되어 갔다.

바로잡기 ① 1921년에 개최되어 열강의 해군 군비 축소 등을 논의한 회의이다. ③ 레닌이 집권 이후 추진한 경제 정책이다. ④ 제1차 세계 대전 이후 전쟁을 국제 분쟁의 해결 수단으로 삼지 말자고 선언한 조약이다. 부전 조약이라고도 한다. ⑤ 터키 공화국과 관련된 내용이다.

649

1929년 10월에 시작된 대공황과 독일과 소련의 불가침 조약이 체결된 1939년 8월 사이의 사실을 찾아야 한다. 1933년 독일은 국제 연맹에서 탈퇴하고, 재무장을 선언하였다.

바로잡기 ① 1941년, ② 1941년, ④ 1921년, ⑤ 1922년에 일어난 일이다.

650

(가)는 이탈리아 파시스트당을 이끈 무솔리니, (나)는 독일 나치당을 이끈 히틀러의 주장이다. 이탈리아의 무솔리니는 파시스트당을 결성하고 로마 진군을 통해 정권을 장악하였다. 이후 무솔리니는 파시스트당을 제외한 모든 정당을 해산하여 파시스트 일당 독재 체제를 구축하고 국가 지상주의와 군국주의를 강화하였다. 독일의 히틀러가 이끄는 나치당은 베르사유 조약 폐기, 극단적인 인종주의와 국가주의

를 내세웠으며, 국제 연맹을 탈퇴하고 독일의 재무장을 추진하는 등 대외 침략을 준비하였다.

바로잡기 ㄷ. 마르크스와 엥겔스, ㄹ. 레닌에 대한 설명이다.

651

'히틀러, 스탈린, 불가침 조약' 등을 통해 '이 전쟁'은 제2차 세계 대전임을 알 수 있다. 1937년에 독일·이탈리아·일본은 3국 방공 협정을 체결하였다. 1939년 소련과 불가침 조약을 맺은 독일이 폴란드를 침공하여 제2차 세계 대전이 시작되었고 이후 이탈리아, 일본이 참전하며 전선이 확대되었다.

바로잡기 ① 국제 연맹은 제1차 세계 대전 종전 이후에 창설되었다. ② 러시아 혁명은 제1차 세계 대전이 진행 중이던 1917년에 일어났다. ③ 제1차 세계 대전 이후 베르사유 체제가 성립되었다. ⑤ 제1차 세계 대전 중 독일이 무제한 잠수함 작전을 전개하자 미국이 전쟁에 참여하게 되었다.

652

'전쟁을 시작한 이래 8일 만, 우리 독일 육군, 폴란드를 완전히 점령, 히틀러' 등을 통해 이 연설은 1939년 9월 폴란드 침공 이후에 발표되었음을 알 수 있다. 나치당 일당 독재 체제하에서 총통의 자리에 오른 히틀러는 배타적 민족주의에 입각한 전체주의(나치즘)를 더욱 강화하고, 이를 바탕으로 독일의 군사력을 확충한 뒤 대외 침략에 나섰다. 1939년 9월 독일의 폴란드 침공으로 제2차 세계 대전이 시작되었다.

러일 전쟁은 1904년에 발발하였다. 러시아 혁명은 1917년에 일어났다. 미국에서 대공황이 발생한 시기는 1929년 10월 24일이다. 1941년 일본이 진주만을 기습 공격하면서 전선이 태평양 지역으로 확대되었다. 얄타 회담은 1945년 2월에 개최되었다.

653

제시된 사진들은 제2차 세계 대전의 주요 사건을 보여 주고 있다. ㄱ. 노르망디 상륙 작전은 1944년 6월, ㄴ. 일본에 원자 폭탄 투하는 1945년 8월, ㄷ. 독일군의 파리 점령은 1940년 6월, ㄹ. 스탈린그라드 전투는 1942년 7월 ~ 1943년 2월의 일이다.

654

제2차 세계 대전이 진행되는 동안 열린 국제 회담 중 카이로에서 열린 (가) 회담은 카이로 회담이고, 포츠담에서 열린 (나) 회담은 포츠담 회담이다. 1943년 11월 카이로에서 미국, 영국, 중국이 대일전에 협력할 것을 협의하면서 일본의 영토 처리 문제에 합의를 보았다. 이 과정에서 한국의 독립 문제에 대한 합의도 이루어졌다. 포츠담 회담은 제2차 세계 대전이 끝날 무렵인 1945년 7월에 열린 미국, 영국, 소련의 수뇌부 회담으로, 제2차 세계 대전의 전후 처리를 결정하기 위한 회담이었다.

바로잡기 ⑤ 1945년 2월 얄타 회담에서 소련의 대일전 참전이 결정되었다.

655

제시된 자료의 제5조 민족 자결주의, 제14조 국제기구의 필요성을 주장한 사람은 미국 대통령 윌슨이다. 제1차 세계 대전이 막바지에 접어든 시기에 미국 대통령 윌슨은 민족 자결주의 원칙을 포함한 평화 원칙 14개조를 발표하였다.

656

윌슨이 제창한 민족 자결주의의 영향으로 우리나라의 3·1 운동, 중국의 5·4 운동 등이 일어났다. 또한 윌슨의 제안에 따라 42개국이 참여한 국제 연맹이 1920년에 창설되었다.

채점 기준	수준
5조가 미친 영향과 14조가 미친 영향을 구체적인 사례와 더불어 모두 정확하게 서술한 경우	상
5조가 미친 영향과 14조가 미친 영향 중 한 가지만 서술한 경우	중

657

1945년 10월에 출범한 국제 연합은 국제 평화와 안전 유지, 국제 우호 증진 등을 주요 목표로 하였다.

658

제2차 세계 대전 후 미국, 소련 등 51개국의 서명으로 창설된 국제 연합은 국제 연맹과는 달리 국제 분쟁을 무력으로 제재하기 위한 국제 연합군을 조직하였다.

채점 기준	수준
국제 연맹과 구별되는 국제 연합의 특징을 두 가지 모두 서술한 경우	상
국제 연맹과 구별되는 국제 연합의 특징 중 한 가지만 서술한 경우	중

적중 1등급 문제

126~127쪽

659 ⑤	660 ⑤	661 ②	662 ③	663 ④
664 ②	665 ①	666 ①		

659 제1차 세계 대전의 결과

1등급 자료 분석 미국의 참전

> 지난 2월 1일을 기해 독일 정부는 법이나 인간애의 억제력을 깡그리 무시한 채, 잠수함을 동원해 영국과 아일랜드, 유럽 서부 해안 또는 지중해에 있는 독일의 적들이 관할하는 항구에 접근하려는 모든 선박을 침몰시키는 것을 목표로 하고 있습니다. …… 현재 통상
> <small>제차 세계 대전 중 독일은 영국 본토와 유럽 대륙 간 지정 해역을 항해하는 모든 선박에 대한 무차별 잠수함 공격을 감행함</small>
> 에 대한 독일 잠수함의 전투 행위는 인류에 대한 전투 행위입니다.
> 미국 선박이 침몰되고, 미국 국민이 목숨을 잃었습니다. 중립국의
> <small>미국 상선이 독일 잠수함 U보트의 공격을 받아 침몰하는 사건이 거듭되자, 미국 대통령 윌슨이 국회에서 참전을 호소함</small>
> 선박과 국민도 똑같이 바다에 가라앉고 있는 것입니다.

자료에서 독일이 잠수함을 동원하여 모든 선박을 공격하고 있다는 점, 독일 잠수함의 공격으로 미국 선박이 침몰되고 미국 국민이 목숨을 잃었다는 점 등을 통해 제1차 세계 대전 중에 발표된 연설문임을 알 수 있다. 미국 대통령 윌슨은 1917년 4월 국회에서 미국의 참전을 호소하는 연설을 하였다. 한편 제1차 세계 대전이 끝난 후 베르사유 조약의 체결을 통해 독일은 모든 식민지를 상실하게 되었다.

바로잡기 ① 빌헬름 1세는 프랑스와의 전쟁에서 승리한 후 독일 제국 수립을 선포하였다. ② 프로이센은 오스트리아와의 전쟁에서 승리한 후 프로이센 중심의 북독일 연방을 결성하였다. ③ 나폴레옹 황제는 오스트리아·러시아 연합군을 물리치고 신성 로마 제국을 해체시켰다. ④ 피의 일요일 사건은 제1차 세계 대전 이전인 1905년에 러시아에서 일어났다.

660 베르사유 체제

1등급 자료 분석 베르사유 조약

> 제119조 독일은 해외 식민지에 관한 모든 권리와 소유권을 연합국과 그 협력국에 넘겨준다.
> – 모든 식민지 상실
>
> 제173조 독일에서 광범위하게 적용된 징병 제도는 폐지된다. 독일군은 오직 자발적인 입대를 통해서 모집되며 조직된다.
> – 징병 제도의 폐지
>
> 제235조 독일은 연합국과 그 협력국의 최종 청구액이 확정되기 이전에, 배상 위원회가 정하는 방법에 따라 이들 나라들의 산업 복구를 위해 시급히 필요한 200억 마르크 금화에 상당하는 돈을 1921년 4월까지 지불한다.
> – 엄청난 액수의 배상금 지불

제시된 자료는 제1차 세계 대전 이후 독일에게 강요된 베르사유 조약(1919. 6.)의 일부이다. 제1차 세계 대전 후 승전국과 패전국인 독일 사이에 체결된 베르사유 조약에는 독일의 모든 식민지 상실, 알자스·로렌을 프랑스에 양도, 군비 축소, 엄청난 액수의 배상금 지불 등의 내용이 담겼다. 베르사유 조약은 패전국 독일을 철저히 응징하기 위해 마련된 것이었다. 이 조약을 바탕으로 전후 유럽에 새로운 국제 질서가 수립되었는데, 이를 베르사유 체제라고 한다.

바로잡기 ① 대공황을 극복하기 위해 미국의 루스벨트 대통령이 뉴딜 정책을 추진하였다. ② 1882년 프랑스의 고립을 위해 독일, 오스트리아·헝가리 제국, 이탈리아가 3국 동맹을 결성하였다. ③ 1888년 독일 황제에 오른 빌헬름 2세가 3B 정책을 추진하였다. ④ 로카르노 조약은 1925년에 체결되었다.

661 러시아 혁명의 전개 과정

1등급 자료 분석 3월 혁명 이후 사실

> 노동자, 병사, 농민들이여! 여러분은 이미 혁명을 통해 차르와 귀족의 전제정을 타도한 경험이 있습니다. 그리고 바로 어제, 부르주아 집단의 전제정인 임시 정부를 타도하였습니다.

3월 혁명으로 수립된 임시 정부가 독일과의 전쟁을 지속하자 볼셰비키의 무장봉기가 일어나 임시 정부가 붕괴되고 소비에트 정부 수립(11월 혁명)

자료에서 차르와 귀족의 전제정을 타도한 경험이 있다고 지적하고 있는 점을 통해 밑줄 친 '임시 정부'가 1917년 3월 혁명으로 세워진

임시 정부임을 알 수 있다. 임시 정부는 독일과의 전쟁을 계속하고 개혁에 실패하면서 11월 혁명으로 타도되었다.

바로잡기 ① 1861년, ③ 1905년, ④ 레닌 통치 시기, ⑤ 1689년의 사실이다.

662 간디의 민족 운동

1등급 자료 분석 간디의 소금 행진

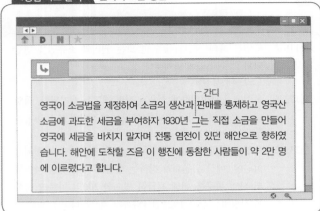

영국이 소금법을 제정하여 소금의 생산과 ┌간디 판매를 통제하고 영국산 소금에 과도한 세금을 부여하자 1930년 그는 직접 소금을 만들어 영국에 세금을 바치지 말자며 전통 염전이 있던 해안으로 향하였 습니다. 해안에 도착할 즈음 이 행진에 동참한 사람들이 약 2만 명 에 이르렀다고 합니다.

소금 행진은 인도에서 소금의 자유로운 생산과 판매를 금지한 영국의 정책에 항거하여 간디가 비폭력·불복종 운동을 이끌어 내고자 전개 한 운동이다. 1930년 3월 중순부터 4월 초까지 약 400km를 걸어 인도 서쪽 단디 해안에 도착한 간디는 바닷물을 말려 소량의 소금을 만들 었고 곧이어 체포되었다. 이는 인도 전역의 비폭력·불복종 운동을 불 러일으켰다. 또한 간디는 구속 영장 없는 체포, 재판을 거치지 않은 투옥 등으로 인도 민족 운동을 강경하게 탄압한 롤럿법의 폐지와 완 전한 자치를 요구하였다.

바로잡기 ① 담배 불매 운동은 19세기 말 이란에서 전개되었다. ② 네루는 인 도의 완전한 독립을 요구하며 인도 독립 동맹을 결성하였다. ④ 중국의 마오쩌 둥이 이끄는 공산당은 대장정에 나섰다. ⑤ 오스만 제국의 무스타파 케말은 독 립 전쟁을 일으켜 주권과 영토를 보장받았으며, 제정을 폐지하고 터키 공화국 을 세웠다.

663 중국의 민족 운동

1등급 자료 분석 시안 사건

국민당 동북군의 지휘관인 장쉐량은 공산군 토벌을 격려하러 온 국 민당 대총통 장제스를 감금하였다. 만주 사변에 의해 아버지를 잃 은 장쉐량은 항일전에 나서고자 국민당군에 들어갔으나 장제스가 국내를 안정시키는 것이 우선이라고 생각하여 항일 투쟁보다 공산 당 토벌에 집중하자 이번 사건을 일으킨 것이다. 장쉐량은 장제스 일본의 중국 침략이 확대되는 가운데 내전을 중지하고 국민당과 공산당이 함께 항일 투쟁에 나서라는 요구가 강해지는 가운데 시안 사건 발생 에게 내전 중지와 항일 투쟁 등을 요구하였고, 장제스는 이를 수용 하기로 하고 나서야 풀려날 수 있었다.

자료에서 장쉐량이 국민당 대총통 장제스를 감금하였다는 점, 내전 중지와 항일 투쟁 등을 요구하였다는 점 등을 통해 1936년에 일어난 시안 사건임을 알 수 있다. 시안 사건은 1936년 시안을 방문한 장제 스가 공산당과의 내전을 중지하고 함께 일본군에 맞서 싸울 것을 주 장하는 장쉐량 등에게 감금된 사건이다.
중국 동맹회 결성은 1905년, 중화민국 수립은 1912년, 파리 강화 회

의 개최는 1919년, 제1차 국공 합작 성립은 1924년, 중일 전쟁 발발 은 1937년, 일본의 진주만 기습은 1941년의 사실이다.

664 무솔리니와 히틀러

1등급 자료 분석 무솔리니와 히틀러의 주장

• (㉠)은/는 "파시스트 손으로 조국의 정치와 경제 조직을 질 서 있게 발달시킬 수 있는 기초를 만들 필요가 있다."라고 주장하 였다. 그는 검은 셔츠단을 이끌고 로마로 진군하여 파시스트 정권 └무솔리니가 결성   └1922 을 수립하였다.

• (㉡)은/는 자서전 『나의 투쟁』에서 "인종을 모든 생활의 중심 에 두어야 하며, 국가는 인종의 순수성을 유지하기 위하여 배려 해 └히틀러의 인종 지상주의 야 한다."라고 주장하였다. 그는 나치당의 지도자로 정권을 장악한 후 반유대주의 정책을 펼쳤다.

㉠은 '파시스트, 로마 진군' 등을 통해 무솔리니임을 알 수 있다. ㉡ 은 '나치당, 반유대주의 정책' 등을 통해 히틀러임을 알 수 있다. 에스 파냐의 파시스트 프랑코가 이끄는 반군과 정부군 사이에 1936년 7월 에스파냐 내전이 일어나자, 이탈리아의 무솔리니와 독일의 히틀러는 프랑코가 내전에서 승리하고 정권을 잡도록 지원하였다. 한편 정권 을 장악한 히틀러는 독일을 재무장하는 데 착수하여 베르사유 조약 파기를 선언하였다. 이후 라인란트에 진주하고, 1938년에는 오스트 리아를 점령하였다.

바로잡기 ㄴ. 무솔리니는 대공황 이전인 1922년에 로마 진군이라는 쿠데타 를 통해 정권을 장악하였다. ㄹ. 19세기 프로이센의 재상 비스마르크에 대한 설 명이다.

665 제2차 세계 대전

1등급 자료 분석 제2차 세계 대전 직전의 상황

히틀러 집권 이후 재무장한 독일은 체코슬로바키아의 수데텐 지방 을 요구하였다. 이에 독일을 이용하여 공산주의의 확산을 막으려고 독일에 유화 정책을 펴던 영국과 프랑스는 체코슬로바키아와 소련 의 반대에도 불구하고 뮌헨 협정을 체결하여 더 이상의 영토를 요 구하지 않는다는 조건으로 수데텐 지방을 독일에 넘겨주었다. 그러 나 히틀러는 약속을 깨고 체코슬로바키아를 병합하였다.
독일이 오스트리아를 강제 합병하고 체코슬로바키아를 점령한 이후 폴란드를 침공하 자 영국과 프랑스가 독일에 선전 포고를 하면서 제2차 세계 대전 발발

자료의 내용은 제2차 세계 대전 발발 직전의 상황이다. 독일은 오스 트리아를 강제로 합병한 후 체코슬로바키아의 수데텐 지방까지 요구 하였다(1938). 영국과 프랑스는 뮌헨 협정을 체결하여 더 이상의 영 토를 요구하지 않는다는 조건으로 수데텐 지방을 독일에 넘겨주었 다. 그러나 히틀러는 약속을 깨고 체코슬로바키아를 병합하고 폴란 드 회랑 지대도 요구하였다. 영국과 프랑스가 이를 거절하자 독일은 소련과 독·소 불가침 조약을 체결하고 폴란드를 침공하였다. 이에 폴란드와 원조 조약을 맺고 있던 영국과 프랑스가 독일에 선전 포 고를 하면서 제2차 세계 대전이 시작되었다. 독일은 전쟁 초기에 노 르웨이, 덴마크, 네덜란드, 벨기에 등을 침략하고 파리를 점령한 후 독일에 협조적인 비시 정부를 수립하였다.

바로잡기 ② 1937년 ③ 1938년, ④ 1935년, ⑤ 1936년의 사실이다.

666 국제 연합의 특징

1등급 자료 분석 국제 연합 조직도

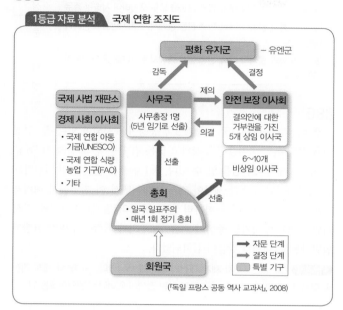

(『독일 프랑스 공동 역사 교과서』, 2008)

평화 유지군, 안전 보장 이사회, 거부권 등을 통해 이 조직은 국제 연합임을 알 수 있다. 국제 연합에서는 안전 보장 이사회의 결의가 국제 연합 회원국들의 총회 결정보다 우선하도록 되었으며, 특히 5개 상임 이사국들은 거부권을 행사할 수 있었다. 또한 평화 유지 등을 목적으로 유엔군을 창설하여 국제 분쟁에 무력 제재를 가할 수 있었다.

바로잡기 ② 마스트리흐트 조약은 유럽 연합(EU) 출범을 목적으로 유럽 공동체(EC) 회원국이 체결하였다. ③ 평화 10원칙은 1955년 인도네시아에서 개최된 반둥 회의에서 제시된 것으로, 제3 세계의 형성과 관련이 있다. ④ 국제 연맹에 대한 설명이다. ⑤ 제2차 세계 대전 이후 미국이 마셜 계획을 추진하였다.

단원 마무리 문제

128~133쪽

12 제국주의와 민족 운동

667 ② 668 ① 669 ③ 670 ④ 671 ⑤ 672 ① 673 ④
674 ③ 675 ④ 676 ① 677 ③ 678 벵골 분할령

679 예시답안 인도 국민 회의를 중심으로 콜카타 대회를 열어 영국 상품의 불매, 스와라지(인도인의 자치), 스와데시(국산품 애용), 국민 교육의 진흥을 결의하고 반영 운동을 전개하였다.

13 두 차례의 세계 대전

680 ⑤ 681 ③ 682 ① 683 ④ 684 ⑤ 685 ② 686 ②
687 ③ 688 ⑤ 689 ② 690 ④ 691 (가) 무솔리니, (나) 히틀러

692 예시답안 무솔리니의 파시즘과 히틀러의 나치즘은 대공황으로 경제 상황이 악화되는 가운데 등장하였다. 두 주장은 모두 전체주의 이념으로 개인의 생명과 권리를 무시하고 국가와 민족의 이익만을 절대 우위에 두는 공통점이 있다.

667

자료에서 서양이 자국의 자본주의 확대를 위해 식민지가 필요하였다는 점, 유럽 열강이 아시아와 아프리카 지역을 침략하였다는 점 등을 통해 ㉠에 들어갈 내용이 제국주의의 전개임을 알 수 있다.

668

이집트에서 남부 아프리카 케이프타운까지 연결하는 정책을 추진하였다는 것을 통해 ㉠이 종단 정책을 추진한 영국임을 알 수 있고, 서부 알제리에서 사하라 사막을 통해 동부의 마다가스카르까지 연결하는 정책을 추진하였다는 것을 통해 ㉡이 횡단 정책을 추진한 프랑스임을 알 수 있다. 영국과 프랑스는 1898년 수단의 파쇼다에서 충돌하였다(파쇼다 사건).

바로잡기 ② 프랑스, ③ 영국, ④ 벨기에, ⑤ 독일과 프랑스에 해당한다.

669

그래프는 주요 열강의 식민지 보유 비율을 나타낸 것으로 본국에 비해 가장 많은 식민지를 차지하고 있는 것을 통해 ㉠이 영국임을 알 수 있다. 영국은 오스트레일리아와 뉴질랜드를 자치령으로 삼았다.

바로잡기 ① 러시아, ② 프랑스, ④ 미국, ⑤ 독일에 해당한다.

670

지도의 ㉠ 국가는 베트남과 캄보디아 등을 식민지로 차지한 것을 통해 프랑스임을 알 수 있다. 프랑스는 알제리에서 마다가스카르까지 아프리카를 동서로 연결하는 횡단 정책을 추진하였다.

바로잡기 ① 독일, ②, ③ 영국, ⑤ 네덜란드에 해당한다.

671

자료의 (가)는 공행 무역, (나)는 삼각 무역에 해당한다. 영국은 공행 무역에 따른 대청 무역 적자를 해소하기 위해 인도산 아편을 청에 밀수출하는 삼각 무역을 전개하였다. 그러나 청이 아편을 단속하자 이를 구실로 아편 전쟁을 일으켰다. 아편 전쟁에서 승리한 영국은 청과 공행 폐지 등을 규정한 난징 조약을 체결하였다.

바로잡기 ① 인도에서 일어난 반영 투쟁이다. ② 청 말 '부청멸양'을 구호로 일어난 민족 운동이다. ③ 광저우에 정박해 있던 애로호에 청 관리가 올라가 영국 국기를 강제로 내린 사건으로, 영국이 제2차 아편 전쟁을 일으키는 구실이 되었다. ④ 캉유웨이 등이 입헌 군주제 등을 도입하려 한 근대화 운동에 해당한다.

672

자료의 천조전무 제도는 태평천국 운동 당시 제시된 토지 균등 분배 등의 내용을 담고 있는 토지 제도이다. 홍수전은 '멸만흥한'을 내세워 태평천국을 건설하고, 토지 균분과 남녀평등, 변발과 전족의 금지 등을 주장하여 민중의 지지를 받았다.

바로잡기 ② 이홍장 등이 주도한 양무운동, ③ 캉유웨이 등이 주도한 변법자강 운동에 해당한다. ④ 중국 동맹회는 삼민주의를 지도 이념으로 삼아 각지에서 무장봉기를 일으키는 혁명 운동을 주도하였다. ⑤ 일본의 21개조 요구에 반발하여 5·4 운동이 일어났다.

673

자료의 (가)는 의화단 운동으로, 의화단은 8개국 연합군에 의해 1901

년에 진압되었다. (나)는 1919년 베이징에서 학생들을 중심으로 시작된 5·4 운동에 대한 설명이다. 중국에서는 1911년 신해혁명이 일어나 1912년 쑨원이 임시 대총통에 취임하였다. 한편 신해혁명 이후 천두슈 등은 신문화 운동을 전개하였다.

바로잡기 ㄱ. 무술변법은 1898년. ㄷ. 양무운동은 19세기 중·후반에 전개되었다.

674

자료는 1871년 메이지 정부가 발표한 폐번치현 조서이다. 1868년에 세워진 메이지 정부는 다이묘가 통치하던 번(藩)들을 통폐합하여 현(縣)을 설치하고 중앙 정부가 직접 임명한 지사를 파견하는 폐번치현을 단행하였다. 한편 메이지 정부는 도쿄를 수도로 삼고 징병제와 의무 교육 도입 등 근대적 개혁을 추진하였으며, 이와쿠라 사절단을 미국과 유럽에 파견하였다.

바로잡기 ③ 미일 수호 통상 조약은 1858년 에도 막부가 미국의 계속된 통상 요구를 받아들여 체결하였다.

675

지도의 (가)는 1856~1860년의 제2차 아편 전쟁을 나타낸 것이다. (나)는 1894~1895년의 청일 전쟁을 나타낸 것이다. 일본의 메이지 정부는 1870년대 헌법 제정과 의회 설립을 주장하던 자유 민권 운동을 탄압하면서도 일부 주장을 받아들여 1889년 일본 제국 헌법을 제정하였다.

바로잡기 ① 1911년, ② 1901년, ③ 1904년, ⑤ 1854년의 사실이다.

676

자료는 영국이 1858년에 제정한 인도 통치 개선법이다. 1857년 세포이의 항쟁이 일어나자 영국은 무굴 제국 황제를 폐위시키고 인도 통치 개선법을 제정하여 동인도 회사를 해체하고 인도 지배권을 박탈하였다.

바로잡기 ② 간디가 20세기 초에 롤럿법 폐지를 요구하였다. ③ 영국이 1905년 벵골 분할령을 발표하였다. ④ 1877년 영국령 인도 제국이 설립되어 영국 빅토리아 여왕이 인도 제국 황제를 겸하게 되었다. ⑤ 인도의 지식인과 관리 등의 주도로 1885년에 인도 국민 회의가 결성되었다.

677

자료에서 술탄의 권한 일부를 의회에 넘긴다는 점 등을 통해 오스만 제국의 탄지마트를 위한 칙령의 일부임을 알 수 있다. 오스만 제국은 탄지마트를 통해 근대적 개혁을 추진하였으나 보수 세력의 반발과 외세의 간섭 등으로 성과를 거두지 못하였다. 이에 젊은 장교와 관료, 지식인이 청년 튀르크당을 결성하고 무장봉기로 정권을 장악한 후 개혁을 추진하였다.

바로잡기 ① 필리핀, ② 베트남, ④ 인도, ⑤ 이란에 해당한다.

678

영국이 인도의 민족 운동을 약화시키기 위해 1905년 벵골 분할령을 발표하자 인도인들은 인도 국민 회의를 중심으로 반영 운동을 전개하였다. 이에 영국은 1911년 벵골 분할령을 철회하고 인도인에게 명목상의 자치를 허용하였다.

679

채점 기준	수준
인도 국민 회의, 콜카타 대회, 반영 운동을 모두 포함하여 서술한 경우	상
인도 국민 회의, 콜카타 대회, 반영 운동 중에서 두 가지만을 포함하여 서술한 경우	중
인도 국민 회의, 콜카타 대회, 반영 운동 중에서 한 가지만을 포함하여 서술한 경우	하

680

전쟁 이전 지도에서 3국 협상과 3국 동맹이 표시되어 있는 점, 전쟁 이후 신생 독립 국가들이 등장하고 있는 점 등을 통해 밑줄 친 '전쟁'이 제1차 세계 대전임을 알 수 있다. 제1차 세계 대전 직전 발칸반도를 장악하였던 오스만 제국이 점차 약화되면서 이 지역에서 세력을 강화하려는 오스트리아·헝가리 제국 중심의 범게르만주의와 러시아와 슬라브계 국가들 중심의 범슬라브주의가 대립하여 발칸 전쟁이 발발하는 등 대립과 갈등이 심화되었다.

바로잡기 ①, ②는 제2차 세계 대전의 배경에 해당한다. ③ 제1차 세계 대전 중 러시아 혁명이 일어났다. ④ 제2차 아편 전쟁이 일어나는 원인이 되었다.

681

자료에서 신무기가 등장하고 총력전, 선전전 양상이 나타났다는 점을 통해 밑줄 친 '이번 전쟁'이 제1차 세계 대전임을 알 수 있다. 제1차 세계 대전은 보스니아의 사라예보를 방문한 오스트리아·헝가리 제국의 황태자 부부가 암살된 사라예보 사건을 계기로 시작되었다.

바로잡기 ① 제2차 세계 대전, ② 프로이센·오스트리아 전쟁, ④ 러일 전쟁, ⑤ 제2차 세계 대전에 해당한다.

682

자료는 미국 대통령 윌슨이 제안한 14개조의 평화 원칙의 일부이다. 이 원칙에 기초하여 1919년 파리 강화 회의가 진행되었다.

바로잡기 ㄷ. 국제 연합은 제2차 세계 대전 이후 창설되었다. ㄹ. 그리스는 제1차 세계 대전 이전에 오스만 제국으로부터 독립하였다.

683

자료의 강령은 레닌이 1917년 4월에 발표한 '혁명에서 프롤레타리아트의 임무(4월 테제)'의 일부이다. 스위스에 망명 중이던 레닌은 1917년 4월 3일 상트페테르부르크로 돌아와 '사회주의 혁명'을 강조하는 대중 연설을 하고 곧이어 4월 테제를 발표하였는데, 이 강령은 11월 혁명에 영향을 주었다.

피의 일요일 사건은 1905년 1월, 니콜라이 2세의 10월 선언은 1905년 10월, 제1차 세계 대전 발발은 1914년, 3월 혁명은 1917년 3월, 11월 혁명은 1917년 11월, 독일과 강화 조약 체결은 1918년의 사실이다.

684

자료의 (가)는 1924년 제1차 국공 합작, (나)는 1937년 제2차 국공 합작에 대한 것이다. 제1차 국공 합작 이후 쑨원이 사망하고 국민당의 실권을 장악한 장제스는 중국 공산당을 탄압하였다. 이에 공산당은 1934년에 대장정을 단행하였다.

바로잡기 ① 1919년, ② 1941년, ③ 1911년, ④ 1919년의 사실이다.

685

자료에서 영국의 소금법 제정에 항의하여 소금 행진을 벌였다는 사실을 통해 ㉠이 인도의 간디임을 알 수 있다. 간디는 영국의 식민 지배에 저항해 비폭력·불복종 운동을 전개하였고 롤럿법의 폐지와 완전한 자치를 요구하였다.

바로잡기 ① 베트남의 판보이쩌우, ③ 인도의 람 모한 로이, ④ 인도의 네루 등, ⑤ 이란의 아프가니에 해당한다.

686

그래프는 1920년대 후반 이후 실업자의 증가와 나치당의 득표수를 나타낸 것이다. 대공황의 발생으로 경제 위기가 심화되자 히틀러와 나치당은 베르사유 조약 폐기, 극단적인 인종주의와 국가주의를 내세워 선거를 통해 제1당이 되어 독일 정권을 장악하였다.

바로잡기 ① 제1차 세계 대전 이전인 1882년 독일은 오스트리아·헝가리 제국 및 이탈리아와 3국 동맹을 결성하였다. ③ 제1차 세계 대전 종결 후 1919년 베르사유 조약이 체결되어 베르사유 체제가 성립되었다. ④ 1866년 오스트리아와의 전쟁에서 승리한 프로이센이 중심이 되어 북독일 연방이 성립되었다. ⑤ 제1차 세계 대전 중인 1918년 독일 해군의 반란으로 빌헬름 2세가 퇴위하고 공화국이 수립되었다.

687

자료는 뉴딜의 주요 정책의 주요 내용이다. 1929년 대공황이 발생하자 미국은 뉴딜 정책을 추진하였다. 제2차 세계 대전이 발발하자 미국의 루스벨트와 영국의 처칠은 1941년 대서양 헌장을 발표하여 국제 연합 창설을 결정하였다.

바로잡기 ① 독일, 일본, 이탈리아, ② 일본, ④ 러시아, ⑤ 프랑스에 해당한다.

688

자료는 제2차 세계 대전의 주요 전투였던 노르망디 상륙 작전에 대한 것이다. 연합국은 1944년 노르망디 상륙 작전을 성공시켜 파리를 회복하고 유럽 여러 지역을 해방시켰으며 독일을 압박하였다.
독·소 불가침 조약 체결은 1939년, 독일군의 파리 점령은 1940년, 일본의 진주만 공격은 1941년, 미드웨이 해전은 1942년 6월, 스탈린그라드 전투는 1942년 후반부터 1943년 2월, 일본에 원자 폭탄 투하는 1945년 8월의 사실이다.

689

자료에서 미국, 영국, 중국 대표가 참가, 전후 일본 처리 문제, 한국의 독립 문제가 최초로 합의되었다는 점을 통해 퀴즈의 정답에 해당하는 회의가 카이로 회담임을 알 수 있다.

바로잡기 ① 1945년 2월 미국, 영국, 소련 대표가 참가하여 독일 처리 문제, 소련의 대일전 참전 등이 결정되었다. ③ 1945년 7월 미국, 영국, 중국 대표가 참가하여 일본의 무조건 항복을 요구하였다. ④ 워싱턴 회의는 1921~1922년에 개최되어 제1차 세계 대전 이후 중국과 태평양에 대한 열강의 이해관계를 조정하고, 각국의 해군력을 제한하였다. ⑤ 파리 강화 회의는 1919년 제1차 세계 대전의 전후 처리 문제를 논의하기 위해 개최되었다.

690

자료에서 국제 평화를 목적으로 창설되었으며, 안전 보장 이사회와 상임 이사국을 두고 있는 것을 통해 1945년에 창설된 국제 연합

(UN) 헌장임을 알 수 있다. 국제 연합은 1941년의 대서양 헌장을 기초로 창설되었으며, 상임 이사국에 거부권을 부여하였다.

바로잡기 ㄱ, ㄷ. 제1차 세계 대전 직후인 1920년에 창설된 국제 연맹에 대한 설명이다.

691

제1차 세계 대전 이후 물가 폭등과 실업자 증가, 대공황 등으로 경제 상황이 어려워지자 무솔리니의 파시즘, 히틀러의 나치즘 등 전체주의가 대두하였다.

692

채점 기준	수준
경제 상황 악화(대공황 등)를 배경으로 제시하고 전체주의라는 공통점을 서술한 경우	상
전체주의라는 공통점만을 서술한 경우	중
경제 상황 악화(대공황 등)라는 배경만을 서술한 경우	하

Ⅵ 현대 세계의 변화

14 현대 세계의 변화

분석 기출문제

135~139쪽

[핵심 개념 문제]

693 냉전　　**694** 세계화　　**695** ㉡　　**696** ㉠　　**697** ✕　　**698** ○
699 ○　**700** ㉡　**701** ㉠　**702** ㉡　**703** ㄴ　**704** ㄷ　**705** ㄱ

706 ③　**707** ①　**708** ③　**709** ①　**710** ①　**711** ③　**712** ③
713 ⑤　**714** ⑤　**715** ⑤　**716** ③　**717** ④　**718** ③　**719** ③
720 ⑤　**721** ③　**722** ③　**723** ④　**724** ①　**725** ④

1등급을 향한 서답형 문제

726 브레턴우즈 회의　**727** 예시답안 국제 부흥 개발 은행(IBRD)과 국제 통화 기금(IMF) 설립을 결정하였다.　**728** 지역화　**729** 예시답안 우리나라는 1989년에 아시아·태평양 지역의 경제 협력을 증진하기 위한 아시아·태평양 경제 협력체(APEC)에 가입하였다.

706
제시된 자료는 미국 대통령 트루먼의 연설이다. 제2차 세계 대전 이후 발칸반도와 동유럽의 여러 나라에서 공산주의가 확산되었다. 미국은 이들 지역에서 소련의 영향력이 확대된 상황을 우려하였다. 또한 그리스에도 공산주의 정권이 들어선다면, 공산주의 세력이 지중해까지 장악할 것이라는 불안감이 커졌다. 이에 미국 대통령 트루먼은 1947년 3월 그리스와 터키의 공산화를 막기 위해 경제적 원조를 제공하고 군사 고문단을 파견한다는 계획을 발표하였다.

바로잡기 ㄱ. 냉전 체제 형성에 영향을 주었다. ㄹ. 코메콘은 마셜 계획에 대항하여 1949년에 소련 주도로 창설된 공산권 국가들의 경제 협력 기구이다.

707
미국은 서유럽 각국과 상호 군사 원조와 집단 방어 체제를 구축하기 위해 1949년에 북대서양 조약 기구(NATO)를 결성하였다. 또한 1964년에 통킹만 사건을 조작하여 침공의 명분을 얻은 뒤 베트남 전쟁에 직접 개입하였다. ① 1961년에 동독은 주민의 이탈을 막기 위해 베를린 장벽을 쌓았다.

바로잡기 ② 1947년 6월, ③ 1947년 3월, ④ 1945년 10월, ⑤ 1992년에 있었던 사실이다.

708
제시문은 1962년 미국의 쿠바 봉쇄에 대한 내용이다. 1959년에 쿠바에서 피델 카스트로가 권력을 장악하고 미국의 지원을 받고 있던 부패한 독재 정권을 무너뜨렸다. 이에 라틴아메리카에 혁명이 확산될 것을 우려한 미국이 쿠바를 압박하자 쿠바는 소련에게 다가갔다. 냉전 체제에서 미국과 대립하고 있던 소련은 미국을 위협하기 위해 쿠바에 미사일 기지 설치를 추진하였다. 그 결과 미국이 쿠바 봉쇄(1962)로 강력하게 대응하면서 전쟁의 위기를 맞았으나 소련이 물러나면서 일단락되었다.

국제 연합 창설은 1945년, 코메콘 창설은 1949년의 사실이다. 샌프란시스코 강화 회의는 1951년에 개최되었다. 닉슨 독트린은 1969년에 발표되었으며, 베트남 전쟁은 1975년에 종결되었다. 베를린 장벽 붕괴는 1989년의 사실이다.

709
평화 10원칙은 1955년 인도네시아에서 개최된 반둥 회의에서 아시아·아프리카의 29개국 대표들이 모여 발표함으로써 제3 세계의 성립이 공식화되었다. 주요 내용으로 내정 불간섭, 강대국에 유리한 집단 안보 체제 배제, 국제 분쟁의 평화적 해결 등을 제시하였다.

바로잡기 ① 마셜 계획의 목표이다.

710
제시된 자료는 미국의 대통령 닉슨이 미국의 안보에 직접적으로 위협이 되지 않는 한 군사적 대립에 참여하지 않겠다고 발표한 닉슨 독트린이다. 이를 계기로 미국이 베트남 전쟁에서 철수하고 중국과 국교를 수립하였으며 소련과 전략 무기 제한 협정을 체결하는 등 긴장 완화의 분위기가 형성되었다. 서독의 총리 빌리 브란트도 동방 정책을 내세워 동독과 교류하고, 국제 연합에 함께 가입하였다. 이처럼 냉전 체제가 완화되자 이념보다는 자국의 이익을 중시하는 경향이 나타났다.

바로잡기 ① 1962년 소련이 쿠바에 미사일 기지를 건설하려 하자 미국이 쿠바의 해상을 봉쇄한 사건이다.

711
1955년 소련에서 흐루쇼프가 집권하고 1969년 미국에서 닉슨 독트린이 발표되면서 소련과 미국 중심의 양극화 체제인 냉전 체제에 변화가 나타났다. 유럽 경제 공동체의 구성, 중국과 소련의 국경 분쟁, 중국의 사회주의 진영 내 주도권 다툼, 프랑스의 북대서양 조약 기구 통합군 탈퇴 등 공산주의 진영과 자본주의 진영 각각에서 독자 노선이 등장하면서 다극화 체제로 변화하였다.

바로잡기 ③ 자본주의 진영의 북대서양 조약 기구(NATO)에 맞서 공산주의 진영이 바르샤바 조약 기구(WTO)를 결성하였다.

712
1985년 소련의 공산당 서기장에 취임한 고르바초프는 소련 내의 문제를 해결하기 위해 페레스트로이카(개혁)·글라스노스트(개방) 정책을 추진하였다. 그러나 소련의 경제 사정은 나아지지 않았고 글라스노스트의 영향으로 소련 연방 내 각 공화국이 독립을 선포하였다. 결국 독립 국가 연합(CIS)이 출범하고 소련이 해체되었다.

바로잡기 ㄹ. 바르샤바 조약 기구는 소련이 북대서양 조약 기구에 대항하기 위해 결성하였다.

713
제시된 자료는 1980년대 말 이후 동유럽 사회주의권의 붕괴를 보여준다. 폴란드에서는 총선거에서 바웬사의 자유 노조가 승리하며 비공산 정권이 수립되었고, 루마니아에서는 민주화 운동을 탄압한 차우셰스쿠가 처형되었다. 체코슬로바키아에서는 하벨이 이끄는 '시민 광장'을 중심으로 민주화 운동이 전개되어 하벨이 대통령에 당선되었다.

① 제2차 세계 대전 이후 냉전이 본격화되었다. ② 1929년 대공황이 발생한 이후 독일, 이탈리아, 일본 등에서 전체주의가 확산되었다. ③ 19세기 후반 서구 열강이 월등한 경제력과 군사력을 앞세워 약소국을 식민 지배하는 제국주의가 등장하였다. ④ 제3 세계는 비동맹주의와 평화 공존의 원칙을 표방하였다.

714

ㄱ. 톈안먼 사건은 1989년, ㄴ. 문화 대혁명은 1966~1976년, ㄷ. 대약진 운동의 시작은 1950년대 후반, ㄹ. 국민당의 타이완 이동은 1949년의 사실이다.

715

1970년대 후반 덩샤오핑은 흑묘백묘론을 강조하였는데, 이는 경제 성장을 이룰 수 있다면 공산주의 경제 체제에 집착하지 않겠다는 실용주의 노선으로의 전환을 의미하였다. 이후 중국에 시장 경제가 도입되고 외국 자본 및 기술이 유입되었으며, 동남 해안 지대의 여러 도시에 경제특구가 설치되었고, 화교와 외국 기업이 중국에 급속히 진출하였다. 이로 인해 중국 경제가 빠르게 성장하고 사람들의 생활수준이 향상되었다.

① 인민 공사는 마오쩌둥이 대약진 운동을 벌이면서 조직하였다. ② 대약진 운동의 실패로 정치적 위기에 직면한 마오쩌둥은 이를 극복하고자 문화 대혁명을 일으켰다. ③ 중국 공산당은 중화 인민 공화국 수립을 선포한 뒤, 은행과 각종 기업의 국유화, 농업과 상공업의 집단화, 토지 개혁 등 사회주의 경제 정책을 실시해 나갔다. ④ 마오쩌둥이 1950년대 후반 대약진 운동을 전개하였다.

716

(가)는 국제 통화 기금(IMF)이고, (나) 세계 무역 기구(WTO)이다.

EU는 유럽 연합, GATT는 관세 및 무역에 관한 일반 협정, APEC은 아시아·태평양 경제 협력체, IBRD는 국제 부흥 개발은행, ASEAN은 동남아시아 국가 연합이다.

717

인도 최북단에 표시된 지역은 카슈미르 분쟁이 일어나는 곳이다. 해당 지역을 둘러싸고 인도와 파키스탄은 종교적인 차이로 갈등을 빚고 있다. 1947년 인도와 파키스탄이 분리 독립될 당시 중간 지점에 위치한 카슈미르 지역은 주민이 다수의 이슬람교도로 구성되어 있었다. 하지만 당시 카슈미르를 통치하던 인물은 힌두교도였기 때문에 일방적으로 인도 편입을 결정하였다. 파키스탄이 카슈미르의 자국 편입이 당연하다는 생각을 갖고 카슈미르 지역을 침공하면서 인도와 전쟁이 시작되었다. 국제 연합의 중재 속에 카슈미르 북부는 파키스탄의 통제 지역(아자드카슈미르)이 되었고, 남부는 인도 관할(잠무카슈미르)이 되었다. 하지만 지금까지도 이들 지역에서는 힌두교도와 이슬람교도 사이의 갈등이 계속되고 있다.

① 2001년 9월 11일, 미국 뉴욕의 세계 무역 센터 등에 이슬람 세력에 의해 피랍된 항공기가 충돌하여 많은 피해가 발생하였다(9·11 테러). ② 르완다. ③ 발칸반도 등, ⑤ 팔레스타인 지역과 관련된 분쟁이다.

718

(가)는 1993년 출범한 유럽 연합(EU), (나)는 1989년 설립한 아시아·태평양 경제 협력체(APEC)이다.

③ 국제 연합(UN)에 대한 설명이다.

719

신자유주의는 1970년대 석유 파동에 따른 경제 위기를 극복하기 위해 경제 활동에 관한 국가 개입과 정부 규제를 최소화하고 민간에 최대의 자유를 보장해 주는 경제 이론이다. 신자유주의 확산에 따른 세계화로 인해 대륙 간 빈부 격차뿐만 아니라 국가 내의 빈부 격차도 심화되고 있다.

① 남북문제가 심화되고 있다. ②, ④는 신자유주의와 관련이 없는 내용이다. ⑤ 세계화로 인해 국가 간 교류가 활발해지고 있다.

720

㉠은 난사 군도이다. 난사(스프래틀리) 군도를 둘러싼 해양 영토 분쟁은 에너지 자원 분쟁과 관련이 깊다. 석유와 천연가스의 매장이 확인되면서 분쟁이 확대되고 있기 때문이다. 분쟁 중 베트남이 지배하던 시사 군도를 중국이 무력으로 점령하기도 하는 등 에너지 확보를 위한 각국의 필사적인 노력은 이제 전쟁으로 치닫고 있다.

① (가)는 러시아가 실효 지배를 하고 있는 쿠릴 열도 남부의 4개 섬(북방 4도)으로 일본과 영유권 분쟁을 벌이고 있다. ② (나)는 센카쿠 열도(중국명 댜오위다오)이다. 현재 일본이 실효 지배하고 있으며, 중국과 타이완이 영유권을 주장하고 있다. ③ (다)는 오키나와이다. ④ (라)는 중국, 베트남이 영유권 분쟁을 일으키고 있는 시사 군도이다.

721

(가)는 교토 의정서이다. 1994년 3월에 발효된 '기후 변화에 관한 국제 연합 기본 협약'에 가입한 당사국은 매년 한 번씩 당사국 총회를 개최하고 있는데, 1997년 일본 교토에서 개최된 제3차 당사국 총회에서 마련된 것이 교토 의정서이다.

① 1941년 전후 국제 평화 원칙을 천명한 헌장이다. ② 1955년 제3 세계의 형성을 알린 회의이다. ④ 1994년 사막화를 방지하기 위해 체결한 협약이다. ⑤ 유럽 연합 출범을 목적으로 유럽 공동체 회원국이 1992년 체결한 것이다.

722

지구 생명 지수(LPI)란 전 세계의 척추동물 수천 종을 관찰하여 그 변화 양상을 측정하여 지수로 나타낸 것이다. 1970년대를 기준으로 했을 때 현재 척추동물의 개체 수가 절반 이하로 줄어들었음을 알 수 있다. 개체 수 감소의 원인으로는 수렵 및 어획을 통한 남획이 가장 크다. 그리고 서식지 환경 악화, 기후 변화 등도 원인으로 들 수 있다. 특히 제2차 세계 대전 이후 급속한 과학 기술의 발전은 인간의 거주 영역을 확대하였을 뿐 아니라 자연환경에도 영향을 끼쳤다. 이러한 과정에서 지구상의 척추동물이 많이 감소하였다.

723

'지속 가능한 발전'은 인류의 활동을 수용하는 자연의 능력은 한계가 있으므로, 그 범위 안에서 인류의 활동이 이루어지도록 통제되어야 함을 핵심으로 하였다.

724

비정부 기구(NGO)는 개인이나 기업의 이익이 아닌 공공의 이익을 위해 지역, 국가, 국제적으로 조직된 자발적인 비영리 시민 단체이다. 비정부 기구(NGO)에서는 정치, 인권, 환경, 보건, 성차별 철폐 등 다양한 목적을 위해 활동한다. 대표적인 비정부 기구(NGO)로는 굿 네이버스, 국제 사면 위원회(AI), 국경 없는 의사회, 그린피스, 세이브 더 칠드런 등이 있다.

바로잡기 ① 녹색당은 환경 보호 단체 등 여러 시민운동 단체들이 모여 결성한 정당이다.

725

20세기 후반부터 국제 교류가 활발해지면서 다문화 사회가 등장하고 다양한 문화를 접할 기회가 늘어나고 있다. 인종과 문화가 혼합되는 과정을 포용하고 장려하려는 태도가 나타나기도 하였다. 이로부터 보편적 인권의 원리가 다시 천명되었고, 사회적 권리와 행복 추구권이 적극적으로 해석되었으며 관용과 다문화주의의 가치가 강조되었다. 더불어 다수의 횡포로부터 소수자의 권리를 보호해야 한다는 인식이 광범위하게 확산되고 공유되었다.

바로잡기 ① 국제 무역의 자유화가 확대되면서 국가 간 무역 경쟁이 치열해지자 각국은 그들이 속한 지역 차원의 상호 협력을 강화하여 지역 공동의 이익을 추구하기 시작하였다. ② 국가라는 경계를 넘어 지구촌이 하나의 단일화된 공간으로 통합되고, 모든 구성원의 상호 의존성이 증가하는 현상을 세계화라 한다. ③ 전체주의는 제2차 세계 대전 전후 이탈리아, 독일, 일본 등에서 등장한 정치 체제이다. ⑤ 신자유주의는 1970년대 석유 파동에 따른 경제 위기를 극복하기 위해 제기되었던 경제 이론이다.

726

밑줄 친 '회의'는 브레턴우즈 회의이다. 제2차 세계 대전이 진행 중이던 1944년에 미국의 브레턴우즈에서 연합국들이 모여 회의를 개최하였다.

727

전후 세계 금융 질서를 바로잡기 위해 제2차 세계 대전이 진행 중이던 1944년 1월 미국 브레턴우즈에 소련을 포함한 44개 국가가 모였다. 이들은 이곳에서 미국이 달러 환율을 금에 고정시키고 다른 나라들이 달러에 환율을 고정시키는 금 본위제에 합의하였다. 또한 외국의 원조가 시급한 나라에 공급되는 장기 자본을 마련할 국제 부흥 개발 은행(IBRD)과 환율 안정을 위해 국제 수지 불균형을 시정하는 데 필요한 금융 지원을 하는 국제 통화 기금(IMF)을 설립하기로 합의하였다.

채점 기준	수준
국제 부흥 개발 은행, 국제 통화 기금의 설립을 모두 서술한 경우	상
국제 부흥 개발 은행, 국제 통화 기금의 설립 중 한 가지만 서술한 경우	중

728

세계 각국이 국경을 넘어 지역 차원의 상호 경제 협력을 추구함에 따라 지역화와 경제 블록화가 촉진되었다.

729

우리나라는 1989년에 아시아·태평양 지역의 경제 협력을 증진하기 위한 아시아·태평양 경제 협력체(APEC)에 가입하였다.

채점 기준	수준
우리나라가 소속된 경제 공동체의 명칭과 설명을 정확하게 서술한 경우	상
우리나라가 소속된 경제 공동체의 명칭은 서술하였으나 그에 대한 설명은 서술하지 못한 경우	중

적중1등급문제

140~141쪽

730 ③	731 ①	732 ⑤	733 ①	734 ⑤
735 ⑤	736 ④	737 ①		

730 냉전 체제

1등급 자료 분석 트루먼 독트린과 닉슨 독트린

(가) "오늘날 공산주의자들이 그리스의 생존을 위협하고 있습니다. 터키도 지금 우리의 도움을 필요로 합니다. 그래서 미국은 그리스와 터키 등을 위한 재정적 지원을 염두에 두고 있습니다."
└ 트루먼 독트린 발표를 계기로 자유 민주주의 진영과 공산주의 진영이 대립하는 냉전 체제가 본격화됨

(나) "미국은 앞으로 베트남 전쟁과 같은 군사적 개입을 피하려 합니다. 하지만 기존에 체결한 조약을 지키고, 우리 동맹국이 핵의 위협을 받을 경우 직접 방어에 나설 것입니다."
└ 닉슨 독트린의 발표를 계기로 냉전이 완화됨

(가)는 1947년에 발표된 트루먼 독트린, (나)는 1969년에 발표된 닉슨 독트린이다. 트루먼 독트린 발표 이후 냉전 체제가 본격화되면서 한반도에서는 6·25 전쟁이 발발하였고, 독일의 베를린 장벽이 설치되었다. 또한 소련이 쿠바에 미사일 기지를 건설하려 하자 미국이 쿠바의 해상을 봉쇄한 사건이 일어났다.

바로잡기 ① 1990년에 독일이 통일되었다. ② 1945년에 국제 연합이 창설되었다. ④ 1991년에 독립 국가 연합이 결성되었다. ⑤ 1972년에 미국과 소련이 전략 무기 제한 협정을 체결하였다.

731 제3 세계의 성립

1등급 자료 분석 반둥 회의

제2차 세계 대전 이후 미국과 소련을 양대 축으로 하는 냉전 체제가 지속되면서, 어느 쪽의 노선도 따르지 않으면서 독자적인 비동맹 외

교 노선을 지향하는 국가들이 등장하였다. 이러한 나라들을 통틀어 제3 세계라고 부른다. 반둥 회의는 이들 국가가 결속을 다지기 위해 모인 대표적인 사례이다. 아시아, 아프리카 29개국은 1955년 4월 인도네시아 반둥에 모여 식민주의에 반대하고, 비동맹 중립 노선을 내세웠다. 이 회의에서 내정 불간섭, 강대국에 유리한 집단 안보 체제 배제, 국제 분쟁의 평화적 해결 등을 주요 내용으로 하는 평화 10원칙이 발표되었다.

바로잡기 ② 1944년 브레턴우즈 회의의 결과 브레턴우즈 체제가 성립되었다. ③ 미국의 쿠바 봉쇄는 1962년에 일어났다. ④ 1991년 독립 국가 연합(CIS)이 출범하고 소련이 해체되었다. ⑤ 미국과 서유럽 각국이 북대서양 조약 기구를 결성하자, 소련과 동유럽 국가들도 이에 대항하여 바르샤바 조약 기구를 설치하였다.

732 제2차 세계 대전 이후 새로운 경제 질서

1등급 자료 분석 브레턴우즈 회의

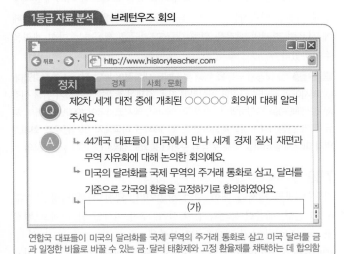

연합국 대표들이 미국의 달러화를 국제 무역의 주거래 통화로 삼고 미국 달러를 금과 일정한 비율로 바꿀 수 있는 금·달러 태환제와 고정 환율제를 채택하는 데 합의함

자료에서 제2차 세계 대전 중에 44개국 대표들은 미국에서 만나 세계 경제 질서 재편과 무역 자유화에 대해 논의하였고 미국의 달러화를 국제 무역의 주거래 통화로 삼았다는 점 등을 통해 ○○○○○ 회의가 브레턴우즈 회의임을 알 수 있다. 이 회의에서는 국제 통화 기금(IMF)과 국제 부흥 개발 은행(IBRD)을 설립하여 국제 무역을 지원하기로 합의하였다.

바로잡기 ① 마셜 계획은 미국이 서유럽의 경제 재건을 지원하는 내용을 담고 있다. ② 북미 자유 무역 협정은 미국, 캐나다, 멕시코 3국이 1992년에 체결하였다. ③ 1950년대부터 통합을 추진하던 유럽은 마스트리흐트 조약에 따라 1993년 유럽 연합(EU)으로 발전하였다. ④ 세계 무역 기구는 자유 무역 체제가 강화되면서 1995년에 설립된 국제 기구이다.

733 소련의 대외 정책

1등급 자료 분석 헝가리의 민주화 운동

…… 공산주의자들이 정권을 장악한 지 10년이 지났다. 그 치하에서는 허용되지 않았던 감정을 자유롭게 표출하고자 하였다. 학생들은 "바르샤바 조약 기구에 우리를 묶어 두려는 (㉠)은/는 물러
└ 소련 중심의 공산주의 진영의 군사 기구
가라! 헝가리를 독립적으로 놔둬라! 스탈린 추종자 라코시를 법정에
└ 소련의 지도자
세워라! 우리는 새로운 지도부를 원한다!"라고 하였다.

미국이 서유럽 각국과 함께 상호 군사 원조와 집단 방어 체제를 구축하기 위해 북대서양 조약 기구를 결성하자, 소련의 스탈린은 동유럽 국가들을 끌어들여 바르샤바 조약 기구를 설치하였다. 코메콘은 미국이 주도한 마셜 계획에 대항하여 1949년에 소련 주도로 창설된 공산권 국가들의 경제 협력 기구이다.

바로잡기 ②, ⑤ 미국에 대한 설명이다. ③ 소련은 6·25 전쟁에 참전하지 않았다. ④ 인도의 네루와 중국의 저우언라이에 대한 설명이다.

734 문화 대혁명

1등급 자료 분석 문화 대혁명에 대한 평가

(㉠)은/는 사상·문화 분야에서 시작되었지만, 곧바로 '권력 탈취 단계'로 넘어가 버렸으며, 문화·교육·과학의 발전에 대해서는 비판, 파괴만 행하였을 뿐이다. 그 결과 학교가 폐쇄되고, 학생은 학업을 중단하여 문맹이 증가하고 문예의 근거지가 황폐화하였다. 또한 과학 연구 기구가 대량으로 폐쇄되고 지식인이 타격을 입었다. …… 결국 (㉠)은/는 지도자가 잘못 발동하고, 반혁명 집단에 이용당해 당과 국가와 각 민족 인민에게 엄중한 재난을 가져다준 내란이었다.

중국 공산당이 1981년 발표한 '건국 이래 당의 몇 가지 역사 문제에 대한 결의'의 일부로, 1976년 마오쩌둥이 사망한 뒤 정권을 잡은 덩샤오핑은 문화 대혁명의 잘못을 인정함

자료에서 문화·교육·과학의 발전에 대해서는 비판, 파괴만 행하였을 뿐이라는 점, 지도자가 잘못 발동하고, 반혁명 집단에 이용당해 당과 국가와 각 민족 인민에게 엄중한 재난을 가져다준 내란이었다는 점 등을 통해 ㉠이 문화 대혁명임을 알 수 있다. 대약진 운동의 실패로 정치적 위기에 빠진 마오쩌둥은 홍위병을 앞세운 문화 대혁명을 일으켜 실용주의 경제 정책을 추진하던 세력을 몰아낸 후 권력을 장악하였다.

바로잡기 ①, ③ 덩샤오핑이 추진한 개혁·개방 정책, ② 톈안먼 사건, ④ 대약진 운동에 해당한다.

735 독일 현대사

1등급 자료 분석 독일 총리 헬무트 콜

그는 1930년에 출생하였다. 1982년 서독의 6번째 총리로 취임한 후 16년 동안 독일의 정치를 이끌었다. 그는 고르바초프의 개혁을 지지하면서 냉전의 종식에 기여하였고, 프랑스의 미테랑과 공조
└ 독일 통일 완수
하여 유럽 연합(EU)을 탄생시켰다. 그의 중요한 정치적 업적으로
└ 마스트리흐트 조약 체결 주도
(가) 등을 들 수 있다.

제시된 인물은 독일 통일과 유럽 연합 탄생에 중요한 역할을 한 독일 총리였던 헬무트 콜이다. 1990년 동독이 독일 연방에 가입하는 방식으로 독일 통일이 이루어졌다. 마스트리흐트 조약은 경제와 화폐 통합, 공동의 외교 정책과 안보 정책 등을 통한 유럽 연합(EU) 출범을 목적으로 유럽 공동체(EC) 회원국이 체결한 조약이다.

바로잡기 ㄱ. 브렉시트(Brexit)는 영국을 뜻하는 Britain과 탈퇴를 뜻하는 Exit의 합성어로, 영국의 유럽 연합 탈퇴를 의미한다. ㄴ. 마셜 계획은 1947년 6월 미국 국무장관 마셜이 발표한 유럽 부흥 계획이다.

736 고르바초프의 정책

페레스트로이카(개혁) 정책

> 페레스트로이카 정책은 소련과 같은 사회주의 국가가 새로운 질적 상태로의 전환, 즉 권위주의적이고 관료주의적인 체제에서 벗어나 인간적이고 민주적인 사회로 평화롭게 이행하는 유일한 길이라고 생각합니다. …… 나는 페레스트로이카의 모든 과정을 민주주의의 원칙에 근거하여 결단력 있게 추진할 것입니다.
>
> 브레즈네프 집권 시기 소련은 경제 성장 둔화, 공산당 관료 체제의 강화, 부정부패 등으로 국민의 불만이 고조되었고, 이런 상황에서 1985년 공산당 서기장에 취임한 고르바초프가 개혁·개방 정책을 시행함

자료의 페레스트로이카 정책 등을 통해 밑줄 친 '나'가 소련의 고르바초프임을 알 수 있다. 고르바초프는 페레스트로이카(개혁)와 글라스노스트(개방)를 내세우며 자본주의 시장 경제와 정치 민주화의 도입을 추진하였고 언론 통제를 완화하였다. 또한 동유럽 국가들에 대한 불간섭 선언을 발표하여 동유럽의 자유화를 촉진하였다.

바로잡기 ① 레닌, ② 인도의 네루 등, ③ 옐친, ⑤ 폴란드의 바웬사에 해당한다.

737 분쟁 지역

영토 분쟁 지역

> • 소련은 일본의 요청에 응하여 아울러 일본의 이익을 고려하여 <u>하보마이 군도 및 시코탄섬</u>을 일본국에 넘기는 것에 동의한다.
> └ 쿠릴 열도
> – 소·일 공동 선언 –
> • 하보마이, 시코탄섬을 일본에 넘기겠다고 한 소련 정부의 약속 실현을 불가능하게 하는 새로운 정세가 조성되었다. – 소련 외상 각서 –

윗글은 소련이 1956년에 일본과 국교를 정상화하면서 발표한 소·일 공동 선언의 일부이다. 이 공동 선언에는 영토 문제가 중요 사항으로 취급되었는데, 평화 조약 체결을 전제로 하보마이와 시코탄섬을 일본에 넘기겠다고 규정한 것이 주목된다. 아랫글은 1951년에 미·일 안전 보장 조약을 체결한 일본이 1960년에 새로이 미·일 안전 보장 조약(신안보 조약)을 체결한 데 반발하여 소련 외상이 일본 대사에게 보낸 각서의 일부이다. 소련은 일본이 미국과 새로운 안보 조약을 체결하고 미군이 계속 주둔하는 상황을 이유로 소·일 공동 선언에서 규정하였던 두 개 섬의 반환을 거부하였다. 일본과 러시아 간에는 현재 러시아가 지배하고 있는 쿠릴 열도 남부 4개 섬(일본식으로는 북방 4도), 즉 에토르후, 구나시리, 시코탄, 하보마이를 둘러싼 영토 분쟁이 진행되고 있다.

바로잡기 ② (나)는 중국과 일본 사이의 분쟁 지역인 센카쿠 열도(다오위다오), ③ (다)는 오키나와, ④ (라)는 중국, 베트남이 영유권 분쟁을 일으키고 있는 시사 군도, ⑤ (마)는 중국, 베트남 등이 영유권 분쟁을 일으키고 있는 난사 군도이다.

14 현대 세계의 변화

738 ②	739 ②	740 ②	741 ②	742 ③	743 ⑤	744 ⑤
745 ④	746 ③	747 ③	748 ②	749 고르바초프		

750 예시답안 페레스트로이카는 정치적 민주화와 자유주의적 경제 체제의 도입 등 모든 부분에서의 개혁을 의미하고, 글라스노스트는 언론에 대한 통제를 완화하며 예술 작품에 대한 검열 폐지 등 개방성, 정보 공개 등을 의미한다.

738

자료는 1947년 3월 미국 대통령 트루먼의 의회 연설 내용의 일부이다. 제2차 세계 대전 직후 동유럽 여러 나라에 공산주의 정부가 수립되자 미국은 공산주의 세력이 확대되고 있던 그리스와 터키에 군사·경제 지원을 약속하는 트루먼 독트린을 발표하였다. 그리고 이듬해에 서유럽 경제의 재건을 위해 대규모 기금을 제공하는 마셜 계획을 수립하였다.

바로잡기 ① 대공황 극복을 위해 루스벨트 대통령이 뉴딜 정책을 추진하였다. ③ 러시아의 레닌은 급격한 공산화에 따른 경제적 혼란을 극복하기 위해 신경제 정책(NEP)을 추진하였다. ④ 미국, 캐나다, 멕시코 3국이 1992년에 북미 자유 무역 협정(NAFTA)을 체결하였다. ⑤ 1944년 미국에서 브레턴우즈 회의가 열려 미국의 달러화를 국제 무역의 주거래 통화로 삼았다.

739

자료는 냉전 체제에 대한 수업 장면이다. 냉전 체제가 형성된 후 6·25 전쟁, 베를린 봉쇄와 장벽 설치, 쿠바 미사일 위기, 베트남 전쟁 등이 일어나 냉전 체제를 심화시켰다.

바로잡기 ① 제3 세계의 등장, ④ 냉전의 해체, ⑤ 냉전의 완화와 관련된 사실이다. ③ 마오쩌둥은 문화 대혁명을 통해 반대파를 숙청하였다.

740

자료의 (가)는 소련의 베를린 봉쇄로 1948년에 일어난 사건이며, (나)는 쿠바 미사일 위기로 1962년의 사실이다. 소련의 베를린 봉쇄는 이듬해 해제되었으나 이 사건은 독일이 동서로 분단되는 계기가 되었고, 1961년에는 베를린을 동서로 나누는 베를린 장벽이 설치되었다.

바로잡기 ① 1969년, ③ 1947년, ④ 1945년, ⑤ 1979년의 사실이다.

741

자료는 반둥 회의에서 발표된 평화 10원칙이다. 1955년 인도네시아 반둥에서는 비동맹 중립주의를 내세운 아시아·아프리카의 29개국 대표들이 모여 평화 10원칙을 발표하였고, 이로써 제3 세계의 성립이 공식화되었다.

바로잡기 ㄴ. 미국 대통령 윌슨의 평화 원칙 14개조, ㄹ. 트루먼 독트린에 해당한다.

742

자료에서 소련과 자본주의 진영인 서독이 국교를 회복한 점, 프랑스가 미국 중심의 북대서양 조약 기구를 탈퇴한 점, 미국이 닉슨 독트린을 발표하고 베트남에서 철수하였다는 점 등은 모두 냉전 체제의 완화와 관련이 있다.

① 1848년 오스트리아에서 혁명이 일어나 메테르니히가 실각하면서 빈 체제가 붕괴되었다. ② 제1차 세계 대전 이후 경제 상황의 악화를 배경으로 전체주의가 등장하였다. ④ 1967년 유럽 경제 공동체가 유럽 석탄 철강 공동체와 유럽 원자력 공동체를 통합해 유럽 공동체로 발전하였다. ⑤ 제1차 세계 대전 이후 1919년 6월 베르사유 조약의 체결을 계기로 베르사유 체제가 성립되었다.

743

자료는 1989년 베를린 장벽 붕괴에 대한 것이다. 소련이 개혁·개방 정책을 추진한 것을 계기로 동독 주민의 개혁 요구와 서독으로의 탈출이 이어졌다. 결국 동독에서 민주화 시위가 거세지면서 베를린 장벽이 무너졌고, 이듬해에 독일은 통일을 이루었다.

파리 강화 회의 개최는 1919년, 대공황 발생은 1929년, 마셜 계획 발표는 1947년, 닉슨 독트린 발표는 1969년, 미·중 국교 수립은 1979년, 소련 해체는 1991년의 사실이다.

744

자료의 (가)는 소련의 고르바초프, (나)는 중국의 덩샤오핑이다. 고르바초프는 1985년에 개혁(페레스트로이카)과 개방(글라스노스트) 정책을 추진하여 시장 경제와 정치 민주화를 추구하였으며, 덩샤오핑은 중국의 개혁·개방 정책을 이끌어 비약적인 경제 발전을 이루었다.

①, ② 러시아의 레닌, ③, ④ 중국의 마오쩌둥에 해당한다.

745

자료에서 몰타에서 개최되었다는 점, 미국의 부시와 소련의 고르바초프가 정상 회담을 가졌다는 점, 냉전 체제를 종식하고 평화를 지향하는 새로운 세계 질서를 수립한다는 선언이 이루어졌다는 점 등을 통해 밑줄 친 '이 회담'이 1989년 12월에 개최된 몰타 회담임을 알 수 있다. 몰타 회담은 소련은 물론 동유럽 국가들의 사회주의 체제가 붕괴하는 상황에서 개최되었다. 한편 1989년 중국에서는 톈안먼 광장에 수천 명의 시위대가 모여 정치 민주화와 개혁을 요구하였으나, 중국 공산당이 이를 무력으로 진압한 톈안먼 사건이 일어났다.

① 1950년대 말, ② 1961년, ③ 1990년, ⑤ 1961년의 사실이다.

746

자료는 1992년에 체결된 마스트리흐트 조약이다. 이 조약이 1993년 11월 1일 발효되면서 유럽 공동체는 유럽 연합(EU)으로 발전하였다. 유럽 연합의 출범으로 유럽 시민권이 도입되고 유럽 공동 화폐인 '유로'가 통용되어 유럽의 경제 통합이 진전되었다.

① 냉전 체제에서의 제3 세계, ② 반둥 회의에서의 평화 10원칙 발표, ④ 국제 연합(UN)에 해당한다. ⑤ 유럽 연합은 유로화를 단일 통화로 사용하고 있다.

747

자료에서 1995년 출범하였다는 점, 자유 무역을 확대하고 관세 및 무역에 관한 일반 협정(GATT)을 대체한 기구라는 점 등을 통해 학생이 생각하고 있는 국제기구가 세계 무역 기구(WTO)임을 알 수 있다.

① 유럽 공동체(EC)는 1967년에 유럽 경제 공동체가 유럽 석탄 철강 공동체와 유럽 원자력 공동체를 통합한 기구이다. ②, ④ 1944년 개최된 브레턴우즈 회의에 따라 개발 도상국에 대한 개발 원조와 국제 무역을 증진하기 위하여 국제 부흥 개발 은행(IBRD)과 국제 통화 기금(IMF)이 설립되었다. ⑤ 아시아·태평양 경제 협력체(APEC)는 1989년에 아시아·태평양 지역의 경제 협력 증진을 위해 설립되었다.

748

자료의 ⊙에 해당하는 것은 신자유주의이다. 1970년대 후반부터 등장한 신자유주의가 확산하면서 대륙 간 빈부 격차(남북문제)와 국가 내의 빈부 격차가 심화되고 있다.

① 제3 세계, ③ 계몽사상가 볼테르, ④ 전체주의, ⑤ 사회주의에 해당한다.

749

1985년 공산당 서기장에 취임한 고르바초프는 페레스트로이카(개혁), 글라스노스트(개방) 정책을 시행하였다. 이를 통해 기업의 이윤 추구 보장, 시장 경제 원리 도입, 언론 통제 완화, 정치 민주화 등을 추구하였다.

750

채점 기준	수준
페레스트로이카(개혁), 글라스노스트(개방)의 의미를 모두 정확하게 서술한 경우	상
페레스트로이카(개혁), 글라스노스트(개방) 중에서 한 가지만 정확하게 서술한 경우	중
개혁, 개방 정책이라고만 간단히 서술한 경우	하

memo

www.mirae-n.com

학습하다가 이해되지 않는 부분이나 정오표 등의 궁금한 사항이 있나요?
미래엔 홈페이지에서 해결해 드립니다.

교재 내용 문의
나의 교재 문의 | 자주하는 질문 | 기타 문의

교재 정답 및 정오표
정답과 해설 | 정오표

교재 학습 자료
MP3

실력 상승 문제집

ㅍㅏㅅㅏ쥬

대표 유형과 실전 문제로 내신과 수능을
동시에 대비하는 실력 상승 실전서

국어 국어, 문학, 독서
영어 기본영어, 유형구문, 유형독해, 20회 듣기모의고사,
25회 듣기 기본 모의고사
수학 수학Ⅰ, 수학Ⅱ, 확률과 통계, 미적분

수능 완성 문제집

수능 주도권

핵심 전략으로 수능의 기선을 제압하는
수능 완성 실전서

국어영역 문학, 독서, 언어와 매체, 화법과 작문
영어영역 독해편, 듣기편
수학영역 수학Ⅰ, 수학Ⅱ, 확률과 통계, 미적분

수능 기출 문제집

N기출

수능N 기출이 답이다!

국어영역 공통과목_문학,
공통과목_독서,
선택과목_화법과 작문,
선택과목_언어와 매체
영어영역 고난도 독해 LEVEL 1,
고난도 독해 LEVEL 2,
고난도 독해 LEVEL 3
수학영역 공통과목_수학Ⅰ+수학Ⅱ 3점 집중,
공통과목_수학Ⅰ+수학Ⅱ 4점 집중,
선택과목_확률과 통계 3점/4점 집중,
선택과목_미적분 3점/4점 집중,
선택과목_기하 3점/4점 집중

N기출 모의고사

수능의 답을 찾는 우수 문항 기출 모의고사

수학영역 공통과목_수학Ⅰ+수학Ⅱ
선택과목_확률과 통계,
선택과목_미적분

미래엔 교과서 연계 도서

미래엔 교과서 자습서

교과서 예습 복습과 학교 시험 대비까지
한 권으로 완성하는 자율학습서

[2022 개정]
국어 공통국어1, 공통국어2*
영어 공통영어1, 공통영어2
수학 공통수학1, 공통수학2,
기본수학1, 기본수학2
사회 통합사회1, 통합사회2*, 한국사1, 한국사2*
과학 통합과학1, 통합과학2
제2외국어 중국어, 일본어
한문 한문

*2025년 상반기 출간 예정

[2015 개정]
국어 문학, 독서, 언어와 매체, 화법과 작문,
실용 국어
수학 수학Ⅰ, 수학Ⅱ, 확률과 통계,
미적분, 기하
한문 한문Ⅰ

미래엔 교과서 평가 문제집

학교 시험에서 자신 있게
1등급의 문을 여는 실전 유형서

[2022 개정]
국어 공통국어1, 공통국어2*
사회 통합사회1, 통합사회2*, 한국사1, 한국사2*
과학 통합과학1, 통합과학2

*2025년 상반기 출간 예정

[2015 개정]
국어 문학, 독서, 언어와 매체